시 대 에 듀

독학사 4단계

심리학과

임상심리학

INTRO

머리말

심리학은 결코 멀리에 있는 학문이 아닙니다. 심리학은 굳이 전문용어로 다루지 않더라도 이미 우리가 일상 속에서 늘 접하고 있고 행하고 있는 모든 행동, 태도, 현상 등의 연장선상에 있습니다.

심리학 공부란 다른 공부도 그렇겠지만, 우리가 이미 알고 있는 것을 좀 더 체계화하고 세분화하며, 나에게 입력된 지식을 말로 풀어 설명할 수 있게 하고, 더 나아가 이를 실생활에서 응용하기 위하여 필요한 것입니다.

1~3단계를 차례차례 통과하면 드디어 학위취득 종합시험인 4단계에 이르게 됩니다. 본서는 독학사시험에서 심리학 학위를 목표로 하는 여러분의 최종 관문인 4단계의 내용을 다루고 있습니다. 1단계에서 심리학개론, 2단계에서 이상심리학, 감각 및 지각심리학, 사회심리학, 생물심리학, 발달심리학, 성격심리학, 동기와 정서, 심리통계, 3단계에서 상담심리학, 심리검사, 산업 및 조직심리학, 학습심리학, 인지심리학, 중독심리학, 건강심리학, 학교심리학 등을 학습하셨던 여러분은 이제, 이를 모두 종합한 임상심리학, 소비자 및 광고심리학, 심리학연구방법론, 인지신경과학의 내용을 다루게 될 것입니다. 시험인 만큼 전 단계의 내용을 얼마나 잘 이해하였는지가 매우 중요합니다.

01 본서의 구성 및 특징

본서는 독학사 4단계 심리학과를 공부하시는 독자분들을 위하여 시행처의 평가영역 관련 Big data를 분석하여 집필된 도서입니다. 내용이 방대하면서 생소한 심리학의 이론을 최대한 압축하여 가급적이면 핵심만 전달하고자 노력한 것을 특징으로 합니다.

02 빨리보는 간단한 키워드

핵심적인 이론만을 꼼꼼하게 정리하여 수록한 빨리보는 간단한 키워드로 전반적인 내용을 한 눈에 파악할 수 있습니다. 빨리보는 간단한 키워드는 시험장에서 마지막까지 개별이론의 내용을 정리하고 더 쉽게 기억하게 하는 용도로도 사용이 가능합니다.

03 핵심이론 및 실제예상문제

독학학위제 평가영역과 관련 내용을 면밀히 분석한 핵심이론을 제시하였고, 실제예상문제를 풀면서 앞서 공부한 이론이 머릿속에 잘 정리되었는지 확인해 볼 수 있도록 하였습니다. 다양한 유형의 문제를 통해 실제시험에 완벽하게 대비할 수 있습니다.

04 최종모의고사

최신출제유형을 반영한 최종모의고사 2회분으로 자신의 실력을 점검해 볼 수 있습니다. 실제시험에 임하듯이 시간을 재고 풀어보면 시험장에서 실수를 줄일 수 있습니다.

심리학은 독자의 학습자세에 따라 흥미롭고 매력적인 학문일 수도 아닐 수도 있습니다. 사실, 어떻게 보면 심리학은 지나칠 정도로 방대하고 또한 어렵습니다. 왜 자신이 심리학이라는 분야에서 학위를 받기로 결심하였는지를 우선 명확히 하시고, 그 결심이 흔들릴 것 같으면 그 결심을 바로 세운 뒤에 계속 도전하십시오. 본서를 선택하여 주신 분들께 감사드립니다.

편저자 드림

항균잉크(V-CLEAN99)의 특징

- 바이러스, 박테리아, 곰팡이 등에 항균효과가 있는 산화아연을 적용
- 산화아연은 한국의 식약처와 미국의 FDA에서 식품첨가물로 인증받아 **강력한 항균력**을 구현하는 소재
- 황색포도상구균과 대장균에 대한 테스트를 완료하여 **99.9%의 강력한 항균효과** 확인
- 잉크 내 중금속, 잔류성 오염물질 등 **유해 물질 저감**

TEST REPORT

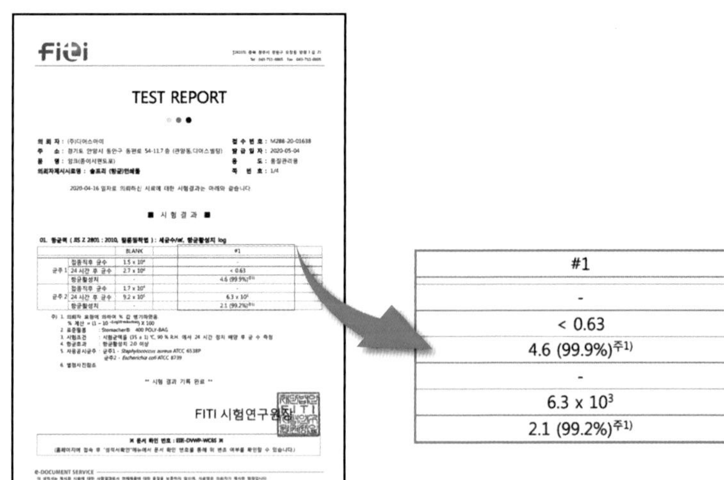

fiti

TEST REPORT

의 뢰 자 : (주)디어스아이

접 수 번 호 : M288-20-01638

발 급 일 자 : 2020-05-04

쪽 번 호 : 1/4

2020-04-16 일자로 의뢰하신 시료에 대한 시험결과는 아래와 같습니다

■ 시 험 결 과 ■

01. 항균력 (JIS Z 2801 : 2010, 필름밀착법) : 세균수/㎠, 항균활성치 log

		BLANK		#1	
균주 1	접종직후 균수	1.5×10^4		-	
	24 시간 후 균수	2.7×10^4		< 0.63	
	항균활성치	-		4.6 (99.9%)주1)	
균주 2	접종직후 균수	1.7×10^4		-	
	24 시간 후 균수	9.2×10^5		6.3×10^3	
	항균활성치	-		2.1 (99.2%)주1)	

주) 1. 의뢰자 요청에 의하여 % 값 병기하였음.

% 계산 = (1 - 10 ^(-항균활성치)) X 100

2. 표준필름 : Stomacher® 400 POLY-BAG

3. 시험조건 : 시험균액을 (35 ± 1) ℃, 90 % R.H. 에서 24 시간 정치 배양 후 균 수 측정

4. 항균효과 : 항균활성치 2.0 이상

5. 사용공시균주 : 균주1 - *Staphylococcus aureus* ATCC 6538P

균주2 - *Escherichia coli* ATCC 8739

6. 별첨사진참조

** 시험 결과 기록 완료 **

FITI 시험연구원장

e-DOCUMENT SERVICE

#1
-
< 0.63
4.6 (99.9%)주1)
-
6.3×10^3
2.1 (99.2%)주1)

BDES

독학학위제 소개

독학학위제란?

「독학에 의한 학위취득에 관한 법률」에 의거하여 국가에서 시행하는 시험에 합격한 사람에게 학사학위를 수여하는 제도

- 고등학교 졸업 이상의 학력을 가진 사람이면 누구나 응시 가능
- 대학교를 다니지 않아도 스스로 공부해서 학위취득 가능
- 일과 학습의 병행이 가능하여 시간과 비용 최소화
- 언제, 어디서나 학습이 가능한 평생학습시대의 자아실현을 위한 제도
- 학위취득시험은 4개의 과정(교양, 전공기초, 전공심화, 학위취득 종합시험)으로 이루어져 있으며 각 과정별 시험을 모두 거쳐 학위취득 종합시험에 합격하면 학사학위취득

독학학위제 전공 분야 (11개 전공)

※ 유아교육학 및 정보통신학 전공 : 3, 4과정만 개설
※ 간호학 전공 : 4과정만 개설
※ 중어중문학, 수학, 농학 전공 : 폐지 전공으로 기존에 해당 전공 학적 보유자에 한하여 응시 가능

※SD에듀는 현재 4개 학과(심리학과, 경영학과, 컴퓨터공학과, 간호학과) 개설 완료
※2개 학과(국어국문학과, 영어영문학과) 개설 진행 중

INFORMATION

독학학위제 시험안내

과정별 응시자격

단계	과정	응시자격	과정(과목) 시험 면제 요건
1	교양	고등학교 졸업 이상 학력 소지자	• 대학(교)에서 각 학년 수료 및 일정 학점 취득 • 학점은행제 일정 학점 인정 • 국가기술자격법에 따른 자격 취득 • 교육부령에 따른 각종 시험 합격 • 면제지정기관 이수 등
2	전공기초		
3	전공심화		
4	학위취득	• 1~3과정 합격 및 면제 • 대학에서 동일 전공으로 3년 이상 수료 (3년제의 경우 졸업) 또는 105학점 이상 취득 • 학점은행제 동일 전공 105학점 이상 인정 (전공 28학점 포함) → 22.1.1. 시행 • 외국에서 15년 이상의 학교교육과정 수료	없음(반드시 응시)

응시 방법 및 응시료

- 접수 방법 : 온라인으로만 가능
- 제출 서류 : 응시자격 증빙 서류 등 자세한 내용은 홈페이지 참조
- 응시료 : 20,400원

독학학위제 시험 범위

- 시험과목별 평가 영역 범위에서 대학 전공자에게 요구되는 수준으로 출제
- 시험 범위 및 예시문항은 독학학위제 홈페이지(bdes.nile.or.kr) – 학습정보–과목별 평가영역에서 확인

문항 수 및 배점

과정	일반 과목			예외 과목		
	객관식	주관식	합계	객관식	주관식	합계
교양, 전공기초 (1~2과정)	40문항×2.5점 =100점	–	40문항 100점	25문항×4점 =100점	–	25문항 100점
전공심화, 학위취득 (3~4과정)	24문항×2.5점 =60점	4문항×10점 =40점	28문항 100점	15문항×4점 =60점	5문항×8점 =40점	20문항 100점

※ 2017년도부터 교양과정 인정시험 및 전공기초과정 인정시험은 객관식 문항으로만 출제

합격 기준

• 1~3과정(교양, 전공기초, 전공심화) 시험

단계	과정	합격 기준	유의 사항
1	교양	매 과목 60점 이상 득점을 합격으로 하고, 과목 합격 인정(합격 여부만 결정)	5과목 합격
2	전공기초		6과목 이상 합격
3	전공심화		

• 4과정(학위취득) 시험 : 총점 합격제 또는 과목별 합격제 선택

구분	합격 기준	유의 사항
총점 합격제	• 총점(600점)의 60% 이상 득점(360점) • 과목 낙제 없음	• 6과목 모두 신규 응시 • 기존 합격 과목 불인정
과목별 합격제	• 매 과목 100점 만점으로 하여 전 과목(교양 2, 전공 4) 60점 이상 득점	• 기존 합격 과목 재응시 불가 • 1과목이라도 60점 미만 득점하면 불합격

시험 일정

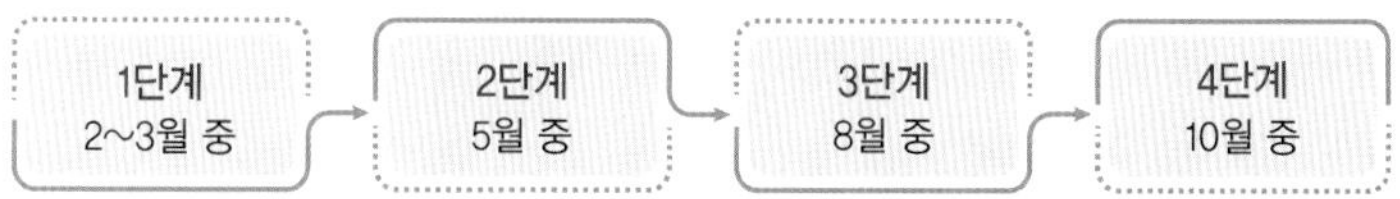

• 심리학과 4단계 시험 과목 및 시험 시간표

구분(교시별)	시간	시험 과목명
1교시	09:00~10:40 (100분)	국어, 국사, 외국어 중 택2 과목 (외국어를 선택할 경우 실용영어, 실용독일어, 실용프랑스어, 실용중국어, 실용일본어 중 택1 과목)
2교시	11:10~12:50 (100분)	• 임상심리학 • 소비자 및 광고심리학
중식	12:50~13:40 (50분)	
3교시	14:00~15:40 (100분)	• 심리학연구방법론 • 인지신경과학

※ 시험 일정 및 시험 시간표는 반드시 독학학위제 홈페이지(bdes.nile.or.kr)를 통해 확인하시기 바랍니다.

※ SD에듀에서 개설되었거나 개설 예정인 과목은 빨간색으로 표시했습니다.

GUIDE

독학학위제 과정

1단계
교양과정
01

대학의 교양과정을 이수한 사람이 일반적으로 갖추어야 할 학력 수준 평가

2단계
전공기초
02

각 전공영역의 학문을 연구하기 위하여 각 학문 계열에서 공통적으로 필요한 지식과 기술 평가

3단계
전공심화
03

각 전공영역에서의 보다 심화된 전문 지식과 기술 평가

4단계
학위취득
04

학위를 취득한 사람이 일반적으로 갖추어야 할 소양 및 전문 지식과 기술을 종합적으로 평가

GUIDE

독학학위제 출제방향

국가평생교육진흥원에서 고시한 과목별 평가영역에 준거하여 출제하되, 특정한 영역이나 분야가 지나치게 중시되거나 경시되지 않도록 한다.

교양과정 인정시험 및 전공기초과정 인정시험의 시험방법은 객관식(4지택1형)으로 한다.

단편적 지식의 암기로 풀 수 있는 문항의 출제는 지양하고, 이해력·적용력·분석력 등 폭넓고 고차원적인 능력을 측정하는 문항을 위주로 한다.

독학자들의 취업 비율이 높은 점을 감안하여, 과목의 특성상 가능한 경우에는 학문적이고 이론적인 문항뿐만 아니라 실무적인 문항도 출제한다.

교양과정 인정시험(1과정)은 대학 교양교재에서 공통적으로 다루고 있는 기본적이고 핵심적인 내용을 출제하되, 교양과정 범위를 넘는 전문적이거나 지엽적인 내용의 출제는 지양한다.

이설(異說)이 많은 내용의 출제는 지양하고 보편적이고 정설화된 내용에 근거하여 출제하며, 그럴 수 없는 경우에는 해당 학자의 성명이나 학파를 명시한다.

전공기초과정 인정시험(2과정)은 각 전공영역의 학문을 연구하기 위하여 각 학문 계열에서 공통적으로 필요한 지식과 기술을 평가한다.

전공심화과정 인정시험(3과정)은 각 전공영역에 관하여 보다 심화된 전문적인 지식과 기술을 평가한다.

학위취득 종합시험(4과정)은 시험의 최종 과정으로서 학위를 취득한 자가 일반적으로 갖추어야 할 소양 및 전문지식과 기술을 종합적으로 평가한다.

전공심화과정 인정시험 및 학위취득 종합시험의 시험방법은 객관식(4지택1형)과 주관식(80자 내외의 서술형)으로 하되, 과목의 특성에 따라 다소 융통성 있게 출제한다.

STUDY PLAN

독학학위제 단계별 학습법

1 단계

평가영역에 기반을 둔 이론 공부!

독학학위제에서 발표한 평가영역에 기반을 두어 효율적으로 이론 공부를 해야 합니다. 각 장별로 정리된 '핵심이론'을 통해 핵심적인 개념을 파악합니다. 모든 내용을 다 암기하는 것이 아니라, 포괄적으로 이해한 후 핵심내용을 파악하여 이 부분을 확실히 알고 넘어가야 합니다.

2 단계

시험 경향 및 문제 유형 파악!

독학사 시험 문제는 지금까지 출제된 유형에서 크게 벗어나지 않는 범위에서 비슷한 유형으로 줄곧 출제되고 있습니다. 본서에 수록된 이론을 충실히 학습한 후 '실제예상문제'를 풀어 보면서 문제의 유형과 출제의도를 파악하는 데 집중하도록 합니다. 교재에 수록된 문제는 시험 유형의 가장 핵심적인 부분이 반영된 문항들이므로 실제 시험에서 어떠한 유형이 출제되는지에 대한 감을 잡을 수 있을 것입니다.

3 단계

'실제예상문제'를 통한 효과적인 대비!

독학사 시험 문제는 비슷한 유형들이 반복되어 출제되므로 다양한 문제를 풀어 보는 것이 필수적입니다. 각 단원의 끝에 수록된 '실제예상문제'를 통해 단원별 내용을 제대로 학습했는지 꼼꼼하게 확인하고, 실력점검을 합니다. 이때 부족한 부분은 따로 체크해 두고 복습할 때 중점적으로 공부하는 것도 좋은 학습 전략입니다.

4 단계

복습을 통한 학습 마무리!

이론 공부를 하면서, 혹은 문제를 풀어 보면서 헷갈리고 이해하기 어려운 부분은 따로 체크해 두는 것이 좋습니다. 중요 개념은 반복학습을 통해 놓치지 않고 확실하게 익히고 넘어가야 합니다. 마무리 단계에서는 '빨리보는 간단한 키워드'를 통해 핵심개념을 다시 한 번 더 정리하고 마무리할 수 있도록 합니다.

COMMENT

합격수기

저는 학사편입 제도를 이용하기 위해 2~4단계를 순차로 응시했고 한 번에 합격했습니다. 아슬아슬한 점수라서 부끄럽지만 독학사는 자료가 부족해서 부족하나마 후기를 쓰는 것이 도움이 될까 하여 제 합격전략을 정리하여 알려 드립니다.

#1. 교재와 전공서적을 가까이에!

학사학위취득은 본래 4년을 기본으로 합니다. 독학사는 이를 1년으로 단축하는 것을 목표로 하는 시험이라 실제 시험도 변별력을 높이는 몇 문제를 제외한다면 기본이 되는 중요한 이론 위주로 출제됩니다. SD에듀의 독학사 시리즈 역시 이에 맞추어 중요한 내용이 일목요연하게 압축·정리되어 있습니다. 빠르게 훑어보기 좋지만 내가 목표로 한 전공에 대해 자세히 알고 싶다면 전공서적과 함께 공부하는 것이 좋습니다. 교재와 전공서적을 함께 보면서 교재에 전공서적 내용을 정리하여 단권화하면 시험이 임박했을 때 교재 한 권으로도 자신 있게 시험을 치를 수 있습니다.

#2. 아리송한 용어들에 주의!

강화계획은 강화스케줄이라고도 합니다. 강화계획은 가변비율계획(또는 변동비율계획), 고정비율계획, 가변간격계획(또는 변동간격계획), 고정간격계획으로 나눌 수 있습니다. 또 다른 예를 들어볼까요? 도식은 스키마, 쉐마라고 부르기도 합니다. 공부를 하다보면 이렇게 같은 의미를 가진 여러 용어들을 볼 수 있습니다. 내용을 알더라도 용어 때문에 정답을 찾지 못할 수 있으니 주의하면서 공부하시기 바랍니다.

#3. 시간확인은 필수!

쉬운 문제는 금방 넘어가지만 지문이 길거나 어렵고 헷갈리는 문제도 있고, OMR 카드에 마킹까지 해야 하니 실제로 주어진 시간은 더 짧습니다. 1번에 어려운 문제가 있다고 해서 시간을 많이 허비하면 쉽게 풀 수 있는 마지막 문제들을 놓칠 수 있습니다. 문제 푸는 속도도 느려지니 집중력도 떨어집니다. 그래서 어차피 배점은 같으니 아는 문제를 최대한 많이 맞히는 것을 목표로 했습니다.

① 어려운 문제는 빠르게 넘기면서 문제를 끝까지 다 풀고 ② 확실한 답부터 우선 마킹한 후 ③ 다시 시험지로 돌아가 건너뛴 문제들을 다시 풀었습니다. 확실히 시간을 재고 문제를 많이 풀어봐야 실전에 도움이 되는 것 같습니다.

#4. 문제풀이의 반복!

여느 시험과 마찬가지로 문제는 많이 풀어볼수록 좋습니다. 이론을 공부한 후 실제예상문제를 풀다보니 부족한 부분이 어딘지 확인할 수 있었고, 공부한 이론이 시험에 어떤 식으로 출제될 지 예상할 수 있었습니다. 그렇게 부족한 부분을 보충해가며 문제유형을 파악하면 이론을 복습할 때도 어떤 부분을 중점적으로 암기해야 할 지 알 수 있습니다. 이론 공부가 어느 정도 마무리되었을 때 시계를 준비하고 최종모의고사를 풀었습니다. 실제 시험시간을 생각하면서 예행연습을 하니 시험 당일에는 덜 긴장할 수 있었습니다.

학위취득을 위해 오늘도 열심히 학습하시는 동지 여러분에게도 합격의 영광이 있으시길 기원하면서 이만 줄입니다.

PREVIEW

이 책의 구성과 특징

01

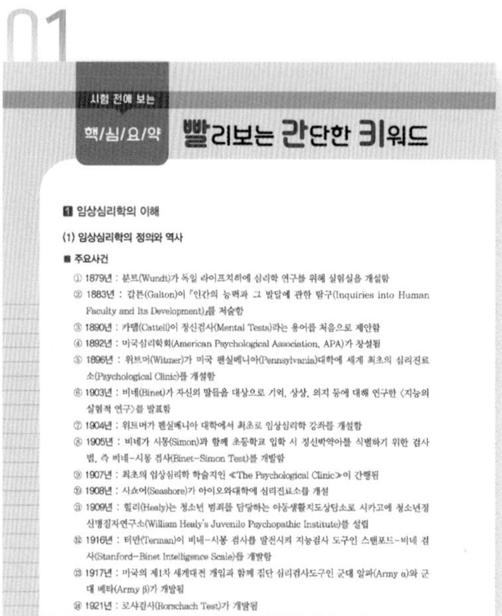
시험 전에 보는

핵/심/요/약 빨리보는 간단한 키워드

1 임상심리학의 이해

(1) 임상심리학의 정의와 역사

■ 주요사건

① 1879년 : 분트(Wundt)가 독일 라이프치히에 심리학 연구를 위해 실험실을 개설함
② 1883년 : 갈톤(Galton)이 『인간의 능력과 그 발달에 관한 탐구(Inquiries into Human Faculty and Its Development)』를 저술함
③ 1890년 : 카텔(Cattell)이 정신검사(Mental Tests)라는 용어를 처음으로 제안함
④ 1892년 : 미국심리학회(American Psychological Association, APA)가 창설됨
⑤ 1896년 : 위트머(Witmer)가 미국 펜실베니아(Pennsylvania)대학에 세계 최초의 심리진료소(Psychological Clinic)를 개설함
⑥ 1903년 : 비네(Binet)가 자신의 딸들을 대상으로 기억, 상상, 의지 등에 대해 연구한 〈지능의 실험적 연구〉를 발표함
⑦ 1904년 : 위트머가 펜실베니아 대학에서 최초로 임상심리학 강좌를 개설함
⑧ 1905년 : 비네가 시몽(Simon)과 함께 초등학교 입학 시 정신박약아를 식별하기 위한 검사법, 즉 비네-시몽 검사(Binet-Simon Test)를 개발함
⑨ 1907년 : 최초의 임상심리학 학술지인 ≪The Psychological Clinic≫이 간행됨
⑩ 1908년 : 시쇼어(Seashore)가 아이오와대학에 심리진료소를 개설
⑪ 1909년 : 힐리(Healy)는 청소년 범죄를 담당하는 아동생활지도상담소로 시카고에 청소년정신병질자연구소(William Healy's Juvenile Psychopathic Institute)를 설립
⑫ 1916년 : 터만(Terman)이 비네-시몽 검사를 발전시켜 지능검사 도구인 스탠포드-비네 검사(Stanford-Binet Intelligence Scale)를 개발함
⑬ 1917년 : 미국의 제1차 세계대전 개입과 함께 집단 심리검사도구인 군대 알파(Army α)와 군대 베타(Army β)가 개발됨
⑭ 1921년 : 로샤검사(Rorschach Test)가 개발됨

빨리보는 간단한 키워드

'빨리보는 간단한 키워드(빨간키)'는
핵심요약집으로 시험 직전까지 해당 과목의
중요 핵심내용을 체크할 수 있습니다.

02

핵심이론

독학사 시험의 출제 경향에 맞춰 시행처의
평가영역을 바탕으로 과년도 출제문제와
이론을 빅데이터 방식에 맞게 선별하여
가장 최신의 이론과 문제를 시험에
출제되는 영역 위주로 정리하였습니다.

제 1 장 임상심리학의 이해

제 1 절 임상심리학의 정의와 역사

1 심리학의 발전

(1) 심리학이 과학적 학문이기 전 시기

① 고대 그리스~중세 : 철학적 심리학
㉠ 플라톤(Plato) : 심신이원론
㉡ 아리스토텔레스(Aristotle) : 심신일원론
② 르네상스 시대 : 인간에 대한 종교적 · 형이상학적 접근으로부터 경험적 접근으로 시도하여 보다 과학적 심리학에 가까워짐
③ 근세 이후 : 경험적 접근을 취하게 되면서 마음의 경험적 측면인 의식(Consciousness)에 관심
④ 17~18세기 : 경험주의자인 로크(Locke), 밀(Mill), 스펜서(Spencer) 등이 심리학을 경험적으로 고찰 → 경험적 심리학 탄생

(2) 과학적 심리학

① 분트(Wundt) : 현대 심리학의 아버지, 1879년에 독일의 라이프치히(Leipzig)에서 최초의 심리학 실험실 설립
② 티치너(Tichener)와 제임스(James) : 기능주의, 행동관찰법
③ 프로이트(Freud) : 정신분석학 창시, 무의식 강조
④ 왓슨(Watson) : 행동주의
⑤ 베르트하이머(Wertheimer) : 게슈탈트(Gestalt)

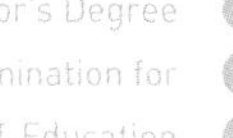

03

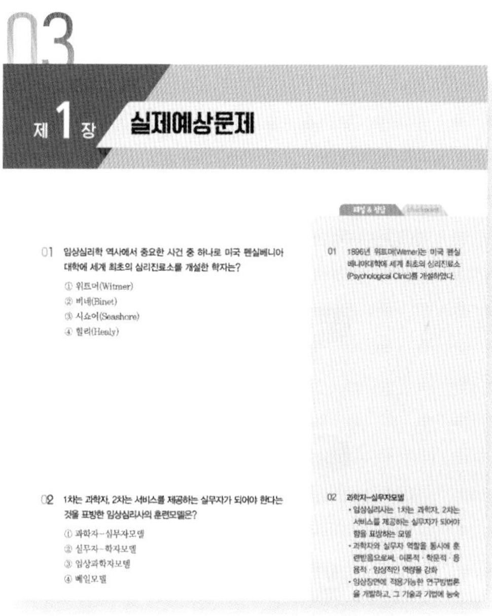

제 1 장 실제예상문제

01 임상심리학 역사에서 중요한 사건 중 하나로 미국 펜실베니아 대학에 세계 최초의 심리진료소를 개설한 학자는?

① 위트머(Witmer)
② 비네(Binet)
③ 시쇼어(Seashore)
④ 힐리(Healy)

01 1896년 위트머(Witmer)는 미국 펜실베니아대학에 세계 최초의 심리진료소(Psychological Clinic)를 개설하였다.

02 1차는 과학자, 2차는 서비스를 제공하는 실무자가 되어야 한다는 것을 표방한 임상심리사의 훈련모델은?

① 과학자-실무자모델
② 실무자-학자모델
③ 임상과학자모델
④ 베일모델

02 과학자-실무자모델
- 임상심리사는 1차는 과학자, 2차는 서비스를 제공하는 실무자가 되어야 함을 표방하는 모델
- 과학자와 실무자 역할을 동시에 훈련받음으로써, 이론적 · 학문적 · 응용적 · 임상적인 역량을 강화
- 임상장면에 적용가능한 연구방법론을 개발하고, 그 기술과 기법에 능숙

실제예상문제

독학사 시험의 경향에 맞춰 전 영역의 문제를 새롭게 구성하고 지극히 지엽적인 문제나 쉬운 문제를 배제하여 학습자가 해당 교과정에서 필수로 알아야 할 내용을 문제로 정리하였습니다. '실제예상문제'를 통해 핵심이론의 내용을 문제로 풀어보면서 4단계 객관식 문제와 주관식 문제를 충분히 연습할 수 있게 구성하였습니다.

04

최종모의고사

'핵심이론'을 공부하고, '실제예상문제'를 풀어보았다면 이제 남은 것은 실전 감각 기르기와 최종 점검입니다. '최종모의고사(총 2회분)'를 실제 시험처럼 시간을 두고 풀어보고, 정답과 해설을 통해 복습한다면 좋은 결과가 있을 것입니다.

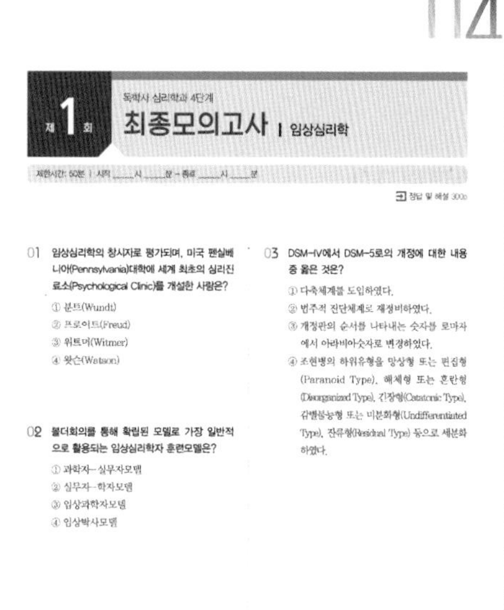

제 1 회 독학사 심리학과 4단계 최종모의고사 | 임상심리학

제한시간: 50분 | 시작 ___시 ___분 - 종료 ___시 ___분

정답 및 해설 300p

01 임상심리학의 창시자로 평가되며, 미국 펜실베니아(Pennsylvania)대학에 세계 최초의 심리진료소(Psychological Clinic)를 개설한 사람은?

① 분트(Wundt)
② 프로이트(Freud)
③ 위트머(Witmer)
④ 왓슨(Watson)

02 볼더회의를 통해 확립된 모델로 가장 일반적으로 활용되는 임상심리학자 훈련모델은?

① 과학자-실무자모델
② 실무자-학자모델
③ 임상과학자모델
④ 임상박사모델

03 DSM-IV에서 DSM-5로의 개정에 대한 내용 중 옳은 것은?

① 다축체계를 도입하였다.
② 범주적 진단체계로 재정비하였다.
③ 개정판의 순서를 나타내는 숫자를 로마자에서 아라비아숫자로 변경하였다.
④ 조현병의 하위유형을 망상형 또는 편집형(Paranoid Type), 해체형 또는 혼란형(Disorganized Type), 긴장형(Catatonic Type), 감별불능형 또는 미분화형(Undifferentiated Type), 잔류형(Residual Type) 등으로 세분화하였다.

CONTENTS

목 차

시 험 전 에 보 는 핵 심 요 약

빨리보는 간단한 키워드

임상심리학

시험 전에 보는

핵/심/요/약 빨리보는 간단한 키워드

1 임상심리학의 이해

(1) 임상심리학의 정의와 역사

■ 주요사건

① 1879년 : 분트(Wundt)가 독일 라이프치히에 심리학 연구를 위해 실험실을 개설함

② 1883년 : 갈튼(Galton)이 『인간의 능력과 그 발달에 관한 탐구(Inquiries into Human Faculty and Its Development)』를 저술함

③ 1890년 : 카텔(Cattell)이 정신검사(Mental Tests)라는 용어를 처음으로 제안함

④ 1892년 : 미국심리학회(American Psychological Association, APA)가 창설됨

⑤ 1896년 : 위트머(Witmer)가 미국 펜실베니아(Pennsylvania)대학에 세계 최초의 심리진료소(Psychological Clinic)를 개설함

⑥ 1903년 : 비네(Binet)가 자신의 딸들을 대상으로 기억, 상상, 의지 등에 대해 연구한 〈지능의 실험적 연구〉를 발표함

⑦ 1904년 : 위트머가 펜실베니아 대학에서 최초로 임상심리학 강좌를 개설함

⑧ 1905년 : 비네가 시몽(Simon)과 함께 초등학교 입학 시 정신박약아를 식별하기 위한 검사법, 즉 비네-시몽 검사(Binet-Simon Test)를 개발함

⑨ 1907년 : 최초의 임상심리학 학술지인 ≪The Psychological Clinic≫이 간행됨

⑩ 1908년 : 시쇼어(Seashore)가 아이오와대학에 심리진료소를 개설

⑪ 1909년 : 힐리(Healy)는 청소년 범죄를 담당하는 아동생활지도상담소로 시카고에 청소년정신병질자연구소(William Healy's Juvenile Psychopathic Institute)를 설립

⑫ 1916년 : 터만(Terman)이 비네-시몽 검사를 발전시켜 지능검사 도구인 스탠포드-비네 검사(Stanford-Binet Intelligence Scale)를 개발함

⑬ 1917년 : 미국의 제1차 세계대전 개입과 함께 집단 심리검사도구인 군대 알파(Army α)와 군대 베타(Army β)가 개발됨

⑭ 1921년 : 로샤검사(Rorschach Test)가 개발됨

⑮ 1927년 : 프린스(Prince)가 하버드 심리진료소(Harvard Psychological Clinic)를 개설함

⑯ 1935년 : 머레이와 모건(Murray & Morgan)이 주제통각검사(Thematic Apperception Test, TAT)를 개발함

⑰ 1939년 : 웩슬러-벨류브(Wechsler-Bellevue) 성인용 지능척도가 개발됨

⑱ 1943년 : 미네소타다면적인성검사(Minnesota Multiphastic Personality Inventory, MMPI)가 개발됨

⑲ 1946년 : 미국 재향군인회와 공중위생국에 의해 심리훈련 프로그램이 도입됨(전쟁에 참여하여 각종 심리적 질환에 시달린 군인들이 많아진 것이 계기)
⑳ 1946년 : 라파포트(Rapaport), 길(Gill), 섀퍼(Schafer)가 심리검사에 의해 측정되는 특정심리기능을 구체화하고 이를 임상적 · 정신병리적 관점에서 제시한 『진단적 심리검사(Diagnostic Psychological Testing)』를 저술함
㉑ 1948년 : 국제연합(UN)의 특별기구로서 세계보건기구(World Health Organization, WHO)가 설립됨
㉒ 1949년 : 볼더(Boulder)회의를 통해 과학자-실무자모델(Scientist-Practitioner Model)이 공식적으로 확립
㉓ 1963년 : 미국 케네디 대통령에 의해 지역사회 정신건강법이 제정됨
㉔ 1973년 : 미국 콜로라도의 베일(Vail)회의에서 심리학 박사학위를 인정함

■ 임상심리학의 발전 계기

① 제1차 세계대전
② 제2차 세계대전
③ 훈련프로그램의 개발

(2) 임상심리학자의 역할과 훈련

■ 역할

① 연구
② 진단 및 평가
③ 개입과 치료
④ 교육 및 훈련
⑤ 자문
⑥ 행정

■ 훈련

① 과학자-실무자모델
② 실무자-학자모델
③ 임상과학자모델

■ 임상심리학자의 윤리원칙

① 유능성

② 성실성

③ 전문적이고 과학적인 책임

④ 인간의 권리와 존엄에 대한 존중

⑤ 타인의 복지에 대한 관심

⑥ 사회적 책임

■ 단일사례설계의 의의

① 단일사례설계는 개인, 가족 및 소집단 등을 대상으로 이들이 갖고 있는 문제를 해결하기 위한 개입이 어떠한 효과를 갖고 있는지를 과학적인 방법으로 입증하는 것이다.

② 단일사례실험, 단일대상설계, 단일체계설계 등으로도 불린다.

③ 단일사례설계는 주로 개인-가족-소집단들의 심리사회적 기능을 향상시키고 유지하기 위한 임상사회사업에서 이론적, 실천적 발전의 근거를 마련하기 위해 사용되고 있다.

■ 단일사례설계의 특징

① 단일대상 또는 단일사례

분석단위가 1개인, 1가족, 1지역사회, 또는 1조직 등 표집요소의 수는 하나임을 의미한다.

② 반복측정

한 사례를 반복적으로 측정해서 나타나는 조사대상자의 표적행동의 변화를 관찰해 그 결과를 갖고 개입효과를 파악한다.

③ 즉각적인 환류(feedback)

단일사례설계의 주된 목적은 개입방법의 효과를 규명하는 것이다. 조사대상자의 문제행동을 명확히 규정하고 연구자가 사용한 개입방법이 대상자의 문제행동을 해결하는 데 얼마나 효과적이었는지를 평가하기 위해 적용되는 조사설계이다.

(3) 단일사례연구

■ 단일사례설계의 기본구조

① 기초선 단계

㉠ 기초선이란 연구자가 개입활동을 실시하기 전에 표적행동을 관찰하는 기간을 의미하기도 하고, 때로는 관찰된 표적행동의 상태를 나타내는 자료를 의미하기도 한다.

㉡ 단일사례설계의 구조를 설명하는 데 있어서 기초선은 일반적으로 'A'로 표시된다.

② 개입단계

㉠ 개입단계는 표적행동에 대한 개입활동이 이루어지면서 표적행동에 대한 관찰이 병행되는 기간으로, 관찰의 횟수나 기간은 기초선과 같은 정도로 하는 것이 바람직하다.

㉡ 단일사례설계의 구조를 설명하는데 있어서 개입국면은 일반적으로 'B'로 표시한다.

■ ABAB 설계

① ABAB 설계는 치료 조건과 비치료 조건을 번갈아가며 피험자의 행동 변화에 대한 체계적 관찰을 함으로써 치료의 효과성을 측정한다.

② 기초선 단계(A) → 개입단계(B) → 개입중단(기초선 단계)(A) → 재개입(B)

■ 다중 기저선 설계

ABAB 설계에서처럼 치료를 철회하지 않으며, 2개 이상의 목표 행동 변화에 하나 혹은 여러 가지 개입법이나 치료를 적용한다.

특정 개입법이나 치료가 특정 목표행동만의 변화를 이끌고 다른 목표 행동에는 영향을 미치지 않는지를 검증함으로써 특정 개입법이나 치료와 목표행동간의 인과관계를 밝힐 때 사용될 수 있다.

2 진단과 분류

(1) 진단체계

■ 국제질병분류 10판[International Classification of Diseases–10th ed. (ICD–10)]

■ 정신장애진단 및 통계편람 5판[Diagnostic & Statistical Manual of Mental Disorders – 5th ed. (DSM–5)]

신경발달장애 (Neurodevelopmental Disorders)	1. 지적 장애(Intellectual Disabilities) 2. 의사소통장애(Communication Disorders) 3. 자폐스펙트럼장애(Autism Spectrum Disorder) 4. 주의력결핍 및 과잉행동장애(Attention–Deficit/Hyperactivity Disorder) 5. 특정학습장애(Specific Learning Disorders) 6. 운동장애(Motor Disorders) –틱장애(Tic Disorders) 등
정신분열스펙트럼 및 기타 정신증적 장애 (Schizophrenia Spectrum and Other Psychotic Disorders)	1. 분열형(성격) 장애 또는 조현형(성격) 장애[Schizotypal (Personality) Disorder] 2. 망상장애(Delusional Disorder) 3. 단기정신증적 장애 또는 단기정신병적 장애(Brief Psychotic Disorder) 4. 정신분열형장애 또는 조현양상장애(Schizophreniform Disorder) 5. 정신분열증 또는 조현병(정신분열증)(Schizophrenia) 6. 분열정동장애 또는 조현정동장애(Schizoaffective Disorder) 등
양극성 및 관련 장애 (Bipolar and Related Disorders)	1. 제1형 양극성장애(Bipolar Ⅰ Disorder) 2. 제2형 양극성장애(Bipolar Ⅱ Disorder) 3. 순환성장애 또는 순환감정장애(Cyclothymic Disorder) 등
우울장애 (Depressive Disorders)	1. 주요우울장애(Major Depressive Disorder) 2. 지속성우울장애(Persistent Depressive Disorder) 3. 월경 전 불쾌감장애(Premenstrual Dysphoric Disorder) 4. 파괴적 기분조절곤란장애 또는 파괴적 기분조절부전장애(Disruptive Mood Dysregulation Disorder) 등
불안장애 (Anxiety Disorders)	1. 분리불안장애(Seperation Anxiety Disorder) 2. 선택적 무언증 또는 선택적 함구증(Selective Mutism) 3. 특정공포증(Specific Phobia) 4. 사회불안장애 또는 사회공포증(Social Anxiety Disorder or Social Phobia) 5. 공황장애(Panic Disorder) 6. 광장공포증(Agoraphobia) 7. 범불안장애(Generalized Anxiety Disorder) 등

강박 및 관련 장애 (Obsessive–Compulsive and Related Disorders)	1. 강박장애(Obsessive–Compulsive Disorder) 2. 신체변형장애 또는 신체이형장애(Body Dysmorphic Disorder) 3. 저장장애 또는 수집광(Hoarding Disorder) 4. 발모증(Trichotillomania) 또는 모발뽑기장애(Hair–Pulling Disorder) 5. 피부벗기기장애 또는 피부뜯기장애[Excoriation (Skin–Picking) Disorder] 등
외상– 및 스트레스 사건–관련 장애 (Trauma– and Stressor–Related Disorders)	1. 반응성애착장애(Reactive Attachment Disorder) 2. 탈억제사회관여장애 또는 탈억제성사회적 유대감장애(Disinhibited Social Engagement Disorder) 3. 외상후스트레스장애(Posttraumatic Stress Disorder) 4. 급성스트레스장애(Acute Stress Disorder) 5. 적응장애(Adjustment Disorder) 등
해리성장애 또는 해리장애 (Dissociative Disorders)	1. 해리성정체감장애(Dissociative Identity Disorder) 2. 해리성기억상실증(Dissociative Amnesia) 3. 이인증/비현실감장애(Depersonalization/Derealization Disorder) 등
신체증상 및 관련 장애 (Somatic Symptom and Related Disorders)	1. 신체증상장애(Somatic Symptom Disorder) 2. 질병불안장애(Illness Anxiety Disorder) 3. 전환장애(Conversion Disorder) 4. 허위성(가장성 또는 인위성)장애(Factitious Disorder) 등
급식 및 섭식장애 (Feeding and Eating Disorders)	1. 이식증(Pica) 2. 반추장애 또는 되새김장애(Rumination Disorder) 3. 회피적/제한적 음식섭취장애(Avoidant/Restrictive Food Intake Disorder) 4. 신경성식욕부진증(Anorexia Nervosa) 5. 신경성폭식증(Bulimia Nervosa) 6. 폭식장애(Binge–Eating Disorder) 등
배설장애 (Elimination Disorders)	1. 유뇨증(Enuresis) 2. 유분증(Encopresis) 등
수면–각성장애 (Sleep–Wake Disorders)	1. 불면장애(Insomnia Disorder) 2. 과다수면장애(Hypersoninolence Disorder) 3. 수면발작증 또는 기면증(Narcolepsy) 4. 호흡 관련 수면장애(Breathing–Related Sleep Disorders) 5. 일주기리듬–수면–각성장애(Circadian Rhythm Sleep–Wake Disorders) 6. 수면이상증 또는 사건수면(Parasomnias) 7. 초조성다리증후군 또는 하지불안증후군(Restless Legs Syndrome) 등

성기능장애 또는 성기능부전 (Sexual Dysfunctions)	1. 지루증 또는 사정지연(Delayed Ejaculation) 2. 발기장애(Erectile Disorder) 3. 여성절정감장애 또는 여성극치감장애(Female Orgasmic Disorder) 4. 여성 성적 관심/흥분장애(Female Sexual Interest/Arousal Disorder) 5. 생식기(성기) –골반통증/삽입장애(Genito–Pelvic Pain/Penetration Disorder) 6. 남성성욕감퇴장애(Male Hypoactive Sexual Desire Disorder) 7. 조루증 또는 조기사정(Premature (Early) Ejaculation) 등
성불편증 또는 성별불쾌감 (Gender Dysphoria)	1. 아동의 성불편증(Gender Dysphoria in Children) 2. 청소년 및 성인의 성불편증(Gender Dysphoria in Adolecents and Adults) 등
파괴적, 충동조절 및 품행장애 (Disruptive, Impulse–Control, and Conduct Disorders)	1. 반항성장애 또는 적대적 반항장애(Oppositional Defiant Disorder) 2. 간헐적 폭발성장애 또는 간헐적폭발장애(Intermittent Explosive Disorder) 3. 품행장애(Conduct Disorder) 4. 반사회성성격장애(Antisocial Personality Disorder) 5. 병적 방화 또는 방화증(Pyromania) 6. 병적 도벽 또는 도벽증(Kleptomania) 등
물질–관련 및 중독장애 (Substance–Related and Addictive Disorders)	1. 물질–관련 장애(Substance–Related Disorders) 1) 알코올–관련 장애(Alcohol–Related Disorders) 2) 카페인–관련 장애(Caffeine–Related Disorders) 3) 칸나비스(대마) –관련 장애(Cannabis–Related Disorders) 4) 환각제–관련 장애(Hallucinogen–Related Disorders) 5) 흡입제–관련 장애(Inhalant–Related Disorders) 6) 아편류(아편계) –관련 장애(Opioid–Related Disorders) 7) 진정제, 수면제 또는 항불안제–관련 장애(Sedative–, Hypnotic–, or Anxiolytic–Related Disorders) 2. 비물질–관련 장애(Non–Substance–Related Disorders) 1) 도박장애(Gambling Disorder)
신경인지장애 (Neurocognitive Disorders)	1. 섬망(Delirium) 2. 주요 및 경도신경인지장애(Major and Mild Neurocognitive Disorder) 등

성격장애 (Personality Disorders)	1. A군 성격장애(Cluster A Personality Disorders) 1) 편집성성격장애(Paranoid Personality Disorder) 2) 분열성(조현성)성격장애(Schizoid Personality Disorder) 3) 분열형(조현형)성격장애(Schozotypal Personality Disorder) 2. B군 성격장애(Cluster B Personality Disorders) 1) 반사회성성격장애(Antisocial Personality Disorder) 2) 연극성(히스테리)성격장애(Histrionic Personality Disorder) 3) 경계성성격장애(Borderline Personality Disorder) 4) 자기애성성격장애(Narcissisitic Personality Disorder) 3. C군 성격장애(Cluster C Personality Disorders) 1) 회피성성격장애(Avoidant Personality Disorder) 2) 의존성성격장애(Dependent Personality Disorder) 3) 강박성성격장애(Obsessive–Compulsive Personality Disorder)
성도착장애 또는 변태성욕장애 (Paraphilic Disorders)	1. 관음장애(Voyeuristic Disorder) 2. 노출장애(Exhibitionistic Disorder) 3. 접촉마찰장애 또는 마찰도착장애(Frotteuristic Disorder) 4. 성적 피학장애(Sexual Masochism Disorder) 5. 성적 가학장애(Sexual Sadism Disorder) 6. 아동성애장애 또는 소아애호장애(Pedophilic Disorder) 7. 성애물장애 또는 물품음란장애(Fetishistic Disorder) 8. 의상전환장애 또는 복장도착장애(Transvestic Disorder) 등
기타 정신장애 (Other Mental Disorders)	1. 다른 의학적 상태에 기인한 달리 명시된 정신장애(Other Specified Mental Disorder Due to Another Medical Condition) 2. 다른 의학적 상태에 기인한 명시되지 않는 정신장애(Unspecified Mental Disorder Due to Another Medical Condition) 3. 달리 명시된 정신장애(Other Specified Mental Disorder) 4. 명시되지 않는 정신장애(Unspecified Mental Disorder)

(2) 분류의 가치와 문제점

■ 목적

① 공통의 용어 정의
② 효과적인 정보제공
③ 체계적 기술
④ 예측체계 수립
⑤ 객관적 기준 수립

■ 문제점

① 공통 특성에 근거하여 장애를 분류하므로 환자 개개인에서 고유한 독특한 증상이나 성격특성 등을 간과하기 쉬움
② 정신장애 진단은 환자에게 낙인, 사회적 차별이나 편견을 가져올 수 있음
③ 진단분류의 신뢰도와 타당도가 낮은 경우 문제가 될 수 있음

3 임상적 면접

(1) 면접의 일반적인 특징과 면접기술

■ 일반적 특징

① 임상적 면접의 목적
㉠ 치료자–내담자 라포형성
㉡ 내담자와 내담자의 문제와 관련된 정보의 수집 및 평가
㉢ 주로 시행하는 치료법, 향후 치료계획, 치료조건, 치료비 등에 대한 정보를 제공
㉣ 내담자의 치료적 동기를 확실하게 다짐

② 임상적 면접의 장 · 단점

장 점	단 점
• 치료자는 내담자가 정확하고 구체적인 정보를 제공하도록 동기화시킬 수 있음 • 애매한 반응 해석, 문제의 명료화, 내담자의 문제행동의 만성화 정도와 맥락을 기록할 수 있음 • 내담자의 언어적 · 비언어적 행동을 동시에 관찰하여 정보의 타당성을 평가할 수 있음	• 내담자가 정확하지 않은 정보를 제공할 수 있기 때문에 신뢰도와 타당도를 확립하기 어려움

■ 면접기술

① 일반적 면접기술
㉠ 라포형성 및 유지
㉡ 명료화
㉢ 직면
㉣ 적절한 대답 격려하기

ⓜ 효과적인 탐색 사용하기

ⓑ 반영

ⓢ 주제 바꾸기

ⓞ 침묵 다루기

ⓙ 해석

② 언어적 반응기술

ⓖ 최소의 촉진적 반응

ⓝ 질문 : 적절한 질문하기, 탐색적 질문, 개방형 질문 vs. 폐쇄형 질문, 유용한 질문

ⓓ 승인

ⓡ 직접적 지도

ⓜ 정보제공

ⓑ 요약

ⓢ 자기노출

(2) 면접의 유형

■ 형식에 따른 분류

① 구조화된 면접(표준화 면접)

② 비구조화된 면접(비표준화 면접)

③ 반구조화된 면접(반표준화 면접)

■ 목적에 따른 분류

① 진단면접(Diagnostic Interview)

② 접수면접(Intake Interview)

③ 사례사면접(Case-History Interview)

(3) 면접의 신뢰도와 타당도

■ 특징

① 면접자 간의 신뢰도는 평가자 간의 합치도를 통해 계산

② 면접자가 기법을 잘 훈련 받은 경우, 구조화된 면접이 신뢰도 ↑

③ 타당도 관련 연구(편파를 일으키는 요인에 초점) : 할로효과(Halo Effect), 확인편파(Confirmatory Bias) 등

■ 증진법

① 구조화된 면접법 사용

② 면접기술 익히기

③ 내담자의 기대와 동기 파악

④ 면접자 자신의 기대와 편견, 가치 등을 인식

4 행동관찰

(1) 행동평가의 특징과 기법

■ 행동평가의 기본전제(Haynes)

① 행동의 결정요인은 환경적 사건이다.

② 문제행동과 시간상으로 인접한 환경적 요인 혹은 행동과 환경과의 상호작용이 중요하다.

③ 행동의 발생이나 특성을 설명함에 있어 행동에 선행되거나 동반되는 상황적 요인이 중요하다.

④ 행동의 다요인 결정론을 지지한다.

⑤ 평가의 대상이 되는 문제행동이 다양한 요소들로 구성되어 있다는 반응의 단편화를 전제한다.

■ 행동평가의 강조점

① 행동평가는 개인 내적인 심리적 상태보다는 문제가 일어나는 상황을 중요시한다.

② 행동평가는 개인행동이 환경적인 맥락 안에서 어떻게 상호작용을 하는지에 관심을 가진다.

③ 행동평가는 개인을 이해하는 데 가능한 추론적인 가정을 배제하며, 관찰 가능한 행동을 대상으로 이를 평가하는 데 초점을 둔다.

■ 행동평가의 기능

① 목표행동의 결정
② 동일 기능 행동들의 발견
③ 대안적 행동의 발견
④ 결정요인의 발견
⑤ 기능적 분석의 발달
⑥ 치료적 전략의 고안
⑦ 치료적 개입의 평가
⑧ 내담자 치료자(평가자) 상호작용 촉진

■ 행동평가의 양식 혹은 행동평가의 평가요소로서 4가지 변인(SORC)

① 자극(Stimuli)
② 유기체(Organismic)
③ 반응(Overt Responses)
④ 후속변인(Consequent Variables)

■ 직접적 행동평가에서 행동의 직접 측정 시 포함시키는 6가지 특성

① 움직임의 형태(Topography)
② 양(Amount) – 빈도와 지속기간
③ 강도(Intensity)
④ 자극통제(Stimulus Control)
⑤ 잠재기간(Latency)
⑥ 질(Quality)

(2) 행동평가의 유형

■ 내담자의 면접 평가를 위한 행동평가 방법

① 행동적 면접
② 관찰법
③ 질문지 혹은 평정척도

■ 행동평가 방법으로서 관찰법의 유형

① 자연관찰법(직접관찰법)
② 유사관찰법(통제관찰법 또는 실험적 관찰법)
③ 참여관찰법
④ 자기관찰법

■ 관찰법의 주요 종류

① 시간표집법(Time Sampling)
② 사건표집법(Event Sampling)
③ 일화기록법(Anecdotal Records)
④ 표본기록법(Specimen Description)

(3) 행동평가의 신뢰도와 타당도

■ 행동평정척도의 의의

① 표준화된 형태의 척도에서 아동 및 청소년의 행동 특성에 관한 종합적인 판단을 그들을 잘 알고 있는 정보제공자(부모, 교사 등)로부터 얻는 것이다.
② 직접적인 행동관찰이나 구조화된 행동면접 방법에 비해서는 덜 직접적이다.
③ 어떤 행동이 존재하는지를 일차적으로 측정하는 것이라기보다는 특정 행동에 대한 정보제공자의 '지각'을 측정한다.
④ 비구조화된 임상면접이나 투사적 기법에 비해 보다 믿을 만한 자료를 얻을 수 있는 방법이다.

■ 행동평정척도의 장점 및 단점

① 장점
㉠ 관찰 회기 내에 측정할 수 없는 발생빈도는 낮지만 중요한 행동들을 확인이 가능하다.
㉡ 자신들의 문제에 대해 스스로 정보를 제공하지 않으려는 수검자에 대한 평가가 가능하다.
㉢ 자연적인 환경(집, 학교)에서 일정기간 동안 이루어진 관찰 결과를 이용할 수 있다.
㉣ 부모나 교사와 같은 아동 · 청소년의 행동에 익숙한 사람들로부터 정보를 얻을 수 있다.
② 행동평정척도의 단점
㉠ 평정척도는 규준에 비추어 평정을 하기보다는 평정자의 개별 평정에서 결과를 산출한다는 점 때문에 오류가 발생할 수 있다.

ㄴ 평정할 문항의 내용과 관련 없는 긍정적이거나 부정적인 특징들은 학생을 긍정적 혹은 부정적으로 평정하려는 경향이 반응 편파를 낳을 수 있다.

ㄷ 수검자에 관계없이 평정자가 지나치게 관대하거나 혹은 지나치게 비판적인 반응 태세가 평정척도에 영향을 줄 수 있다.

ㄹ 대체로 평정자가 극단적인 척도 점수를 피하고 중간 정도에 해당되는 반응 경향성을 보여서 편파가 발생할 수 있다.

ㅁ 행동이 시간이 지남에 따라 변화할 가능성이 있고, 시간이 지남에 따라 평정 과제 자체에 대한 평정자의 대도가 달라질 수 있다.

ㅂ 특정 행동이 어떤 상황에서는 나타나지만 어떤 상황에서는 나타나지 않는 상황 특징적인 변산이 있을 수 있다.

■ 행동평정척도의 종류

① ASEBA 아동 · 청소년 행동평가척도

㉠ ASEBA 아동 · 청소년 행동평가척도(ASEBA School-age Forms)는 아동 · 청소년 행동평가척도(Child Behavior Checklist) 및 청소년 자기 행동평가척도(Youth Self-Report)와 교사용 아동 행동평가척도(Teacher's Report Form)에 기반을 두고, 평가 대상 및 평정자 관계를 구조화하여 전 연령대에 걸쳐 행동문제를 평가하는 체계로 구성하였다.

검사	평가대상	검사지 작성자 (검사 실기)	검사 사용자 (실시관리 / 채점 / 해석)
CBCL 6-18	초등학생, 중학생, 고등학생 (만 6-18세)	양육자(부모)	• 실시 및 채점 : 매뉴얼을 숙지한 관리자 • 해석 : 임상가
YSR	중학생, 고등학생(만 11~18세)	청소년 본인	
TRF	초등학생, 중학생, 고등학생 (만 6~18세)	교사	

② ASEBA 유아 행동평가척도

㉠ ASEBA 유아 행동평가척도(ASEIBA Trescheol forns)는 영유아의 문제행동을 평가하기 위해 개발하였으며, 1.5세부터 5세에 해당되는 유아의 주 양육자 (주로 부모, CECL 1.5-5)의 교사 보육사(C-TRE)가 작성하도록 되어 있다.

ㄴ 한국판 유아 행동평가척도는 문제행동 척도와 언어발달 검사(LIDS)로 구성되어 있다. 문제행동 척도는 문제행동 문항에 대한 경험서 분석을 통해 증후군 척도를 구성하고, 특정한 증후군으로 묶이지 않은 문항들은 기타 문제 척도로 분류하였다.

③ 한국판 코너스 평정척도

㉠ 코너스 평정척도(Conners, 1990)는 개념적으로도 유사하고 문항도 많이 겹치는 4개의 행등평정 세트(부모용 두 가지, 교사용 두 가지)로 구성되어 있다.

㉡ 우리나라에서도 코너스 부모 평정척도와 코너스 교사 평정척도의 단축형이 연구 대상의 선발이나 치료효과 검증에 널리 사용되고 있다. 부모용 코너스 평정척도는 충동성-과잉행동 요인을 구성하는 10문항으로 이루어진 단축형 척도가 자주 사용되며, 16점 이상이면 주의력결핍 과잉행동장애로 진단할 수 있다. 문항의 예는 '차분하지 못하고 너무 활동적이다', '주의력이 없고 쉽게 주의분산이 된다' 등으로 '전혀 없음', '약간', '상당히', '아주 심함' 의 4점 척도로 평정하도록 되어 있다. 교사용의 경우도 10문항으로 구성된 단축형 척도가 사용되며, 단축형 교사용 평정척도의 주의력결핍 과잉행동장애의 절단점은 17점이다.

④ 한국판 아동기 자폐증 평정척도

㉠ 아동기 자폐증 평정척도(Childhood Autism Rating Scale: CARS; Schopler, Reichler, & Renner, 1988)는 자폐장애를 알아보기 위해 만들어진 행동평정척도이다.

㉡ 우리나라에서도 김태련과 박랑규(1996)가 이 척도를 번안하였고, 신민섭과 김융희(1998)가 한국 표준화 연구를 수행하였다. 연구 결과 K-CARS의 내적 일치도 계수는 .87이었으며, 평정자 간 상관계수도 .94로 높은 일치도를 보였고, 재검사 신뢰도도 .91로 나타났다.

㉢ 요인분석에서도 사회적 의사소통의 제한, 반복적 상동행동, 특이한 감각반응 등의 세 가지 요인이 추출되었는데, 자폐장애 아동에게서 보이는 핵심적인 증상과 일치하는 것으로 생각해 볼 수 있으며, 적절한 구성타당도를 지닌 것으로 나타났다. K-CARS의 경우는 자폐와 비자폐 장애를 구분하는 점이 28점인 것으로 나타났으며, 분류 적중률도 80.4%로 비교적 양호한 편에 속하는 것으로 나타났다.

5 심리평가

(1) 지능평가

■ 지능의 정의

① 일반적 정의 : 학습능력, 적응능력, 추상적 사고능력, 총합적 · 전체적 능력

② 학자별 정의

㉠ 웩슬러(Wechsler) : 개인이 합목적적으로 행동하고 합리적으로 사고하며, 환경을 효율적으로 다룰 수 있는 총체적인 능력

㉡ 비네(Binet) : 일정한 방향을 설정하고 그것을 유지하는 능력, 목표달성을 위해 일하는 능력, 행동의 결과를 수정하는 능력

㉢ 터만(Terman) : 추상적 사고를 하는 능력, 즉 다양한 문제들을 해결하기 위해 추상적 상징을 사용하는 능력

㉣ 스피어만(Spearman) : 사물의 관련성을 추출할 수 있도록 하는 정신작용

㉤ 서스톤(Thurston) : 추상적 개념과 구체적 사실을 연관시킬 수 있는 능력

㉥ 피아제(Piaget) : 단일형식의 조직이 아닌 적응과정을 통해 동화와 조절이 균형을 이루는 형태

㉦ 스턴(Stern) : 사고를 작동시켜 새로운 요구에 의식적으로 적응하는 일반적 능력

㉧ 핀트너(Pintner) : 새로운 환경에 자신을 적응시키는 능력

㉨ 게이츠(Gates) : 학습해 가는 능력 또는 다양하고 광범위한 사실들을 파악하는 복합화된 능력

㉩ 디어본(Dearborn) : 학습된 능력, 즉 경험에 의해 습득되는 능력

㉪ 프리만(Freeman) : 지능검사에 의해 측정된 것

■ 지능이론

① 스피어만(Spearman)의 2요인설 : 일반요인, 특수요인

② 손다이크(Thorndike)의 다요인설 : 추상적 지능, 구체적 지능, 사회적 지능

③ 서스톤(Thurstone)의 다요인설 : 언어이해, 수, 공간시각, 지각속도, 기억, 추리, 단어유창성

④ 길포드(Guilford)의 복합요인설 : 서스톤의 이론을 발전시킴. 지능은 다양한 방법에 의해 상이한 정보들을 처리하는 다각적 능력의 체계적인 집합체

⑤ 카텔과 혼(Cattell & Horn)의 위계적 요인설 : 유동성지능, 결정성지능

⑥ 가드너(Gardner)의 다중지능이론 : 언어지능, 논리-수학지능, 공간지능, 신체-운동지능, 음악지능, 대인관계지능, 개인 내적 지능 등

⑦ 스턴버그(Sternberg)의 삼원지능이론 : 성분적 지능, 경험적 지능, 상황적 지능

■ 비네지능검사

① 의의

㉠ 비네(Binet)와 시몽(Simon)이 개발한 최초의 공식적인 지능검사

㉡ 초기에는 정상아동과 지적 장애아동을 식별하여 초등학교 입학여부를 결정하기 위한 목적으로 고안

㉢ 어떤 아동이 또래의 아동보다 과제를 잘 하는 경우 더 지능이 높다고 전제함

② 스탠포드-비네지능검사

㉠ 지능지수(IQ)= $\frac{\text{정신연령}}{\text{생활연령}} \times 100$

㉡ 각 아동의 정신연령이 실제연령과 같다면 지능지수는 항상 100이 된다고 가정

㉢ 2세~18세까지의 연령을 대상으로 하며 언어, 조작, 기억, 산수, 추리, 평가, 인지, 문제해결 등의 하위영역으로 구성

■ 웩슬러지능검사

① 의의

㉠ 웩슬러(Wechsler)가 1939년에 제작한 개인지능검사

㉡ 지능이 다차원적이고 중다적인 구조로 이루어져 있음을 전제로 하여, 지능의 다양한 영역을 총체적인 관점으로 평가

㉢ 지능지수(IQ)=15 $\times \frac{\text{개인점수} - \text{해당연령규준의 평균}}{\text{해당연령규준의 표준편차}} + 100$

② 특징

㉠ 개인검사

㉡ 객관적 검사

㉢ 편차지능지수를 사용

㉣ 언어성검사와 동작성검사로 구성

㉤ 병전 지능수준을 추정

㉥ 문맹자도 검사 가능

③ 한국판 웩슬러 성인용 지능검사(K-WAIS)

㉠ K-WAIS의 구성

언어성소검사	• 기본지식(Information) • 숫자외우기(Digit Span) • 어휘문제(Vocabulary) • 산수문제(Arithmetic) • 이해문제(Comprehension) • 공통성문제(Similarity)
동작성소검사	• 빠진곳찾기(Picture Completion) • 차례맞추기(Picture Arrangement) • 토막짜기(Block Design) • 모양맞추기(Object Assembly) • 바꿔쓰기(Digit Symbol)

㉡ K-WAIS-Ⅳ의 구성 및 주요 측정내용

• 언어이해(Verbal Comprehension)

공통성 (Similarity)	• 언어적 개념형성능력, 논리적 · 추상적 추론능력, 연합 및 범주적 사고력, 본질과 비본질을 구분하는 능력 등
어휘 (Vocabulary)	• 언어발달 정도, 단어지식 및 언어적 개념형성능력, 언어 사용 및 축적된 언어학습능력, 우수한 학업성취 및 교육적 배경, 장기기억 등
상식 (Information)	• 일반적 · 실제적 지식의 범위, 과거의 학습 또는 학교교육, 지적 호기심 또는 지식을 얻고자 하는 욕구, 장기기억과 정보축적, 결정성지능, 획득된 지식 등
이해-보충 (Comprehension)	• 사회적 상황의 이해력 및 사회적 성숙도, 관습적 행동규준에 관한 지식 정도, 과거 경험을 평가하고 사용하는 능력, 실질적 지식과 판단력, 언어적 추론 및 개념형성능력, 언어적 이해와 표현 등

• 지각추론(Perceptual Reasoning)

토막짜기 (Block Design)	• 시각적 자극의 분석 및 통합능력, 시각-운동 협응능력, 지각적 조직화 능력, 비언어적 개념형성능력, 시간적 압박 하에서의 작업능력 등
행렬추론 (Matrix Reasoning)	• 광범위한 시각적 지능, 부분과 전체의 관계를 파악하는 능력, 지각적 조직화 능력, 시공간 정보에 대한 동시적 처리능력, 유동성지능 등
퍼즐 (Visual Puzzles)	• 광범위한 시각적 지능, 부분들 간의 관계를 예상할 수 있는 능력, 시각적 · 지각적 조직화 능력, 시각적 기억능력, 공간적 표상능력 등
무게비교-보충 (Figure Weights)	• 양적 · 수학적 추론능력, 유추적 추론능력, 시각적 조직화 및 주의집중력 등
빠진곳찾기-보충 (Picture Completion)	• 시각적 · 지각적 조직화 능력, 대상의 핵심적인 세부사항을 시각적으로 인식해내는 능력, 본질과 비본질을 구분하는 능력, 시각적 기억능력, 환경적 세부사항에 대한 인식 등

• 작업기억(Working Memory)

숫자 (Digit Span)	• 청각적 단기기억능력, 즉각적인 기계적 회상능력, 연속적 정보처리능력, 암기학습능력, 주의력 및 주의집중력, 정신적 조작능력 등
산수 (Arithmetic)	• 청각적 단기기억능력, 연속적 정보처리능력, 주의력 및 주의집중력, 수리적 추론능력, 계산능력, 단기 및 장기기억 등
순서화–보충 (Letter–Number Sequencing)	• 청각적 단기기억능력, 주의력 및 주의집중력, 정신적 조작능력, 순차적 처리능력 등

• 처리속도(Processing Speed)

동형찾기 (Symbol Search)	• 정보처리속도, 시각–운동 협응능력, 시각적 단기기억능력, 시각적 변별력, 주의력 및 주의집중력 등
기호쓰기 (Coding)	• 정보처리속도, 시각–운동 협응능력, 시각적 단기기억능력, 시각적 지각능력 및 탐색능력, 주의력 및 주의집중력, 사무적 과제의 속도 및 정확성, 친숙하지 않은 과제를 학습하는 능력, 새로운 시각적 학습자극에 대한 모방능력 및 연합능력 등
지우기–보충 (Cancellation)	• 정보처리속도, 시각–운동 협응능력, 시각적 단기기억능력, 선택적 주의력, 속도와 정확성 등

④ 한국판 웩슬러 아동용 지능검사(K–WISC)

㉠ K–WISC–Ⅳ의 구성

언어이해 (Verbal Comprehension)	• 공통성(Similarity) • 어휘(Vocabulary) • 이해(Comprehension) • 상식–보충(Information) • 단어추리–보충(Word Reasoning)
지각추론 (Perceptual Reasoning)	• 토막짜기(Block Design) • 공통그림찾기(Picture Concepts) • 행렬추리(Matrix Reasoning) • 빠진곳찾기–보충(Picture Completion)
작업기억 (Working Memory)	• 숫자(Digit Span) • 순차연결(Letter–Number Sequencing) • 산수–보충(Arithmetic)
처리속도 (Processing Speed)	• 기호쓰기(Coding) • 동형찾기(Symbol Search) • 선택–보충(Cancellation)

㉡ K-WISC-Ⅴ의 구성

• 전체척도

언어이해	시공간	유동추론	작업기억	처리속도
• 공통성 • 어휘 • 상식 • 이해	• 토막짜기 • 퍼즐	• 행렬추리 • 무게비교 • 공통그림찾기 • 산수	• 숫자 • 그림기억 • 순차연결	• 기호쓰기 • 동형찾기 • 선택

• 기본지표척도

언어이해	시공간	유동추론	작업기억	처리속도
• 공통성 • 어휘	• 토막짜기 • 퍼즐	• 행렬추리 • 무게비교	• 숫자 • 그림기억	• 기호쓰기 • 동형찾기

• 추가지표척도

양적추론	청각작업기억	비언어	일반능력	인지효율
• 무게비교 • 산수	• 숫자 • 순차연결	• 토막짜기 • 퍼즐 • 행렬추리 • 무게비교 • 그림기억 • 기호쓰기	• 공통성 • 어휘 • 토막짜기 • 행렬추리 • 무게비교	• 숫자 • 그림기억 • 기호쓰기 • 동형찾기

⑤ 한국판 웩슬러 아동용 지능검사(K-WPPSI-Ⅳ)

언어이해	시공간	유동추론	작업기억	처리속도
• 상식 • 공통성 • 어휘-보충 • 이해-보충	• 토막짜기 • 모양맞추기-보충	• 행렬추리 • 공통그림찾기-보충	• 그림기억 • 위치찾기-보충	• 동형찾기 • 선택하기-보충 • 동물짝짓기-보충

■ 카우프만 아동용 지능검사(K-ABC)

① 만 2세 6개월부터 만 12세 6개월까지의 아동을 대상으로 함
② 인지심리학과 신경심리학의 지능이론을 토대로 문항을 개발
③ 비언어적 과제에 비중을 두어 의사소통에 문제가 있는 특수아동이나 타문화권 아동에게도 실시할 수 있도록 제작

■ 그림지능검사(PTI)

① 그림으로 된 검사이므로 간단한 지시를 알아듣고 따를 수 있는 아동이라면 정상아동 뿐 아니라 언어나 동작성장애를 가진 아동, 정서장애 및 자폐를 가진 아동, 그리고 뇌성마비가 있는 아동들도 쉽게 검사를 받을 수 있음
② 주의산만한 아동이나 학습에 흥미가 없는 아동도 쉽게 검사에 집중하게 할 수 있음
③ 간단한 지시를 이해할 수 있는 아동이면 누구나 아는 것을 충분히 나타낼 수 있음
④ 지능지수와 정신연령의 두 가지 규준을 모두 사용
⑤ 지적 장애아동 등의 지능지수나 정신연령도 측정 가능

■ 인물화지능검사

① 3세에서 12세의 아동에게 적용이 가능하며, 집단검사로도 개별검사로도 모두 사용이 가능
② 투사법검사로 아동에 대한 유용한 자료를 제공해 줄 수 있음
③ 제한된 언어적 능력으로 인하여 표준화된 지능검사를 실시하기가 어려운 경우에 비언어적이고 일반적인 지능을 신속하게 평가하는 데 사용

(2) 성격평가

■ 다면적인성검사(MMPI)

① 의의 및 특징

㉠ 세계적으로 가장 널리 쓰이고 가장 많이 연구되어 있는 객관적 성격검사
㉡ 임상장면의 규준집단을 사용하여 개발, 비정상적인 행동과 증상을 객관적으로 측정하여 임상진단에 관한 정보를 제공해 주는 것이 주 목적
㉢ 실제 환자들의 반응을 토대로 외적 준거 접근의 경험적 제작방법에 의해 만들어짐
㉣ 자기보고식 검사로 검사의 실시 · 채점 · 해석이 용이하며, 시간과 노력을 절약
㉤ 비교적 덜 숙련된 임상가라도 간편하고 정확한 해석을 할 수 있음

② 검사실시 전 수검자 고려사항

㉠ 수검자의 독해력

㉡ 수검자의 연령

㉢ 수검자의 지능수준

㉣ 수검자의 임상적 상태

③ 검사해석 시 고려해야 할 절차

㉠ 수검자의 특징적인 검사태도에 대한 고려

㉡ 개별척도에 대한 해석의 시도

㉢ 2 코드 해석의 시도

㉣ 낮은 임상척도에 대한 고려

㉤ 전체 프로파일에 대한 형태분석

④ 타당도척도(MMPI-2)

㉠ ?척도(무응답척도, Cannot Say)

㉡ VRIN척도(무선반응 비일관성척도, Variable Response INconsistency), TRIN척도(고정반응 비일관성척도, True Response INconsistency)

㉢ F척도(비전형척도, Infrequency)

㉣ FB척도, FP척도

㉤ FBS척도(증상타당도척도, Fake Bad Scale)

㉥ L척도(부인척도, Lie)

㉦ K척도(교정척도, Correction)

㉧ S척도(과장된 자기제시척도, Superlative Self-Presentation)

⑤ 임상척도

㉠ 척도 1 Hs(Hypochondriasis, 건강염려증)

㉡ 척도 2 D(Depression, 우울증)

㉢ 척도 3 Hy(Hysteria, 히스테리)

㉣ 척도 4 Pd(Psychopathic Deviate, 반사회성)

㉤ 척도 5 Mf(Masculinity-Femininity, 남성성-여성성)

㉥ 척도 6 Pa(Paranoia, 편집증)

㉦ 척도 7 Pt(Psychasthenia, 강박증)

㉧ 척도 8 Sc(Schizophrenia, 조현병)

㉨ 척도 9 Ma(Hypomania, 경조증)

㉩ 척도 0 Si(Social Introversion, 내향성)

⑥ 주요 상승척도쌍

㉠ 1-2 또는 2-1코드(Hs & D) : 신체화장애, 불안장애

㉡ 1-3 또는 3-1코드 (Hs & Hy) : 전환장애

㉢ 2-6 또는 6-2코드 (D & Pa) : 편집성성격장애

㉣ 3-8 또는 8-3코드(Hy & Sc) : 조현병(정신분열증), 신체증상 및 관련 장애(신체형장애)

㉤ 4-6 또는 6-4코드(Pd & Pa) : 수동-공격성성격장애, 조현병(정신분열증)(편집형)

㉥ 4-9 또는 9-4코드(Pd & Ma) : 반사회성성격장애

㉦ 6-8 또는 8-6코드(Pa & Sc) : 조현병(정신분열증)(편집형), 분열성성격장애

㉧ 7-8 또는 8-7코드(Pt & Sc) : 우울장애, 불안장애, 조현(분열)성성격장애, 조현(분열)형성격장애

㉨ 8-9 또는 9-8코드(Sc & Ma) : 조현병(정신분열증), 양극성장애

㉩ 1-2-3/2-1-3코드(Hs, D & Hy) : 신체증상 및 관련 장애, 불안장애

㉪ 1-3-8/9-3-1/3-1-8코드(Hs, Hy & Sc) : 조현병(정신분열증)(망상형), 경계성성격장애

㉫ 2-4-7/2-7-4/4-7-2코드(D, Pd & Pt) : 구강-의존기적인 성격

㉬ 4-6-8코드(Pd, Pa & Sc) : 자기도취적이고 자기중심적인 태도

㉭ 6-7-8/6-8-7코드(Pa, Pt & Sc) : 주의력 및 주의집중의 어려움

■ 로샤검사(Rorschach Test)

① 특징

㉠ 대표적인 투사적 · 비구조적 검사로, 지각과 성격의 관계를 상정

㉡ 추상적 · 비구성적인 잉크반점을 자극 자료로 하여 수검자의 학습된 특정 반응이 아닌 여러 가지 다양한 반응을 유도

㉢ 개인이 잉크반점을 조직하고 구조화하는 방식이 근본적으로 그 사람의 심리적 기능을 반영한다고 봄

㉣ 수검자는 그가 지각한 것 속에 자신의 욕구, 경험, 습관적 반응양식을 투사

㉤ 로샤카드에서는 형태와 색채는 물론 음영에 대한 지각적 속성까지 고려

㉥ 우울증상이 있는 사람은 보통 음영차원과 무채색 반응의 빈도가 높게 나타남

㉦ 주관적 검사로 신뢰도 및 타당도가 검증되지 못했으므로 객관적 · 심리측정적 측면에서는 부적합

② 로샤검사의 잉크반점카드(Ink-Blot Card)

순서	색상	평범반응
카드 Ⅰ	무채색	박쥐 또는 나비
카드 Ⅱ	무채색에 부분 적색	동물
카드 Ⅲ	무채색에 부분 적색	인간의 형상
카드 Ⅳ	무채색	인간 또는 거인
카드 Ⅴ	무채색	박쥐 또는 나비
카드 Ⅵ	무채색	양탄자 또는 동물가죽
카드 Ⅶ	무채색	인간의 얼굴 또는 동물의 머리
카드 Ⅷ	유채색	움직이는 동물
카드 Ⅸ	유채색	인간 또는 인간과 흡사한 형상
카드 Ⅹ	유채색	게 또는 거미

③ 로샤검사의 실시과정
- ㉠ 소개단계
- ㉡ 반응단계
- ㉢ 질문단계
- ㉣ 한계검증단계

④ 엑스너(Exner)의 종합체계방식에 따른 주요 채점항목
- ㉠ 위치(Location) : 내담자가 반응한 반점이 어느 위치인가?
- ㉡ 발달질(Developmental Quality) : 그 위치선택에서의 발달질이 어떠한가?
- ㉢ 반응결정인(Determinant) : 반응하게 하는데 기여한 반점의 특징은 무엇인가?
- ㉣ 형태질(Form Quality) : 수검자가 기술한 대상이 반점에 적절한가?
- ㉤ 내용(Content) : 반응이 어떤 내용의 범주에 속하는가?
- ㉥ 평범(Popular)반응 : 그 반응이 일반적으로 사람들이 많이 하는 반응인가?
- ㉦ 조직화(Organizational Activity)점수 : 반점을 의미 있게 통합했는가?
- ㉧ 특수점수(Special Scores) : 반응에서 이상한 언어화가 있는가? 병리를 나타내는 특징이 있는가?

■ 주제통각검사(TAT)

① 특징

㉠ 투사적 검사로, 자아와 환경관계 및 대인관계의 역동적 측면 등을 평가

㉡ 정신분석이론을 토대로 수검자 자신의 과거경험 및 꿈에서 비롯되는 투사와 상징을 기초로 함

㉢ 수검자가 동일시 할 수 있는 인물과 상황을 그림으로 제시하여 수검자의 반응양상을 분석 · 해석

㉣ 수검자의 그림에 대한 반응을 통해 현재 수검자의 성격 및 정서, 갈등, 콤플렉스 등을 이해하는 동시에 수검자 개인의 내적 동기와 상황에 대한 지각 방식 등에 대한 정보를 얻을 수 있음

㉤ 가족관계 및 남녀관계와 같은 대인관계 상황에서의 욕구 내용 및 위계, 원초아(Id), 자아(Ego), 초자아(Superego)의 타협구조 등을 파악할 수 있도록 함

② 구성

㉠ 30장의 흑백그림카드와 1장의 백지카드 등 총 31장으로 구성

㉡ 뒷면에는 공용도판, 남성공용도판(BM), 여성공용도판(GF), 성인공용도판(MF), 미성 인공용도판(BG), 성인남성전용도판(M), 성인여성전용도판(12F), 소년전용도판(B), 소녀전용도판(G)으로 구분되어 있으며, 한 사람의 수검자에게 20장을 적용할 수 있도록 구성

㉢ 숫자로만 표시되어 있는 카드는 연령과 성별의 구분 없이 공통적으로 적용

③ 해석

㉠ 표준화법(Hartman)

㉡ 욕구-압력분석법(Murray)

㉢ 대인관계법(Arnold)

㉣ 직관적 해석법(Bellak)

㉤ 지각법(Rapaport)

■ 투사적 그림검사

① 집-나무-사람 그림검사(HTP)

㉠ 의의 : 수검자가 자신의 개인적 발달사와 관련된 경험을 그림에 투사한다는 점에 기초

㉡ 투사적 상징

- 집(House) : 자기-지각(Self-Awareness), 가정생활의 질, 자신의 가족 내 관계에 대한 지각
- 나무(Tree) : 무의식적 · 원시적 자아개념, 심리적 갈등과 방어, 정신적 성숙도, 환경에 대한 적응수준 등
- 사람(Person) : 보다 직접적인 자기상(Self-Image), 이상적인 자아, 중요한 타인 등
  - 머리 : 인지능력 및 지적 능력, 공상 활동, 충동 및 정서의 통제
  - 얼굴 : 타인과의 의사소통 및 관계형성
  - 몸통 : 기본적 추동(Drive)의 양상

㉢ 구조적 해석

- 검사 소요시간
  - 일반적 소요시간 : 하나의 그림을 완성하는 데 대략 10분 정도 소요
  - 과도하게 빨리(2분 이내) 또는 느리게(30분 이상) 그린 경우 : 수검자의 갈등과 연관됨
  - 오랜 시간 소요 : 완벽 성향, 강박 성향
  - 어려움 호소 : 낮은 자존감, 우울감
- 그림의 순서
  - 일반적 순서

집 : 지붕 → 벽 → 문 → 창문 나무 : 둥치(큰 줄기) → 가지 → 수관 → 뿌리 등 사람 : 얼굴 → 눈 → 코 → 입 → 목 → 몸 → 팔 → 다리

  - 일반적 순서와 다르게 그린 경우 : 사고장애, 발달장애
  - 얼굴의 내부를 먼저, 윤곽을 나중에 그린 경우 : 평소 타인과의 대인관계에 문제가 있음
  - 그림을 지우고 새로 그린 경우 : 해당 영역이 상징하는 것과 관련하여 열등감 또는 가장 성향을 지니고 있음

• 그림의 크기
  – 일반적 크기 : 종이 크기의 2/3 정도 사용
  – 그림을 과도하게 크게 그린 경우 : 공격성, 과장성, 낙천성, 행동화 성향, 자기 확대 욕구 등
  – 그림을 과도하게 작게 그린 경우 : 열등감, 불안감, 위축감, 낮은 자존감, 의존성 등
• 그림의 위치
  – 일반적 위치 : 종이 가운데
  – 가운데 : 적정 수준의 안정감, 융통성의 부족
  – 위 : 높은 욕구, 목표달성에 대한 스트레스, 공상적 만족감
  – 아래 : 불안정감, 우울성향, 실제적인 것을 선호하는 성향
  – 왼쪽 : 충동성, 외향성, 변화욕구, 즉각적 만족 추구 성향
  – 오른쪽 : 자기 통제적 성향, 내향성, 지적 만족 추구 성향
  – 구석 : 두려움, 위축감, 자신감 결여

② **가족화검사** : 동적가족화(KFD)

㉠ 의의
• 가족화에 움직임을 첨가한 투사화 검사
• 가족 내에서의 자기 자신과 다른 가족구성원에 대한 지각을 파악하고 가족 간의 상호작용과 역동성을 파악하기 위함

㉡ 진단 및 해석 기준 : 5가지 진단영역
• 인물상의 행위
• 양식
• 상징
• 역동성
• 인물상의 특성

③ **문장완성검사** : 다수의 미완성 문장들에 대해 수검자가 자신의 생각대로 문장을 완성하도록 하는 투사검사

(3) 신경심리평가

■ 의의 및 목적

① 의의

㉠ 선천적 또는 후천적 뇌손상 및 뇌기능장애를 진단하는 검사도구

㉡ 환자의 행동 변화를 야기하는 뇌손상과 그로 인한 신체적 · 인지적 기능상의 변화 등을 감별하기 위한 것

㉢ 가벼운 초기 뇌손상의 진단에 효과적인 도구

㉣ 신경심리평가 : 뇌손상 및 뇌기능장애에 특화된 심리검사와 함께 신경심리상태에 대한 과학적 · 체계적인 검사 및 환자의 행동장애에 대한 평가를 통해 인지기능의 손상여부를 판정하고 치료계획을 세우기 위한 과정

② 목적

㉠ 환자상태의 예측

㉡ 환자관리 및 치료계획수립

㉢ 재활 및 치료평가

㉣ 연구

■ 평가영역 및 주요 신경심리검사

① 평가영역

㉠ 지능

㉡ 기억 및 학습능력

㉢ 언어기능

㉣ 주의력과 정신적 처리속도

㉤ 시각구성능력

㉥ 집행기능(실행기능)

㉦ 성격 및 정서적 행동

② 주요 신경심리검사 및 배터리

㉠ 루리아-네브라스카 신경심리배터리(Luria-Nebraska Neuropsychological Battery, LNNB) : 뇌손상의 유무, 뇌기능장애로 인한 운동기능과 감각기능의 결함, 지적 기능장애를 비롯하여 기억력과 학습능력, 주의집중력 등을 포괄적으로 평가

㉡ 할스테드-라이탄 신경심리배터리(Halstead-Reitan Neuropsychological Battery, HRNB) : 뇌손상의 유무는 물론 그 부위를 미리 알지 않고도 대뇌기능과 함께 그 손상 정도를 의미 있게 측정할 수 있도록 여러 가지 서로 다른 검사들의 배터리로 구성

㉢ 서울신경심리검사(Seoul Neuropsychological Screening Battery, SNSB) : 단시간 내에 치매를 선별하기 위한 검사도구

㉣ 한국판 치매평가검사(Korean-Dementia Rating Scale-2, K-DRS-2) : 치매 환자의 진단 및 경과 측정을 위해 개발된 치매평가검사(DRS-2)를 국내 실정에 맞도록 재표준화한 것

㉤ 한국판 세라드 치매 진단검사(Korean Version of Consortium to Establish a Registry for Alzheimer's Disease, CERAD-K) : 알츠하이머병 환자의 진단 및 평가, 연구에 표준화된 평가도구 및 진단방법을 사용함으로써 연구자 간 협력기반을 구축하고자 개발된 것

■ 관련 장애 및 검사해석 시 고려사항

① **관련 장애** : 신경장애 또는 치매, 약물중독 또는 물질남용, 뇌졸중, 두부손상, 뇌전증

② **검사 해석 시 고려사항** : 환자 및 환자가족의 사회력, 생활환경, 의학적 상태, 평가상의 문제

6 정신분석과 정신역동치료

(1) 정신분석

■ 기본가정

① 정신적 결정론 또는 심리결정론

② 무의식적 동기

③ 성적 추동

④ 어린 시절의 경험이 중요

■ 마음의 지형학적 모델

① **의식** : 개인이 각성하고 있는 순간의 기억, 감정, 공상, 경험, 연상 등 현재 자각하고 있는 생각

② **전의식** : 현재는 의식 밖에 있어 인식하지 못하나 조금만 주의를 기울이면 의식될 수 있는 부분

③ **무의식** : 전혀 의식되지 않지만 인간정신에서 가장 큰 비중을 차지하여 행동을 결정하는데 막대한 영향력을 행사

■ 성격의 삼원구조이론

① 원초아 : 본능에 따라 무의식적으로 이루어지는 과정
② 자아 : 원초아의 본능과 초자아, 그리고 외부 현실 세계를 중재 또는 통제하는 역할을 하는 것
③ 초자아 : 쾌락보다는 완전, 현실보다는 이상을 추구하는 것

■ 성격 발달 5단계 : 구강기 → 항문기 → 남근기 → 잠복기 → 생식기

■ 불 안

① 현실불안 : 실제적이고 현실적인 불안
② 신경증적 불안 : 불안을 느껴야 할 이유가 없음에도 불구하고 본능적 충동이 의식 속으로 뚫고 들어와 불상사가 생길 것이라 느껴지는 불안
③ 도덕적 불안 : 원초아와 초자아 간의 갈등에서 비롯된 자기 양심에 대한 두려움

■ 방어기제

① 억압 : 예 부모의 학대에 대한 분노를 억압하여 부모에 대한 이야기를 무의식적으로 꺼리는 경우
② 부인 : 예 애인이 교통사고로 사망했음에도 불구하고 그의 죽음을 인정하지 않은 채 여행을 떠난 것이라고 주장하는 경우
③ 합리화 : 예 저 포도는 신 포도라서 안 먹는다
④ 반동형성 : 예 미운 놈에게 떡 하나 더 준다
⑤ 투사 : 예 자기가 화가 난 것을 의식하지 못한 채 상대방이 자기에게 화를 낸다고 생각하는 경우
⑥ 퇴행 : 예 대소변을 잘 가리던 아이가 동생이 태어난 후 밤에 오줌을 싸는 경우
⑦ 주지화 : 예 죽음에 대한 불안감을 덜기 위해 죽음의 의미와 죽음 뒤의 세계에 대해 추상적으로 사고하는 경우
⑧ 전치 : 예 종로에서 뺨 맞고 한강에서 눈 흘긴다
⑨ 전환 : 예 글쓰기에 심한 갈등을 느끼는 소설가에게서 팔의 마비가 나타나는 경우
⑩ 상징화 : 예 아이를 가지고 싶은 강렬한 소망을 품은 여인의 꿈에 새의 알이 보이는 경우

⑪ **해리** : 예 지킬 박사와 하이드
⑫ **격리** : 예 직장 상사와 심하게 다툰 직원이 자신의 '상사살해감정'을 무의식 속으로 격리시킨 채 업무에 있어서 잘못된 것이 없는지 강박적으로 서류를 반복하여 확인하는 경우
⑬ **보상** : 예 작은 고추가 맵다
⑭ **대치** : 예 꿩 대신 닭
⑮ **승화** : 예 예술가가 자신의 성적 욕망을 예술로 승화하는 경우
⑯ **동일시** : 예 좋아하는 연예인의 옷차림을 따라하는 경우
⑰ **취소** : 예 전날 부부싸움 끝에 아내를 구타한 남편이 퇴근 후 장미꽃 한 다발을 아내에게 선물하는 경우
⑱ **신체화** : 예 사촌이 땅을 사면 배가 아프다
⑲ **행동화** : 예 남편의 구타를 예상한 아내가 먼저 남편을 자극하여 매를 맞는 경우
⑳ **상환** : 예 자신의 반평생을 돈벌이를 위해 살았던 사람이 자신이 모은 돈을 자선사업에 기부하는 경우

■ 상담목표

① 성장의 촉진
② 자기체계의 성숙
③ 인간관계의 성숙
④ 현실수용
⑤ 성숙한 대처방안
⑥ 체험의 충만감과 생동성
⑦ 통합적 능력의 수용
⑧ 자기분석능력

■ 상담기법

① 자유연상
② 꿈의 분석
③ 전이
④ 저항
⑤ 해석
⑥ 훈습

⑦ 버텨주기
⑧ 간직하기

(2) 다양한 정신역동적 심리치료

■ 개인심리학

① 주요개념
㉠ 열등감과 보상
㉡ 우월성의 추구
㉢ 생활양식
㉣ 인생과제
㉤ 사회적 관심
㉥ 출생순위
㉦ 가상적 목표
㉧ 창조적 자기

② 상담기법
㉠ 생활양식 분석
㉡ 격려
㉢ 즉시성
㉣ 역설적 의도
㉤ 내담자의 수프에 침 뱉기
㉥ 마치 ~인 것처럼 행동하기
㉦ 단추 누르기
㉧ 초기 기억

■ 분석심리이론

① 주요개념
㉠ 개인무의식
㉡ 집단무의식
㉢ 콤플렉스
㉣ 원형

② 심리학적 유형론

㉠ 8가지 성격유형 : 외향적 사고형, 외향적 감정형, 외향적 감각형, 외향적 직관형, 내향적 사고형, 내향적 감정형, 내향적 감각형, 내향적 직관형을 제시

㉡ 마이어스-브릭스 성격유형검사(MBTI)의 개발에 직접적인 영향

■ 호나이의 신경증적 성격이론

① 주요개념

㉠ 기본적 불안

㉡ 기본적 악

㉢ 신경증적 욕구

㉣ 신경증적 경향성

㉤ 현실적 자기와 이상적 자기

㉥ 당위성의 횡포 또는 당위적 요구의 폭정

② 신경증적 성격

㉠ 순응형

㉡ 공격형

㉢ 고립형

■ 설리반의 대인관계이론

① 주요개념

㉠ 역동성

㉡ 자기체계

㉢ 자기상 형성

② 성격의 방어

㉠ 해리

㉡ 병렬적 왜곡

㉢ 승화

■ **머레이의 욕구 및 동기이론** : 욕구(일차적 욕구와 이차적 욕구, 반응적 욕구와 발생적 욕구), 동기, 압력, 주제

■ **에릭슨의 심리사회이론** : 자아, 자아정체감, 점성원리, 위기

7 행동치료와 인지치료

(1) 행동치료

■ **기본가정**

① 인간행동의 대부분은 학습된 것이므로 수정이 가능
② 특정한 환경의 변화는 개인의 행동을 적절하게 변화시키는 데 도움
③ 사회학습원리는 상담기술의 발전을 위해 이용될 수 있음
④ 상담방법은 정적이거나 고정된 것 또는 사전에 결정된 것이 아니므로, 내담자의 특수한 문제를 해결하기 위해 독특한 방식으로 고안될 수 있음

■ **일반적 과정**

① 제1단계 : 상담관계 형성
② 제2단계 : 문제 행동 정의 · 규명
③ 제3단계 : 현재 상태 파악
④ 제4단계 : 상담목표 설정
⑤ 제5단계 : 상담기술 적용
⑥ 제6단계 : 상담결과 평가
⑦ 제7단계 : 상담종결

■ **상담목표**

① 부적응행동의 변화
② 효율적인 의사결정 과정을 학습
③ 장차 일어날 부적응행동 예방

④ 구체적 행동상의 문제를 해결
⑤ 행동의 변화를 일상생활에 전이

■ 상담기법

① **고전적 조건형성에 근거한 기법** : 체계적 둔감법, 이완훈련, 주장훈련, 홍수법, 혐오치료 등
② **조작적 조건형성에 근거한 기법** : 강화, 행동조성, 토큰경제, 타임아웃 등

(2) Ellis의 합리적 정서행동치료

■ 기본가정

① 인간은 자기보존, 자기성장, 행복, 사랑 등 합리적이고 올바른 사고를 가지고 있는 반면, 자기파괴, 자기비난, 완벽주의, 회의 등 올바르지 못한 사고도 가지고 있음
② 정신병리는 아동기에 의미있는 사람으로부터 주입된 비합리적 신념의 학습 또는 환자 자신이 만들어 낸 미신이나 자기 패배적 사고에 의해 일어난다고 가정
③ 비합리적 신념의 산물로 정서장애가 발생하므로, 이와 같은 비합리적 신념들을 변화시킬 수 있는 방법을 내담자에게 가르쳐 주는 것을 치료의 핵심으로 함

■ 비합리적 신념의 특징

① 당위적 사고
② 파국화
③ 좌절에 대한 인내심 부족
④ 자기 및 타인에 대한 비하

■ 비합리적 신념의 뿌리를 이루는 세 가지 당위성

① 자신에 대한 당위성
② 타인에 대한 당위성
③ 세상에 대한 당위성

■ ABCDE 모델

① A (Activating Event ; 선행사건)
② B (Belief System ; 비합리적 신념체계)
③ C (Consequence ; 결과)
④ D (Dispute ; 논박)
⑤ E (Effect ; 효과)

■ 논박의 유형

① 기능적 논박
② 경험적 논박
③ 논리적 논박
④ 철학적 논박

(3) Beck의 인지치료

■ 기본가정

① 개인이 가지고 있는 정보처리과정상의 인지적 왜곡에 초점
② 사람들이 느끼고 행동하는 방식은 경험의 지각과 구조화의 방식에 의해 결정
③ 역기능적이고 자동적인 사고 및 도식, 신념, 가정의 대인관계행동에서의 영향력을 강조

■ 인지적 오류

① 임의적 추론
② 선택적 추상화
③ 과잉일반화
④ 개인화
⑤ 이분법적 사고
⑥ 과장/축소
⑦ 정서적 추론
⑧ 긍정격하
⑨ 재앙화
⑩ 잘못된 명명

■ 치료기법

① 재귀인
② 재정의
③ 탈중심화

(4) 최신 인지치료

■ 마음챙김인지치료(MBCT)

■ 변증법적 행동치료(DBT)

■ 행동활성화치료(BAT)

■ 기능분석치료(FAP)

8 현상학적 치료

(1) 인간중심상담

■ 기본가정

① 인간이 스스로 자신의 삶의 의미를 능동적으로 창조하며, 주관적 자유를 실천해 나간다고 가정
② 개인의 독특하고 주관적인 경험을 강조
③ 인간은 유목적적인 존재인 동시에 합리적이고 건설적인 방향으로 지속적으로 성장해 나가는 미래지향적 존재
④ 여기와 지금

■ 주요개념

① 유기체
② 현상학적 장

③ 자기(Self)와 자기개념
④ 실현화 경향성과 자기실현 경향성
⑤ 충분히 기능하는 사람

■ 상담목표

① 자기개념과 유기체적 경험 간의 불일치를 제거하여 충분히 기능하는 사람이 되도록 도움
② 자신의 잠재력을 최대한 발휘하여 자기실현의 방향으로 나아가게 함
③ 문제의 해결에 그치지 않고 성장과정을 도와 앞으로의 문제까지 잘 다룰 수 있도록 도움

■ 상담기법

① 진실하려고 노력하기
② 적극적인 경청하기
③ 공감적으로 반영하기
④ '여기와 지금'의 즉시성
⑤ 자기노출하기
⑥ 치료자의 개성 살리기

(2) 실존주의적 상담

■ 주요개념

① 자유와 책임
② 삶의 의미
③ 죽음과 비존재
④ 진실성

■ 상담기법

① 비도구성의 원리
② 자아중심성의 원리
③ 만남의 원리
④ 치료할 수 없는 위기의 원리

■ 의미요법

① 프랭클(Frankl)이 기존의 심리학적 이론에 실존철학을 도입한 치료법
② 인간은 의미를 추구하기 위해 초월적인 가치를 탐구하며, 이러한 초월적인 가치는 인간의 잠재능력을 구현하는 동시에 인간이 스스로의 삶을 책임지면서 살도록 도움
③ 인생의 의미, 죽음과 고통의 의미, 일과 사랑의 의미 등 철학적이고 영혼적인 양상의 문제를 가진 내담자들이 대상
④ 허무주의나 공허감, 죽음의 공포, 가치관의 갈등 상황에 놓인 정신장애에 초점
⑤ 인간의 삶에 의미를 부여하는 3가지 가치체계 : 창조적 가치, 경험적 가치, 태도적 가치

(3) 현실치료의 주요개념과 이론

■ 기본가정

① 인간이 자신의 욕구를 충족하기 위해 행동하며, 그러한 행동은 인간이 스스로 선택하고 결정한 것이라는 점을 강조
② 인간은 생존의 욕구, 사랑과 소속의 욕구, 권력과 성취의 욕구, 자유의 욕구, 즐거움과 재미의 욕구 등 5가지의 기본적인 욕구를 가지고 있으며, 이와 같은 욕구에는 어떠한 위계도 존재하지 않음
③ 현실주의상담은 내담자의 좌절된 욕구를 알고 사람들과의 관계에서 새로운 선택을 함으로써 보다 성공적인 관계를 얻고 유지할 수 있음을 강조

■ 현실주의상담의 8단계 원리(Glasser)

① 제1단계 : 관계형성 단계
② 제2단계 : 현재 행동에 대한 초점화 단계
③ 제3단계 : 자기행동 평가를 위한 내담자 초청 단계
④ 제4단계 : 내담자의 행동계획 발달을 위한 원조 단계
⑤ 제5단계 : 내담자의 의무수행 단계
⑥ 제6단계 : 변명 거부 단계
⑦ 제7단계 : 처벌 금지 단계
⑧ 제8단계 : 포기 거절 단계

(4) 현실치료의 기법과 적용

■ 주요기법

① 유머
② 역설적 기법
③ 직면

■ 현실주의상담의 과정(WDEP 모형)

① 제1단계 : Want(바람)
② 제2단계 : Doing(행동, ~하기)
③ 제3단계 : Evaluation(평가)
④ 제4단계 : Planning(계획)

(5) 게슈탈트상담의 주요개념과 이론

■ 의의 및 특징

① 게슈탈트는 개체가 자신의 욕구나 감정을 하나의 의미 있는 전체로 조직화하여 지각한 것을 의미
② 현상학 및 실존주의의 영향을 받아 인간을 전체적이고 현재 중심적이며, 선택의 자유에 의해 잠재력을 각성할 수 있는 존재로 봄
③ 내담자로 하여금 여기-지금의 현실에서 자신이 무엇을 어떻게 보고 느끼는지, 무엇이 경험을 방해하는지 자각 또는 각성하도록 도움
④ 개인이 자신의 내부와 주변에서 일어나는 일들을 충분히 자각할 수 있다면, 자신이 당면하는 삶의 문제들을 스스로 효과적으로 다룰 수 있다고 가정
⑤ 내담자의 불안, 분노, 증오, 죄책감 등 표현되지 않은 느낌으로서의 미해결과제를 처리하도록 하며, 이를 통해 성격을 통합하고 성장에 이를 수 있도록 도움

■ 주요개념

① 게슈탈트(Gestalt)

② 미해결과제

③ 회피

④ 전경과 배경

(6) 게슈탈트 심리치료의 기법과 적용

■ 기법

① 욕구와 감정의 자각

② 신체 자각

③ 환경 자각

④ 빈 의자 기법

⑤ 과장하기

⑥ 반대로 하기

⑦ 머물러 있기

⑧ 언어 자각

⑨ 자기 부분들 간 대화

⑩ 꿈 작업

⑪ 대화실험

■ 개인과 환경 간 접촉장애 유형

① 내사

② 투사

③ 반전

④ 융합

⑤ 편향

9 지역사회심리학(Community Psychology)

(1) 지역사회심리학의 기본개념

■ 의의 및 특징

① 사람과 환경 간의 적합성에 주의를 기울이면서, 정신건강 문제의 발생 및 일화에 있어서 환경적 힘의 역할에 주목한다.
② 삶의 문제 원인을 사회적 · 지역적 선형사건에서 찾으려고 한다.
③ 사람과 지역사회의 자원 및 강점을 파악하고 개발하여 지역 내 정신건강 문제의 해결을 위한 대안을 마련한다.
④ 인간자원개발, 정치활동, 과학에 관심을 가지며, 치유보다는 예방을 목표로 한다.
⑤ 지역사회 중심의 공공 정신보건체계를 강조하며, 정신질환자 또는 정신장애자를 지역사회 내의 다양한 사회구조로 흡수한다.
⑥ 전문가의 자문가로서의 역할과 함께 위기개입에 있어 훈련된 준전문가의 역할을 강조한다.
⑦ 1차 · 2차 · 3차 예방을 통해 질병을 유발하는 해로운 환경을 제거하고 문제에 조기 개입하며, 환자의 가정과 사회로의 복귀 및 적응을 돕기 위한 지지와 교육을 제공한다.

■ 지역사회심리학의 원리(Orford)

① 문제의 원인은 개인, 사회장면, 체계 간 오랜 기간의 상호작용에서 기인한다.
② 문제는 이웃, 조직, 지역사회 등 여러 수준에서 정의할 수 있다.
③ 지역사회심리학은 진료실이 아닌 실제 현장이나 사회적 맥락에서 실무를 수행한다.
④ 지역사회심리학자는 지역사회의 욕구와 위험을 전향적으로 평가한다.
⑤ 지역사회심리학은 기존 문제의 치료보다는 문제의 예방을 강조한다.
⑥ 전문가의 자문이 이루어지나, 실제 개입은 준전문가, 훈련된 비심리학자 혹은 자조 프로그램을 통해 이루어진다.

(2) 지역사회심리학의 적용

■ 자조집단(Orford)

① 정서적 지지 제공
② 집단원들의 문제를 직면하고, 정복한 역할 모델을 제공
③ 집단원의 문제들을 이해하는 방법 제공

④ 적절한 정보 제공
⑤ 문제 대처를 위한 새로운 아이디어 제공
⑥ 집단원들간에 서로 돕는 기회 제공
⑦ 사교 관계 제공
⑧ 자신들의 문제에 대한 향상된 숙달감과 통제감 제공

■ **예방 및 평가**

① **예방**
㉠ 1차 예방(Primary Prevention) : 질병이 야기되지 않도록 사전에 이를 제거하는 것
㉡ 2차 예방(Secondary Prevention) : 정신건강 문제를 조기에 확인하여 초기단계에서 치료하는 것
㉢ 3차 예방(Tertiary Prevention) : 심리장애 발생 후에 지속기간 및 부정적인 영향을 최소화하는 것

② **예방 프로그램의 설계 실행 평가를 위한 절차**
㉠ 제1단계 – 문제나 장애의 감별 및 심각성 평가
㉡ 제2단계 – 위험 및 보호 요인 관련 정보의 평가

■ **지역사회 정신보건서비스 제공(4원칙)**

① 개별화된 접근
② 단정적 접근
③ 연속적 보호제공
④ 지속적 제공

(3) 지역사회심리학의 개입

■ **자문**

자문이란 다른 사람(내담자)에게 서비스를 제공할 책임이 있는 사람(피자 문어가)이 내담자에게 보다 나은 서비스를 제공하도록 도울 수 있는 특별한 전문 지식을 가졌다고 믿는 사람(자문가)에게 자발적으로 자문하는 과정이다(Orford, 1992).

① 정신건강 자문의 유형

㉠ 내담자 중심 사례 자문 / 피자문자 중심 사례 자문: 피자문자가 미래의 사례를 다루는 데 필요한 기술을 증진시키도록 돕는 것

㉡ 프로그램 중심 운영 자문: 특정 프로그램의 운영과 관리를 도움. 잠재적인 부적응 사례를 탐지하기 위한 '조기 경보 체계'를 확립하기 위해 자문가를 고용할 수 있음

㉢ 피자문자 중심 운영 자문: 미래 운영자가 보다 잘 기능할 수 있도록 운영자의 기술을 증진시키는 것. 예를 들어 운영자의 의사소통 기술 증진을 위해 운영자 감수성 집단을 구성하고 감독함

② 기법과 단계

㉠ 도입 또는 준비 단계: 초기 단계에서는 자문 관계의 정확한 본질과 상호 의무에 대해 작업

㉡ 시작 또는 워밍업 단계: 작업 관계가 확립

㉢ 대안적 행동 단계: 문제 해결을 위한 구체적이고 대안적인 해결책과 전략을 개발하는 것을 포함

㉣ 종결: 추가적인 자문이 필요 없다는 데 상호 동의하면 종결하게 됨

■ 입원에 대한 지역사회 대안

환자를 사회에서 책임 있는 위치에 다시 서게 하는 목표를 가진 환경을 제공하는 것이다. 전통적인 24시간 입원보다 효과적이고 비용이 적게 드는 낮병원이 점점 대중화되고 있다.

■ 초기 아동기 개입

가장 우려되는 것은 결정적 발달 시기의 조기 박탈이 아동의 생을 방해하는 것이다. 따라서 학령 전 개입 프로그램이 개발된다면 예방적인 행동 과정이 가능할 것이다.

■ 자조

전문가가 모든 도움을 제공하는 것이 아니라 비공식 조력 집단이 전문가 개입 욕구를 대신하는 가치 있는 지원을 제공할 수 있다.

■ 준전문가 활용

지역사회 운동에서 눈에 띄는 특징 중 하나는 공식적인 임상 훈련을 받지 않은 일반인이나 준전문가를 치료자로 활용하고 있다는 것이며, 그 수는 점차 증가하고 있다.

10 기타 전문영역

(1) 건강심리학(Health Psychology)

■ 의의 및 특징

① 건강의 유지 및 증진, 질병의 예방 및 치료를 목적으로 심리학적 이론과 방법을 동원하는 학문이다.

② 현대인들의 주된 질병 및 사망의 원인을 심리사회적 관점에서 보는 것으로, 최근 현대인들의 건강에 대한 관심이 증폭되면서 현저하게 발전하고 있다.

③ 전통적인 임상심리학이 불안장애나 우울장애 등 정신적인 병리에 초점을 둔 반면, 건강심리학은 정신적 병리와 함께 암이나 심혈관질환 등 신체적 병리에도 관심을 가진다.

④ 신체적 질병이 생활습관이나 스트레스에 대한 대처방식과 밀접한 연관있음을 강조한다.

⑤ 일상생활에서 현대인들의 건강과 밀접하게 연관된 금연, 체중조절, 스트레스 관리 등을 위한 다양한 프로그램을 연구 · 개발 · 실행하고 있다.

■ 건강심리학의 발달배경

① 급성질환에서 만성질환으로의 질병 양상의 변화

② 과학과 의학 기술의 발전에 따른 건강심리학 영역의 확장

③ 건강관리 서비스의 확장

④ 건강 관련 의료 수요의 증가

■ 건강심리학과 임상심리학의 차이점

① 임상심리학은 정신적 병리에 초점을 둔 반면, 건강심리학은 신체적 병리에 일차적인 관심을 기울인다.

② 임상심리학은 질병의 치료와 건강의 회복에 초점을 둔 반면, 건강심리학은 질병의 치료나 건강의 회복은 물론 건강의 유지 및 증진, 그리고 질병의 예방을 강조한다.

③ 건강심리학은 여러 다른 학문들과의 공동협력을 보다 강조한다.

(2) 법정심리학(Forensic Psychology)

■ 의의 및 특징

법정심리학은 법과 법률과 관련된 쟁점들에 심리학적 전문성을 활용하는 학문이다. 법정심리학에서는 다양한 현장과 성인과 아동을 포함한 다양한 내담자들이 포함될 수 있다.

법정심리학에 대한 정의는 일반적으로 법정심리학을 '심리학과 법'으로 이해하는 광의의 정의와 법정심리학을 "임상/실제적 문제"로 국한하는 협의의 정의로 구분하여 개념화할 수 있다.

■ 법정심리학의 발달배경

① 1908년 하버드 대학교 심리학과 교수 휴고 문스터버그(Hugo Munsterberg)가 『증언석 위에서(On the Witness Stand)』라는 책에서 법 체계에 심리학이 적용되는 부분이 많으니 변호사들은 심리학을 알아야 한다고 주장했다.

② 1962년 미국 컬럼비아 특별구 항소법원에서 Banelon 판사는 다수를 위해 판결문을 쓰면서 적절한 자격을 갖춘 심리학자들이 정신장애에 대한 전문가로서 법정에서 증언할 수 있음을 처음으로 주장하였다.

③ 오늘날 심리학자들은 형사, 민사, 가족 및 행정법의 모든 영역에서 전문가로서 증언하고 있다. 또한 그들은 법률 체계(법조계)를 통해서 회사와 개인들에게 자문을 제공한다.

■ 법정심리학자의 주요 활동

① 전문가 증인으로서 역할
  ㉠ 자격
  ㉡ 전문가 증언에 관한 주제
  ㉢ 증언
  ㉣ 반대심문

② 형사 사건에서의 역할
  ㉠ 정신이상 항
  ㉡ 법정에 설 능력

③ 민사 사건에서의 역할
  ㉠ 정신장애 시설에서의 입원
  ㉡ 가정문제

④ 환자들의 권리
⑤ 위험성 예측
⑥ 심리치료
⑦ 자문
⑧ 연구와 법정심리학

■ **법정심리학 분야 교육**

① 심리학의 기본적인 지식을 습득해야 한다. 즉, 발달, 사회, 인지, 이상심리학을 비롯하여 윤리 및 전문적인 문제들에 대한 이해가 필요하다.
② 실험과 현장에서 요구되는 연구 방법론과 통계학적 지식을 습득해야 한다.
③ 기본적인 법 지식을 갖춰야 한다. 여기에는 '변호사와 같이 생각할 수 있는' 능력, 법의 기본, 법의 원리, 민법 및 형법적인 지식이 속한다.
④ 사회과학적 증거가 법에 어떻게 사용될 수 있을지에 대한 지식이 필요하다.
⑤ 학문 및 훈련으로 실제 독자적인 연구를 할 수 있는 지식이 있어야 한다.

■ **법정심리학의 활용분야**

① 수사 단계
② 판결 단계
③ 교정 단계
④ 재범 예방단계

(3) 아동임상심리학

■ **정의 및 특징**

아동을 대상으로 한 임상심리학으로 영유아, 아동 · 청소년이 속한 사회적 맥락에서 심리서비스를 제공한다.

① 전통적 아동심리평가/심리치료, 부모평가(성격, 양육), 부모교육가족 개입이 포함된다.
② 주 관심 주제는 발달, 환경(양육, 학교), 조기개입(1, 2, 3차 예방 프로그램 실시)이다.
③ 아동과 가족이 속한 문화와 일치되는 패턴으로 치료가 제공될 때 가장 효과적이다.
④ 근거 기반 의학 입장에서 평가를 내린다.

■ 발달배경

① 제1기

제1차 세계 대전 전까지로 볼 수 있다. 앞서 기술한 바와 같이 아동과 청소년에 대한 임상심리학은 반항적 행동으로 세인의 주목을 끌었던 비행청소년을 위한 보호시설을 갖춘 시점에서 출발하였다. 1824년에 미국 뉴욕에서 최초로 공립보호시설이 설립되었고, 유럽은 조금 늦은 1833년에 독일 함부르크 교외에 라우에스하우스(Raues Haus), 프랑스에서는 1839년에, 영국에서는 1849년에 각각 교호원(教護院)이 설치되었다.

■ 아동기 장애 특징

① 외현화 장애 : ADHD, 품행장애, 적대적 반항장애 등을 포함
② 내재화 장애 : 우울장애, 불안장애 등

■ 아동 · 청소년의 평가

① 발달상의 단계라는 맥락에서 아동의 행동을 이해해야 한다.
② 다중 출처 (Multisource), 다중 방법(Multimethod), 다중상황적 접근(Multisetting approach)으로 아동을 평가해야 한다(Merrall).
③ 면접, 행동 관찰, 행동 평가(부모, 교사, 아동 자신), 투사적 검사, 지능검사 등의 종합적 방법으로 평가해야 한다.

■ 아동청소년의 심리치료 시 고려할 점

① 아동은 축소된 성인이 아니기 때문에 자발성, 변화의 동기, 착석 능력, 언어적 표현 등이 당연하게 여겨져서는 안 된다.
② 아동은 혼자서 치료에 참여하지 못하므로 아동의 부모, 교사 등과 협력 관계를 맺는 것이 중요하다.
③ 비밀 보장에 대한 문제가 성인과는 다르다. 즉, 부모나 법정후견인이 아동에 대한 책임을 지기 때문에 비밀 보장에 대한 법적 의무가 아동의 부모, 법정후견인에게 적용되지 않는다.
④ 아동은 자신의 인생에 대한 통제권이 적거나 거의 없기 때문에 자신의 주변 환경을 변경하기 어렵다.
⑤ 치료기법에는 인지행동치료(사회기술 훈련, 응용행동 분석), 자기지시적 훈련, 부모훈련, 놀이치료(정신역동 놀이치료, 인본주의 놀이치료) 등이 있다.

메 모

메 모

메 모

제 1 장

임상심리학의 이해

I wish you the best of luck

제 1 장 임상심리학의 이해

제 1 절 임상심리학의 정의와 역사

1 심리학의 발전

(1) 심리학이 과학적 학문이기 전 시기

① 고대 그리스~중세 : 철학적 심리학
  ㉠ 플라톤(Plato) : 심신이원론
  ㉡ 아리스토텔레스(Aristotle) : 심신일원론
② 르네상스 시대 : 인간에 대한 종교적 · 형이상학적 접근으로부터 경험적 접근으로 시도하여 보다 과학적 심리학에 가까워짐
③ 근세 이후 : 경험적 접근을 취하게 되면서 마음의 경험적 측면인 의식(Consciousness)에 관심
④ 17~18세기 : 경험주의자인 로크(Locke), 밀(Mill), 스펜서(Spencer) 등이 심리학을 경험적으로 고찰 → 경험적 심리학 탄생

(2) 과학적 심리학

① 분트(Wundt) : 현대 심리학의 아버지, 1879년에 독일의 라이프치히(Leipzig)에서 최초의 심리학 실험실 설립
② 티치너(Tichener)와 제임스(James) : 기능주의, 행동관찰법
③ 프로이트(Freud) : 정신분석학 창시, 무의식 강조
④ 왓슨(Watson) : 행동주의
⑤ 베르트하이머(Wertheimer) : 게슈탈트(Gestalt)
⑥ 매슬로우(Maslow) 및 로저스(Rogers) : 인본주의

2 임상심리학의 성장과 발전

(1) 연도별 주요사건

① 1879년 : 분트(Wundt)가 독일 라이프치히에 심리학 연구를 위해 실험실을 개설함
② 1883년 : 갈튼(Galton)이 『인간의 능력과 그 발달에 관한 탐구(Inquiries into Human Faculty and Its Development)』를 저술함
③ 1890년 : 카텔(Cattell)이 정신검사(Mental Tests)라는 용어를 처음으로 제안함
④ 1892년 : 미국심리학회(American Psychological Association, APA)가 창설됨
⑤ 1896년 : 위트머(Witmer)가 미국 펜실베니아(Pennsylvania)대학에 세계 최초의 심리진료소(Psychological Clinic)를 개설함
⑥ 1903년 : 비네(Binet)가 자신의 딸들을 대상으로 기억, 상상, 의지 등에 대해 연구한 〈지능의 실험적 연구〉를 발표함
⑦ 1904년 : 위트머가 펜실베니아 대학에서 최초로 임상심리학 강좌를 개설함
⑧ 1905년 : 비네가 시몽(Simon)과 함께 초등학교 입학 시 정신박약아를 식별하기 위한 검사법, 즉 비네-시몽 검사(Binet-Simon Test)를 개발함
⑨ 1907년 : 최초의 임상심리학 학술지인 ≪The Psychological Clinic≫이 간행됨
⑩ 1908년 : 시쇼어(Seashore)가 아이오와대학에 심리진료소를 개설
⑪ 1909년 : 힐리(Healy)는 청소년 범죄를 담당하는 아동생활지도상담소로 시카고에 청소년정신병질자연구소(William Healy's Juvenile Psychopathic Institute)를 설립
⑫ 1916년 : 터만(Terman)이 비네-시몽 검사를 발전시켜 지능검사 도구인 스탠포드-비네 검사(Stanford-Binet Intelligence Scale)를 개발함
⑬ 1917년 : 미국의 제1차 세계대전 개입과 함께 집단 심리검사도구인 군대 알파(Army α)와 군대 베타(Army β)가 개발됨
⑭ 1921년 : 로샤검사(Rorschach Test)가 개발됨
⑮ 1927년 : 프린스(Prince)가 하버드 심리진료소(Harvard Psychological Clinic)를 개설함
⑯ 1935년 : 머레이와 모건(Murray & Morgan)이 주제통각검사(Thematic Apperception Test, TAT)를 개발함
⑰ 1939년 : 웩슬러-벨류브(Wechsler-Bellevue) 성인용 지능척도가 개발됨
⑱ 1943년 : 미네소타다면적인성검사(Minnesota Multiphastic Personality Inventory, MMPI)가 개발됨
⑲ 1946년 : 미국 재향군인회와 공중위생국에 의해 심리훈련 프로그램이 도입됨(전쟁에 참여하여 각종 심리적 질환에 시달린 군인들이 많아진 것이 계기)
⑳ 1946년 : 라파포트(Rapaport), 길(Gill), 섀퍼(Schafer)가 심리검사에 의해 측정되는 특정심리기능을 구체화하고 이를 임상적 · 정신병리적 관점에서 제시한 『진단적 심리검사(Diagnostic Psychological Testing)』를 저술함

㉑ 1948년 : 국제연합(UN)의 특별기구로서 세계보건기구(World Health Organization, WHO)가 설립됨

㉒ 1949년 : 볼더(Boulder)회의를 통해 과학자−실무자모델(Scientist−Practitioner Model)이 공식적으로 확립

과학자-실무자모델

- 임상심리사는 1차는 과학자, 2차는 서비스를 제공하는 실무자가 되어야 함을 표방하는 모델
- 과학자와 실무자 역할을 동시에 훈련받음으로써, 이론적 · 학문적 · 응용적 · 임상적인 역량을 강화
- 임상장면에 적용가능한 연구방법론을 개발하고, 그 기술과 기법에 능숙해지는 것을 추구
- 인간행동을 이해하기 위해 연구자로서 끊임없이 연구하는 동시에 실무자로서 그 과정을 통해 발견한 지식을 인간행동의 변화를 위해 실천

㉓ 1963년 : 미국 케네디 대통령에 의해 지역사회 정신건강법이 제정됨

㉔ 1973년 : 미국 콜로라도의 베일(Vail)회의에서 심리학 박사학위를 인정함

(2) 임상심리학의 발전 계기

① 제1차 세계대전

㉠ 1917년 미국의 제1차 세계대전 참전 → 심리학자들의 임상활동 참가 확대

㉡ 심리학자들 : 군인들의 지적, 심리적 안정성을 예측하기 위한 도구개발(Army α와 Army β 등)

㉢ 수백만 명의 사람들이 지능검사와 인성검사를 받으면서 검사에 대한 관심이 매우 높아졌으며 이 추세는 전후에도 이어짐

㉣ 전후 임상심리학은 독자적인 학문영역으로 인정됨

② 제2차 세계대전

㉠ 1941년 제2차 세계대전이 발발 → 임상심리학자들이 군대를 위해 활동

㉡ 임상심리학자들 : 징병과 배치업무에 관여, 심리평가, 개인 및 집단심리치료 등의 업무 수행 → 심리치료를 수행한 것이 임상심리학자들의 역할에 대한 사회적 인식 전환의 중대한 계기로 작용

㉢ 전쟁 전, 군에서 일하던 심리학자의 90% 이상이 비의료적 분야를 수행 vs. 전쟁 중 50%의 군 심리학자들이 임상적인 분야를 수행

㉣ 전후 임상심리학자가 임상적인 영역에 더 많이 진출 → 임상분야에 일하는 심리학자들의 수도 3배가량 증가

③ 훈련프로그램의 개발

㉠ 1945년 코네티컷 주에서 처음으로 임상심리학자 자격제도가 마련

㉡ 재향군인회와 국가정신보건연구소(NIMH)의 재정지원 아래 임상심리학자 훈련프로그램이 가동 → 임상심리학 급속 성장

ⓒ Shakow 보고서
- 임상심리학자의 자격
  - 실습과정을 포함하여 4년간의 교육을 받은 박사학위 소지자일 것
  - 그 중에서 3년차는 인턴과정
  - 마지막 해는 박사논문과 연관된 활동을 할 것
- 임상심리학자의 교과과정 : 일반심리학, 응용분야, 정신역동, 진단방법, 연구방법, 심리치료 등의 6과목이 필수

ⓓ 1949년 볼더회의 : 회의 참가자들은 Shakow 보고서를 지지하면서 과학자–실무자모델을 채택

ⓔ 1963년 케네디(Kennedy) 대통령의 지역사회 정신건강법(CMHA) 서명 : 전국적인 연계망을 갖춘 지역사회 정신건강센터들이 생겨나게 되었고, 임상심리학자들이 이러한 기관에 대거 취업
→ 임상심리학의 비약적인 발전(다양한 치료기법들이 개발, 정신분석치료 대신에 인본주의적 치료들과 행동주의 치료가 각광)

ⓕ 1965년 시카고회의 : 볼더모델을 계속 유지하되 연구논문에 대한 요구를 줄이기로 합의
→ 임상심리학 훈련생들은 연구논문에 대한 의무가 없어지게 됨

ⓖ 1973년 베일(Vail)회의 : 정신보건 분야의 인력 부족으로 심리학박사 제도를 시행해야 한다는 사회적 요구에 따라 두 개의 사항이 결정
- 석사학위 소지자로서 적절한 훈련을 받은 자는 심리학자라는 칭호를 쓸 수 있음
- 심리학 박사(Psy. D) 프로그램도 적절한 임상심리학자 훈련과정으로 인정
  → 임상심리학자를 양성하는 다양한 과정들이 나타나게 됨

3 임상심리학의 최근 동향

(1) 임상훈련현장에서는 여전히 과학자–실무자모델이 우세

(2) 인본주의치료의 영향력 증대

(3) 인지행동치료의 영향력 증대

(4) **절충적 기법의 성장** : 정신역동, 인본주의, 행동주의, 인지주의 등의 이론 · 기법을 혼용

(5) 진단보다는 예방에 초점을 둔 입장이 점차 증가

제2절 임상심리학자의 역할과 훈련

1 역할

(1) 연구

① 임상심리학자를 다른 분야의 전문가들과 가장 크게 구분 짓는 영역

② 임상심리학자가 수행하는 연구는 바로 임상현장에서 정신과 환자를 이해하고 치료하는 데 직접적인 도움을 줄 수 있음

③ **임상심리학자가 수행하는 연구의 범위** : 정신장애의 원인 탐색, 특정 정신질환의 진단을 위한 방법이나 도구개발, 타당화, 어떤 치료방법이 특정 장애의 치료에 가장 효과적인지, 특정 정신질환에 걸리기 쉬운 사람들의 특성이 따로 있는지 등을 조사

(2) 진단 및 평가

① 내담자의 심리적 · 사회적 문제를 파악하며, 내담자의 기능 및 능력의 한계를 관찰하고 검토

② **심리검사를 활용한 심리평가**

㉠ 한 사람의 문제를 평가하기 위해서는 다각적인 분석이 필요한데 이를 심리검사를 통한 심리평가로 구현

㉡ 임상심리학자는 심리검사를 이용할 수 있는 유일한 전문가 집단

③ **심리검사의 영역** : 지능검사, 성격검사, 신경심리검사, 행동관찰 등 광범위

(3) 개입과 치료

① **위기개입** : 위기상황에 처한 환자들을 보살펴주는 활동으로 많은 정신질환자들이 초기에 자살이나 파괴적 행동을 하기 때문에 개입이 필요함

② **다양한 심리치료 프로그램을 개발 · 실시** : 집단 인지행동치료, 단기 사회기술훈련 프로그램 등 매우 다양

③ 내담자의 심리적 문제를 해결하고 원만한 가정생활과 사회생활을 영위하도록 하며, 대인관계의 유지 및 개선을 위해 내담자와 함께 노력

(4) 교육 및 훈련

① 대학의 임상심리학 교수는 성격심리학, 이상심리학, 임상심리학, 건강심리학, 심리치료, 고급정신병리, 심리평가, 집단치료 등의 과목을 담당

② 병원이나 기타 수련기관에 속한 임상심리학자는 후배 임상심리학도의 수련을 담당하는 감독자로 활동하면서, 수련생들의 이론교육과 심리평가, 심리치료에 대한 임상 지도감독을 실시

(5) 자문

① 정신건강 관련 종사자나 기타 산업체, 교육계 종사자에게 자문을 제공
② **범위** : 임상사례부터 업무, 인사, 기업의 이윤문제까지 전 영역을 포괄
③ **대상** : 개인을 다룰 수도 있고 전체 조직을 다룰 수도 있음

(6) 행정

① **병원에 근무하는 임상심리학자** : 환자의 심리평가 보고서 작성, 사례회의 발표 준비 등
② **대학교 심리학과에 근무하는 임상심리학자** : 학과장 역할을 하면서 행정업무를 수행, 지역사회 정신건강 심의, 심판위원회에 참석하여 정신장애 환자의 입원적합성 여부를 심사
③ **심리진료소의 임상심리학자** : 각종 바우처 사업, 초중등학교나 정부 혹은 사회기관에서 실시하는 집단 프로그램 프로젝트에 지원서 작성 등

2 훈련

(1) 과학자-실무자모델

① 볼더에서 개최된 미국심리학회 총회에서 확정되었으며, 볼더모델로도 불림
② 임상심리학자는 연구를 할 수 있어야 하고 임상서비스를 위해 경험적 증거를 이용해야 함을 중시
③ 이 모델에서 대학원생은 연구와 심리학적 서비스 제공능력을 개발하고 증명하여야 함
④ 학생들은 독창적인 연구를 수행하여 연구능력을 입증하고, 학위논문을 쓰고 구두시험에서 성공적인 방어를 해야 함
⑤ 면접, 검사실시, 평가보고서 작성, 심리치료, 자문 등과 같은 임상적 기술을 프로그램 내내 실습훈련으로 익혀나감
⑥ 특히 인턴십 기간에 학생은 정신건강관리 장면에서 자격 있는 임상심리학자의 슈퍼비전을 받으면서 심리학적 서비스를 제공하기 위해 전일제로 근무

(2) 실무자-학자모델

① 베일총회에서 참가자들은 새로운 모델인 실무자-학자모델을 제안
② 대부분의 임상심리학자가 서비스 장면에서 필요한 임상기술의 훈련을 강조하고 Ph.D. 프로그램에서 가르치는 연구기술은 덜 강조하는 것으로 설계
③ 이 모델로 훈련받은 학생은 Ph.D. 학위가 아닌 Psy.D. 학위를 받음
④ Psy.D. 프로그램은 실험설계 · 대규모 표집분석은 덜 중시하고, 자연적 설계 · 개별 사례나 서비스 지향 프로그램의 평가에 중점
④ Psy.D. 프로그램은 과학을 통해 서비스활동에 대한 지식을 얻지만 연구 수행기술이 필요 없는 임상가를 양성하기 위하여 개발

⑤ Ph.D.와 Psy.D. 훈련모델의 주된 차이 : 과학과 실습에 주어지는 비중
  ㉠ 임상서비스 숙달 및 제공 : 두 모델의 학생이 비슷
  ㉡ 연구참여 : 과학자–실무자모델 > 실무자–학자모델

(3) 임상과학자모델

① 이 모델의 일차 목표는 심리학 그리고 관련 기초 분야의 지식적 토대를 쌓게 하는 것
② 지금 방식대로 임상실무만 계속한다면 과학적 기반이 약해질 것을 우려하여 제안된 모델
③ 모든 면에서 과학자로서 사고하고 활동하며, 과학자로서 전문가적 삶을 구축하는 임상과학자를 배출하는 대학원 훈련을 강조

(4) 임상심리학자의 윤리원칙

① 유능성
  ㉠ 임상심리학자는 자신의 강점과 약점, 자신이 가지고 있는 기술과 그것의 한계에 대해 충분히 자각하여야 함
  ㉡ 임상심리학자는 지속적으로 교육수련을 받고 경험을 쌓음으로써 변화와 발전의 시대적 흐름 속에서도 항상 최신의 기술을 가지고 있어야 함
② 성실성
  ㉠ 임상심리학자는 성실하고 정직한 자세로 내담자에게 자신의 서비스로부터 기대할 수 있는 바를 설명하며, 자신의 작업과 관련하여 스스로의 욕구 및 가치가 어떠한 영향을 미치는지 알고 있어야 함
  ㉡ 임상심리학자는 자신의 환자나 내담자, 학생들과 부적절한 다중관계나 착취관계를 맺어서는 안 되며, 성적인 문제에 연루되어서는 안 됨
③ 전문적이고 과학적인 책임
  ㉠ 임상심리학자는 전문적이고 과학적인 기초 위에서 활동함으로써 자신의 지식과 능력의 범위를 인식할 의무를 가짐
  ㉡ 임상심리학자는 자신의 환자나 내담자에게 최선을 다해 서비스를 제공하며, 이를 위해 필요에 따라 타 분야의 전문가들에게 자문을 구하여야 함
④ 인간의 권리와 존엄에 대한 존중
  ㉠ 임상심리학자는 각 개인의 개성과 문화의 차이에 대해 민감해야 하며, 자신의 일방적인 지식과 편견을 지양해야 함
  ㉡ 임상심리학자는 자신의 환자나 내담자가 잘못된 결정을 내리고 있는 것으로 판단될지라도, 그들의 의지에 반하여 자신의 소망이나 의견을 강요해서는 안 됨
⑤ 타인의 복지에 대한 관심
  ㉠ 임상심리학자는 자신이 제공하는 서비스를 통해 타인의 삶의 질이 개선될 수 있도록 노력해야 함
  ㉡ 임상심리학자는 자신의 환자나 내담자를 착취하거나 그들에게 해가 되는 일을 삼가야 함

⑥ **사회적 책임** : 임상심리학자는 타인을 도우며, 인간의 행동과 심리에 모순되거나 부당한 착취의 우려가 있는 정책에 대해 반대하여야 함

임상심리학자 윤리강령 주요내용 발췌(출처 : 한국심리학회)

1. 서문
   ① 심리학자는 언제나 최대한의 윤리적 책임을 지는 행동을 하도록 노력할 의무가 있다.
   ② 심리학자는 전문적이고 과학적인 기초 위에서 활동함으로써 자신의 지식과 능력의 범위를 인식할 의무가 있으며, 또 이를 남용하거나 악용하게 하는 개인적, 사회적, 경제적, 정치적 영향으로부터 벗어나도록 노력해야 할 의무가 있다.
2. 심리학자의 기본적 책무(제11조)
   ① 심리학자는 인간의 정신 및 신체건강의 향상을 위해 노력하여야 한다.
   ② 심리학자는 개인과 사회의 발전을 위해 노력하여야 한다.
   ③ 심리학자는 학문연구, 교육, 평가 및 치료의 제 분야에서 정확하고 정직하며, 진실되게 업무를 수행하여야 한다.
   ④ 심리학자는 자신의 업무가 사회와 인류에 영향을 미칠 수 있음을 자각하여, 신뢰를 바탕으로 전문가로서의 책임을 다 한다.
   ⑤ 심리학자는 심리학적 연구결과와 서비스가 필요한 모든 사람에게 공정하게 제공될 수 있도록 최선의 노력을 기울여야 한다.
   ⑥ 심리학자는 인간의 가치와 존엄성을 존중하며, 아울러 사생활을 침해받지 않을 개인의 권리와 자기결정권을 존중한다.
3. 전문성(제12조)
   ① 심리학자는 자신의 능력과 전문성을 발전시키고 유지하기 위하여 지속적인 노력을 기울여야 한다.
   ② 연구와 교육에 종사하는 심리학자는 전문분야에 대한 과학적 지식을 추구하고 이를 정확하게 전달하기 위하여 끊임없이 노력하여야 한다.
   ③ 평가와 심리치료에 종사하는 심리학자는 교육, 훈련, 수련, 지도감독을 받고, 연구 및 전문적 경험을 쌓은 전문적인 영역의 범위 내에서 서비스를 제공하여야 한다.
   ④ 긴급한 개입을 요하는 비상상황인데 의뢰할 수 있는 심리학자가 없는 경우에는 자격을 갖추지 못한 심리학자가 서비스를 제공할 수 있다. 단, 이 경우에는 자격을 갖춘 심리학자의 서비스가 가능해지는 순간 종료하여야 한다.
   ⑤ 자신의 전문 영역 밖의 지식과 경험이 요구되는 서비스를 제공하고자 하는 심리학자는 이와 관련된 교육과 수련 및 지도감독을 받아야 한다.
4. 업무와 관련된 인간관계(제14조)
   ① 심리학자는 동료 심리학자를 존중하고, 동료 심리학자의 업무활동에 대해 사실에 근거하지 않은 비판을 하지 않는다.
   ② 심리학자는 성실성과 인내심을 가지고 함께 일하는 다른 분야의 종사자와 협조적으로 업무를 수행한다.
   ③ 심리학자는 학생이나 수련생에게 필요한 지식과 경험을 제공하여야 하며, 그들에게 종속적인 업무만을 하도록 하여서는 아니 된다.
   ④ 심리학자는 연구 참여자의 인격을 존중하여야 하며, 연구 참여 과정 중에 이들이 위험에 처하지 않도록 안전과 복지를 보장하는 조치를 취하여야 한다.
   ⑤ 심리학자는 내담자/환자와 신뢰관계를 형성하여야 하며, 다중관계나 착취관계를 가지지 않는다.

5. 착취관계(제15조)

심리학자는 자신이 지도감독하거나 평가하거나 기타의 권위를 행사하는 대상, 즉 내담자/환자, 학생, 지도감독을 받는 수련생, 연구 참여자 및 피고용인을 물질적, 신체적, 업무상으로 착취하지 않는다.

6. 다중관계(제16조)

① 다중관계, 즉 어떤 사람과 전문적 역할 관계에 있으면서 동시에 또 다른 역할 관계를 가지는 것은 심리학자가 공정하고 객관적이며 효율적으로 업무를 수행하는 데 위험요인이 될 수 있으며, 또한 상대방을 착취하거나 해를 입힐 가능성이 있으므로, 심리학자는 다중관계가 발생하게 될 때 신중하여야 한다.

② 심리학자는 자신의 업무 수행에 위험요인이 되고 상대방에게 해를 입힐 수 있는 다음과 같은 다중관계를 피하여야 한다.

- 사제관계이면서 동시에 사적 친밀관계인 경우
- 사제관계이면서 동시에 치료자-내담자/환자관계인 경우
- 같은 기관에 소속되어 사제관계, 고용관계 또는 상하관계에 있으면서 기관 내의 치료자-내담자/환자에 대한 지도감독의 대가로 직접 금전적 관계를 형성하는 경우
- 치료자-내담자/환자관계이면서 동시에 사적 친밀관계인 경우
- 내담자/환자의 가까운 친척이나 보호자와 사적 친밀관계를 가지는 경우
- 기타 업무수행의 공정성을 저해할 가능성이 있거나 착취를 하거나 피해를 입힐 가능성이 있는 다중관계

③ 심리학자의 업무 수행에 위험요인이 되지 않고, 또 상대방에게 해를 입히지 않을 것으로 생각 되는 다중관계는 비윤리적이지 않다.

④ 예측하지 못한 요인으로 인해 해로울 수 있는 다중관계가 형성된 것을 알게 되면, 심리학자는 이로 인해 영향받을 사람들의 이익을 고려하여 합당한 조처를 하고 윤리규정을 따르도록 한다.

7. 비밀 유지 및 노출(제19조)

① 심리학자는 연구, 교육, 평가 및 치료과정에서 알게 된 비밀정보를 보호하여야 할 일차적 의무가 있다. 비밀 보호의 의무는 고백한 사람의 가족과 동료에 대해서도 지켜져야 한다.

② 심리학자는 조직 내담자, 개인 내담자/환자, 또는 내담자/환자를 대신해서 법적으로 권한을 부여받은 사람의 동의를 얻어 비밀정보를 노출할 수도 있다. 이는 전문적인 연구 목적에 국한하여야 하며, 이 경우에는 실명을 노출해서는 안 된다.

③ 법률에 의해 위임된 경우 또는 다음과 같은 타당한 목적을 위해 법률에 의해 승인된 경우에는 개인의 동의 없이 비밀정보를 최소한으로 노출할 수 있다.

- 필요한 전문적 서비스를 제공하기 위한 경우
- 적절한 전문적 자문을 구하기 위한 경우
- 내담자/환자, 심리학자 또는 그 밖의 사람들을 상해로부터 보호하기 위한 경우
- 내담자/환자로부터 서비스에 대한 비용을 받기 위한 경우

8. 평가의 사용(제50조)

① 심리학자는 검사도구, 면접, 평가기법을 목적에 맞게 실시하고, 번안하고, 채점하고, 해석하고, 사용하여야 한다.

② 심리학자는 타당도와 신뢰도가 검증된 평가도구를 사용하여야 한다. 그렇지 못한 경우에는 검사결과 및 해석의 장점과 제한점을 기술한다.

③ 심리학자는 평가서 작성 및 이용에 있어서 객관적이고 학문적으로 근거가 있어야 하고, 세심하고 양심적이어야 한다.

9. 무자격자에 의한 평가(제54조)
   심리학자는 무자격자가 심리평가 기법을 사용하도록 허용해서는 안 된다. 단, 적절한 감독 하에 수련 목적으로 사용하는 경우는 예외로 하며 다음과 같은 사항에 주의한다. 수련생의 교육, 수련 및 경험에 비추어 수행할 수 있는 평가 기법들에 한정해 주어야 하며, 수련생이 그 일을 유능하게 수행할 수 있는지 지속적으로 감독해야 한다.
10. 내담자/환자와의 성적 친밀성(제62조)
   ① 심리학자는 치료적 관계에서 내담자/환자와 어떤 성적 관계도 허용되지 않는다.
   ② 심리학자는 내담자/환자의 보호자, 친척 또는 중요한 타인과 성적 친밀성을 가져서는 안 된다.
   ③ 심리학자는 과거 성적 친밀성을 가졌던 사람을 내담자/환자로 받아들이지 않아야 한다.
   ④ 심리학자는 치료 종결 후 적어도 3년 동안 자신이 치료했던 내담자/환자와 성적 친밀성을 가지지 않아야 한다. 그러나 가능하면 치료 종결 3년 후에라도 자신이 치료했던 내담자/환자와 성적 친밀성을 가지지 않는다.
11. 치료 종결하기(제64조)
   ① 심리학자는 내담자/환자가 더 이상 심리학적 서비스를 필요로 하지 않거나, 계속적인 서비스가 도움이 되지 않거나 오히려 건강을 해칠 경우에는 치료를 중단한다.
   ② 심리학자는 내담자/환자 또는 내담자/환자와 관계가 있는 제3자의 위협을 받거나 위험에 처하게 될 경우에는 치료를 종결할 수 있다.

제 3 절 단일사례연구

1 단일사례설계의 의의

(1) 단일사례설계는 개인, 가족 및 소집단 등을 대상으로 이들이 갖고 있는 문제를 해결하기 위한 개입이 어떠한 효과를 갖고 있는지를 과학적인 방법으로 입증하는 것이다.

(2) 단일사례실험, 단일사례연구, 단일대상설계, 단일체계설계 등으로도 불린다.

(3) 단일사례설계는 주로 개인-가족-소집단들의 심리사회적 기능을 향상시키고 유지하기 위한 임상사회사업에서 이론적, 실천적 발전의 근거를 마련하기 위해 사용되고 있다.

2 단일사례설계의 특징

(1) 단일대상 또는 단일사례

단일사례설계는 단 하나의 사례 또는 대상을 놓고 그것을 반복해서 관찰한다. 단일사례란, 분석단위가 1개인, 1가족, 1지역 사회, 또는 1조직 등 표집 요소의 수는 하나임을 의미한다.

(2) 반복측정

단일사례설계는 한 사례를 반복적으로 측정해서 나타나는 조사대상자의 표적행동의 변화를 관찰해 그 결과를 갖고 개입효과를 파악한다.

(3) 즉각적인 환류(feedback)

단일사례설계의 주된 목적은 변수 간의 관계를 규명하기 위한 것이라기보다는 개입방법의 효과를 규명하는 것이다. 즉, 집단설계에서는 가설상에 설정된 변수 간의 관계를 검증하는 것이 주목적인 데 반해, 단일사례설계에서는 조사대상자의 문제행동을 명확히 규정하고 연구자가 사용한 개입방법이 대상자의 문제행동을 해결하는 데 얼마나 효과적이었는지를 평가하기 위해 적용되는 조사설계이다.

3 단일사례설계의 기본구조

(1) 기초선 단계

① 기초선 단계는 개입하기 전의 단계로, 기준선 단계라고도 한다.

② 기초선이란 연구자가 개입활동을 실시하기 전에 표적행동을 관찰하는 기간을 의미하기도 하고, 때로는 관찰된 표적행동의 상태를 나타내는 자료를 의미하기도 한다.

③ 단일사례설계의 구조를 설명하는 데 있어서 기초선은 일반적으로 'A'로 표시된다.

④ 기초선 단계를 설정하는 목적은 개입을 하기 전에 클라이언트의 표적문제의 정도를 파악하고, 이러한 문제가 외생요인에 의한 것인지 또는 어떠한 경향을 보이고 있는지를 파악하기 위해서이다.

(2) 개입단계

① 개입단계는 표적행동에 대한 개입활동이 이루어지면서 표적행동에 대한 관찰이 병행되는 기간이다.

② 관찰의 횟수나 기간은 기초선과 같은 정도로 하는 것이 바람직하다.

③ 단일사례설계의 구조를 설명하는데 있어서 개입국면은 일반적으로 'B'로 표시한다.

4 ABAB 설계

(1) ABAB 설계는 치료 조건과 비치료 조건을 번갈아가며 피험자의 행동 변화에 대한 체계적 관찰을 함으로써 치료의 효과성을 측정한다.

(2) 기초선 단계(A) → 개입단계(B) → 개입중단(기초선 단계)(A) → 재개입(B)순으로 수행

(3) 치료와 비치료 기간을 번갈아 가짐으로써, 치료가 행동에 미치는 영향을 연구할 수 있다. 단, 치료를 중간에 제공하지 않는 것에 대해 윤리적인 고려가 있어야 한다.

5 다중 기저선 설계

(1) ABAB 설계에서처럼 치료를 철회하지 않으며, 우선 2개 이상의 기저선이 설립되고 나서 다른 시기에 치료가 도입되어, 2개 이상의 기저선 행동이 치료를 도입한 후에 변한다는 것을 보여줌으로써 치료 효과를 증명한다.

(2) 2개 이상의 목표 행동 변화에 하나 혹은 여러 가지 개입법이나 치료를 적용하면서 특정 개입법이나 치료가 특정 목표행동만의 변화를 이끌고 다른 목표 행동에는 영향을 미치지 않는지를 검증함으로써 특정 개입법이나 치료와 목표행동간의 인과관계를 밝힐 때 사용될 수 있다.

제 1 장 실제예상문제

해설 & 정답 checkpoint

01 임상심리학 역사에서 중요한 사건 중 하나로 미국 펜실베니아 대학에 세계 최초의 심리진료소를 개설한 학자는?

① 위트머(Witmer)
② 비네(Binet)
③ 시쇼어(Seashore)
④ 힐리(Healy)

01 1896년 위트머(Witmer)는 미국 펜실베니아대학에 세계 최초의 심리진료소(Psychological Clinic)를 개설하였다.

02 1차는 과학자, 2차는 서비스를 제공하는 실무자가 되어야 한다는 것을 표방한 임상심리사의 훈련모델은?

① 과학자－실무자모델
② 실무자－학자모델
③ 임상과학자모델
④ 베일모델

02 과학자-실무자모델

- 임상심리사는 1차는 과학자, 2차는 서비스를 제공하는 실무자가 되어야 함을 표방하는 모델
- 과학자와 실무자 역할을 동시에 훈련받음으로써, 이론적 · 학문적 · 응용적 · 임상적인 역량을 강화
- 임상장면에 적용가능한 연구방법론을 개발하고, 그 기술과 기법에 능숙해지는 것을 추구
- 인간행동을 이해하기 위해 연구자로서 끊임없이 연구하는 동시에 실무자로서 그 과정을 통해 발견한 지식을 인간행동의 변화를 위해 실천

정답 01 ① 02 ①

checkpoint 해설 & 정답

03 1917년, 미국의 제1차 세계대전 개입과 함께 집단 심리검사도구인 군대알파(Army α)와 군대베타(Army β)가 개발되었다.

04 임상심리학자의 역할
- 연구
- 진단 및 평가
- 개입과 치료
- 교육 및 훈련
- 자문
- 행정

05 ② 실무자-학자모델로 훈련받은 학생은 Psy.D. 학위를 받는다.
③ 과학자-실무모델은 볼더에서 개최된 미국심리학회 총회에서 확정되었다.
④ 임상과학자모델의 일차 목표는 심리학 그리고 관련 기초 분야의 지식적 토대를 쌓게 하는 것이다.

정답 03 ④ 04 ④ 05 ①

03 제1차 세계대전 때 개발된 것으로 군인들의 지적, 심리적 안정성을 예측하기 위한 도구의 명칭은?

① MMPI
② NIMH
③ Binet-Simon Test
④ Army α와 Army β

04 아래에서 임상심리학자의 역할에 포함되지 않는 것은?

① 연구
② 평가
③ 개입
④ 투약

05 임상심리사 훈련모델에 대한 설명으로 옳은 것은?

① 과학자-실무모델이 실무자-학자모델보다 연구참여가 더 높다.
② 실무자-학자모델로 훈련받은 학생은 Ph.D. 학위를 받는다.
③ 실무자-학자모델은 볼더에서 개최된 미국심리학회 총회에서 확정되었다.
④ 실무자-학자모델의 일차 목표는 심리학 그리고 관련 기초 분야의 지식적 토대를 쌓게 하는 것이다.

해설 & 정답 checkpoint

06 아래의 내용은 임상심리학자의 윤리원칙 중 무엇에 해당하는가?

> • 임상심리학자는 자신의 강점과 약점, 자신이 가지고 있는 기술과 그것의 한계에 대해 충분히 자각하여야 함
> • 임상심리학자는 지속적으로 교육수련을 받고 경험을 쌓음으로써 변화와 발전의 시대적 흐름 속에서도 항상 최신의 기술을 가지고 있어야 함

① 유능성
② 성실성
③ 전문적이고 과학적인 책임
④ 인간의 권리와 존엄에 대한 존중

06 유능성에 해당하는 내용이다.

07 임상심리학의 역사에 대한 내용 중 연도상 가장 앞서는 것은?

① 미국심리학회(APA)가 창설됨
② 최초의 임상심리학 학술지인 ≪The Psychological Clinic≫이 간행됨
③ 미국의 제1차 세계대전 개입과 함께 집단 심리검사도구인 군대 알파(Army α)와 군대 베타(Army β)가 개발
④ 분트(Wundt)가 독일 라이프치히에 심리학 연구를 위해 실험실을 개설

07 ④ 1879년 : 분트(Wundt)가 독일 라이프치히에 심리학 연구를 위해 실험실을 개설
① 1892년 : 미국심리학회(APA)가 창설됨
② 1907년 : 최초의 임상심리학 학술지인 ≪The Psychological Clinic≫이 간행됨
③ 1917년 : 미국의 제1차 세계대전 개입과 함께 집단 심리검사도구인 군대 알파(Army α)와 군대 베타(Army β)가 개발

정답 06 ① 07 ④

checkpoint 해설 & 정답

08 ① 제임스(James) : 기능주의
② 프로이트(Freud) : 정신분석
④ 로저스(Rogers) : 인본주의

09 ④는 1949년 개최된 볼더회의에서 결정된 내용이다.

10 진단보다는 예방에 초점을 둔 입장이 점차 증가

정답 08 ③ 09 ④ 10 ④

08 다음 중 학자와 학파가 올바르게 연결된 것은?

① 제임스(James) : 인본주의
② 프로이트(Freud) : 기능주의
③ 왓슨(Watson) : 행동주의
④ 로저스(Rogers) : 정신분석

09 제2차 세계대전 중 임상심리학의 발전과 관련된 내용으로 옳지 않은 것은?

① 임상심리학자들은 징병과 배치업무에 관여, 심리평가, 개인 및 집단심리치료 등의 업무를 수행하였다.
② 2차 대전 중에 심리치료를 수행한 것이 임상심리학자들의 역할에 대한 사회적 인식 전환의 중대한 계기로 작용하게 되었다.
③ 2차 대전 중에는 약 50%의 군 심리학자들이 임상적 분야를 수행하였다 .
④ 임상심리학자 훈련모델로 과학자-실무자모델을 채택하였다.

10 임상심리학의 최근 동향으로 옳지 않은 것은?

① 여전히 과학자-실무자모델이 우세
② 인본주의 및 인지행동치료의 영향력 증대
③ 절충적 기법의 성장
④ 예방보다는 진단에 초점을 둔 입장이 점차 증가

해설 & 정답 checkpoint

주관식 문제

01 임상심리학자의 역할을 세 가지 이상 쓰시오.

02 과학자-실무자모델의 특징을 기술하시오.

01

정답 ① 연구
② 진단 및 평가
③ 개입과 치료
④ 교육 및 훈련
⑤ 자문
⑥ 행정

02

정답 임상심리학자는 연구를 할 수 있어야 하고 임상서비스를 위해 경험적 증거를 이용해야 함을 중시하는 임상심리사 훈련모델이다.

checkpoint 해설 & 정답

03
정답 모든 면에서 과학자로서 사고하고 활동하며, 과학자로서 전문가적 삶을 구축하는 임상과학자를 배출하는 대학원 훈련을 강조한다.

04
정답 ABAB 설계

03 임상심리사 훈련모델 중 임상과학자모델이 중시하는 가치를 기술하시오.

04 다음 설명하는 내용은 단일사례연구 중 어떤 설계인지 쓰시오.

- 치료 조건과 비치료 조건을 번갈아가며 피험자의 행동 변화에 대해 체계적으로 관찰함으로써 치료의 효과성을 측정한다.
- 기초선 단계 → 개입단계 → 개입중단(기초선 단계) → 재개입 순으로 수행한다.

제 2 장

진단과 분류

I wish you the best of luck

제 2 장 진단과 분류

제 1 절 진단체계

1 정신장애 분류의 필요성

(1) 정신장애 분류의 어려움

① 어떤 정신장애가 포함되어야 할지, 어떤 진단체계가 가장 적절한지에 대한 의견일치가 이루어지지 않음
② 다양한 진단체계들에서 정신장애의 현상, 원인, 과정에 대한 포인트가 서로 다름
③ 어떤 진단체계는 소수의 진단범주만을 포함하나, 다른 진단체계는 수천 개의 범주를 포함
④ 임상적 목적, 연구적 목적, 통계적 목적 등 주 사용 목적에 따라서 진단체계 내용에 차이가 나타남

(2) 크레펠린(Kraepelin)의 체계적이고 현대적인 정신장애 분류

① 같은 경과를 나타내는 증상이 있는 모든 환자는 동일한 질병에 걸려 있을 것으로 가정
② 정신장애의 증상과 증후에 대하여 객관적으로 기술

(3) 정신장애 분류의 활용

① 정신장애 전문가들이 서로 의사소통할 수 있는 언어를 제공
② 질환별 특성을 통해 유사하거나 차이가 나는 질환을 이해
③ 다양한 질환의 원인을 이해
④ 효과적인 치료법의 발견이 가능

2 분류체계

(1) 국제질병분류 10판[International Classification of Diseases–10th ed. (ICD–10)]

① 세계보건기구(WHO)에서 제정하여 국제적으로 통용되고 있는 질병분류체계

② 정신장애분류와 진단기준이 포함되어 있음

③ 정신장애뿐만 아니라 모든 종류의 질병을 다룸

(2) 정신장애진단 및 통계편람 5판[Diagnostic & Statistical Manual of Mental Disorders – 5th ed. (DSM–5)]

① 미국정신의학회(APA)의 정신장애분류체계

② 정신장애의 진단에 가장 널리 사용됨

(3) DSM–5에 의한 정신장애 분류

① DSM–5의 개정배경

㉠ 정신장애에 대한 최신 연구결과의 반영 : 정신병리, 평가 및 진단, 치료 연구결과 등의 축적에 따라 정신장애에 대한 최신 의견들을 반영할 필요가 있었다. 특히 임상분야에서 신경생물학(Neurobiology)의 중요성이 확대되었다.

㉡ 범주적 진단체계의 한계 : 범주적 분류는 이상행동과 정상행동을 명확히 구분하면서 이들 간의 질적인 차이를 가정하는 한계를 가지고 있었다. 그로 인해 몇 가지 증상들을 공유하는 공존질환(Co-morbidity)에 대해 더욱 정확하고 효율적인 진단의 필요성이 제기되었다.

㉢ 사용자의 접근성 및 임상적 유용성의 고려 : 진단분류의 신뢰도 및 타당도를 제고하기 위해 다양한 경험적 연구결과들에 근거하되 이전 버전들과의 연속성을 유지함으로써 실제 임상현장에서 유효하게 사용될 수 있는 진단체계가 요구되었다.

② DSM–5의 일반적인 개정사항

㉠ 개정판 숫자의 변경 : 기존의 DSM–Ⅳ–TR까지는 개정판의 순서를 나타내는 숫자를 로마자로 표기하였으나 DSM–5에서는 로마자 Ⅴ가 아닌 아라비아숫자 5를 사용하였다. 이는 새로운 임상적 발견에 따른 개정을 보다 쉽게 하기 위한 의도를 가지고 있다.

㉡ 다축체계의 폐지 : DSM–Ⅳ에서 사용하는 다축진단체계가 실제 임상현장에서 유용하지 못하며, 진단의 객관성 및 타당성이 부족하다는 비판에 따라 이를 폐지하였다. 다만, 이는 표기방식을 폐지하는 것일 뿐 내용 전체를 폐기한 것은 아니며 일부(특히 Axis Ⅲ의 경우)는 진단 내에 포함시키거나 진단별 예로 전환하였다.

㉢ 차원적 평가의 도입 : 범주적 분류의 한계를 보완하기 위해 차원적 평가방식을 도입함으로써 이른바 하이브리드모델(Hybrid Model)을 제안하였다. 차원적 분류는 이상행동과 정상행동을 단지 부적응성의 정도 차이일 뿐 이들 간의 질적인 차이를 인정하지 않는다.

③ DSM-5의 정신장애 분류표

신경발달장애 **(Neurodevelopmental Disorders)**	1. 지적 장애(Intellectual Disabilities) 2. 의사소통장애(Communication Disorders) 3. 자폐스펙트럼장애(Autism Spectrum Disorder) 4. 주의력결핍 및 과잉행동장애(Attention-Deficit/Hyperactivity Disorder) 5. 특정학습장애(Specific Learning Disorders) 6. 운동장애(Motor Disorders) -틱장애(Tic Disorders) 등
정신분열스펙트럼 및 기타 정신증적 장애 **(Schizophrenia Spectrum and Other Psychotic Disorders)**	1. 분열형(성격) 장애 또는 조현형(성격) 장애[Schizotypal (Personality) Disorder] 2. 망상장애(Delusional Disorder) 3. 단기정신증적 장애 또는 단기정신병적 장애(Brief Psychotic Disorder) 4. 정신분열형장애 또는 조현양상장애(Schizophreniform Disorder) 5. 정신분열증 또는 조현병(정신분열증)(Schizophrenia) 6. 분열정동장애 또는 조현정동장애(Schizoaffective Disorder) 등
양극성 및 관련 장애 **(Bipolar and Related Disorders)**	1. 제1형 양극성장애(Bipolar Ⅰ Disorder) 2. 제2형 양극성장애(Bipolar Ⅱ Disorder) 3. 순환성장애 또는 순환감정장애(Cyclothymic Disorder) 등
우울장애 **(Depressive Disorders)**	1. 주요우울장애(Major Depressive Disorder) 2. 지속성우울장애(Persistent Depressive Disorder) 3. 월경 전 불쾌감장애(Premenstrual Dysphoric Disorder) 4. 파괴적 기분조절곤란장애 또는 파괴적 기분조절부전장애(Disruptive Mood Dysregulation Disorder) 등
불안장애 **(Anxiety Disorders)**	1. 분리불안장애(Seperation Anxiety Disorder) 2. 선택적 무언증 또는 선택적 함구증(Selective Mutism) 3. 특정공포증(Specific Phobia) 4. 사회불안장애 또는 사회공포증(Social Anxiety Disorder or Social Phobia) 5. 공황장애(Panic Disorder) 6. 광장공포증(Agoraphobia) 7. 범불안장애(Generalized Anxiety Disorder) 등
강박 및 관련 장애 **(Obsessive-Compulsive and Related Disorders)**	1. 강박장애(Obsessive-Compulsive Disorder) 2. 신체변형장애 또는 신체이형장애(Body Dysmorphic Disorder) 3. 저장장애 또는 수집광(Hoarding Disorder) 4. 발모증(Trichotillomania) 또는 모발뽑기장애(Hair-Pulling Disorder) 5. 피부벗기기장애 또는 피부뜯기장애[Excoriation (Skin-Picking) Disorder] 등
외상- 및 스트레스 사건-관련 장애 **(Trauma- and Stressor-Related Disorders)**	1. 반응성애착장애(Reactive Attachment Disorder) 2. 탈억제사회관여장애 또는 탈억제성사회적 유대감장애(Disinhibited Social Engagement Disorder) 3. 외상후스트레스장애(Posttraumatic Stress Disorder) 4. 급성스트레스장애(Acute Stress Disorder) 5. 적응장애(Adjustment Disorder) 등
해리성장애 또는 해리장애 **(Dissociative Disorders)**	1. 해리성정체감장애(Dissociative Identity Disorder) 2. 해리성기억상실증(Dissociative Amnesia) 3. 이인증/비현실감장애(Depersonalization/Derealization Disorder) 등

신체증상 및 관련 장애 (Somatic Symptom and Related Disorders)	1. 신체증상장애(Somatic Symptom Disorder) 2. 질병불안장애(Illness Anxiety Disorder) 3. 전환장애(Conversion Disorder) 4. 허위성(가장성 또는 인위성) 장애(Factitious Disorder) 등
급식 및 섭식장애 (Feeding and Eating Disorders)	1. 이식증(Pica) 2. 반추장애 또는 되새김장애(Rumination Disorder) 3. 회피적/제한적 음식섭취장애(Avoidant/Restrictive Food Intake Disorder) 4. 신경성식욕부진증(Anorexia Nervosa) 5. 신경성폭식증(Bulimia Nervosa) 6. 폭식장애(Binge-Eating Disorder) 등
배설장애 (Elimination Disorders)	1. 유뇨증(Enuresis) 2. 유분증(Encopresis) 등
수면-각성장애 (Sleep-Wake Disorders)	1. 불면장애(Insomnia Disorder) 2. 과다수면장애(Hypersoninolence Disorder) 3. 수면발작증 또는 기면증(Narcolepsy) 4. 호흡 관련 수면장애(Breathing-Related Sleep Disorders) 5. 일주기리듬-수면-각성장애(Circadian Rhythm Sleep-Wake Disorders) 6. 수면이상증 또는 사건수면(Parasomnias) 7. 초조성다리증후군 또는 하지불안증후군(Restless Legs Syndrome) 등
성기능장애 또는 성기능부전 (Sexual Dysfunctions)	1. 지루증 또는 사정지연(Delayed Ejaculation) 2. 발기장애(Erectile Disorder) 3. 여성절정감장애 또는 여성극치감장애(Female Orgasmic Disorder) 4. 여성 성적 관심/흥분장애(Female Sexual Interest/Arousal Disorder) 5. 생식기(성기) -골반통증/삽입장애(Genito-Pelvic Pain/Penetration Disorder) 6. 남성성욕감퇴장애(Male Hypoactive Sexual Desire Disorder) 7. 조루증 또는 조기사정(Premature (Early) Ejaculation) 등
성불편증 또는 성별불쾌감 (Gender Dysphoria)	1. 아동의 성불편증(Gender Dysphoria in Children) 2. 청소년 및 성인의 성불편증(Gender Dysphoria in Adolecents and Adults) 등
파괴적, 충동조절 및 품행장애 (Disruptive, Impulse-Control, and Conduct Disorders)	1. 반항성장애 또는 적대적 반항장애(Oppositional Defiant Disorder) 2. 간헐적 폭발성장애 또는 간헐적폭발장애(Intermittent Explosive Disorder) 3. 품행장애(Conduct Disorder) 4. 반사회성성격장애(Antisocial Personality Disorder) 5. 병적 방화 또는 방화증(Pyromania) 6. 병적 도벽 또는 도벽증(Kleptomania) 등

물질-관련 및 중독장애 (Substance-Related and Addictive Disorders)	1. 물질-관련 장애(Substance-Related Disorders) 1) 알코올-관련 장애(Alcohol-Related Disorders) 2) 카페인-관련 장애(Caffeine-Related Disorders) 3) 칸나비스(대마) -관련 장애(Cannabis-Related Disorders) 4) 환각제-관련 장애(Hallucinogen-Related Disorders) 5) 흡입제-관련 장애(Inhalant-Related Disorders) 6) 아편류(아편계) -관련 장애(Opioid-Related Disorders) 7) 진정제, 수면제 또는 항불안제-관련 장애(Sedative-, Hypnotic-, or Anxiolytic-Related Disorders) 2. 비물질-관련 장애(Non-Substance-Related Disorders) 1) 도박장애(Gambling Disorder)
신경인지장애 (Neurocognitive Disorders)	1. 섬망(Delirium) 2. 주요 및 경도신경인지장애(Major and Mild Neurocognitive Disorder) 등
성격장애 (Personality Disorders)	1. A군 성격장애(Cluster A Personality Disorders) 1) 편집성성격장애(Paranoid Personality Disorder) 2) 분열성(조현성) 성격장애(Schizoid Personality Disorder) 3) 분열형(조현형) 성격장애(Schozotypal Personality Disorder) 2. B군 성격장애(Cluster B Personality Disorders) 1) 반사회성성격장애(Antisocial Personality Disorder) 2) 연극성(히스테리) 성격장애(Histrionic Personality Disorder) 3) 경계선성격장애(Borderline Personality Disorder) 4) 자기애성성격장애(Narcissisitic Personality Disorder) 3. C군 성격장애(Cluster C Personality Disorders) 1) 회피성성격장애(Avoidant Personality Disorder) 2) 의존성성격장애(Dependent Personality Disorder) 3) 강박성성격장애(Obsessive-Compulsive Personality Disorder)
성도착장애 또는 변태성욕장애 (Paraphilic Disorders)	1. 관음장애(Voyeuristic Disorder) 2. 노출장애(Exhibitionistic Disorder) 3. 접촉마찰장애 또는 마찰도착장애(Frotteuristic Disorder) 4. 성적 피학장애(Sexual Masochism Disorder) 5. 성적 가학장애(Sexual Sadism Disorder) 6. 아동성애 장애 또는 소아애호장애(Pedophilic Disorder) 7. 성애물장애 또는 물품음란장애(Fetishistic Disorder) 8. 의상전환장애 또는 복장도착장애 (Transvestic Disorder) 등
기타 정신장애 (Other Mental Disorders)	1. 다른 의학적 상태에 기인한 달리 명시된 정신장애(Other Specified Mental Disorder Due to Another Medical Condition) 2. 다른 의학적 상태에 기인한 명시되지 않는 정신장애(Unspecified Mental Disorder Due to Another Medical Condition) 3. 달리 명시된 정신장애(Other Specified Mental Disorder) 4. 명시되지 않는 정신장애(Unspecified Mental Disorder)

(4) DSM-5의 주요개정사항

① 조현병(정신분열증)의 하위유형인 망상형 또는 편집형(Paranoid Type), 해체형 또는 혼란형(Disorganized Type), 긴장형(Catatonic Type), 감별불능형 또는 미분화형(Undifferentiated Type), 잔류형(Residual Type) 등의 분류가 폐지

② 불안장애의 하위유형으로 분류되었던 강박장애(Obsessive-Compulsive Disorder)와 외상후스트레스장애(Posttraumatic Stress Disorder)가 불안장애에서 분리되어 각각 강박 및 관련 장애와 외상- 및 스트레스 사건-관련 장애의 독립된 장애범주로 분류

③ 기분장애의 하위유형으로 분류되었던 우울장애(Depressive Disorders)와 양극성장애(Bipolar Disorders)가 기분장애에서 분리되어 각각 독립된 장애범주로 분류

④ DSM-Ⅳ의 분류기준에서 유아기, 아동기 또는 청소년기에 통상 처음 진단되는 장애의 하위유형으로 분류된 배설장애가 독립된 장애범주로 분류

⑤ DSM-Ⅳ의 분류기준에서 광범위한 발달장애의 하위유형으로 분류된 자폐성장애(Autistic Disorder)가 자폐스펙트럼장애(Autism Spectrum Disorder)로 명칭이 변경되어 DSM-5에서 새롭게 제시된 신경발달장애의 하위유형으로 분류. 특히 기존의 자폐성장애에 대한 차원적 접근이 이루어짐으로써 아스퍼거장애(Aspergers Disorder), 아동기붕괴성장애(Childhood Disintegrative Disorder) 등이 자폐스펙트럼장애로 통합

⑥ 기존의 강박장애 및 그와 관련된 장애를 포함하는 강박 및 관련 장애가 새로운 장애범주로 제시됨으로써 저장장애(Hoarding Disorder), 피부벗기기장애[Excoriation (Skin-Picking) Disorder] 등 새로운 하위장애의 진단이 가능

⑦ DSM-Ⅳ에서 종종 만성적인 짜증이나 간헐적인 분노를 표출하는 아동 및 청소년에 대해 내려졌던 양극성장애의 진단 대신, 우울장애의 하위유형으로 파괴적 기분조절곤란장애(Disruptive Mood Dysregulation Disorder)의 새로운 진단기준이 마련됨으로써 보다 정확한 진단이 가능하게 됨. 또한 우울장애의 하위유형으로 월경전불쾌감장애(Premenstrual Dysphoric Disorder)가 추가

⑧ DSM-Ⅳ의 분류기준에서 주요 우울증 삽화(Major Depressive Episode)의 진단기준에는 사랑하는 사람과의 사별 후 2개월까지 나타나는 우울증상을 진단기준에서 제외하는 항목이 있었으나 DSM-5에서는 2개월이라는 기간이 어떠한 과학적인 근거를 가지고 있지 않으며, 사랑하는 사람과의 사별로 인한 상실감이 심각한 심리사회적 스트레스 요인으로 작용할 수 있다는 의견을 반영하여 사별 배제 항목을 삭제

⑨ DSM-Ⅳ의 분류기준에서 유아기, 아동기 또는 청소년기에 통상 처음 진단되는 장애의 하위유형으로 분류된 주의력결핍 및 과잉행동장애(Attention-Deficit/Hyperactivity Disorder, ADHD)가 DSM-5에서 새롭게 제시된 신경발달장애의 하위유형으로 분류됨. 이는 ADHD가 성인기까지 지속될 수 있다는 사실을 반영하여 성인에 대한 ADHD의 진단기준을 제공하기 위함이며 증상의 발현시기 또한 기존의 7세 이전에서 12세 이전으로 조정

⑩ DSM-Ⅳ의 분류기준에서 섬망, 치매, 기억상실장애 및 기타 인지장애의 하위유형으로 분류된 치매가 그 심각도에 따라 주요 신경인지장애(Major Neurocognitive Disorder) 및 경도 신경인지장애(Mild Neurocognitive Disorder)로 명명되어 DSM-5에서 새롭게 제시된 신경인지장애의 하위유형으로 분류

⑪ DSM-Ⅳ의 분류기준에서 물질 관련 장애는 물질-관련 및 중독장애로 확장됨. 물질-관련 및 중독장애는 크게 물질-관련 장애(Substance-Related Disorders)와 비물질-관련 장애(Non-Substance-Related Disorders)로 구분되며, 특히 DSM-Ⅳ에서의 병적 도박(Pathological Gambling)이 도박장애(Gambling Disorder)로 명칭이 변경되어 비물질-관련 장애로 분류. 또한 DSM-Ⅳ에서 물질의존(Substance Dependence)과 물질남용(Substance Abuse)에 대한 개별적인 진단기준이 제시되었던 것과 달리, DSM-5에서는 물질의존과 물질남용이 매우 높은 상관관계를 가진다는 의견을 반영하여 이들을 통합. 다만, 그 심도를 세 등급, 즉 경도(Mild), 중등도(Moderate), 중증도(Severe)로 구분

⑫ DSM-Ⅳ의 분류기준에서 부록목록(Appendix B)에 포함되었던 폭식장애(Binge-Eating Disorder)의 경우, 최근 늘고 있는 과식과 비만에 대한 사회적인 관심과 함께 과식과 폭식의 차이를 부각시킬 필요성이 있다는 의견을 반영하여 DSM-5에서 급식 및 섭식장애의 하위유형으로 정식 진단명이 부여됨

더 알아두기

1. DSM-Ⅳ의 특징

① DSM-Ⅳ는 ICD-10에 대응하여 고안된 것으로, 광범위한 데이터베이스를 통해 장애의 원인이 아닌 증상의 임상적 특징 z을 중심으로 기술하였다.

② DSM-Ⅳ는 정신장애에 대한 정보가 부족하거나 환자의 임상적 진단기준이 충분히 부합하지 않는 경우 그에 대한 명확한 지침을 제공한다.

③ DSM-Ⅳ에는 레트장애(Rett's Disorder), 아스퍼거장애(Asperger's Disorder), 아동기 붕괴성장애(Childhood Disintegrative Disorder), 기면병(Narcolepsy), 급성스트레스장애(Acute Stress Disorder) 등이 추가되었다.

④ DSM-Ⅳ는 다축진단체계인 5가지 축으로 구성되어 있으며, 정신장애를 17개의 주요범주로 구분하고 있다.

2. DSM-Ⅳ의 5가지 축

① 축1(Axis Ⅰ)

㉠ 개인이 나타내고 있는 임상적 증상을 위주로 임상진단을 한다.

㉡ 임상적 장애 및 임상적 초점이 되는 기타 장애를 제시한다.

예 물질 관련 장애, 조현병(정신분열증), 기분장애, 불안장애, 신체형장애, 해리성장애, 섭식장애, 충동조절장애 등

② 축2(Axis Ⅱ)

㉠ 오랜 기간 지속된 성격적 특성으로 인해 적응상의 어려움을 보이는 성격장애를 진단하며, 선천적인 정신지체도 포함된다.

㉡ 특정 계기에 의해 일정기간 지속되는 임상적 증상과는 다른 정보를 제공한다.

예 편집성성격장애, 분열성성격장애, 반사회성성격장애 등

③ 축3(Axis Ⅲ)
㉠ 비정상적인 신체장애나 신체증상 또는 일반적인 의학적 상태를 진단한다.
㉡ 신체장애에 대한 정보는 신체장애와 정신장애의 연관성을 통해 정신장애에 대한 유효한 정보를 제공한다.
예 신경계질환, 감각기계질환, 순환기계질환 등

④ 축4(Axis Ⅳ)
㉠ 심리사회적 문제나 환경적 문제에 따른 스트레스요인을 진단한다.
㉡ 정신장애가 어떠한 상황적 배경에 의해 나타난 것인지 알 수 있도록 한다.
예 일차적 지지집단과의 문제, 사회적 · 경제적 문제, 교육적 · 직업적 문제 등

⑤ 축5(Axis Ⅴ)
㉠ 사회적 · 직업적 · 심리적 기능 등 현재의 적응적 기능수준을 진단한다.
㉡ 정신장애를 나타내기 이전과 정신장애 증상이 나타나고 있는 현재의 적응적 기능수준을 평가함으로써 정신장애로 인한 기능수준의 저하정도를 알 수 있도록 한다.
예 전반적인 기능평가척도(Global Assessment of Functioning Scale, GAF)를 이용한 개인의 심리적 · 사회적 · 직업적 기능에 대한 전반적 평가

3. DSM-Ⅳ에 포함된 정신장애의 주요범주

① 유아기, 아동기 또는 청소년기에 통상 처음 진단되는 장애(Disorders Usually First Diagnosed in Infancy, Childhood, or Adolescence)
② 섬망, 치매, 기억상실장애 및 기타 인지장애(Delirium, Dementia and Amnestic and Other Cognitive Disorders)
③ 일반 의학적 상태로 인한 정신장애(Mental Disorders Due to a General Medical Condition)
④ 물질 관련 장애(Substance-Related Disorders)
⑤ 조현병(정신분열증)과 기타 정신증적 장애(Schizophrenia and Other Psychotic Disorders)
⑥ 기분장애(Mood Disorders)
⑦ 불안장애(Anxiety Disorders)
⑧ 신체형장애(Somatoform Disorders)
⑨ 허위성장애(Factitious Disorders)
⑩ 해리성장애(Dissociative Disorders)
⑪ 성장애 및 성정체감장애(Sexual and Gender Identity Disorders)
⑫ 섭식장애(Eating Disorders)
⑬ 수면장애(Sleep Disorders)
⑭ 다른 곳에 분류되지 않는 충동조절장애(Impulse-Control Disorders Not Elsewhere Classified)
⑮ 적응장애(Adjustment Disorders)
⑯ 성격장애(Personality Disorders)
⑰ 임상적 관심의 초점이 될 수 있는 기타 상태(Other Conditions That May Be a Focus of Clinical Attention)

제2절 분류의 가치와 문제점

1 분류의 목적

(1) **공통의 용어 정의** : 정신장애를 연구하는 전문가들이 일관성 있고 공통적으로 사용할 수 있도록 각 정신장애에 통일된 명칭을 부여함으로써 명확하게 이해하고 효과적으로 의사소통을 하도록 한다.

(2) **효과적인 정보제공** : 정신장애의 분류체계를 기준으로 그 동안 축적된 연구결과, 이론적 · 경험적 지식 등을 체계적으로 정리하여 효과적인 정보를 제공하도록 한다.

(3) **체계적 기술** : 각 정신장애의 주요 임상양상, 관련 변인, 질환의 경과, 타 장애와의 감별방법 등을 체계적으로 기술하게 한다.

(4) **예측체계 수립** : 각 질환에 대한 체계적 기술을 통하여 해당 장애를 보이는 환자들의 추후 질환의 진행, 기저의 원인, 치료방법, 치료예후 등에 대한 예측을 하게 한다.

(5) **객관적 기준 수립** : 객관적인 기준을 통해 정신장애를 분류함으로써 각 장애의 공통 특성, 원인, 치료방법 등에 대하여 과학적 연구를 수행하도록 한다.

2 문제점

(1) 공통 특성에 근거하여 장애를 분류하므로 환자 개개인에서 고유한 독특한 증상이나 성격특성 등을 간과하기 쉽다.

(2) 정신장애 진단은 환자에게 낙인, 사회적 차별이나 편견을 가져올 수 있다.

(3) 진단분류의 신뢰도와 타당도가 낮은 경우 문제가 될 수 있다.

제 2 장 실제예상문제

checkpoint 해설 & 정답

01 임상적 목적, 연구적 목적, 통계적 목적 등 주사용 목적에 따라서 진단체계 내용에 차이가 나타날 수 있다.

02 정신장애의 진단에 가장 널리 사용되는 분류체계는 DSM이다.

정답 01 ④ 02 ②

01 정신장애 분류가 어려운 이유에 대한 내용으로 옳지 않은 것은?

① 어떤 정신장애가 포함되어야 할지, 어떤 진단체계가 가장 적절한지에 대한 의견일치가 이루어지지 않을 수 있다.
② 다양한 진단체계들에서 정신장애의 현상, 원인, 과정에 대한 포인트가 서로 다를 수 있다.
③ 어떤 진단체계는 소수의 진단범주만을 포함하나, 다른 진단체계는 수천 개의 범주를 포함한다.
④ 임상적 목적, 연구적 목적, 통계적 목적 등 주 사용 목적에 따른 차이가 없어 획일적일 수 있다.

02 정신장애 분류체계 중 ICD-10의 특징에 해당하지 않는 것은?

① 세계보건기구(WHO)에서 제정하여 국제적으로 통용되고 있는 질병분류체계이다.
② 정신장애의 진단에 가장 널리 사용되는 분류체계이다.
③ 정신장애분류와 진단기준이 포함되어 있다.
④ 정신장애뿐만 아니라 모든 종류의 질병을 다룬다.

해설 & 정답 checkpoint

03 DSM-5의 불안장애에 해당하지 않는 것은?

① 선택적 무언증
② 특정공포증
③ 피부벗기기장애 또는 피부뜯기장애
④ 공황장애

03 ③은 강박 및 관련 장애의 하위범주이다.

04 아래에서 동일한 성격장애군에 속하지 않는 것은?

① 편집성성격장애
② 경계선성격장애
③ 반사회성성격장애
④ 자기애성성격장애

04 ① A군
②・③・④ B군

05 DSM-5에 포함된 정신장애의 주요범주에 해당되지 않는 것은?

① 양극성 및 관련 장애(Bipolar and Related Disorders)
② 강박 및 관련 장애(Obsessive-Compulsive and Related Disorders)
③ 수면-각성장애(Sleep-Wake Disorders)
④ 유아기, 아동기 또는 청소년기에 통상 처음 진단되는 장애(Disorders Usually First Diagnosed in Infancy, Childhood, or Adolescence)

05 유아기, 아동기 또는 청소년기에 통상 처음 진단되는 장애는 DSM-IV의 주요범주에 해당한다.

정답 03 ③ 04 ① 05 ④

checkpoint 해설 & 정답

06 DSM-5의 개정과 관련된 내용 중 옳지 않은 것은?

① 정신병리, 평가 및 진단, 치료 연구결과 등의 축적에 따라 정신장애에 대한 최신의견을 반영할 필요에 의해 개정이 이루어졌다.
② 기존의 강박장애 및 그와 관련된 장애를 포함하는 강박 및 관련 장애가 새로운 장애범주로 제시하였다.
③ 다축체계를 도입하여 5가지 축으로 구성되어 있으며, 정신장애를 17개의 주요범주로 구분하고 있다.
④ 범주적 분류의 한계를 보완하기 위해 차원적 평가방식을 도입함으로써 이른바 하이브리드모델(Hybrid Model)을 제안하였다.

06 DSM-Ⅳ에서 사용하는 다축진단체계가 실제 임상현장에서 유용하지 못하며, 진단의 객관성 및 타당성이 부족하다는 비판에 따라 이를 폐지하였다.

07 정신장애 분류 목적에서 "명확하게 이해하고 효과적으로 의사소통을 할 수 있도록" 하는 것은 어디에 해당하는가?

① 공통의 용어 정의
② 예측체계 수립
③ 객관적 기준 수립
④ 체계적 기술

07 정신장애 분류의 목적 중 공통의 용어 정의
정신장애를 연구하는 전문가들이 일관성 있고 공통적으로 사용할 수 있도록 각 정신장애에 통일된 명칭을 부여함으로써 명확하게 이해하고 효과적으로 의사소통을 하도록 한다.

08 체계적이고 현대적으로 정신장애를 분류한 학자는?

① 프로이트(Freud)
② 위트머(Witmer)
③ 분트(Wundt)
④ 크레펠린(Kraepelin)

08 크레펠린에 의해 정신장애는 체계적이고 현대적으로 분류되기 시작하였다.

정답 06 ③ 07 ① 08 ④

09 **DSM-IV의 진단기준에서 하위유형에 해당하던 것이 DSM-5에서 독립된 장애범주로 분류된 것에 해당하지 않는 것은?**

① 강박장애(Obsessive-Compulsive Disorder)
② 외상후스트레스장애(Posttraumatic Stress Disorder)
③ 성격장애(Personality Disorders)
④ 배설장애(Elimination Disorders)

10 **정신장애 분류의 특징과 관련된 내용이 아닌 것은?**

① 환자 개개인에서 고유한 독특한 증상이나 성격특성에 집중하는 경향이 있다.
② 오용되면 환자에게 낙인, 사회적 차별이나 편견을 가져올 수 있다.
③ 일관성 있고 공통된 용어의 정의는 해당 정신장애를 명확하게 이해하고 효과적으로 의사소통을 할 수 있도록 한다.
④ 신뢰도와 타당도가 낮은 경우 문제가 될 수 있다.

해설 & 정답 checkpoint

09 DSM-5에서 독립된 장애범주로 분류된 질환
- 강박장애(Obsessive-Compulsive Disorder)
- 외상후스트레스장애(Posttraumatic Stress Disorder)
- 우울장애(Depressive Disorders)
- 양극성장애(Bipolar Disorders)
- 배설장애(Elimination Disorders)

10 공통 특성에 근거하여 장애를 분류하므로 환자 개개인에서 고유한 독특한 증상이나 성격특성 등을 간과하기 쉽다.

정답 09 ③ 10 ①

checkpoint 해설 & 정답

주관식 문제

01 정신장애의 분류가 필요한 이유를 기술하시오.

01
정답 ① 정신장애 전문가들이 서로 의사소통할 수 있는 언어를 제공
② 질환별 특성을 통해 유사하거나 차이가 나는 질환을 이해
③ 다양한 질환의 원인을 이해
④ 효과적인 치료법의 발견이 가능

02 정신장애의 분류체계 중 DSM-5의 특징에 대하여 기술하시오.

02
정답 ① 정신장애에 대한 최신 연구결과의 반영
② 범주적 진단체계의 한계로 인해 나타나게 됨
③ 사용자의 접근성 및 임상적 유용성의 고려

03 아래의 하위범주를 포함하는 DSM-5상 분류는 무엇인지 쓰시오.

- 신체증상장애(Somatic Symptom Disorder)
- 질병불안장애(Illness Anxiety Disorder)
- 전환장애(Conversion Disorder)
- 허위성(가장성 또는 인위성) 장애(Factitious Disorder)

해설 & 정답 checkpoint

03

정답 신체증상 및 관련 장애(Somatic Symptom and Related Disorders)

04 DSM-5의 특징을 일반적인 개정사항을 중심으로 기술하시오.

04

정답 DSM-5는 정신병리, 평가 및 진단, 치료 연구결과 등의 축적에 따라 정신장애에 대한 최신의견들을 반영하였으며, 기존의 다축체계에 따른 분류를 폐지하였다. 사용자의 접근성 및 임상적 유용성을 고려하여 개정이 진행되었다.

메 모

제 3 장

임상적 면접

I wish you the best of luck

제 3 장 임상적 면접

제 1 절 면접의 일반적인 특징과 면접기술

1 임상적 면접의 의의 및 특징

(1) 의의

① 임상심리학자와 내담자가 일대일로 만나 대화를 통해 문제를 파악하는 과정으로 진단을 내리는 가장 기초적인 과정

② 내담자의 어려움이 무엇인지 파악하고 내담자의 문제와 관련된 여러 가지 정보를 얻으며 임상적인 진단을 내리기 위한 기본 수단

③ 언어적 · 비언어적인 의사소통을 통하여 면접자와 내담자 간에 정보와 아이디어, 태도, 감정, 메시지를 교환하는 과정

④ 면접을 통해 탐색하는 것들 : 대화를 통한 내용과 태도 · 행동 · 모습을 통한 내용

㉠ 말과 표현 : 목소리의 강도와 고저, 말의 속도와 반응시간, 말하기의 용이성, 말투 등

㉡ 신체 동작 : 불안반응에 의한 동작(손이나 발의 무의미한 움직임), 상동증적 행위 등

㉢ 면담 태도 : 경직되거나 웅크린 자세, 다리를 꼬고 비스듬히 앉는 자세, 시선의 회피 등

㉣ 용모 및 외모 : 화려하거나 부적절한 복장 상태, 불결하거나 깔끔한 위생 상태, 키, 몸무게, 안색 등

㉤ 정서적 반응 : 말이나 행동에서 나타나는 불안이나 긴장의 표출, 감정의 억제, 부적절한 감정적 표현 등

㉥ 이해력 : 사고력 · 논리력 · 추리력, 상황판단능력, 지남력 등

㉦ 의사소통능력 : 언어적 · 비언어적 의사소통능력, 일탈된 언어, 자폐적 언어 등

⑤ 임상적 면접의 내용

㉠ 환자에 대한 신상정보(Identifying Information) : 환자의 이름, 성별, 연령, 거주지, 연락처, 결혼상태, 직업상태, 의뢰자 등

㉡ 주 호소문제(Chief Complaint) : 환자의 욕구, 도움을 받고자 하는 내용 및 이유에 대한 진술, 문제의 강도 및 지속기간 등

㉢ 현재병력(History of Present Illness) : 증상의 발전 및 변화과정, 치료 경력, 증상에 대한 대응 노력 등

㉣ 과거병력(Past Health History) : 정서 상태에 영향을 미치는 신체적 질병의 유무, 이전 정신적 혼란의 삽화(Episode), 처방된 약물 및 다른 약물의 사용 등

㉤ 병전성격(Premorbid Personality) : 현재 기능수준에 대한 기저선 파악, 병전성격에 대한 평가 등

㉥ 개인력(Personal History) : 신체적 · 심리적 문제에 대한 내력, 아동기 및 청소년기의 발달적 경험, 교육 · 직업 · 결혼의 과정 등

㉦ 가족력(Family History) : 아동기와 청소년기의 가정환경, 부모의 성격 및 사회적 지위, 부모와의 관계, 직계가족의 정신과적 병력 등

㉧ 정신상태검사(Mental Status Examination) : 용모 및 외모, 면담 태도, 정신운동 활동, 정서적 반응, 언어와 사고, 감각과 지능, 기억력과 지남력 등

㉨ 권고사항(Recommendation) : 특정한 문제 또는 목표 증상에 대한 적절한 치료 종류 및 방법의 제시

(2) 일반적 특징

① 임상적 면접의 목적

㉠ 치료자-내담자 라포형성

㉡ 내담자와 내담자의 문제와 관련된 정보의 수집 및 평가

㉢ 주로 시행하는 치료법, 향후 치료계획, 치료조건, 치료비 등에 대한 정보를 제공

㉣ 내담자의 치료적 동기를 확실하게 다짐

② 임상적 면접의 장 · 단점

장점	단점
• 치료자는 내담자가 정확하고 구체적인 정보를 제공하도록 동기화시킬 수 있음 • 애매한 반응 해석, 문제의 명료화, 내담자의 문제행동의 만성화 정도와 맥락을 기록할 수 있음 • 내담자의 언어적 · 비언어적 행동을 동시에 관찰하여 정보의 타당성을 평가할 수 있음	• 내담자가 정확하지 않은 정보를 제공할 수 있기 때문에 신뢰도와 타당도를 확립하기 어려움

2 면접기술

(1) 면접자의 기본자세(로저스)

① 존중(Respect) : 내담자의 특성이나 신념에 가치를 부여하고 내담자의 느낌을 인정해 줄 것

② 솔직함(Honesty) : 내담자가 아는 것과 모르는 것을 분명히 알려주고 치료계획을 솔직하게 설명해 줄 것

③ 공감(Sympathy)

㉠ 정서적 공감이나 연민의 감정을 느끼는 것만이 아닌, 바로 그 사람을 이해할 것

㉡ 내담자와 공감하는 면접자는 내담자의 호소를 무시하지 않고 공유하게 됨

(2) 일반적인 면접기술

① 라포형성 및 유지 : 면접자는 온화하고 수용적인 분위기를 만들어서 내담자가 이해받고 안전하며 비판받을 염려 없이 솔직한 의사소통을 할 수 있도록 도와주어야 함

㉠ 관심 표현하기 : 관심을 표현할 때는 직접적인 언어뿐만 아니라 적절한 비언어적 행동도 함께 사용

㉡ 불안 다루기 : 많은 내담자는 어느 정도 불안을 경험하고 있는데, 불안은 언어적이거나 비언어적인, 혹은 그 둘 다의 방식을 통해 표현될 수 있음

㉢ 의사소통 촉진하기 : 면접에서의 의사소통을 촉진하거나 방해하는 다양한 요인들을 찾아내어 방해요인을 최소화하고 촉진요인을 극대화시킬 수 있도록 노력해야 함

② 명료화

㉠ 내담자의 말 속에 포함되어 있는 불분명한 내용에 대해 면접자가 그 의미를 분명하게 밝히는 것

㉡ "~라고 말한 것은 구체적으로 무엇을 뜻합니까?", "~에 대해 자세하게 말해줄 수 있나요?" 등의 표현을 사용

㉢ 명료화의 방법

- 면접자는 내담자의 말이 모호하거나 명확히 이해하기 어렵다는 사실을 밝힌다.
- 면접자는 내담자에게 스스로 자신의 말을 재음미하도록 하거나, 구체적인 예를 제시하여 명확히 해줄 것을 요청한다.
- 내담자에게 명료화를 요청할 때는 면접자가 내담자에게 도움을 주기 위해 질문하고 있다는 인상을 주도록 한다.
- 면접자는 내담자의 진술에 대한 면접자 자신의 반응을 나타냄으로써 내담자의 반응을 명료화한다.
- 명료화의 과정은 면접자나 내담자의 일방적인 반응으로 국한되지 않도록 하며, 직면과 같은 직접적이고 강렬한 방식으로 전개되지 않도록 한다.

③ 직면

㉠ 내담자의 말이나 행동이 일치하지 않은 경우 또는 내담자의 말에 모순점이 있는 경우 면접자가 그것을 지적해 주는 것

㉡ 내담자의 성장을 저해하는 방어에 대항하여 도전을 이끌어내는 것을 주된 목적으로 함

㉢ 내담자의 강한 감정적 반응을 야기할 수 있으므로, 내담자가 받아들일 준비가 되어있을 때를 이용하여 시기적절하게 이루어져야 함

④ **적절한 대답 격려하기** : 점잖은 재촉, 이해와 공감의 표시, 친절한 표현 등

⑤ **효과적인 탐색 사용하기** : 내담자가 제공한 것보다 더 구체적인 정보를 얻고 싶을 때

- "그것에 대해 좀 더 얘기해 주세요."
- "다른 것은 없나요?"
- "그게 무엇을 뜻하는지 얘기해 보세요."
- "예를 들어 주실래요?"
- "그것에 관해 어떤 느낌이 들죠?"

⑥ 반영

㉠ 내담자가 전달하고자 하는 의사의 본질을 스스로 볼 수 있도록 내담자의 말과 행동에서 표현되는 감정 · 생각 · 태도를 면접자가 다른 참신한 말로 부연하는 기술

㉡ 반영을 통해 내담자의 태도를 거울에 비추어 주듯이 보여줌으로써 내담자의 자기이해를 도와줄 뿐만 아니라 내담자로 하여금 자기가 이해받고 있다는 인식을 주게 됨

㉢ 말로 표현된 내용 자체보다는 그것의 밑바탕에 깔려 있는 감정을 그대로 되돌려주기 위해 노력

㉣ 내담자의 언어적 · 비언어적 이야기 사이에 주목할 만한 차이가 관찰되는 상황에서는 반영을 사용하는 데 있어서 특별한 기술과 민감성이 필요

⑦ **주제 바꾸기** : 하나의 주제를 이끌거나 주제를 바꿀 시기를 결정하기 위해서는 훈련과 민감성이 필요

⑧ **침묵 다루기** : 면접과정이 억제되거나 내담자가 계속하기를 지나치게 주저할 때

- "자신에 관해 얘기하는 것이 매우 어려운 것 같네요. 그것에 관해 이야기해 보죠."
- "약간 당황한 것 같군요. 지금 무슨 생각을 하고 있나요?"
- "무엇인가 말하지 않은 것이 있는 것 같은데 그것이 나에 대한 생각과 관련이 있나요?"
- "면접이 잘 이루어지고 있지 않은 것 같군요! 우리가 무엇을 잘못하고 있는지 말해 주세요."

⑨ 해석

㉠ 내담자가 새로운 방식으로 자신의 문제들을 돌아볼 수 있도록 사건들의 의미를 설정해 주고, 자신의 문제를 새로운 각도에서 이해할 수 있도록 그의 생활 경험과 행동, 행동의 의미를 설명하는 것

㉡ 내담자에게 자신의 감정을 파악하여 그 원인을 이해하도록 함으로써 좀 더 자유롭게 감정을 인정하고 받아들일 수 있도록 함

㉢ 내담자가 받아들일 준비가 되어 있을 때 조심스럽게 해야 하며, 내담자의 심리적인 균형을 깨뜨리지 않도록 주의

⑩ 경청

㉠ 면접자가 관심의 초점을 내담자에게 두고 내담자의 말에 주의를 기울여서 내담자가 생각이나 감정을 자유롭게 표현하고 자신의 방식을 탐색하여, 면접에 책임감을 느끼게 하도록 하는 것

㉡ 내담자의 말과 행동을 경청하는 것은 면접을 성공으로 이끄는 주요요인이 될 수 있음

더 알아두기

적극적 경청의 4가지 측면(Egan)

- 내담자의 언어적 메시지를 잘 듣는 것이다. 언어적 메시지에는 내담자가 한 말의 내용은 물론 내담자의 경험, 행동, 감정, 정서 등이 포함된다.
- 내담자의 비언어적 메시지를 잘 관찰하며 듣는 것이다. 비언어적 메시지에는 얼굴 표정, 몸의 움직임, 목소리의 높낮이나 억양 등이 포함된다.
- 내담자가 설명하는 상황의 맥락을 잘 듣는 것이다. 면접자는 내담자가 처한 상황 및 맥락 안에서 내담자를 이해해야 한다.
- 내담자의 이야기를 냉철하게 듣는 것이다. 냉철하게 듣는다는 것은 내담자의 독특한 관점이나 경향, 자기 자신과 세상에 대한 왜곡된 인식 등을 잘 들어야 한다는 것이다.

(3) 언어적 반응기술

① 최소의 촉진적 반응

㉠ 내담자의 표현을 면접자가 이해하거나 동의한다는 것을 나타내는 짧은 말

㉡ '음', '응', '계속 하세요', '알겠어요', '좋습니다' 등의 반응을 의미

㉢ 가치판단을 나타내지는 않지만 내담자에게 수용되고 있다는 느낌을 줄 수 있음

② 질문

㉠ 적절한 질문하기

- 예/아니오 질문 피하기
- 길고, 다중적인 질문 피하기
- 직접적으로 질문하기
- 몇 개의 대안이 있는 질문하기
- 적절하게 질문하기 : 계획 없이 그저 탐색하는 질문이나 강압적인 질문은 적절한 질문으로 볼 수 없음
- 수용과 확신의 구분 : 내담자의 이야기를 수용한다는 것은 면접자가 내담자의 관점을 인정하고 이해한다는 것을 의미함

㉡ 탐색적 질문

- 면접자가 자신의 관심을 충족시키기 위해 하는 질문이 아니라, 내담자로 하여금 자기 자신과 자신의 문제를 자유롭게 탐색하도록 함으로써 내담자의 이해를 증진시키는 개방적 질문
- 질문은 내담자로부터 정보를 얻기 위한 것이기보다는 내담자의 감정을 이끌어내기 위한 것이어야 함

㉢ 개방형 질문과 폐쇄형 질문

- 개방형 질문

> – 질문의 범위가 포괄적이다.
> – 내담자에게 가능한 한 많은 대답을 선택할 기회를 제공한다.
> – 내담자로 하여금 시야를 보다 넓히도록 유도한다.
> – 바람직한 촉진관계를 열어놓는다.
> – 개방형 질문은 면접 초기에 유용하게 사용될 수 있으나, 익숙지 않은 내담자에게 오히려 답변에 대한 부담감을 줄 수 있다.
> 예 "당신은 현재 면접 진행 중인 면접자에 대해 어떻게 생각합니까?"

- 폐쇄형 질문

> – 질문의 범위가 매우 좁고 한정되어 있다.
> – 내담자가 대답할 수 있는 범위를 '예/아니오' 또는 다른 단답식 답변으로 제한한다.
> – 내담자의 시야를 좁게 만든다.
> – 바람직한 촉진관계를 닫아놓는다.
> – 폐쇄형 질문은 위기상황에서 내담자를 위한 신속한 대응에 유리하다.
> 예 "당신은 현재 면접 진행 중인 면접자에 대해 만족합니까?"

㉣ 유용한 질문

- 기적질문 : 문제가 해결된 상태를 상상해보는 것으로, 해결을 위한 요구사항들을 구체화 · 명료화하는 데 도움을 줌
  예 "잠자는 동안 기적이 일어나 당신을 여기에 오게 한 그 문제가 극적으로 해결됩니다. 아침에 일어나서 지난 밤 기적이 일어나 모든 문제가 해결되었다는 것을 어떻게 알 수 있을까요?"
- 예외질문 : 문제해결을 위해 우연적이며 성공적으로 실행한 방법을 찾아내어 이를 의도적으로 실행하도록 하는 것
  예 "문제가 발생하지 않은 때는 언제인가요?"

• 척도질문 : 숫자를 이용하여 내담자에게 자신의 문제, 문제의 우선순위, 성공에 대한 태도, 정서적 친밀도, 자아존중감, 치료에 대한 확신, 변화를 위해 투자할 수 있는 노력, 진행에 관한 평가 등의 수준을 수치로 표현하게 하는 것

예 "폭력을 행사하는 아버지가 어느 정도 싫은지 0점에서 10점까지 점수로 표현할 수 있을까요?"

• 대처질문 : 어려운 상황에서의 적절한 대처 경험을 상기시키도록 함으로써 내담자로 하여금 스스로의 강점을 발견하도록 돕는 것

예 "그렇게 힘든 과정 속에서 어떻게 지금의 상태를 유지할 수 있었나요?"

• 관계성질문 : 내담자와 중요한 관계에 있는 사람들의 관점에서, 그들이 내담자 자신의 문제에 대해 어떻게 생각할지 추측해 보도록 하는 것

예 "만약 당신의 아버지가 지금 여기에 있다고 가정할 때, 당신의 아버지는 당신의 문제가 해결될 경우 무엇이 달라질 거라 말씀하실까요?"

③ 승인

㉠ 내담자의 생각이나 행동에 대한 지지, 승인, 안심, 강화를 나타내는 것

㉡ 적절한 승인은 면접을 진척시키는데 도움

㉢ 승인의 남용은 면접이 너무 지지적으로 되어 내담자의 성장에 방해가 될 수 있음을 유의

④ 직접적 지도

㉠ 내담자에게 어떠한 것을 하도록 지시, 제안하거나 조언하는 것을 의미

㉡ 대부분의 면접에서는 조언을 바람직한 반응양식이라고 여기지 않으므로 자주 사용하지 않는 것이 좋음

⑤ 정보제공

㉠ 사실, 자료, 의견 등의 형태로 제공됨

㉡ 내담자의 문제와 관련된 실질적이고 분명한 정보를 전달하는 것이 중요

㉢ 내담자가 부정적인 감정을 회피하는 수단으로 정보를 추구하는지 살펴볼 필요가 있음

⑥ 요약

㉠ 내담자가 표현했던 중요한 내용을 면접자의 언어로 간략하게 정리하여 표현하는 것

㉡ 내담자는 생각을 정리 · 통합하고, 자신의 생각과 느낌을 탐색할 수 있게 됨

⑦ 자기노출

㉠ 면접자의 사생활을 내담자에게 노출하는 것을 의미

㉡ 면접자의 자기노출은 내담자와의 라포형성에 도움을 줄 수 있음

※침묵, 재진술, 반영, 해석, 직면 등도 면접자의 언어적 반응기술에서 활용된다.

제 2 절 면접의 유형

1 형식에 따른 분류

(1) 구조화된 면접(표준화 면접)

① 면접자가 면접조사표를 만들어서 상황에 구애됨이 없이 모든 응답자에게 동일한 질문순서와 동일한 질문내용에 따라 수행하는 방법
② 비구조화된 면접에 비해 응답결과에 있어서 상대적으로 신뢰도가 높지만 타당도는 낮음
③ 반복적인 면접이 가능하며, 면접결과에 대한 비교가 용이
④ 면접의 신축성 · 유연성이 낮으며, 깊이 있는 측정을 도모할 수 없음

(2) 비구조화된 면접(비표준화 면접)

① 면접자가 면접조사표의 질문내용, 형식, 순서를 미리 정하지 않은 채 상황에 따라 자유롭게 응답자와 상호작용을 통해 자료를 수집하는 방법
② 구조화된 면접에 비해 응답결과에 있어서 상대적으로 타당도가 높지만 신뢰도는 낮음
③ 면접의 신축성 · 유연성이 높으며, 깊이 있는 측정을 도모할 수 있음
④ 반복적인 면접이 불가능하며, 면접결과에 대한 비교가 어려움

(3) 반구조화된 면접(반표준화 면접)

① 일정한 수의 중요한 질문을 표준화하고 그 외의 질문은 비표준화하는 방법
② 면접자가 면접지침에 따라 응답자에게 상황에 적합한 변형질문을 제시할 수 있음
③ 사실과 가설을 확인할 수 있을 뿐만 아니라 새로운 사실이나 가설을 발견할 수도 있음

2 목적에 따른 분류

(1) 진단면접(Diagnostic Interview)

① 환자를 진단 분류하기 위한 것으로, 환자의 증상을 중심으로 그것이 어떠한 장애범주에 해당하는지 장애유형을 구분
② 정신질환자를 진료하는 임상장면에서 주로 사용하는 방법으로, 환자의 증상이 무엇인지, 언제부터 증상이 나타났는지, 과거력 및 경과는 어떠한지 등을 면접
③ 비구조화된 면접인 경우가 많으며, 그로 인해 신뢰성 및 타당성이 결여된 양상을 보임

(2) 접수면접(Intake Interview)

① 내담자가 도움을 받고자 내원했을 때 내원한 기관에 대한 소개 및 환자의 치료 동기에 대하여 면접을 실시
② 초기 접수면접에서 확인해야 할 가장 중요한 정보는 내담자의 호소문제, 즉 주문제(주 호소문제)로, 주문제에는 내담자의 말을 통해 표현되는 표면적 문제와 함께, 표정, 태도 등으로 표현되는 심층적 문제가 포함
③ 환자의 요구와 임상장면에 대한 기대, 임상장면의 특징에 대한 소개, 치료적 동기와 대안적 치료방법 등에 초점을 둠

(3) 사례사면접(Case-History Interview)

① 환자의 개인적 혹은 사회적 과거력을 중심으로 환자와 환자의 문제의 배경 및 맥락을 파악하기 위한 것
② 환자의 핵심문제나 핵심정서를 다루기보다는 환자의 과거 사건과 사실에 주로 초점을 맞추는 것으로, 환자의 과거력에 관한 자료는 환자를 이해하는 데 매우 중요한 단서가 됨
③ 환자의 아동기 경험, 부모 · 형제와의 관계, 학교 및 직장생활, 결혼생활, 직업적 흥미와 적응 정도 등에 관한 정보를 수집

제 3 절 면접의 신뢰도와 타당도

1 특징

(1) 면접자 간의 신뢰도는 평가자 간의 합치도를 통해 계산

(2) 면접자가 기법을 잘 훈련받은 경우, 구조화된 면접이 신뢰도 ↑

(3) 타당도 관련 연구(편파를 일으키는 요인에 초점)

① 할로효과(Halo Effect) : 면접자가 전반적인 인상을 형성한 후 그것에 준해 다른 관련된 특성을 추론하는 경향
예 따뜻해 보이는 내담자를 실제보다 더 유능하고 정신적으로 더 건강하다고 보는 것
② 확인편파(Confirmatory Bias) : 면접자가 내담자에 대한 추론을 이미 내린 상태에서 그 추론을 확인하는 정보를 이끌어내는 방향으로 면담을 이끌어갈 때 나타날 수 있음
예 정신분석을 지향하는 면접자는 현재의 행동보다는 아동 초기의 외상(Trauma)에 대해 질문함으로써 자신의 추론을 확인해 나감

③ 어떤 특성(외모, 교육 수준 등)이 할로효과와 유사하게 면담에 영향을 미칠 수 있음
   예 매우 매력적인 사람을 면담할 때, 외모에 압도되어 병리를 과소평가하거나 이와 반대로 당황감을 감추기 위해 병리를 과대평가함
④ 상황적 결정요인보다는 특질을 강조함으로써 행동을 그릇되게 설명할 수 있음
   예 면담을 심리검사에 지나치게 의존하여 해석할 때 나타날 수 있음
⑤ 내담자가 반응을 왜곡함으로써 타당도에 문제를 일으킬 수 있음
   예 자신을 실제보다 더 멋지게 포장하여 제시하는 경우, 성행동처럼 민감한 문제, 의식적인 거짓말, 망상, 그리고 자신은 사실이라고 믿고 있는 병적인 거짓말 등

2 면접의 신뢰도와 타당도를 증진시키는 방법

(1) 가능하다면 구조화된 면접을 사용할 것

(2) 구조화된 면접의 사용여부를 떠나서 라포형성 , 경청, 적절한 시기와 방법의 질문, 비언어적 행동에 대한 관찰 등의 면접기술을 익힐 것

(3) 내담자의 기대와 동기를 파악할 것

(4) 면접자 자신의 기대와 편견, 가치 등을 인식할 것

제 3 장 실제예상문제

해설 & 정답 checkpoint

01 임상적 면접의 의의에 대한 내용 중 옳지 않은 것은?

① 임상심리학자와 내담자가 일대일로 만나 대화를 통해 문제를 파악하는 과정으로 진단을 내리는 가장 기초적인 과정
② 내담자의 어려움이 무엇인지 파악하고 내담자의 문제와 관련된 여러 가지 정보를 얻으며 임상적인 진단을 내리기 위한 기본 수단
③ 언어적 · 비언어적인 의사소통을 통하여 면접자와 내담자 간에 정보와 아이디어, 태도, 감정, 메시지를 교환하는 과정
④ 내담자의 용모 및 외모와 같은 외양적 요소는 면접 시 고려하지 않음

01 화려하거나 부적절한 복장 상태, 불결하거나 깔끔한 위생 상태, 키, 몸무게, 안색 등, 내담자의 용모 및 외모 관련 정보도 면접 시 중요하다.

정답 01 ④

checkpoint 해설 & 정답

02 ② 가족력(Family History)
③ 주 호소문제(Chief Complaint)
④ 정신상태검사(Mental Status Examination)

03 내담자가 정확하지 않은 정보를 제공할 수 있기 때문에 신뢰도와 타당도를 확립하기 어려운 문제가 있다.

04 명료화에 대한 설명이다.

정답 02 ① 03 ② 04 ③

02 개인력(Personal History)은 무엇을 의미하는가?

① 신체적 · 심리적 문제에 대한 내력, 아동기 및 청소년기의 발달적 경험, 교육 · 직업 · 결혼의 과정 등
② 아동기와 청소년기의 가정환경, 부모의 성격 및 사회적 지위, 부모와의 관계, 직계가족의 정신과적 병력 등
③ 환자의 욕구, 도움을 받고자 하는 내용 및 이유에 대한 진술, 문제의 강도 및 지속기간 등
④ 용모 및 외모, 면담 태도, 정신운동 활동, 정서적 반응, 언어와 사고, 감각과 지능, 기억력과 지남력 등

03 임상적 면접에 대한 내용 중 옳지 않은 것은?

① 치료자–내담자 간 라포형성을 위해 활용
② 높은 신뢰도와 타당도가 확보
③ 내담자의 치료적 동기를 확실하게 다질 수 있음
④ 내담자의 언어적 · 비언어적 행동을 동시에 관찰하여 정보의 타당성을 평가할 수 있음

04 면접기술 중 "내담자의 말 속에 포함되어 있는 불분명한 내용에 대해 면접자가 그 의미를 분명하게 밝히는 것"은 무엇에 해당하는가?

① 라포형성
② 반영
③ 명료화
④ 직면

05 면접기술의 명칭과 그 내용이 올바르게 연결된 것은?

① 해석 : 내담자가 표현했던 중요한 내용을 면접자의 언어로 간략하게 정리하여 표현하는 것
② 경청 : 면접자가 관심의 초점을 내담자에게 두고 내담자의 말에 주의를 기울여서 내담자가 생각이나 감정을 자유롭게 표현하고 자신의 방식을 탐색하여, 면접에 책임감을 느끼게 하도록 하는 것
③ 승인 : 내담자가 새로운 방식으로 자신의 문제들을 돌아볼 수 있도록 사건들의 의미를 설정해 주고, 자신의 문제를 새로운 각도에서 이해할 수 있도록 그의 생활 경험과 행동, 행동의 의미를 설명하는 것
④ 요약 : 내담자의 생각이나 행동에 대한 지지, 승인, 안심, 강화를 나타내는 것

해설 & 정답 checkpoint

05 ① 해석 : 내담자가 새로운 방식으로 자신의 문제들을 돌아볼 수 있도록 사건들의 의미를 설정해 주고, 자신의 문제를 새로운 각도에서 이해할 수 있도록 그의 생활경험과 행동, 행동의 의미를 설명하는 것
③ 승인 : 내담자의 생각이나 행동에 대한 지지, 승인, 안심, 강화를 나타내는 것
④ 요약 : 내담자가 표현했던 중요한 내용을 면접자의 언어로 간략하게 정리하여 표현하는 것

06 개방형 질문의 특징으로 볼 수 없는 것은?

① 질문의 범위가 포괄적이다.
② 바람직한 촉진관계를 열어놓는다.
③ 위기상황에서 내담자를 위한 신속한 대응에 유리하다.
④ 익숙지 않은 내담자에게 오히려 답변에 대한 부담감을 줄 수 있다.

06 폐쇄형 질문의 특징에 해당한다.

정답 05 ② 06 ③

checkpoint 해설 & 정답

07 비구조화된 면접의 특징에 해당하는 내용이다.

08 ②·③ 접수면접
④ 진단면접

정답 07 ③ 08 ①

07 구조화된 면접의 특징에 해당하지 않는 것은?

① 상황에 구애됨이 없이 모든 응답자에게 동일한 질문순서와 동일한 질문내용에 따라 수행하는 방법
② 반복적인 면접이 가능하며, 면접결과에 대한 비교가 용이
③ 상대적으로 타당도가 높지만 신뢰도는 낮음
④ 면접의 신축성 · 유연성이 낮으며, 깊이 있는 측정을 도모할 수 없음

08 아래에서 사례사면접에 대한 설명으로 옳은 것은?

① 환자의 개인적 혹은 사회적 과거력을 중심으로 환자와 환자의 문제의 배경 및 맥락을 파악하기 위한 것
② 내담자가 도움을 받고자 내원했을 때 내원한 기관에 대한 소개 및 환자의 치료 동기에 대하여 면접을 실시
③ 환자의 요구와 임상장면에 대한 기대, 임상장면의 특징에 대한 소개, 치료적 동기와 대안적 치료방법 등에 초점을 둠
④ 정신질환자를 진료하는 임상장면에서 주로 사용하는 방법으로, 환자의 증상이 무엇인지, 언제부터 증상이 나타났는지, 과거력 및 경과는 어떠한지 등을 면접

해설 & 정답 checkpoint

09 다음 중 아래의 사례에 해당하는 편파는?

> 정신분석을 지향하는 면접자는 현재의 행동보다는 아동 초기의 외상(Trauma)에 대해 질문함으로써 자신의 추론을 확인해 나감

① 할로효과(Halo Effect)
② 확인편파(Confirmatory Bias)
③ 가르시아 효과(Garcia Effect)
④ 위약효과(Placebo Effect)

09 확인편파와 관련된 사례이다.

10 임상적 면접의 신뢰도와 타당도에 대한 내용으로 옳지 않은 것은?

① 구조화된 면접을 사용할 경우 신뢰도와 타당도가 낮아짐
② 내담자의 기대와 동기를 파악하는 것이 신뢰도 · 타당도 증진에 중요
③ 면접자 스스로의 기대와 편견을 인식하지 못할 경우 신뢰도 · 타당도에 악영향
④ 면접자의 면접기술이 향상될 경우 신뢰도 · 타당도에 영향을 줄 수 있음

10 구조화된 면접을 사용할 경우 신뢰도 ↑, 타당도 ↓

정답 09 ② 10 ①

checkpoint 해설 & 정답

01
정답
- 말과 표현
- 신체 동작
- 면담 태도
- 용모 및 외모
- 정서적 반응
- 이해력
- 의사소통능력

02
정답 내담자의 말이나 행동이 일치하지 않은 경우 또는 내담자의 말에 모순점이 있는 경우 상담자가 그것을 지적해 주는 것

주관식 문제

01 임상적 면접을 진행할 때 탐색하는 것들을 세 가지 이상 나열하시오.

02 면접기술 중 직면에 대하여 설명하시오.

해설 & 정답 checkpoint

03 폐쇄형 질문의 특징을 기술하시오.

03
정답
- 질문의 범위가 매우 좁고 한정되어 있다.
- 내담자가 대답할 수 있는 범위를 '예/아니오' 또는 다른 단답식 답변으로 제한한다.

04 임상적 면접의 목적에 따른 종류를 기술하시오.

04
정답 진단면접, 접수면접, 사례사면접

메 모

제 4 장

행동관찰

I wish you the best of luck

제 4 장 행동관찰

제 1 절 행동평가의 특징과 기법

1 행동평가의 기본전제(Haynes)

(1) 행동의 결정요인은 환경적 사건이다.

(2) 문제행동과 시간상으로 인접한 환경적 요인 혹은 행동과 환경과의 상호작용이 중요하다.

(3) 행동의 발생이나 특성을 설명함에 있어 행동에 선행되거나 동반되는 상황적 요인이 중요하다.

(4) 행동의 다요인 결정론(Multiple Causality)을 지지한다.

(5) 평가의 대상이 되는 문제행동이 다양한 요소들로 구성되어 있다는 반응의 단편화(Response Fractionation)를 전제한다.

2 행동평가의 강조점

(1) 행동평가는 개인 내적인 심리 상태보다 문제가 일어나는 상황을 중시하며 이를 강조한다.

(2) 행동평가는 개인의 행동이 환경적인 맥락 안에서 어떻게 상호작용을 하는지에 관심을 기울인다.

(3) 행동평가는 개인을 이해하는 데 가능한 한 추론적인 가정을 배제하며, 관찰 가능한 행동을 대상으로 이를 평가하는 데 초점을 둔다.

3 행동평가의 기능

(1) 목표행동의 결정

치료목표가 되는 행동을 선정하고 이를 구체화해야 한다. 목표행동은 행동수정의 가능성 및 행동수정으로 인해 다른 행동에 미치는 영향력 등을 선택기준으로 한다.

(2) 동일 기능 행동들의 발견

동일한 기능을 지닌 행동들을 밝혀 바람직한 행동이 바람직하지 못한 행동을 대신할 수 있도록 한다.

(3) 대안적 행동의 발견

목표행동은 단순히 바람직하지 못한 행동을 밝히는 데 그치지 않고 대안으로서 긍정적 행동을 선정하고 문제행동이 일어날 가능성을 감소시키는 행동 선정의 과정을 포함한다.

(4) 결정요인의 발견

행동장애의 원인적 요인은 치료적 노력이 투입되는 목표가 되므로, 이러한 요인을 발견하는 것이 행동평가의 주요 목표이자 기능에 해당한다.

(5) 기능적 분석의 발달

기능적 분석은 목표행동에 적용할 수 있는 통제 가능하고 원인이 되는 기능적 관계를 밝히는 것이다. 이와 같은 기능적 분석은 문제행동을 선정하고 치료적 개입을 고안하는 데 중요한 역할을 하게 된다.

(6) 치료적 전략의 고안

행동치료적 입장에서는 행동적 결정요인의 독특성으로 인해 문제행동을 단순히 분류하는 것만으로 치료계획을 세우는 데 한계가 있음을 지적한다. 따라서 행동 평가를 통해 적절한 치료적 전략을 세울 필요가 있다.

(7) 치료적 개입의 평가

행동평가의 주요 기능은 치료결과의 평가에 있다. 따라서 치료개입 전, 개입 중간, 개입 후 목표행동을 평가하는 과정을 거친다. 또한 평가는 목표행동의 변화만을 대상으로 하는 것이 아닌 개입에 따른 부작용, 치료개입 후 변화된 행동의 일반화도 대상으로 고려한다.

(8) 내담자 치료자(평가자) 상호작용 촉진

치료적 평가면담을 통해 내담자와 평가자 사이의 긍정적이고 촉진적인 관계형성이 이루어지도록 한다.

4 행동평가의 4가지 변인(SORC)

(1) 자극(Stimuli)

개인의 증상이나 문제행동에 선행되는 조건 및 환경적 상황을 의미한다.

(2) 유기체(Organismic)

자극을 받아들이는 유기체의 내부에서 일어나는 생리적 혹은 심리적 요인들 모두를 의미한다.

(3) 반응(Overt Responses)

초점을 두게 되는 문제행동이나 증상으로서, 자극에 대해 유기체가 보인 외양적 반응 혹은 행동을 의미한다.

(4) 후속변인(Consequent Variables)

반응으로 일어난 문제행동이나 증상을 강화하거나 처벌하는 등 반응에 영향을 미치는 후속 변인들을 의미한다.

5 행동의 직접 측정 시 포함시키는 6가지 특성

(1) 움직임의 형태(Topography)

'움직임의 형태'는 특정 반응이 나타나는 형태를 의미한다. 예를 들어, 교사가 발달장애아에게 수업 중 질문을 할 때는 팔을 높이 들어야 한다고 알려주고 그 아동을 조형하기를 원한다고 가정할 때, 교사는 팔을 들어 올리는 위치를 정하여 이를 단계별로, 즉 '팔을 책상 위로 약간 떨어뜨리기, 턱 높이로 올리기, 눈 위로 올리기, 머리 위로 올리기'의 순서로 조형해 나간다.

(2) 양(Amount) – 빈도(Frequency)와 지속기간(Duration)

행동의 전체 양(Amount)을 측정하는 2가지 일반적인 방법으로 '빈도'와 '지속기간'을 들 수 있다. 빈도는 주어진 일정 시간 내에 발생하는 행동의 수를 말한다. 예를 들어, 피겨스케이트 선수가 연습을 통해 수행상의 개선이 있는지를 알아보기 위해, 그 선수가 수행한 점프와 회전의 빈도를 기록할 수 있다. 반면, 지속기간은 어떤 기간 내에 행동이 일어나는 시간의 길이를 말한다. 예를 들어, 장시간 TV를 보는 습관이 어느 정도 개선되었는지 알아보기 위해, 가로축에 날짜, 세로축에 TV 시청시간 항목이 있는 차트에 TV를 시청하는 누적시간을 기록할 수 있다.

(3) 강도(Intensity)

'강도'는 반응의 강도 혹은 힘을 측정하는 것을 의미한다. 이와 같은 강도를 평가할 경우 기계를 자주 사용하게 된다. 예를 들어, 목소리의 크기와 관련된 행동의 경우 소리측정기(Voice Meter)를 이용하여 소리의 데시벨(dB) 수준을 측정할 수 있다.

(4) 자극통제(Stimulus Control)

'자극통제'는 어떤 자극이 있을 때 어떤 행동이 발생하는가를 나타내는 데 사용된다. 예를 들어, 중증도 이상의 지적장애를 가진 사람의 행동을 측정하기 위한 객관적 행동평가를 통해 중증도 지적장애자의 자기 돌보기 기술, 가사 기술, 직업학교에서의 동작성 기술, 작업수행 등의 자극통제를 평가할 수 있다. 즉, "양말을 신어라"는 언어적 지시와 촉진자극에도 불구하고 아무런 수행을 보이지 않는 경우, 언어적 지시와 촉진자극이 행동의 모델링과 함께 제시된 후 수행을 보이는 경우, 언어적 지시와 촉진자극 후에 수행을 보이는 경우, 다른 촉진자극 없이 언어적 지시만으로 적절히 수행이 이루어지는 경우로 구분하여 행동평가점수를 기록할 수 있다.

(5) 잠재기간(Latency)

'잠재기간'은 자극이 발생하여 반응을 하기까지의 시간을 말한다. 예를 들어, 어떤 아이는 비록 능률적으로 과제를 수행하지만, 그 전에 비교적 긴 잠재기간을 보인다. 즉, 과제에 착수할 시간에 이를 바로 시작하지 않고 한참을 빈둥거린다. 행동평가의 양식 혹은 행동평가의 평가요소로서 4가지 변인을 수행하는 것이다. 이와 같은 잠재기간은 지속기간과 마찬가지로 시계를 가지고 평가한다.

(6) 질(Quality)

'질'은 앞서 언급된 특성들에 부가되는 것이 아닌 그 특성들이 개선된 것이라 할 수 있다. 예를 들어, 움직임의 형태를 토대로 질의 차이를 판단할 수 있는데, 피겨스케이트 선수가 점프를 할 때 두 발로 착지하는 경우보다 한 발로 착지하는 경우 더 잘한 것으로 평가된다. 또한, 빈도를 토대로 질의 차이를 판단할 수 있는데, 작업자의 업무능력은 그가 주어진 기간 내에 얼마나 많은 행동을 수행하는가에 따라 평가된다.

제 2 절 행동평가의 유형

1 면접 평가를 위한 행동평가 방법

(1) 행동적 면접

① 내담자의 구체적인 문제행동, 문제행동을 유지시키는 상황 요인, 문제행동 뒤에 수반되는 결과가 무엇인지 파악하기 위한 것이다.

② 내담자의 현재 문제와 함께 그 문제를 유지시키는 요인이 무엇인지, 과거에 어떻게 대응해 왔는지, 치료에 대한 기대가 무엇인지 등을 알아본다.

(2) 관찰법

① 행동평가에서는 자연적인 상황에서의 관찰법, 통제된 관찰법, 자기관찰법 등 여러 가지 관찰법을 사용한다.

② 자연적인 상황에서의 관찰법은 내담자의 집, 학교, 병원 등에서 자연스럽게 나타나는 문제행동을 관찰하는 것이고, 통제된 관찰법은 내담자가 문제행동을 보이는 상황을 조작해 놓은 채 그 조건에서의 문제행동을 관찰하는 것이다. 자기관찰법은 내담자 스스로 자신의 행동, 사고, 정서 등을 관찰하고 기록하는 것이다.

(3) 질문지 혹은 평정척도

① 질문지나 평정척도와 같은 간단한 지필검사로 내담자의 외현적인 행동은 물론 우울, 불안, 주의력 결핍 등을 평가하는 것이다.

② 기존에 만들어진 지필검사를 이용하거나 연구자가 관찰하고자 하는 행동이나 태도, 정서에 대해 적절한 질문지나 평정척도를 만들어 평가하는 방법이 있다.

2 관찰법의 유형

(1) 자연관찰법(직접관찰법)

① 관찰자가 내담자의 문제행동이나 증상을 실생활에서 직접 관찰하고 평가하는 방법이다.

② 여러 상황에 걸쳐 많은 정보를 확보하도록 함으로써 문제행동에 대한 리스트 작성 및 기초 자료 수집에 효과적이다.

③ 내담자의 문제행동이 나타나는 데 시간이 오래 걸리며, 비용 면에서도 효율적이지 못한다.

(2) 유사관찰법(통제관찰법 또는 실험적 관찰법)

① 관찰자가 내담자의 문제행동이나 증상을 실생활에서가 아닌 상담실이나 실험실 등의 통제된 공간 내에서 관찰하는 방법이다.

② 가상적인 상황에서 내담자의 행동을 부각시킴으로써 문제 장면을 포착하는데 보다 적은 시간이 소요되며, 비용 면에서도 효율적이다.

③ 내담자의 반응요인에 의해 수집된 자료의 타당도를 확보하는 데 어려움이 있다.

(3) 참여관찰법

① 관찰자가 내담자와 자연스러운 환경에서 생활하는 사람에게 내담자의 문제적 행동이나 증상에 대한 관찰의 역할을 대신하도록 하는 방법이다.

② 자연스러운 환경에서의 자료수집이 가능하며, 광범위한 문제행동에 적용이 가능하다.

③ 관찰자의 편견이나 선입견이 개입될 수 있으며, 관찰 이전의 상호작용에 의해 관찰 기록의 정확성을 확신하기 어렵다.

(4) 자기관찰법

① 내담자 자신이 관찰자가 되어 스스로의 행동을 관찰하며, 자신과 환경 간의 상호작용에 대해 기록하는 방법이다.
② 내담자 자신의 행동에 대한 피드백을 통해 문제행동을 통제할 수 있는 계기를 마련할 수 있다.
③ 내담자가 자신에 대한 관찰 및 기록을 왜곡할 수 있다.

3 관찰법의 종류

(1) 시간표집법(Time Sampling)

① 일상적인 조건 하에서 관찰 장면을 제한하지 않은 채 관찰대상자의 행동을 관찰하는 방법이다.
② 관찰되는 행동의 대표적인 표집을 위해 짧은 시간(보통 1~10분) 동안 관찰이 이루어진다.
③ 보통 행동의 출현 여부만을 표시하며, 행동의 빈도와 지속시간을 세기표 등을 사용하여 추가로 표시한다.
④ 빠르게 일어나는 행동을 체계적으로 관찰하는 데 가장 적합한 방법으로, 행동의 발생빈도를 파악함으로써 수량화 및 통계처리가 용이하다.
⑤ 다만, 시간의 제한으로 인해 빈도수가 극히 적은 행동의 관찰에는 부적합하며, 질적인 자료를 수집하기 어렵다.

(2) 사건표집법(Event Sampling)

① 관찰하고자 하는 행동이 잘 나타나는 장면을 선택해서 관찰하는 방식이므로 '장면표집법(Situational Sampling)'이라고도 한다.
② 관찰의 대상이 되는 사건 또는 행동의 특성에 따라 시간이 결정된다.
③ 구체적인 사건이 잘 나타나는 장면을 객관적으로 선택하는 것이 관건이다.
④ 특징 행동의 발생빈도 보다는 그 행동이 어떻게 발생해서 진행되는지를 알아보고자 할 때 유용하다.
⑤ 다만, 수량화하지 않은 자료에 대해서는 신뢰도를 측정하기 어려우므로 자료의 신뢰도 면에서 의문이 제기될 수 있다.

(3) 일화기록법(Anecdotal Records)

① 관찰자가 관찰대상자의 중요한 행동 사례를 비형식적으로 보고하는 것이다.
② 한 번에 하나의 사건만을 간결하게 기록하는 방법으로, 개인의 선택된 행동에 대한 질적인 기술들을 제공해준다.
③ 관찰된 행동에 대해 객관적 · 구체적 · 서술적 · 지속적 · 누적적으로 설명한 기록이다.
④ 다양한 상황에서 관찰대상자의 자연적 행동에 관한 정보를 제공함으로써 개인의 기본적이고 중요한 특성을 이해할 수 있도록 해준다.
⑤ 다만, 기록하는 데 상당한 시간이 소요되며, 전체 행동 중 일부만을 기록하므로 해석 시 오류의 가능성이 있다.

(4) 표본기록법(Specimen Description)

① 관찰자가 관찰대상, 관찰장면, 관찰시간 등을 미리 정해놓은 채 정해진 시간 내에 일어나는 사건과 관련하여 관찰대상자의 행동과 상황 모두를 낱낱이 집중적으로 기록하는 방법이다.
② 일화기록법과 같이 어떤 부분만이 선택되어 관찰되고 기록되는 것이 아닌 정해진 시간 동안 발생하는 모든 것이 기록 대상이 된다.
③ 어떤 행동에 대한 해석이나 평가보다는 가능한 한 많은 자료를 수집하고자 할 때 적합한 방법이다.
④ 특별한 관찰기술을 필요로 하지 않으며, 행동 발생의 전후맥락을 파악할 수 있다.
⑤ 다만, 평가하는 데 많은 시간이 소요되며, 해석 과정에서 주관이 개입되기 쉽다.

4 관찰법 시행 시 유의사항

(1) 관찰대상 및 관찰장면을 명확히 한정해야 한다.

(2) 관찰대상 및 관찰장면의 선정이 어느 정도 전체를 대표할 수 있어야 한다.

(3) 체계적이고 과학적인 방법으로 관찰해야 한다.

(4) 관찰 계획 및 방법을 사전에 세밀하게 수립해야 한다.

(5) 관찰 당시의 환경적 조건을 기록하는 것이 필요하다.

(6) 관찰자는 객관적이고 일관적인 태도를 유지해야 한다.

(7) 관찰대상을 신속하고 빠짐없이 기록해야 한다.

(8) 관찰대상에게 관찰을 전후하여 관찰자가 영향을 미치지 않도록 해야 한다.

제 3 절 행동평가의 신뢰도와 타당도

1 행동평정척도의 의의

(1) 행동평정척도는 표준화된 형태의 척도에서 아동 및 청소년의 행동 특성에 관한 종합적인 판단을 그들을 잘 알고 있는 정보제공자(부모, 교사 등)로부터 얻어내는 것이다.

(2) 행동평정척도는 직접적인 행동관찰이나 구조화된 행동면접 방법에 비해서는 덜 직접적이며, 특정 행동에 대한 정보제공자의 '지각'에 근거한다.

(3) 행동평정척도는 비구조화된 임상면접이나 투사적 기법에 비해 보다 믿을 만한 자료를 얻을 수 있다.

(4) 단순한 체크리스트가 특정 행동의 유무에 대한 응답만을 하는 것이라면, 행동평정척도는 특정 증상의 유무와 그 정도를 평정하도록 하는 방법으로, 행동 빈도와 강도에 대한 보다 면밀한 평가가 가능하다.

2 행동평정척도의 장점 및 단점

(1) 장점

① 관찰 회기 내에 측정할 수 없는 발생 빈도는 낮지만 중요한 행동들을 확인하는 것이 가능하다.
② 자신들의 문제에 대해 스스로 정보를 제공하지 않으려는 수검자에 대한 평가가 가능하다.
③ 자연적인 환경(집 혹은 학교)에서 일정기간 동안 이루어진 관찰 결과를 이용할 수 있다.
④ 부모나 교사와 같은 아동.청소년의 행동에 익숙한 사람들로부터 정보를 얻을 수 있게 된다.

(2) 단점

① 평정척도는 규준에 비추어 평정을 하기보다는 평정자의 개별 평정에서 결과를 산출한다는 점 때문에 오류가 발생할 수 있다.
② 평정할 문항의 내용과 관련 없는 긍정적이거나 부정적인 특징들은 학생을 긍정적 혹은 부정적으로 평정하려는 경향이 반응 편파를 낳을 수 있다.
③ 수검자에 관계없이 평정자가 지나치게 관대하거나 혹은 지나치게 비판적인 반응 태세가 평정척도에 영향을 줄 수 있다.
④ 대체로 평정자가 극단적인 척도 점수를 피하고 중간 정도에 해당되는 반응 경향성을 보여서 편파가 발생할 수 있다.
⑤ 행동이 시간이 지남에 따라 변화할 가능성이 있고, 시간이 지남에 따라 평정 과제 자체에 대한 평정자의 대도가 달라질 수 있다.

⑥ 특정 행동이 어떤 상황에서는 나타나지만 어떤 상황에서는 안 나타나는 상황 특징적인 변산이 있을 수 있다.

3 행동평정척도의 종류

(1) ASEBA 아동 · 청소년 행동평가척도

① ASEBA 아동 · 청소년 행동평가척도(ASEBA School-age Forms)는 아동 · 청소년 행동평가척도(Child Behavior Checklist) 및 청소년 자기 행동평가척도(Youth Self-Report)와 교사용 아동 행동평가척도(Teacher's Report Form)에 기반을 두고 있다. 이러한 행동평가척도들을 바탕으로 평가 대상 및 평정자의 관계를 구조화하여 전 연령대에 걸쳐 행동문제를 평가하는 체계로 구성하였다.

② ASEBA 아동 · 청소년 행동평가척도는 기존의 아동 · 청소년기 행동평가척도 문항 가운데 일부를 새롭게 대체하고 규준을 시대의 흐름에 맞게 적용하여 제작되었다. ASEBA 아동 · 청소년 행동평가척도의 각 주체별 자격 요건은 다음과 같다.

검사	평가대상	검사지 작성자 (검사 실기)	검사 사용자 (실시관리/채점/해석)
CBCL 6-18	초등학생, 중학생, 고등학생 (만 6-18세)	양육자(부모)	• 실시 및 채점 : 매뉴얼을 숙지한 관리자 • 해석 : 임상가
YSR	중학생, 고등학생 (만 11~18세)	청소년 본인	
TRF	초등학생, 중학생, 고등학생 (만 6~18세)	교사	

③ 척도의 구성을 살펴보면 기존의 문제행동 척도에 DSM 진단 척도, 문제행동 특수 척도가 추가되었다. CBCL 6-18과 TRF는 모두 120개, YSR은 119개의 문제행동 항목을 포함하고 있으며, 0점은 '전혀 해당되지 않는다', 1점은 '가끔 그렇거나 그런 편이다', 2점은 '자주 그런 일이 있거나 많이 그렇다'로 3점 척도에 평정하도록 되어 있다.

④ 또한 문제행동 평정뿐 아니라 적응행동에 관한 정보를 '적응 척도'로 분류하고 CBCL 6-18과 YSR에서는 사회성과 학업 수행, 학과 외 활동 참여도를 평정하도록 하였다. TRE의 경우는 '성적'과 '학교 적응'을 측정하도록 하였다.

⑤ 원점수는 합산하여 T 점수로 전환하도록 하였으며, CBCL 6-18과 YSR 모두 내재화 / 외현화 점수 총점과 총 문제행동 점수, 문제행동 하위척도 점수를 계산하도록 하였다. 하위척도는 총 9개로 불안/우울, 위축/우울, 신체 증상, 규칙위반, 공격행동, 사회적 미성숙, 사고문제, 주의집중문제, 기타 문제이다.

⑥ 국내에서도 미국판 ASEBA 아동 · 청소년 행동평가척도를 바탕으로 한국판 아동 · 청소년 행동평가척도를 제작하였으며, 아동 · 청소년 행동평가척도 부모용, 청소년 행동평가척도 자기보고용, 아동 · 청소년 행동평가척도 교사용으로 구성되어 있다. 각 척도는 문제행동 척도와 적응 척도로 구성되어 있다. 문제행동 척도는 미국판 원검사와 동일하게 문제행동 증후군 척도, DSM 진단 척도 및 특수 척도들로 구성되

어 있다. 적응 척도는 아동 · 청소년이 집, 학교 등에서 가족 및 친구와 관계를 유지하고 학업을 수행하는 면에서 어느 정도 적응 수준을 보이는지를 평가한다. 미국판 CBCL 6-18과 YSR에는 학과 외 활동 참여도가 포함되어 있으나 이 내용이 우리나라의 상황과는 부합되지 않아 포함시키지 않았다. 따라서 한국판 CBCL 6-18의 적응 척도는 사회성 척도(친구의 수와 어울리는 횟수 및 각 관계 친구, 형제, 부모, 혹은 혼자 있는 경우 별로 얼마나 잘 어울리고 시간을 잘 보내는가를 평가)와 학업 수행 척도(교과목 수행 정도, 학업 수행 수준을 평가)의 2개 척도로 이루어져 있으며, 한국판 YSR 적응 척도는 사회성 척도와 성적 척도로 구성되어 있다.

⑦ 이상의 척도들로 구성된 평가척도의 해석에서 문제가 있는 것으로 판별하는 기준을 무엇으로 정하는가 하는 문제는 어떤 목적으로 척도를 시행하는가와도 밀접하게 관련되어 있다. 대략적으로 정상집단을 임상집단으로 잘못 판별하거나 임상집단을 정상집단으로 잘못 판별할 가능성 사이에서 적절한 절단점을 마련하는 것이 필요하다. 아동 · 청소년 행동평가척도는 기준을 두 단계로 나눠 임상범위와 준임상범위로 표시한다. 문제행동 총점, 내재화, 외현화 척도의 경우 IT점수 64 이상이면 임상범위 T점수 60 미만은 정상 범위, T점수 60~63은 준임상범위로 본다. 하위척도인 문제행동증후군 척도, DSN진단 척도 및 문제행동 특수 척도는 TT점수 70 이상이면 임상범위, 점수 65 미만은 정상범위, T점수 65~(69)는 준임상범위로 판단한다.

⑧ 아동 · 청소년 행동평가척도는 서로 다른 평가자들의 평가 결과를 비교하여 문제행동이 발생하게 된 원인과 맥락을 파악하고 치료적 개입을 계획하고 결정하는 데 도움을 받을 수 있다. 또한 정신과를 비롯한 기타 병원현장에서 아동 · 청소년에 대한 진단을 내리는 데 유용한 정보로 사용될 수 있다. 비교적 빠른 시간에 아동 · 청소년의 행동 전반을 정확하게 이해할 수 있도록 해 주는 장점이 있어서 미처 보고하지 못해서 중요한 문제를 놓치는 실수를 줄일 수 있으며, 좀 더 심층적으로 탐색해 봐야 할 문제의 영역을 구체화하는 데도 도움이 될 수 있다. 임상현장에서 뿐 아니라 일선 교육기관에서도 아동 · 청소년의 문제를 파악하고 적절한 개입을 하는 데 활용할 수 있다.

(2) ASEBA 유아 행동평가척도

① ASEBA 유아 행동평가척도(ASEBA Preschool forms)는 영유아의 문제행동을 평가하기 위해 개발하였으며, 1.5세부터 5세에 해당되는 유아의 주 양육자 (주로 부모, CBCL 1.5-5)의 교사 보육사(C-TRE)가 작성하도록 되어 있다.

② 미국에서는 1987년 2~3세 유아들을 대상으로 하는 CBCL 2-3(Achenbach, Edelbrock, & Forwel, 1987)이 출간되었으며, 이를 CBCL 1.5-5의 전신으로 볼 수 있다. ASEBA 시스템이 구축되는 과정에서 (CBCL 2-3은 18개월에서 만 5세 연령의 유아를 대상으로 하는 CBCL) 1.5-5로 개편되었고, C-TRE 역시 대상 연령대를 1.5~5세로 확장하였다. 일부 변별력이 낮은 문항의 내용을 수정하여 반영하였으며 임상범위 판단의 경계선을 수정하였고, DSM 기준을 활용한 척도를 추가하여 임상적 활용도를 보강하였다. CBCL 1.5-5에는 언어발달 검사 (Language Development Survey : LDS)를 추가하여 유아기 적응 상황을 폭넓게 살펴볼 수 있도록 하였다.

③ 한국판 유아 행동평가척도는 문제행동 척도와 언어발달 검사(LIDS)로 구성되어 있다. 문제행동 척도는 문제행동 문항에 대한 경험서 분석을 통해 증후군 척도를 구성하고, 특정한 증후군으로 묶이지 않은 문항들은 기타 문제 척도로 분류하였다. 부모에 비해 어린이집/유치원 등의 교사 및 보육사는 영유아의 주요 수면 습관을 관찰하기 어렵기 때문에 수면문제 척도는 CBCL 1.5-5에만 포함되어 있고 C-TRE에서는 제외되었다. 문제행동을 평가하는 문항은 100개이며, 각 문항에 대하여 지난 2개월 내에 유아가 그 행동을 보였는지를 판단하여, 0-1-2(전혀 해당되지 않는다-가끔 그렇기나 그런 편이나 자주 그런 일이 있거나 많이 그렇다)의 3점 척도로 평가하도록 되어 있다. 마지막 100번 문항은 1~90번에서 제시되는 문항 외에 유아가 보이는 문제행동이 있을 경우 이를 직접 기술하고 그 수준을 평정하는 개방형 문항이다.

④ 문제행동 척도의 구성 및 내용은 CBCL 6~18의 구성과 유사하나 유아의 연령에 맞게 조정되었다. 언어발달 검사는 18~35개월 유아의 어휘력과 24~35개월 유아의 문장 길이를 평가하는 내용으로 구성되었다. 어휘력은 동물, 장소, 수식어 등 14개 영역의 310개 단어 목록에 대해 유아가 어휘의 의미를 알고 사용할 수 있다고 보고된 단어 수를 평가한다. 문장 길이는 유아가 실제로 사용하는 문장의 5개 예시를 기록하도록 한 후 문장 당 평균 단어(어절) 수를 점수화하도록 되어 있다.

⑤ ASEBA 유아 행동평가척도는 아동 · 청소년 행동평가척도와 마찬가지로 CBCL 1.5-5(부모용)를 통해 부모가 각각 유아의 행동을 평가한 내용을 비교할 수 있고, C-TRF(교사용)에 공통적으로 포함된 항목을 선별하여 부모와 교사의 평가를 비교할 수 있어, 유아의 문제행동이 발생하게 된 원인과 맥락을 파악하고 개입을 계획하고 결정하는 데 도움을 받을 수 있다. 또한 소아정신과를 포함한 기타 병원 현장에서 유아에 대한 진단을 내리는 데 유용한 정보로 활용할 수 있으며, 유아의 행동 전반을 빠르고 정확하게 이해할 수 있도록 해 주는 면담의 보조도구로 활용할 수 있다. 치료적 프로그램의 효과를 평가하고 치료 시작 전후 혹은 중간 단계에서 검사를 실시하여 문제행동의 변화 추이를 살펴보는 데 유용하다. 임상장면뿐 아니라 교육기관에서는 유아 행동평가척도와 같이 통계적 근거가 확보된 객관적인 척도를 사용하여 유아의 문제행동을 이해하고 적절한 개입 방식을 찾는 데 도움을 얻을 수 있다.

(3) 한국판 코너스 평정척도

① 코너스 평정척도(Conners, 1990)는 개념적으로도 유사하고 문항도 많이 겹치는 4개의 행등평정 세트(부모용 두 가지, 교사용 두 가지)로 구성되어 있다. 이들 척도는 1969년 Conners가 과잉행동, 주의력 문제, 이와 관련되는 행동문제에 대한 표준화된 객관적 행동평가 자료를 얻기 위해 하였다. 1990년 코너스 척도가 상품화되면서 광범위하게 사용되기 시작하였고, 4개 척도의 사용과 채점에 관한 통합된 내용이 출판되었다. 1997년에는 개정되고, 증보되고 새롭게 표준화되었으며, 코너스 평정척도로 출판되었다.

② 코너스 척도는 교사용 코너스 척도에 해당되는 39문항과 28문항의 평정척도가 있으며, 부모용에 해당되는 48문항과 93문항의 척도가 있다. 미국에서는 교사용 코너스 척도 30문항과 부모용 코너스 척도 48문항의 형태가 가장 널리 사용되고 있다. 코너스 척도는 4점 척도로 구성되어 있으며, 0점은 '전혀 아니다', 1점은 '약간 그렇다', 2점은 '꽤 그렇다', 3점은 '매우 그렇다' 에 해당된다. 교사용 코너스 척도는 3~14세, 부모용 코너스 척도는 3~17세에 해당되는 규준이 있다.

③ 1997년 개정판 코너스 평정척도는 청소년용 자기보고 척도를 포함하여 6개의 주척도와 5개의 간략한 보조 척도를 포함하는 통합 평가체계로 만들어졌다. 개정판은 부모용 코너스 평정척도가 80문항, 단축형이 27문항이며, 교사용 평정척도가 59문항, 단축형이 28문항이다. 개정판 코너스 평정척도는 주의력결핍 과잉행동장애의 평가를 위해 주로 사용되지만 그 밖에도 가족문제, 정서문제, 분노조절 문제, 불안문제 등을 평가하는 하위척도를 포함하고 있다. 이전 척도와 마찬가지로 4점 척도로 평정하며, T 점수와 백분위 점수로 전환하는 방식을 사용한다.

④ 우리나라에서도 코너스 부모 평정척도와 코너스 교사 평정척도의 단축형이 연구 대상의 선발이나 치료효과 검증에 널리 사용되고 있다. 부모용 코너스 평정척도는 충동성-과잉행동 요인을 구성하는 10문항으로 이루어진 단축형 척도가 자주 사용되며, 16점 이상이면 주의력결핍 과잉행동장애로 진단할 수 있다. 문항의 예는 '차분하지 못하고 너무 활동적이다', '주의력이 없고 쉽게 주의분산이 된다' 등으로 '전혀 없음', '약간', '상당히', '아주 심함' 의 4점 척도로 평정하도록 되어 있다. 교사용의 경우도 10문항으로 구성된 단축형 척도가 사용되며, 단축형 교사용 평정척도의 주의력결핍 과잉행동장애의 절단점은 17점이다.

(4) 한국판 아동기 자폐증 평정척도

① 아동기 자폐증 평정척도(Childhood Autism Rating Scale : CARS : Schopler, Reichler, & Renner, 1988)는 자폐장애를 알아보기 위해 만들어진 15문항까리 행동평정척도이다. 교육, 의료, 정신건강 분야에서 일하는 아동 전문가들이 평정하도록 되어 있으며, 2세 이상의 아동에게 시행할 수 있다. CARS의 항목은 정상 범주로부터 몹시 비정상적인 상태까지 7점 척도에 따라 평정하도록 되어 있으며, CARS의 문항 내용은 DSM을 포함한 여러 진단체계에서 자폐증에 대한 광범위한 검토에 바탕을 두고 구성되었다. 특정 상황에서 아동 행동에 대한 직접적인 관찰, 주 양육자와의 면담, 일정 시간 동안의 관찰에서 받은 인상에 기초하여 평정하게 되며, 각 항목에서 얻은 점수를 합하여 총점을 계산하고 총점의 범위에 따라 자폐가 아님, 가볍거나 중등도의 자폐, 심한 자폐로 구분을 한다. 여러 종류의 아동 자폐행동을 측정하는 척도들이 있지만, CARS는 비교적 심리측정적 속성이 우수하고 사용이 쉬우며 오랜 전통을 가진 검사라고 할 수 있다.

② 우리나라에서도 김태련과 박랑규(1996)가 이 척도를 번안하였고, 신민섭과 김융희(1998)가 한국 표준화 연구를 수행하였다. 연구 결과 K-CARS의 내적 일치도 계수는 .87이었으며, 평정자 간 상관계수도 .94로 높은 일치도를 보였고, 재검사 신뢰도도 .91로 나타났다. 요인분석에서도 사회성 의사소통을 제한되고 반복적인 상동적 행동 특이한 감각반응 의 세 가지 요인이 추출되었는데, 자폐장애 아동에게서 보이는 핵심적인 증상과 일치하는 것으로 생각해 볼 수 있으며, 적절한 구성타당도를 지닌 것으로 나타났다. K-CARS의 경우는 자폐와 비자폐 장애를 구분하는 점이 28점인 것으로 나타났으며, 분류 적중률도 80.4%로 비교적 양호한 편에 속하는 것으로 나타났다.

제 4 장 실제예상문제

해설 & 정답 checkpoint

01 행동평가의 기본전제(Haynes)로 옳은 것은?

① 행동의 결정요인은 환경적 사건이다.
② 문제행동과 시간상으로 인접한 환경적 요인은 중요치 않다.
③ 행동의 발생이나 특성을 설명함에 있어 상황적 요인보다는 선천적 요인이 중요하다.
④ 평가의 대상이 되는 문제행동은 하나의 요소로 구성되어 결정된다.

01 행동의 결정요인은 환경적 사건이다.

02 **행동관찰은 가장 보편적이고 광범위하게 연구되는 행동평가방법 중의 하나이다. 행동관찰 중 비참여관찰 체계에서 관찰자는 내담자와 의미 있는 접촉 없이 행동을 관찰하게 된다. 다음 중 비참여관찰의 특성으로 볼 수 없는 것은?**

① 내담자의 외현적 행동을 기록하는데 한정된다.
② 관찰자훈련에 많은 시간과 비용이 소요된다.
③ 다른 활동 때문에 관찰에 지장을 받아 기록상의 오류를 범할 가능성이 있다.
④ 대부분 비참여관찰은 행동에 관한 정밀한 측정이 요구되고, 연구자가 충분한 인적 자원을 갖고 있는 연구장면에서 가장 유용하다.

02 참여관찰은 관찰자가 집단의 구성원으로서 역할을 수행하면서 관찰하는 것이므로 주관화의 오류나 기록상의 오류를 범할 수 있다.

정답 01 ① 02 ③

checkpoint 해설 & 정답

03 직접적 행동평가에서 직접 측정 시 가족관계는 포함하지 않는다.

04 자기감찰 또는 자기관찰법은 관찰자 스스로 자신의 행동을 관찰하며, 자신과 환경 간의 상호작용에 대해 기록하는 방법이다.

05 참여관찰법은 관찰자의 편견이나 선입견이 개입될 수 있어 기록의 정확성을 확신하기 어려울 수 있다.

정답 03 ③ 04 ③ 05 ③

03 직접적 행동평가에서 행동의 직접 측정 시 포함시키는 것이 아닌 것은?

① 움직임의 형태
② 양 – 빈도와 지속기간
③ 가족관계
④ 자극동제

04 행동평가를 위한 방법으로서 흡연자의 흡연량, 비만자의 음식 섭취량 등을 알아보는데 가장 적합한 방법은?

① 참여관찰
② 실험적 관찰
③ 자기관찰법
④ 평정척도

05 다음 중 관찰법에 대한 내용으로 옳은 것은?

① 자연관찰법 – 내담자의 자연스러운 관찰이 가능하며, 시간과 비용 면에서 효율적이다.
② 유사관찰법 – 내담자의 문제행동을 포착하는데 상대적으로 시간이 오래 걸린다.
③ 참여관찰법 – 관찰자의 편견이나 선입견이 개입될 수 있으므로 기록의 정확성을 확신하기 어렵다.
④ 자기관찰법 – 관찰자가 자기 자신에 대해 객관적이고 정확하게 관찰, 기록할 수 있다.

해설 & 정답 checkpoint

06 행동평가의 4가지 변인(SORC)이 아닌 것은?

① 해결책(Solution)
② 유기체(Organismic)
③ 반응(Overt Responses)
④ 후속변인(Consequent Variables)

06 행동평가의 4가지 변인(SORC)은 자극(Stimuli), 유기체(Organismic), 반응(Overt Responses), 후속변인(Consequent Variables)이다.

07 행동평정척도의 의의라고 말할 수 없는 것은?

① 표준화된 형태의 척도에서 아동 및 청소년의 행동 특성에 관한 종합적인 판단을 그들을 잘 알고 있는 정보제공자(부모, 교사 등)로부터 얻는 것이다.
② 직접적인 행동관찰이나 구조화된 행동면접 방법에 비해 더 직접적이다.
③ 특정 행동에 대한 정보제공자의 '지각'을 측정한다.
④ 비구조화된 임상면접이나 투사적 기법에 비해 보다 믿을 만한 자료를 얻을 수 있다.

07 직접적인 행동관찰이나 구조화된 행동면접 방법에 비해 덜 직접적이다.

08 다음 중 행동평정척도의 장점은 무엇인가?

① 평정자의 개별 평정에서 결과를 산출한다는 점 때문에 오류가 발생하지 않는다.
② 학생을 긍정적 혹은 부정적으로 평정하려는 경향이 반응편파에 영향을 미치지 않는다.
③ 부모나 교사와 같은 아동 · 청소년의 행동에 익숙한 사람들로부터 정보를 얻을 수 있다.
④ 평정 과제 자체에 대한 평정자의 태도가 시간이 지나도 동일하므로 절대적인 수치를 얻을 수 있다.

08 행동평정척도는 부모나 교사와 같은 아동 · 청소년의 행동에 익숙한 사람들로부터 정보를 얻을 수 있다는 장점이 있다.

정답 06 ① 07 ② 08 ③

checkpoint 해설 & 정답

09 행동평정척도에는 ASEBA 아동 · 청소년 행동평가척도, ASEBA 유아 행동평가척도, 한국판 아동기 자폐증 평정척도가 포함된다.

10 관찰자는 객관적이고 일관적인 태도를 유지해야 한다.

정답 09 ② 10 ④

09 다음 중 행동평정척도의 종류가 아닌 것은?

① ASEBA 아동 · 청소년 행동평가척도
② PAT 부모양육태도검사
③ ASEBA 유아 행동평가척도
④ 한국판 아동기 자폐증 평정척도

10 관찰법 시행 시 유의사항이 아닌 것은?

① 관찰대상 및 관찰장면을 명확히 한정해야 한다.
② 관찰대상 및 관찰장면의 선정이 어느 정도 전체를 대표할 수 있어야 한다.
③ 체계적이고 과학적인 방법으로 관찰해야 한다.
④ 관찰자는 상황에 따른 관찰자의 주관적 견해를 개입해야 한다.

해설 & 정답 checkpoint

주관식 문제

01 아동청소년 행동평가척도(Child Behavior Checklist) 및 청소년 자기 행동평가척도(Youth Self-Report)와 교사용 아동 행동평가척도(Teacher's Report Form)에 기반을 두고, 평가 대상 및 평정자 관계를 구조화하여 전 연령대에 걸쳐 행동문제를 평가하는 체계로 구성되어 있는 척도를 쓰시오.

01
정답 ASEBA 아동 · 청소년 행동평가척도

02 관찰법의 유형 중 아래 내용에 해당하는 관찰법은 무엇인지 쓰시오.

> 이 관찰법은 내담자의 문제행동을 실생활에서 직접 평가, 문제행동에 대한 리스트 작성 및 기초자료 수집에 효과적이다.

02
정답 자연관찰법(직접)

checkpoint 해설 & 정답

03
정답 유사관찰

04
정답 시간표집법(Time Sampling)

03 행동평가방법에 관한 설명 중 다음의 내용은 무엇에 해당하는지 쓰시오.

면담실이나 실험실에서 문제행동을 관찰하거나 문제행동이 일어나는 상황을 유도하여 이를 관찰하는 방법이다.

04 관찰법의 종류 중 아래의 방법은 무엇에 해당하는지 쓰시오.

- 일상적인 조건하에서 관찰 장면을 제한하지 않은 채 관찰 대상자의 행동을 관찰하는 방법이다.
- 관찰되는 행동의 대표적인 표집을 위해 짧은 시간(보통 1~10)분 동안 관찰이 이루어진다.
- 빠르게 일어나는 행동을 체계적으로 관찰하는 데 가장 적합한 방법으로, 행동의 발생빈도를 파악함으로써 수량화 및 통계처리가 용이하다.
- 다만, 시간의 제한으로 인해 빈도수가 극히 적은 행동의 관찰에는 부적합하며, 질적인 자료를 수집하기 어렵다.

제 5 장

심리평가

I wish you the best of luck

혼자 공부하기 힘드시다면 방법이 있습니다.
SD에듀의 동영상강의를 이용하시면 됩니다.
www.sdedu.co.kr → 회원가입(로그인) → 강의 살펴보기

제 5 장 심리평가

제 1 절 지능평가

1 지능의 정의

(1) 일반적 정의

① 학습능력

㉠ 지능은 교육을 받을 수 있는 능력 또는 유익한 것을 학습할 수 있는 능력이다.

㉡ 지능이 높은 사람은 학습할 수 있는 능력이 높은 반면, 지능이 낮은 사람은 학습할 수 있는 능력이 낮다.

② 적응능력

㉠ 지능은 전체 환경에 대한 적응력이자, 생활상의 새로운 문제와 상황에 대처하는 정신적 적응력이다.

㉡ 지능이 높은 사람은 새로운 환경의 변화에 비교적 잘 적응하는 반면, 지능이 낮은 사람은잘 적응하지 못하는 양상을 보인다.

③ 추상적 사고능력

㉠ 지능은 추상적인 사고를 할 수 있는 능력이자, 이를 구체적인 사실과 연관시킬 수 있는 능력이다.

㉡ 지능이 높은 사람은 자신이 소유한 지식을 통해 구체화된 현상을 파악하는 동시에 이를 서로 연관시킬 수 있다.

④ 종합적 · 전체적 능력

㉠ 지능은 어떠한 목적을 향해 합리적으로 행동하고 체계적으로 사고하며, 환경을 효과적으로 다루는 유기체의 종합적인 능력이다.

㉡ 지능이 높은 사람은 학습능력, 적응능력, 추상적 사고능력 등을 통해 성공적인 생활을 영위할 수 있다.

(2) 학자별 정의

① 웩슬러(Wechsler) : 지능은 개인이 합목적적으로 행동하고 합리적으로 사고하며, 환경을 효율적으로 다룰 수 있는 총체적인 능력이다.

② 비네(Binet) : 지능은 일정한 방향을 설정하고 그것을 유지하는 능력, 목표달성을 위해 일하는 능력, 행동의 결과를 수정하는 능력이다.

③ 터만(Terman) : 지능은 추상적 사고를 하는 능력, 즉 다양한 문제들을 해결하기 위해 추상적 상징을 사용하는 능력이다.

④ 스피어만(Spearman) : 지능은 사물의 관련성을 추출할 수 있도록 하는 정신작용이다.

⑤ 서스톤(Thurston) : 지능은 추상적 개념과 구체적 사실을 연관시킬 수 있는 능력이다.

⑥ 피아제(Piaget) : 지능은 단일형식의 조직이 아닌 적응과정을 통해 동화와 조절이 균형을 이루는 형태를 말한다.

⑦ 스턴(Stern) : 지능은 사고를 작동시켜 새로운 요구에 의식적으로 적응하는 일반적 능력이다.

⑧ 핀트너(Pintner) : 지능은 새로운 환경에 자신을 적응시키는 능력이다.

⑨ 게이츠(Gates) : 지능은 학습해 가는 능력 또는 다양하고 광범위한 사실들을 파악하는 복합화된 능력이다.

⑩ 디어본(Dearborn) : 지능은 학습된 능력, 즉 경험에 의해 습득되는 능력이다.

⑪ 프리만(Freeman) : 지능은 지능검사에 의해 측정된 것이다.

2 지능이론

(1) 스피어만(Spearman)의 2요인설

① 스피어만은 여러 지적 능력에 관한 검사와 이들 검사 간에 존재하는 상관관계를 설명하는 요인(Factor)의 개념을 지능에 최초로 도입하였다.

② 지능은 모든 개인이 공통적으로 가지고 있는 일반요인(General Factor)과 언어나 숫자와 같은 특정한 부분에 대한 특수요인(Special Factor)으로 구성된다.

③ 일반지능이 낮더라도 음악이나 미술 등 예능에서 천재성을 보이는 경우가 나타날 수 있는데, 이는 일반요인이 아닌 특수요인에 의한 것이다.

일반요인	• 생득적인 것으로, 모든 유형의 지적 활동에 공통적으로 작용한다. 예 이해력, 관계추출능력, 상관추출능력 등
특수요인	• 일반요인만으로 해결하기 어려운 특수한 과제를 수행하기 위해 작용한다. 예 언어능력, 수리능력, 정신적 속도, 상상력 등

(2) 손다이크(Thorndike)의 다요인설

① 손다이크는 지능을 진리 또는 사실의 견지에서 올바른 반응을 행하는 능력으로 정의하였다.

② 지능은 추상적 지능, 구체적(실제적) 지능, 사회적 지능으로 구성되어 있다.

㉠ 추상적 지능 : 언어나 수 등 상징적 기호를 처리하는 능력

ⓛ 구체적(실제적) 지능 : 동작에 의해 사물을 조작하는 능력

ⓒ 사회적 지능 : 다른 사람을 이해하거나 사람과 협력하는 능력

③ 손다이크가 제시한 구체적(실제적) 지능은 웩슬러(Wechsler)의 동작성지능이나 비요(Viaud)의 실용적 지능으로 발전하였으며, 사회적 지능은 돌(Doll)의 사회성숙척도에 영향을 미쳤다.

(3) 서스톤(Thurstone)의 다요인설

① 서스톤은 대학생들을 대상으로 다양한 종류의 지능검사를 실시한 후 이를 요인 분석적 방법으로 연구하였다.

② 지능은 각각 독립적인 기능을 가지고 있는 개별적인 능력들로 구성되어 있다고 주장함으로써 불분명한 일반지능의 실체를 강조한 일반지능설의 한계를 극복하고자 한다.

③ 지능은 언어이해(Verbal Comprehension), 수(Numerical), 공간시각(Spatial Visualization), 지각속도(Perceptual Speed), 기억(Memory), 추리(Reasoning), 단어유창성(Word Fluency) 등 7가지 요인으로 구성된다.

(4) 길포드(Guilford)의 복합요인설

① 길포드는 서스톤의 7가지 기본정신능력에 관한 이론을 발전시켜 기존의 지능에 대한 협소한 계열을 확대하였다.

② 지능은 다양한 방법에 의해 상이한 정보들을 처리하는 다각적 능력의 체계적인 집합체이다.

③ 지능구조는 내용(Content), 조작(Operation), 결과(Product)의 3차원적 입체모형으로 이루어지며, 이들의 상호작용에 의한 180개의 조작적 지적 능력으로 구성된다.

㉠ 내용(사고의 대상) : 주어진 정보의 내용에 관한 것

ⓛ 조작(사고의 과정) : 정보를 처리하고 작동하는 지적 활동에 관한 것

ⓒ 결과(사고의 결과) : 정보조작의 결과에 관한 것

내용	• 시각 : 시각적 지각에 대한 정보 • 청각 : 청각적 지각에 대한 정보 • 상징 : 상징적 · 기호적 정보 • 의미(어의) : 의미 있는 단어나 개념의 의미적 정보 • 행동 : 표정, 동작 등의 행동적 정보
조작	• 평가 : 사고결과의 적절성을 판단하는 평가 • 수렴적 사고(조작) : 이미 알고 있는 지식이나 기억된 정보에서 어떤 지식을 도출해 내는 능력 • 확산적 사고(조작) : 이미 알고 있거나 기억된 지식 위에 전혀 새로운 지식을 창출해 내는 능력 • 기억파지 : 정보의 파지 • 기억저장 : 정보의 저장 • 인지 : 여러 가지 지식과 정보의 발견 및 인지와 관련된 사고력

결과	• 단위 : 각 단위의 정보 • 분류 : 공통적인 특성의 공유 • 관계 : 2개 이상 단위들의 종합 • 체계 : 단위의 조직화된 체계 • 전환 : 기존정보에 대한 해석 또는 수정과 적용 • 함축 : 어떤 정보에서 생기는 예측, 기대 또는 시사점

(5) 카텔과 혼(Cattell & Horn)의 위계적 요인설

① 카텔은 인간의 지능을 유동성지능(Fluid Intelligence)과 결정성지능(Crystallized Intelligence)으로 구분하였다.

② 혼은 카텔의 주장을 토대로 유동성지능과 결정성지능의 특징적 양상에 대해 연구하였다.

유동성지능	• 유전적 · 신경생리적 영향에 의해 발달이 이루어지는 반면 경험이나 학습의 영향을 거의 받지 않는다. • 신체적 요인에 따라 청소년기에 이르기까지 발달이 이루어지다가 이후 퇴보현상이 나타난다. • 속도, 기계적 암기, 지각능력, 일반적 추론능력 등이 해당된다. • 웩슬러(Wechsler) 지능검사의 소검사 중 빠진곳찾기, 차례맞추기, 토막짜기, 모양맞추기, 공통성문제, 숫자외우기 등과 관련된다.
결정성지능	• 경험적 · 환경적 · 문화적 영향의 누적에 의해 발달이 이루어지며, 교육 및 가정환경 등에 의해 영향을 받는다. • 나이가 들수록 더욱 발달하는 경향이 있다. • 언어이해능력, 문제해결능력, 상식, 논리적 추리력 등이 해당된다. • 웩슬러지능검사의 소검사 중 기본지식, 어휘문제, 공통성문제, 이해문제 등과 관련된다.

③ 일반적으로 웩슬러지능검사의 언어성소검사들은 결정성지능과 관련되며, 동작성소검사들은 유동성지능과 관련된다고 볼 수 있다.

④ 혼은 변형된 지능모델을 통해 웩슬러지능검사의 소검사들을 다음과 같이 4개의 범주로 분류하였다.

결정성(Crystallized)	유동성(Fluid)	기억(Retrieval)	속도(Speed)
• 기본지식 • 어휘문제 • 이해문제 • 공통성문제	• 빠진곳찾기 • 차례맞추기 • 토막짜기 • 모양맞추기 • 공통성문제 • 숫자외우기	• 기본지식 • 산수문제 • 숫자외우기	• 바꿔쓰기

⑤ 환경의 영향을 받는 결정성지능에는 언어성소검사 4개가 포함되며, 유동성지능에는 공통성문제와 숫자외우기의 2개 언어성소검사와 함께 동작성소검사들이 포함된다.

⑥ 공통성문제는 결정성지능과 유동성지능 모두와 관계가 있으며, 기억과 관련된 소검사로서 기본지식은 결정성지능, 숫자외우기는 유동성지능과 연관된다.

⑦ 소검사 특유의 변량이 큰 바꿔쓰기는 운동속도와 연관된다.

(6) 가드너(Gardner)의 다중지능이론

① 전통적인 지능이론이 지능의 일반적인 측면을 강조하는데 반해, 가드너는 문제해결능력과 함께 특정 사회적 · 문화적 상황에서 산물을 창조하는 능력을 강조하였다.

② 인간의 지능은 일반지능과 같은 단일한 능력이 아닌 다수의 능력으로 구성되며, 각각의 능력들의 상대적 중요도는 서로 동일하다.

③ 가드너는 지능을 언어지능(Linguistic Intelligence), 논리-수학지능(Logical- Mathematical Intelligence), 공간지능(Spatial Intelligence), 신체-운동지능(Bodily-Kinesthetic Intelligence), 음악지능(Musical Intelligence), 대인관계지능(Interpersonal Intelligence), 개인 내적 지능(Intra Personal Intelligence) 등 7가지의 독립된 지능으로 구분하였다.

④ 최근에는 자연탐구지능(Naturalist Intelligence) 및 실존적 지능(Existential Intelligence)을 비롯하여, 도덕적 감수성(Moral Sensibility), 성적 관심(Sexuality), 유머(Humor), 직관(Intuition), 창의성(Creativity) 등 다양한 지능의 존재가능성을 제기하고 있다.

(7) 스턴버그(Sternberg)의 삼원지능이론

① 스턴버그는 지능을 개인의 내부세계와 외부세계에서 비롯되는 경험의 측면에서 성분적 지능(Componential Intelligence), 경험적 지능(Experiential Intelligence), 상황적(맥락적) 지능(Contextual Intelligence)으로 구분하였다.

② 지능의 세 가지 측면을 토대로 한 성분하위이론, 경험하위이론, 상황하위이론은 다시 각각의 세부적인 하위이론들로 나눠짐으로써 위계구조를 이룬다.

③ 삼원지능이론의 각 하위이론들은 내부영역, 경험영역, 외부영역에서 지능의 근원적 요소들을 포착하여 해당요소들이 어떻게 지적 사고와 행동을 산출하는지 제시한다.

3 지능검사의 종류

(1) 비네지능검사(Binet-Simon Intelligence Test)

① 의의

㉠ 1905년 비네(Binet)와 시몬(Simon)이 개발한 지능검사로 최초의 공식적인 지능검사로 볼 수 있다.

㉡ 초기에는 정상아동과 지적 장애 아동을 식별하여 초등학교 입학여부를 결정하기 위한 목적으로 고안되었다.

㉢ 3세부터 11세까지 각 연령에 문제를 할당하여 해당연령에 도달하면 정상적인 아동 대다수는 그 문제의 정답을 맞힐 수 있다고 가정하였다.

㉣ 어떤 아동이 또래의 아동보다 과제를 잘 하는 경우 더 지능이 높다고 전제하였다.

예 6세 아동이 9세 아동의 문제를 풀게 되면 9세 수준의 정신연령을 가진 것으로 보았다.

㉤ 1908년과 1911년 개정을 통해 문항수를 늘리고 3세부터 성인까지 지능측정이 가능하도록 개량되었다.

② 스탠포드-비네지능검사

㉠ Terman이 미국 실정에 맞게 비네지능검사를 수정한 것으로 표준화를 특징으로 한다.

㉡ 지능지수(IQ) $= \frac{\text{정신연령(MA)}}{\text{생활연령(CA)}} \times 100$

㉢ 각 아동의 정신연령이 실제연령과 같다면 지능지수는 항상 100이 된다고 가정하였다.

㉣ 2세~18세까지의 연령을 대상으로 하며 언어, 조작, 기억, 산수, 추리, 평가, 인지, 문제해결 등의 하위영역으로 구성된다.

㉤ 지나치게 언어에 초점을 두고 있어서 언어나 문화적 차이를 반영하는 것이 어렵다는 단점이 있다.

③ 고대-비네지능검사

㉠ 스탠포드-비네지능검사를 고려대학교 행동과학연구소 전용신이 한국 실정에 맞게 수정하여 표준화한 검사이다.

㉡ 훈련된 검사실시자가 여러 가지 질문과 지시를 하는 개별검사로, 검사 중 수검자의 행동 및 성격특징을 관찰하는 것이 가능하다.

㉢ 지능이 높거나 낮은 경우 변별력이 높기 때문에 발달이 빠른 유아기의 아동이나 지적 장애가 의심되는 아동에게 많이 실시한다.

(2) 웩슬러지능검사(Wechsler Intelligence Scale)

① 의의

㉠ 데이비드 웩슬러(David Wechsler)가 1939년에 제작한 개인지능검사로, 스탠포드-비네지능검사와 더불어 가장 널리 사용되고 있다.

㉡ 웩슬러는 지능을 개인이 합목적적인 행동과 합리적인 사고를 통해 환경을 이해하고 그것에 적응할 수 있는 총합적 · 전체적인 능력으로 보았다.

㉢ 웩슬러지능검사는 지능이 다차원적이고 중다적인 구조로 이루어져 있음을 전제로 하여, 지능의 다양한 영역을 총체적인 관점으로 평가한다.

② 특징

㉠ 개인검사

집단검사가 아닌 개인검사이므로 검사자와 수검자 간 관계형성이 보다 용이하다. 또한 검사 과정에서 수검자에 대한 관찰을 통해 수검자의 성격적 특징은 물론 수검자의 문제와 관련된 진단적 단서를 얻을 수 있다.

㉡ 객관적 검사

인지적 검사이며, 구조화된 객관적 검사에 해당한다. 그러나 검사문항 중에는 투사적 함축성을 지닌 것도 있으므로 이때 나타나는 수검자의 반응내용 및 양상을 분석하여 수검자에 대한 객관적 또는 투사적 정보를 얻을 수도 있다.

ⓒ 편차지능지수 사용

정신연령과 생활연령을 비교한 스탠포드–비네지능검사의 비율지능지수 방식에서 벗어나 개인의 지능을 동일 연령대 집단에서의 상대적인 위치로 규정한 편차지능지수를 사용한다.

$$\text{지능지수(IQ)} = 15 \times \frac{\text{개인점수} - \text{해당연령규준의 평균}}{\text{해당연령규준의 표준편차}} + 100$$

ⓓ 언어성검사와 동작성검사로 구성

언어성(Verbal)검사와 동작성(Performance)검사로 이루어져 있으며, 이를 통해 언어성 IQ (VIQ), 동작성 IQ (PIQ), 전체 IQ (FIQ)를 측정할 수 있다. 또한 언어성검사와 동작성검사는 각각 하위검사들을 포함하므로 언어성검사와 동작성검사의 비교는 물론 하위검사 간 비교를 통해 개인의 인지기능 전반을 평가할 수 있도록 한다.

ⓔ 병전 지능수준을 추정

영역별 검사 및 프로파일 해석을 통해 개인의 성격적 측면과 정신역동, 심리내적인 갈등을 이해하도록 하며, 정신병리를 파악할 수 있도록 한다. 특히 현재의 지능수준은 물론 병전 지능수준까지 추정함으로써 현재의 기능장애 정도를 양적으로 알 수 있도록 한다.

ⓕ 문맹자도 검사 가능

검사자가 모든 문제를 구두 언어나 동작으로 제시하고 수검자의 반응을 직접 기록할 수 있도록 함으로써 글을 모르는 수검자라도 검사를 받는 것이 가능하다.

③ 개발과정

㉠ 웩슬러지능검사의 개발과정

용도	구분	개발연도	대상연령
범용	W–B I (Wechsler Bellevue I)	1939년	7~69세
	W–B II (Wechsler Bellevue II)	1946년	10~79세
성인용	WAIS(Wechsler Adult Intelligence Scale)	1955년	16~64세
	WAIS–R(Wechsler Adult Intelligence Scale–Revised)	1981년	16~74세
	WAIS–III (Wechsler Adult Intelligence Scale–III)	1997년	16~89세
	WAIS–IV (Wechsler Adult Intelligence Scale–IV)	2008년	16~90세
아동용	WISC(Wechsler Intelligence Scale for Children)	1949년	5~15세
	WISC–R(Wechsler Intelligence Scale for Children–Revised)	1974년	6~16세
	WISC–III (Wechsler Intelligence Scale for Children–III)	1991년	6~16세
	WISC–IV (Wechsler Intelligence Scale for Children–IV)	2003년	6~16세
	WISC–V (Wechsler Intelligence Scale for Children–V)	2014년	6~16세

유아용	WPPSI(Wechsler Preschool & Primary Scale of Intelligence)	1967년	4~6.5세
	WPPSI-R(Wechsler Preschool & Primary Scale of Intelligence-Revised)	1989년	3~7.5세
	WPPSI-Ⅲ(Wechsler Preschool & Primary Scale of Intelligence-Ⅲ)	2002년	2.6~7.3세
	WPPSI-Ⅳ(Wechsler Preschool & Primary Scale of Intelligence-Ⅳ)	2012년	2.5~7.25세

㉡ 한국판 웩슬러지능검사의 개발과정

용도	구분	개발연도	대상연령
성인용 (청소년)	KWIS(Korean Wechsler Intelligence Scale)	1963년	12~64세
	K-WAIS(Korean Wechsler Adult Intelligence Scale)	1992년	16~64세
	K-WAIS-Ⅳ(Korean Wechsler Adult Intelligence Scale-Ⅳ)	2012년	16~69세
아동용	K-WISC(Korean Wechsler Intelligence Scale for Children)	1974년	5~16세
	KEDI-WISC(Korean Educational Developmental Institute-Wechsler Intelligence Scale for Children)	1987년	5~15세
	K-WISC-Ⅲ(Korean Wechsler Intelligence Scale for Children-Ⅲ)	2001년	6~16세
	K-WISC-Ⅳ(Korean Wechsler Intelligence Scale for Children-Ⅳ)	2011년	6~16세
	K-WISC-Ⅴ(Korean Wechsler Intelligence Scale for Children-Ⅴ)	2019년	6~16세
유아용	K-WPPSI(Korean Wechsler Preschool & Primary Scale of Intelligence)	1995년	3~7.5세
	K-WPPSI-Ⅳ(Korean Wechsler Preschool & Primary Scale of Intelligence-Ⅳ)	2015년	2.6~7.7세

④ 한국판 웩슬러 성인용 지능검사(K-WAIS)의 언어성 소검사

㉠ 기본지식(Information)

• 주요 측정 측면
  - 일상의 사실적 지식의 범위
  - 과거의 학습 및 학교 교육
  - 지적 호기심 혹은 지식추구 충동
  - 일상생활에서의 기민성 혹은 일상세계에 대한 관심
  - 장기기억

• 소검사의 특징
  - 총 29문항으로, 수검자 개인이 소유한 일반적인 지식의 정도를 측정한다.
  - 기억의 인출 및 장기기억, 언어적 · 청각적 이해력, 결정성 지능, 지적 호기심, 폭넓은 독서경험 등과 연관된다.
  - 교육적 기회, 문화적 노출, 환경의 영향을 많이 받으므로, 수검자의 지적 능력, 학력, 생활여건을 고려해야 한다.
  - 문항들은 정서적 중립성으로 인해 정서를 유발하지 않으므로, 수검자의 정서적 응답은 유의미한 분석대상이 된다.

- 쉬운 문항에서 실패하고 오히려 어려운 문항에서 성공하는 경우 수검자의 기억인출 과정에서의 문제를 시사한다.
- 기괴한 응답의 경우 성격적 · 병리적 문제를 시사하는 한편, 지나치게 세부적이고 자세한 대답은 강박증을 시사한다.
- 병전 지능 추정에 사용되며, 특히 좌반구 손상 환자에게서 낮은 수행이 나타난다.
- 높은 점수는 지적인 야심이나 주지화의 방어기제를 반영하기도 한다.
- 낮은 점수는 만성적인 불안이나 갈등, 억압의 방어기제를 반영하기도 한다.

㉡ 숫자 외우기(Digit Span)

• 주요 측정 측면
- 즉각적인 기계적 회상
- 사고패턴을 전환할 수 있는 능력
- 주의집중력
- 청각적 연속능력
- 기계적 학습

• 소검사의 특징
- 총 14문항으로, 검사자가 불러주는 숫자열을 처음 단계에서는 바로 따라 외우다가, 다음 단계에서는 거꾸로 따라 외우도록 과제가 구성되어 있다.
- 문화적 영향을 거의 받지 않으나, 언어성 소검사 중 수검자의 상태에 따른 변동이 가장 심하다.
- 청각적 단기기억, 주의력 및 주의집중력, 유동성 지능, 학습장애 등과 연관된다.
- 바로 따라 외우기가 거꾸로 따라 외우기에 비해 아동 및 청소년의 경우 평균적으로 2자리 정도, 성인의 경우 1자리 정도 반응이 더 길게 나타난다. 만약 평균적인 기준에서 훨씬 벗어나 5자리 이상 길게 나타나는 경우 뇌손상을 시사한다.
- 거꾸로 따라 외우기가 바로 따라 외우기보다 뇌손상에 더욱 민감하다.
- 검사 상황에 민감하게 영향을 받는 검사로, 특히 청각적인 문제를 가진 수검자에게 불리한 검사이기도 하다.
- 검사자가 문항을 다 읽기도 전에 반응하기 시작하거나 숫자를 매우 빠르게 열거하는 경우 충동성을 의심해 볼 수 있다.
- 높은 점수는 오히려 수검자의 분열성 성격을 반영하기도 한다.
- 낮은 점수는 정신병적 우울이나 상태불안, 주의력 결핍, 학습장애 등의 문제를 반영하기도 한다.

㉢ 어휘문제(Vocabulary)

• 주요 측정 측면
- 언어 발달의 정도
- 단어 지식 및 언어적 개념형성
- 언어 사용 및 축적된 언어 학습능력
- 우수한 학업성취 및 교육적 배경

– 수검자의 최상의 지적 능력 추론
– 수검자가 획득한 사고, 경험, 관심의 범위
• 소검사의 특징
– 총 35문항으로, 검사자가 불러주는 여러 낱말들의 뜻을 구체적으로 설명하도록 하는 과제들로 구성되어 있다.
– 가장 안정적인 검사로 정신장애에 의한 기능의 손상 및 퇴화가 적으므로, 병전 지능 추정에 사용된다.
– 일반지능을 나타내는 중요한 지표로, 특히 전체 IQ (FIQ)와 가장 높은 상관관계를 가지고 있다.
– 언어적 이해력 및 표현력, 어의적 수준의 인지능력, 획득된 지식과 축적된 상식, 장기기억, 결정성 지능, 지적 호기심, 폭넓은 독서경험 등과 연관된다.
– 시간이 많이 소요되는 소검사이므로, 검사 상황에 쉽게 피로해지는 뇌손상 환자들에게는 적합하지 않다.
– 소검사들 중 뇌손상과 사고장애를 가장 잘 구분해 줄 수 있다.
– 높은 점수는 기본지식 소검사와 마찬가지로 지적인 야심이나 주지화의 방어기제를 반영하기도 한다.
– 낮은 점수는 기억이나 학습상의 문제, 억압의 방어기제를 반영하기도 한다.

ⓔ 산수문제(Arithmetic)
• 주요 측정 측면
– 청각적 기억
– 연속적 능력
– 수리적 추론, 계산능력 및 계산의 속도
– 주의집중력 및 낮은 주의산만
– 현실접촉 및 정신적 기민성, 외부세계와의 능동적 관계
– 학업능력(산수문제의 전반부) 및 획득된 지식
– 논리적 추론, 추상화, 수리적 문제 분석력(산수문제의 후반부)
• 소검사의 특징
– 총 16문항으로, 간단한 계산문제를 종이와 연필을 사용하지 않은 채 암산으로 푸는 과제로 구성되어 있다.
– 청각적 기억, 주의력 및 주의집중력, 숫자를 다루는 능력, 언어적 지시의 이해, 상징적 내용의 기억, 시간적 압박 하에서의 작업능력, 학습장애 등과 연관된다.
– 숫자 외우기 소검사에 비해 보다 높은 수준의 주의집중력이 요구된다.
– 과제에서 요구하는 계산 기술은 초등학생 수준에 해당한다.
– 과제 수행에서의 실패는 주의력 및 주의집중력 부족, 계산 과정에서 종이와 연필을 사용하지 못하는 것에 대한 불안감, 반항심이나 패배주의적 태도에 의한 것일 수 있다.

- 검사가 끝난 후 수검자에게 종이와 연필을 주어 시간제한 없이 과제를 다시 해보도록 함으로써 수검자의 불안이나 주의집중력이 검사에 미친 영향에 대해 평가할 수 있다.
- 좌측 측두엽, 두정엽 손상 환자에게서 낮은 수행이 나타난다.
- 높은 점수는 주지화 방어기제와 연관되며, 경우에 따라 분열성 성격을 반영하기도 한다.
- 낮은 점수는 불안 성향, 주의집중에의 어려움, 학습장애 등의 문제를 반영하기도 한다.

ⓜ 이해문제(Comprehension)

• 주요 측정 측면
- 실제적 지식의 표명
- 사회성숙도
- 행동의 보편적 기준에 대한 지식
- 적절한 선택, 조직화, 사실과 관계의 강조 등 과거경험의 평가능력
- 추상적 사고와 일반화
- 사회적 판단력, 일반상식, 실제 사회적 상황에의 판단력
- 사회적 환경에 대한 이해력
- 현실 자각, 일상생활의 기민성

• 소검사의 특징
- 총 16문항으로, 일상생활에서의 사회적 상황과 관련된 여러 가지 문항들에 대해 답하는 과제들로 구성되어 있다.
- 사회적 지능 및 사회적 이해력, 도덕적 판단 및 양심, 언어적 개념화, 결정성지능 등과 연관된다.
- 다른 소검사들에 비해 지적 영역과 정서적 영역이 서로 결부되어 있다.
- 정보의 적절한 선택과 반응의 적절한 표출을 위한 안정적인 정서-태도 경향성이 요구된다.
- 수검자의 문제상황에 대한 능동적/수동적 대처, 사회적/반사회적 행동 등이 임상적으로 유의미한 가치를 가진다.
- 지나치게 길고 세부적인 반응은 강박적 성향을 시사한다.
- 좌반구 손상에 민감한 소검사이다. 우반구 손상 환자의 경우 높은 점수를 얻을 수 있으나 실제 행동은 비합리적일 수 있다.
- 높은 점수는 수검자의 사회적 · 도덕적 판단력, 관습적인 문제해결 방식을 반영하기도 한다.
- 낮은 점수는 사회적 관심에 대한 저항, 대인관계에 대한 무관심, 판단력 손상을 반영하기도 한다.

ⓑ 공통성문제(Similarities)

• 주요 측정 측면
- 논리적 · 추상적 추론능력
- 언어적 개념형성 또는 개념적 사고
- 본질과 비본질을 구분하는 능력
- 언어적 유창성과 관련된 연합능력

• 소검사의 특징
  - 총 14문항으로, 검사자가 두 개의 단어를 불러주어 수검자에게 두 단어의 공통점에 대해 말하도록 하는 과제로 구성되어 있다.
  - 언어적 이해력, 논리적 · 추상적 사고, 연합적 사고, 폭넓은 독서경험 등과 연관된다.
  - 수검자의 응답 내용은 구체적 개념형성, 기능적 개념형성, 추상적 개념형성의 양상으로 나타난다.
  - 언어적 이해력을 평가하는 소검사들 가운데 정규 교육이나 특정 학습, 교육적 배경 등의 영향을 가장 적게 받는다.
  - 응답이 1점에 편향되어 나타나는 경우 수검자의 잠재력이 제한적임을 나타내는 반면, 2점과 0점으로 분산되어 나타나는 경우 잠재력이 비교적 크다는 사실을 반영한다.
  - 좌측 측두엽과 전두엽 손상에 민감하며, 특히 뇌손상 환자의 경우 2점에 해당하는 추상적 반응을 하는 데 어려움을 나타낸다.
  - 이해문제 소검사와 달리 창의적인 응답이 부정적인 것은 아니다.
  - 반응 내용에 성격적 경향성이 드러날 수 있으며, 특히 개인적 사고의 집착이 나타나는 경우 임상적으로 유의미한 것으로 볼 수 있다.
  - 높은 점수는 오히려 수검자의 강박적 · 편집증적 성향을 반영하기도 한다.
  - 낮은 점수는 사고장애나 중추신경계 손상을 반영하기도 한다.

⑤ **한국판 웩슬러 성인용 지능검사(K-WAIS)의 동작성 소검사**

㉠ 빠진 곳 찾기(Picture Completion)

• 주요 측정 측면
  - 시각적 기민성
  - 시각적 재인 및 동일시(시각적 장기기억)
  - 환경의 세부사항에 대한 인식
  - 부분에 대한 전체의 인식(시각적 인식능력)
  - 본질과 비본질을 구분하는 능력
  - 시각적 조직화 능력과 연결된 시각적 주의집중력

• 소검사의 특징
  - 총 20문항으로, 검사자가 특정 부분이 생략된 그림카드를 제시하여 수검자에게 해당 부분을 찾아내도록 하는 과제로 구성되어 있다.
  - 시각적 기민성, 시각적 조직화, 시각적 장기기억, 시간적 압박 하에서의 작업능력, 유동성지능 등과 연관된다.
  - 수검자가 그림의 어떤 측면에 초점을 맞추는지를 통해 수검자의 현실감각 유지 상태에 대한 정보를 얻을 수 있다. 즉, 그림의 선에 있는 지극히 작은 결함을 지적한다거나 기괴한 사고로 전혀 예상치 못한 부분을 지적하는 경우 수검자의 현실 왜곡적 성향을 의심할 수 있다.
  - 20초의 시간제한을 초과하는 경우 정신지체나 뇌손상을 의심할 수 있다.

- 수검자의 반응속도가 지나치게 빠른 경우 충동성을 시사하는 반면, 쉬운 문항에서조차 반응속도가 지나치게 느린 경우 진단적으로 주목할 필요가 있다.
- 여러 문항에서 빠진 곳이 없음을 주장하는 경우 반항심이나 공포심, 적대감을 가진 것으로 의심할 수 있다.
- 언어능력이 극히 제한된 좌반구 손상 환자에게 좋은 병전 지능의 지표가 될 수 있다.
- 높은 점수는 고도의 주의집중력, 강박적 · 현학적 성향을 반영하기도 한다.
- 낮은 점수는 논리성 결여나 주의집중력 부족을 반영하기도 한다.

ⓛ 차례 맞추기(Picture Arrangement)

• 주요 측정 측면
- 계획하는 능력
- 시간 순서 및 시간 개념
- 비언어적 대인관계 상황에 대한 정확한 이해
- 전체적인 상황에 대한 이해 및 평가 능력
- 시각적 조직화 및 중요 시각적 단서에 대한 인식
- 정보의 연합 및 계획의 속도

• 소검사의 특징
- 총 10문항으로, 10벌의 그림카드 세트를 도구로 사용하여 수검자로 하여금 각각의 그림들을 순서대로 잘 맞추어 어떤 줄거리가 있는 이야기로 꾸미도록 되어 있다.
- 사회적 지능 및 사회적 이해력, 전체 상황에 대한 이해능력, 계획능력, 시간적 압박 하에서의 작업능력, 유동성지능 등과 연관된다.
- 그림의 차례를 제대로 맞추든 잘못 맞추든 간에, 수검자가 그림의 순서에 따라 이야기를 엮어나가는 것이 중요한 해석적 가치를 지닌다.
- 수검자가 그림 카드를 다루는 방식을 통해 충동성/조심성, 시행착오적 접근/통찰적 접근 등 수검자의 사고 과정과 관련된 정보를 입수할 수 있다.
- 수검자의 시각적 지각능력 부족이나 문화적 배경으로 인해 반응에 실패하는 경우도 있다.
- 일반적으로 뇌손상에 취약하며, 특히 전두엽 손상 환자의 경우 카드 순서를 약간 옮겨 놓은 후 정답이라고 반응하기도 한다.
- 높은 점수는 수검자의 사회적 상황에서의 민감성, 편집증적 성향을 반영하기도 한다.
- 낮은 점수는 사회적 상황에 대한 이해력 부족, 대인관계상의 어려움을 반영하기도 한다.

ⓒ 토막짜기(Block Design)

• 주요 측정 측면
- 전체를 구성요소로 분석하는 능력
- 공간적 시각화 능력
- 비언어적 개념형성
- 지속적 노력 및 주의집중력

- 시각–운동 협응 및 지각적 조직화
- 시각–운동–공간 협응, 조작적 지각 속도

• 소검사의 특징
- 총 9문항으로, 모형이 그려진 9장의 카드와 함께 빨간색과 흰색이 칠해진 9개의 나무토막을 도구로 사용하여 이를 맞추어 보도록 하는 과제로 구성되어 있다.
- 시각–운동 협응능력, 지각적 조직화, 공간적 표상능력, 장 의존적 또는 장 독립적 인지유형, 시간적 압박 하에서의 작업능력, 유동성지능 등과 연관된다.
- 수검자의 과제 수행 과정을 통해 주의산만/주의집중력, 충동성/조심성, 시행착오적 접근/통찰적 접근, 운동협응능력 등에 대한 정보를 입수할 수 있다.
- 수검자의 시지각상의 문제가 한계검증의 과정을 통해 드러날 수 있다.
- 대뇌 손상에 취약하며, 병전 지능 추정에 사용된다.
- 예상치 못한 기괴한 반응을 나타내는 경우 수검자의 현실검증력 장애나 전두엽의 손상 등을 의심할 수 있다.
- 우반구 손상 환자로서 시각–공간 기능 영역에 이상이 있는 경우 지남력 장애나 지각 왜곡으로 인해 검사에 실패할 가능성이 있다.
- 높은 점수는 수검자의 양호한 형태지각, 문제해결능력, 시각–운동 협응능력을 반영하기도 한다.
- 낮은 점수는 강박성, 정서불안, 뇌손상 또는 뇌기능 장애를 반영하기도 한다.

ⓔ 모양 맞추기(Object Assembly)

• 주요 측정 측면
- 각 부분들 간의 관계 예측
- 시각–운동 협응능력
- 동시적 처리능력
- 익숙한 형태로의 종합능력
- 익숙한 형태를 구별하는 능력
- 어떤 것과 관련된 미지의 물체에 대한 인식적 조작능력 및 지각속도

• 소검사의 특징
- 4문항으로, 4개의 상자에 들어있는 모양 맞추기 조각들을 도구로 사용하여 해당 조각들을 특정 모양이 되도록 하는 과제로 구성되어 있다.
- 시각–운동 협응능력, 지각적 조직화, 공간적 표상능력, 형태관계의 평가, 장 의존적 또는 장 독립적 인지유형, 시간적 압박 하에서의 작업능력, 유동성 지능 등과 연관된다.
- 토막짜기 소검사에서는 전체를 부분으로 분석하는 능력이 강조되는 반면, 모양 맞추기에서는 부분을 전체로 통합하는 능력이 강조된다.
- 토막짜기와 마찬가지로 수검자의 과제 수행과정을 통해 주의산만/주의집중력, 충동성/조심성, 시행착오적 접근/통찰적 접근, 운동협응능력 등에 대한 정보를 입수할 수 있다.

- 검사자가 조각을 배열하는 과정을 들여다보려는 수검자의 경우 불안 성향, 충동성, 도덕성의 결여 등을 의심할 수 있다.
- 우반구 후반부에 손상이 있는 경우 보통 점수가 낮게 나타나며, 전두엽 손상 환자의 경우 과제 수행 속도가 느리므로 역시 낮은 점수를 보인다.
- 좌반구 손상 환자의 경우 전체적인 윤곽은 파악하나 세부적인 부분에서 실수를 하는 경향이 있다.
- 높은 점수는 오히려 수검자의 만성 정신분열을 반영하기도 한다.
- 낮은 점수는 강박성, 정서불안, 우울 성향, 분열성 성격을 반영하기도 한다.

ⓜ 바꿔쓰기(Digit Symbol)

• 주요 측정 측면
  - 정신운동 속도 및 사무적 속도
  - 지시를 정확히 따르는 능력
  - 지필 기술
  - 익숙하지 않은 과제에 대한 학습능력
  - 인지적 유연성
  - 지속적 노력 및 주의집중력
  - 연합 학습 및 새로 습득한 시각적 자료에 대한 모방능력
  - 순차적 능력

• 소검사의 특징
  - 총 93문항으로, 1에서 9까지의 숫자가 적힌 칸과 숫자에 대응하는 기호(예 2/ㅗ, 4/ㄴ, 8/x)가 있으며, 수검자는 제한시간 내에 각 숫자 밑에 숫자에 대응하는 기호를 그려 넣는다.
  - 시각-운동 협응능력, 시각-운동 기민성, 시각적 단기기억, 정확성, 쓰기 속도, 시간적 압박 하에서의 작업능력, 주의산만, 학습장애 등과 연관된다.
  - 검사 수행 전 수검자의 문맹이나 시지각상의 문제 여부를 살펴보아야 한다.
  - 강박적 성향을 보이는 수검자에게는 기호를 읽을 수 있을 정도로만 쓰면 된다는 점을 알려 주어야 한다.
  - 수행 과정에서 수검자의 피로도, 주의산만, 기호에 대한 암기여부 등을 주의 깊게 살펴보아야 한다.
  - 좌우반구 영역에 관계없이 대뇌 손상에 취약하므로 뇌의 특정 부위에 대한 손상을 밝힐 수는 없으나, 손상의 유무를 판단하기 위한 좋은 지표로 활용된다.
  - 높은 점수는 수검자의 과도한 성취욕구, 순응적 경향을 반영하기도 한다.
  - 낮은 점수는 강박성, 주의력 분산, 학습장애, 뇌손상 및 뇌기능 장애를 반영하기도 한다.

⑥ 한국판 웩슬러 성인용 지능검사 제4판(K-WAIS-Ⅳ)의 구성

㉠ 언어이해(Verbal Comprehension)

• 공통성(Similarity)

– 총 18문항으로, 쌍으로 짝지어진 낱말들을 제시하여 그들 간의 공통점이 무엇인지 찾도록 한다.

– 특히 이 소검사는 유동성지능을 잘 반영하는 소검사로 간주되고 있다.

– 공통성 소검사에 의해 측정되는 주요 내용은 다음과 같다.

> – 언어적 개념형성능력
> – 논리적 · 추상적 추론능력
> – 연합 및 범주적 사고력
> – 본질과 비본질을 구분하는 능력 등

• 어휘(Vocabulary)

– 총 30문항으로, 27개의 어휘문항과 3개의 그림문항으로 구성되어 있다.

– 어휘문항에서 수검자는 인쇄된 글자와 함께 구두로 제시되는 단어의 뜻을 말하며, 그림문항에서 수검자는 시각적으로 제시되는 물체의 이름을 말한다.

– 반응 내용은 매우 중요한 질적 분석의 기초로, 수검자의 공포, 흥미, 배경, 사고 집착, 기괴한 사고 등을 분석할 수 있게 한다.

– 일반지능을 나타내는 중요한 지표로 간주되어 수검자의 병전 지능을 추정할 때 사용된다.

– 어휘 소검사에 의해 측정되는 주요 내용은 다음과 같다.

> – 언어발달 정도
> – 단어지식 및 언어적 개념형성능력
> – 언어 사용 및 축적된 언어학습능력
> – 우수한 학업성취 및 교육적 배경
> – 장기기억 등

• 상식(Information)

– 총 26문항으로, 개인이 평균적으로 획득할 수 있는 지식을 요구하는 문항으로 구성되어 있다.

– 개인이 소유한 기본지식, 즉 개인이 소유한 일반적인 지식의 정도를 측정한다.

– 일반지능의 가장 좋은 측정치 중 하나로, 전체지능지수(FSIQ)와 높은 상관을 보인다.

– 상식 소검사에 의해 측정되는 주요 내용은 다음과 같다.

> – 일반적 · 실제적 지식의 범위
> – 과거의 학습 또는 학교교육
> – 지적 호기심 또는 지식을 얻고자 하는 욕구
> – 장기기억과 정보축적
> – 결정성지능, 획득된 지식 등

• 이해-보충(Comprehension)

– 총 18문항으로, 대부분 개방형 질문으로 구성되어 있어 수검자가 다양한 반응을 할 수 있도록 되어 있다.

– 일상생활에서의 사회적 상황과 관련된 여러 가지 문항들에 대해 자신의 이해를 토대로 답하도록 한다.

– 반응을 정확히 채점하기 위해 실시 단계에서 중립적인 태도로 추가적인 탐색질문을 할 필요가 있다.

– 이해 소검사에서의 낮은 점수는 빈약한 사회적 판단력, 초자아의 약화 등을 시사한다.

– 이해 소검사에 의해 측정되는 주요 내용은 다음과 같다.

– 사회적 상황의 이해력 및 사회적 성숙도 – 관습적 행동규준에 관한 지식 정도 – 과거 경험을 평가하고 사용하는 능력 – 실질적 지식과 판단력 – 언어적 추론 및 개념화 – 언어적 이해와 표현 등

㉡ 지각추론(Perceptual Reasoning)

• 토막짜기(Block Design)

– 총 14문항으로, 모형이 그려진 카드를 보고 빨간색과 흰색이 칠해진 나무토막을 도구로 사용하여 이를 맞추어 보도록 한다.

– 과제를 수행하는 데 시간제한이 있으며, 수검자가 빠르고 정확하게 과제를 수행할 경우 추가점수를 받게 된다.

– 일반지능과 상관이 높으므로 상식(Information), 어휘(Vocabulary) 소검사와 더불어 병전 지능을 추정하는 데 사용된다.

– 특히 뇌의 우반구 손상에 민감하며, 알츠하이머병 환자들이 가장 낮은 수행을 보이는 것으로 알려져 있다.

– 토막짜기 소검사에 의해 측정되는 주요 내용은 다음과 같다.

– 시각적 자극의 분석 및 통합능력 – 시각-운동 협응능력 – 지각적 조직화 능력 – 비언어적 개념형성능력 – 시간적 압박 하에서의 작업능력 등

• 행렬추론(Matrix Reasoning)
  - 총 26문항으로, 일부가 누락된 행렬을 보고 이를 완성할 수 있는 반응선택지를 고르도록 한다.
  - 수검자가 약 30초 이내에 반응을 하지 않는 경우 검사자는 단지 반응을 촉구할 뿐 시간제한을 하지 않는다.
  - 행렬추론 소검사에 의해 측정되는 주요 내용은 다음과 같다.

> - 광범위한 시각적 지능
> - 부분과 전체의 관계를 파악하는 능력
> - 지각적 조직화 능력
> - 시공간 정보에 대한 동시적 처리능력
> - 유동성지능 등

• 퍼즐(Visual Puzzles)
  - 총 26문항으로, 완성된 퍼즐을 모델로 하여 제한된 시간 내에 해당 퍼즐을 만들 수 있는 세 개의 조각을 찾도록 한다.
  - 이 소검사는 퍼즐 맞추기와 유사하지만 수검자가 실제로 퍼즐 조각을 조작하거나 맞춰볼 수는 없다.
  - 퍼즐 소검사에 의해 측정되는 주요 내용은 다음과 같다.

> - 광범위한 시각적 지능
> - 부분들 간의 관계를 예상할 수 있는 능력
> - 시각적 · 지각적 조직화 능력
> - 시각적 기억능력
> - 공간적 표상능력 등

• 무게비교–보충(Figure Weights)
  - 총 27문항으로, 양쪽 무게가 달라 불균형 상태에 있는 저울 그림을 보고 균형을 맞추는 데 필요한 반응선택지를 고르도록 한다.
  - 이 소검사는 수학적 추론을 비언어적으로 측정하며, 귀납적 및 연역적 추론이 강조된다.
  - 지속적 주의집중력을 필요로 한다는 점에서 산수(Arithmetic) 소검사와 유사하나, 산수(Arithmetic) 소검사가 작업기억과 연관된 반면, 이 소검사는 문항이 시각적으로 제시되므로 기억의 영향력이 최소화된다.
  - 무게비교 소검사에 의해 측정되는 주요 내용은 다음과 같다.

> - 양적 · 수학적 추론능력
> - 유추적 추론능력
> - 시각적 조직화 및 주의집중력 등

• 빠진 곳 찾기-보충(Picture Completion)

- 총 24문항으로, 특정 부분이 생략된 그림을 보고 해당 부분을 찾도록 한다.
- 수검자의 시각적 예민성과 연관된 것으로, 수검자의 특이한 반응이나 오류에 대한 내용 분석이 중요하며, 반응시간이 지나치게 길거나 짧은 경우에 주목해야 한다.
- 빠진 곳 찾기 소검사에 의해 측정되는 주요 내용은 다음과 같다.

- 시각적 · 지각적 조직화 능력 - 대상의 핵심적인 세부사항을 시각적으로 인식해내는 능력 - 본질과 비본질을 구분하는 능력 - 시각적 기억능력 - 환경적 세부사항에 대한 인식 등

㉢ 작업기억(Working Memory)

• 숫자(Digit Span)

- '바로 따라하기', '거꾸로 따라하기', '순서대로 따라하기'의 3가지 과제로 구성되며, 한 문항당 두 번의 시행이 포함된 각 8개의 문항으로 이루어져 있다.
- '바로 따라하기'는 자릿수가 점차적으로 증가하는 일련의 숫자를 듣고 동일한 순서로 따라하는 즉각적인 회상과제이며, '거꾸로 따라하기'는 이를 역순으로 반복하여 집중력의 범위를 측정하는 과제이다.
- 수검자의 작업기억과 연관된 것으로, 특히 수검자의 불안이나 긴장의 증가로 인해 저하될 수 있다.
- 특히 알츠하이머병과 외상성 뇌손상의 영향에 민감한 소검사로 알려져 있다.
- 숫자 소검사에 의해 측정되는 주요 내용은 다음과 같다.

- 청각적 단기기억능력 - 즉각적인 기계적 회상능력 - 연속적 정보처리능력 - 암기학습능력 - 주의력 및 주의집중력 - 정신적 조작능력 등

• 산수(Arithmetic)

- 총 22문항으로, 제한된 시간 내에 간단한 계산문제를 암산으로 풀도록 한다.
- 모든 문항에 시간제한이 있으며, 특히 수검자의 반응시간을 측정하고 오답을 기록하는 것이 질적 분석에서 매우 중요하다.
- 충동적이고 성급한 수검자, 집중력이 부족한 수검자, 산수 공포증이 있는 수검자의 경우 좋은 점수를 받기 어렵다.

– 산수 소검사에 의해 측정되는 주요 내용은 다음과 같다.

> – 청각적 단기기억능력
> – 연속적 정보처리능력
> – 주의력 및 주의집중력
> – 수리적 추론능력
> – 계산능력
> – 단기 및 장기기억 등

• 순서화–보충(Letter–Number Sequencing)

– 숫자와 요일을 지시에 따라 순서대로 암기하도록 하는 과제로 구성되며, 한 문항당 세 번의 시행이 포함된 10개의 문항으로 이루어져 있다.

– 본래 WAIS–Ⅳ의 경우 알파벳을 글자로 사용하였으나, K–WAIS–Ⅳ에서는 영어 알파벳에 상응하는 한글 자음의 발음이 변별하기 어렵고, 순서가 알파벳만큼 보편적이지 않으므로 요일 이름으로 대체한 것이다.

– 순서화 소검사에 의해 측정되는 주요 내용은 다음과 같다.

> – 청각적 단기기억능력
> – 주의력 및 주의집중력
> – 정신적 조작능력
> – 순차적 처리능력 등

㉣ 처리속도(Processing Speed)

• 동형 찾기(Symbol Search)

– 총 60문항으로, 쌍으로 이루어진 도형이나 기호들이 표적부분과 반응부분으로 제시되며, 해당 두 부분을 훑어본 후 표적모양이 반응부분에 있는지 여부를 지적하도록 한다.

– 수검자의 처리속도를 측정하기 위해 고안된 소검사로, 수검자의 완벽주의적 성향이나 강박적 문제해결양식 등을 반영하기도 한다.

– 동형 찾기 소검사에 의해 측정되는 주요 내용은 다음과 같다.

> – 정보처리속도
> – 시각–운동 협응능력
> – 시각적 단기기억능력
> – 시각적 변별력
> – 주의력 및 주의집중력 등

• 기호쓰기(Coding)

– 총 135문항으로, 제한된 시간 내에 기호표를 사용하여 숫자와 짝지어진 기호를 그려 넣도록 한다.

– 이 소검사는 읽기 및 쓰기 경험이 풍부한 수검자에게 유리한 반면, 불안이나 우울, 우유부단, 완벽주의 등에 의해 저하될 수 있다.

– 지속적인 집중력, 빠르고 기민한 반응, 양호한 미세운동 조절력 등이 요구되는 과제로, 특히 뇌손상에 가장 민감한 소검사로 알려져 있다.

– 기호쓰기 소검사에 의해 측정되는 주요 내용은 다음과 같다.

> – 정보처리속도
> – 시각-운동 협응능력
> – 시각적 단기기억능력
> – 시각적 지각능력 및 탐색능력
> – 주의력 및 주의집중력
> – 사무적 과제의 속도 및 정확성
> – 친숙하지 않은 과제를 학습하는 능력
> – 새로운 시각적 학습자극에 대한 모방능력 및 연합능력 등

• 지우기-보충(Cancellation)

– 제한된 시간 내에 조직적으로 배열된 도형들 속에서 표적대상과 색깔 및 모양이 동일한 도형을 찾도록 한다.

– 이 소검사의 과제는 본래 반응 억제나 운동 보속증 등을 측정하는 신경심리검사에서 널리 사용되어 왔다.

– 특히 주의력 결핍 및 과잉행동장애(ADHD), 외상성 뇌손상에서 나타나는 주의산만을 측정하는 데 유효한 것으로 알려져 있다.

– 지우기 소검사에 의해 측정되는 주요 내용은 다음과 같다.

> – 정보처리속도
> – 시각-운동 협응능력
> – 시각적 단기기억능력
> – 선택적 주의력
> – 속도와 정확성 등

⑦ 한국판 웩슬러 아동용 지능검사 제4판(K-WISC-Ⅳ)의 구성

㉠ 언어이해(Verbal Comprehension)

• 공통성(Similarities)

– 총 23문항으로, 쌍으로 짝지어진 낱말들을 제시하여 그들 간의 공통점이 무엇인지 찾도록 한다.

– 언어적 추론 및 개념형성능력, 청각적 이해력, 기억력, 본질과 비본질을 구분하는 능력, 언어적 표현능력 등을 측정한다.

- 어휘(Vocabulary)
  - 총 36문항으로, 32개의 어휘문항과 4개의 그림문항으로 구성되어 있으며, 어휘의 의미와 대상의 이름을 말하도록 한다.
  - 개인의 획득된 지식, 언어적 추론 및 개념화, 학습능력, 장기기억, 언어발달 정도 등을 측정한다.
- 이해(Comprehension)
  - 총 21문항으로, 일상생활에서의 사회적 상황과 관련된 여러 가지 문항들에 대해 자신의 이해를 토대로 답하도록 한다.
  - 사회적 상황의 이해력, 언어적 추론 및 개념화, 언어적 이해와 표현능력, 과거경험을 평가하고 사용하는 능력, 실제적 지식을 발휘하는 능력 등을 측정한다.
- 상식-보충(Information)
  - 총 33문항으로, 개인이 소유한 일반적인 지식의 정도를 측정한다.
  - 학교와 환경으로부터 얻은 정보를 유지하고 인출하는 능력, 장기기억, 결정성지능, 청각적 이해력, 언어적 표현능력 등을 측정한다.
- 단어추리-보충(Word Reasoning)
  - 총 24문항으로, 마치 추리게임과 같이 주어진 단서들에 대해 어떠한 생각을 가지고 있는지, 공통된 개념은 무엇인지 답하도록 한다.
  - 언어적 이해력 및 언어적 추상화, 유추 및 추론능력, 서로 다른 유형의 정보를 통합하는 능력, 대체개념을 만들어 내는 능력 등을 측정한다.

ⓛ 지각추론(Perceptual Reasoning)

- 토막짜기(Block Design)
  - 총 14문항으로, 모형이 그려진 카드를 보고 빨간색과 흰색이 칠해진 나무토막을 도구로 사용하여 이를 맞추어 보도록 한다.
  - 시각적 자극의 분석 및 통합능력, 시각-운동 협응능력, 시지각적 조직화 능력, 동시처리능력, 시간적 압박 하에서의 작업능력 등을 측정한다.
- 공통그림찾기(Picture Concepts)
  - 총 28문항으로, 2줄 또는 3줄로 제시된 그림들 속에서 서로 어울리거나 공통된 특성을 가지는 그림들을 고르도록 한다.
  - 추상적 사고력 및 추상적 · 범주적 추론능력 등을 측정한다.
- 행렬추리(Matrix Reasoning)
  - 총 35문항으로, 일부가 누락된 행렬을 보고 이를 완성할 수 있는 반응선택지를 고르도록 한다.
  - 비언어적 추론 및 문제해결능력, 유추적 추론능력, 공간적 표상능력, 시각적 조직화 능력, 유동성지능 등을 측정한다.

- 빠진 곳 찾기–보충(Picture Completion)
  - 총 38문항으로, 특정 부분이 생략된 그림을 보고 해당 부분을 찾도록 한다.
  - 시각적 조직화 능력, 시각적 변별력, 시각적 기억력, 주의집중력, 본질과 비본질을 구분하는 능력 등을 측정한다.

㉢ 작업기억(Working Memory)

- 숫자(Digit Span)
  - 바로 따라하기와 거꾸로 따라하기로 구성되며, 한 문항당 두 번의 시행이 포함된 각 8개의 문항으로 이루어져 있다.
  - 청각적 단기기억능력, 계열화 기술, 주의력 및 주의집중력, 정신적 조작능력, 시공간적 형상화 능력, 정보변환 능력 등을 측정한다.
- 순차연결(Letter–Number Sequencing)
  - 숫자와 글자(가나다)를 지시에 따라 순서대로 암기하도록 하는 과제로 구성되며, 한 문항당세 번의 시행이 포함된 10개의 문항으로 이루어져 있다.
  - 청각적 단기기억능력, 계열화 기술, 주의력 및 주의집중력, 정신적 조작능력, 시공간적 형상화 능력, 처리속도 등을 측정한다.
- 산수–보충(Arithmetic)
  - 총 34문항으로, 제한된 시간 내에 간단한 계산문제를 암산으로 풀도록 한다.
  - 청각적 단기기억능력, 계열화 기술, 주의력 및 주의집중력, 수와 관련된 추론능력, 정신적 조작능력 등을 측정한다.

㉣ 처리속도(Processing Speed)

- 기호쓰기(Coding)
  - 연령집단에 따라 A유형(6~7세)과 B유형(8~16세)으로 구분된다. 제한된 시간 내에 기호표를 사용하여 숫자와 짝지어진 기호를 그려 넣도록 한다.
  - 시각–운동 협응능력, 시각적 단기기억능력, 시각적 주사능력, 주의력 및 주의집중력, 인지적 유연성 등을 측정한다.
- 동형 찾기(Symbol Search)
  - 연령집단에 따라 A유형(6~7세)과 B유형(8~16세)으로 구분된다. 쌍으로 이루어진 도형이나 기호들이 표적부분과 반응부분으로 제시되며, 해당 두 부분을 훑어본 후 표적모양이 반응부분에 있는지 여부를 지적하도록 한다.
  - 시각–운동 협응능력, 시각적 단기기억능력, 시각적 변별력, 주의집중력, 지각적 조직화 능력, 계획하고 학습하는 능력 등을 측정한다.

• 선택-보충(Cancellation)
- 제한된 시간 내에 조직적으로 배열된 도형들 속에서 표적대상과 색깔 및 모양이 동일한 도형을 찾도록 한다.
- 처리속도, 시각적 선택 주의, 시각적 무시, 각성 등을 측정한다.

더 알아두기

K-WAIS-Ⅳ와 K-WISC-Ⅳ의 척도별 구성 비교

척도	소검사 구분	K-WAIS-Ⅳ	K-WISC-Ⅳ
언어이해	핵심 소검사	공통성, 어휘, 상식	공통성, 어휘, 이해
	보충 소검사	이해	상식, 단어추리
지각추론	핵심 소검사	토막짜기, 행렬추론, 퍼즐	토막짜기, 공통그림찾기, 행렬추리
	보충 소검사	무게비교, 빠진 곳 찾기	빠진 곳 찾기
작업기억	핵심 소검사	숫자, 산수	숫자, 순차연결
	보충 소검사	순서화	산수
처리속도	핵심 소검사	동형 찾기, 기호쓰기	기호쓰기, 동형 찾기
	보충 소검사	지우기	선택

⑧ 한국판 웩슬러 아동용 지능검사(K-WISC-Ⅴ)의 구성

㉠ 의의 및 특징

• 기존 한국 웩슬러 아동지능검사 4판의 개정판으로 전반적인 지적 능력(즉, 전체 FSIQ)은 물론, 특정 인지영역(언어이해, 시공간, 유동추론 등)의 지적 기능을 나타내는 소검사 및 지표검사를 제공한다.
• 추가적인 임상적 활용을 위한 여러 점수(처리점수)를 제시해준다.
• 이전 판과는 달리, 지능 이론은 물론이고 인지발달, 신경발달, 인지신경과학, 학습과정에 대한 최근 심리학 연구들에 기초하고 있다.
• 16개의 소검사로 이루어져 있으며, 유동적 추론의 측정을 강화하는 새로운 3개의 소검사(무게비교, 퍼즐, 그림기억)가 추가되었고, 4판에서 13개의 소검사(토막짜기, 공통성, 행렬추리, 숫자, 기호쓰기, 어휘, 동형찾기, 상식, 공통그림찾기, 순차연결, 선택, 이해, 산수)가 유지되었으나, 소검사의 실시 및 채점 절차가 수정되었다.
• 구조적으로 변화한 전체 IQ(FSIQ)와 5가지 기본지표점수(언어이해, 시공간, 유동추론, 작업기억, 처리속도)와 5가지 추가지표점수(양적추론, 청각작업기억, 비언어, 일반능력, 인지효율)를 제공한다는 점에서 이전 4판과 다르다.
• 인지능력에서 좀 더 독립적인 영역에 대한 아동의 수행을 나타낼 수 있는 지표점수와 처리점수를 추가적으로 제공한다.

㉡ 구성

• 전체척도

언어이해	시공간	유동추론	작업기억	처리속도
• 공통성 • 어휘 • 상식 • 이해	• 토막짜기 • 퍼즐	• 행렬추리 • 무게비교 • 공통그림찾기 • 산수	• 숫자 • 그림기억 • 순차연결	• 기호쓰기 • 동형찾기 • 선택

• 기본지표척도

언어이해	시공간	유동추론	작업기억	처리속도
• 공통성 • 어휘	• 토막짜기 • 퍼즐	• 행렬추리 • 무게비교	• 숫자 • 그림기억	• 기호쓰기 • 동형찾기

• 추가지표척도

양적추론	청각작업기억	비언어	일반능력	인지효율
• 무게비교 • 산수	• 숫자 • 순차연결	• 토막짜기 • 퍼즐 • 행렬추리 • 무게비교 • 그림기억 • 기호쓰기	• 공통성 • 어휘 • 토막짜기 • 행렬추리 • 무게비교	• 숫자 • 그림기억 • 기호쓰기 • 동형찾기

⑨ 한국판 웩슬러 유아용 지능검사 제4판(K-WPPSI-IV)의 구성

㉠ 언어이해(Verbal Comprehension)

• 상식(Information)

– 그림문항의 경우, 일반적인 상식에 관한 주제를 다루는 질문에 대한 반응으로 가장 적절한 보기를 선택하며, 언어문항의 경우, 일반 상식에 관한 광범위한 주제를 다루는 질문에 답한다.

– 일상적 사건이나 물건에 대하여 개인이 소유한 기본지식의 정도를 측정한다. 기억발달과 기억의 기능과 밀접하게 관련된다.

• 공통성(Similarity)

– 그림문항의 경우, 제시된 두 개의 사물과 같은 범주의 사물을 보기 중에서 선택하며, 언어문항의 경우, 공통된 물체 개념을 나타내는 두 개의 단어를 듣고 공통점을 말한다.

– 언어적 개념형성 및 유사성에 대한 관계능력과 추상적 사고능력을 측정한다.

• 어휘-보충(Vocabulary)

– 그림문항의 경우, 소책자에 있는 그림의 이름을 말하며, 언어문항의 경우, 검사자가 읽어주는 단어의 정의를 말한다.

– 일반지능을 나타내는 주요지표로 기능하며, 학습능력과 언어에 대한 지식의 정도 및 일반개념의 정도를 측정한다.

• 이해-보충(Comprehension)
  - 그림문항에서 일반적인 원칙이나 사회적 상황을 가장 잘 나타내는 보기를 선택한다. 언어 문항에서 일반적인 원칙과 사회적인 상황에 대한 이해를 기초로 질문에 답한다.
  - 주어진 상황에서 문제를 해결해 나가는데 필요한 이해력 및 판단능력을 측정한다.

㉡ 시공간(Visual Spatial)

• 토막짜기(Block Design)
  - 제한시간 내에 흰색과 빨간색으로 이루어진 토막을 사용하여 제시된 모형이나 그림과 똑같은 모양을 만든다.
  - 시각과 운동의 협응능력, 시각적 구성능력을 측정하며 아울러 검사를 실시하면서 수검자의 심리적 상태나 성격특성 등이 반영될 수 있다.

• 모양맞추기-보충(Object Assembly)
  - 제한시간 내에 사물의 표상을 만들기 위해 퍼즐조각을 맞춘다.
  - 시각-운동협응을 측정한다.

㉢ 유동추론(Fluid Reasoning)

• 행렬추리(Matrix Reasoning)
  - 완성되지 않은 행렬을 보고 행렬을 완성시키는 보기를 선택한다.
  - 유동성지능, 비언어적 추론, 유추적 추론, 비언어적 문제해결, 공간적 시각화 등을 측정한다.

• 공통그림찾기-보충(Picture Concepts)
  - 두 줄 또는 세 줄로 이루어진 그림을 보고, 공통된 특성으로 묶일 수 있는 그림을 각 줄에서 한 가지씩 선택한다.
  - 추상화와 범주적 추론능력을 측정한다.

㉣ 작업기억(Working Memory)

• 그림기억(Picture Memory)
  - 일정 시간 동안 하나 이상의 그림이 있는 자극페이지를 보고난 후, 보기페이지의 보기들 중 그 그림을 찾아낸다.
  - 작업기억, 주의지속능력, 부호화, 인지적 유연성 등을 측정한다.

• 위치찾기-보충(Zoo Location)
  - 일정 시간 동안 울타리 안에 있는 하나 이상의 동물카드를 보고난 후, 각 카드에서 보았던 위치에 동물카드를 배치한다.
  - 작업기억, 정보의 재조직, 주의집중능력 등을 측정한다.

㉤ 처리속도(Processing Speed)

- 동형찾기(Bug Search)
  - 제한시간 내에 제시된 벌레 그림과 같은 벌레 그림을 보기 중에 찾아 표시한다.
  - 처리속도, 시각적 단기기억, 시각-운동협응, 인지적 유연성, 시각적 변별, 집중력 등을 측정한다.
- 선택하기-보충(Cancellation)
  - 제한시간 내에 정렬 또는 비정렬된 그림들을 보고 목표그림을 선택한다.
  - 처리속도, 시각의 선택적 주의, 시각적 무시 등을 측정한다.
- 동물짝짓기-보충(Animal Coding)
  - 제한시간 내에 동물과 모양의 대응표를 보고, 동물그림에 해당하는 모양에 표시한다.
  - 처리속도, 시각-운동협응능력, 재인과 확인능력, 소근육발달과 조정능력을 측정한다.

⑩ **웩슬러지능검사의 분석과 해석(K-WAIS-Ⅳ & K-WISC-Ⅳ)**

㉠ 웩슬러지능검사의 지능지수 산출방법

- 소검사의 원점수 구하기

  각각의 소검사 문항에서 얻은 점수를 합하여 소검사의 원점수를 구한다. 원점수는 각 소검사 문항에서 획득한 점수의 단순한 합에 불과하며, 규준을 참조한 점수가 아니므로 그 자체만으로는 무의미하다.
- 원점수를 표준점수로 환산하여 환산점수 도출하기

  수검자의 수행을 해석하기 위해서는 원점수를 표준점수로 환산해야 한다. 환산점수표를 토대로 소검사의 원점수를 환산점수로 변환한다. 이때 환산점수는 각 소검사와 처리점수(과정점수)에 대해 각 연령집단의 원점수 총점을 평균 10, 표준편차 3인 분포상의 점수로 변환한 것이다.
- 조합점수(합산점수) 도출하기

  조합점수(합산점수)는 연령에 따른 준거집단 환산점수의 합계에 근거한다. 조합점수의 적절한 구성을 위해 5개의 환산점수, 즉 언어이해, 지각추론, 작업기억, 처리속도, 전체검사의 환산점수 합계를 계산하며, 이를 평균 100, 표준편차 15인 분포상의 점수로 제시한다.

더 알아두기

환산점수 및 조합점수 대응 표준편차와 백분위

환산점수	조합점수	표준편차	백분위
19	145	+3	99.9
18	140	+2⅔	99.6
17	135	+2⅓	99
16	130	+2	98
15	125	+1⅔	95
14	120	+1⅓	91
13	115	+1	84
12	110	+⅔	75
11	105	+⅓	63
10	100	0(평균)	50
9	95	−⅓	37
8	90	−⅔	25
7	85	−1	16
6	80	−1⅓	9
5	75	−1⅔	5
4	70	−2	2
3	65	−2⅓	1
2	60	−2⅔	0.4
1	55	−3	0.1

㉡ K-WAIS-Ⅳ의 조합점수별 측정 내용

- 언어이해지수(Verbal Comprehension Index, VCI) : 언어적 이해능력, 언어적 정보처리능력, 언어적 기술 및 정보의 새로운 문제해결을 위한 적용능력, 어휘를 이용한 사고능력, 결정적 지식, 인지적 유연성, 자기감찰능력 등을 반영한다.
- 지각추론지수(Perceptual Reasoning Index, PRI) : 지각적 추론능력, 시각적 이미지에 대한 사고 및 처리능력, 시각-운동 협응능력, 공간처리 능력, 인지적 유연성, 제한된 시간 내에 시각적으로 인식된 자료를 해석 및 조직화하는 능력, 유동적 추론능력, 비언어적 능력 등을 반영한다.
- 작업기억지수(Working Memory Index, WMI) : 작업기억, 청각적 단기기억, 주의집중력, 수리능력, 부호화 능력, 청각적 처리기술, 인지적 유연성, 자기감찰 능력 등을 반영한다.

- 처리속도지수(Processing Speed Index, PSI) : 시각정보의 처리속도, 과제 수행속도, 시지각적 변별능력, 정신적 수행의 속도 및 정신운동 속도, 주의집중력, 시각-운동 협응능력, 인지적 유연성 등을 반영한다.
- 전체지능지수(Full Scale IQ, FSIQ) : 개인의 인지능력의 현재 수준에 대한 전체적인 측정치로, 언어이해지수(VCI), 지각추론지수(PRI), 작업기억지수(WMI), 처리속도지수(PSI) 등 4가지 지수를 산출하는 데 포함된 소검사 환산점수들의 합으로 계산된다.
- 일반능력지수(General Ability Index, GAI) : 언어이해의 주요 소검사(공통성, 어휘, 상식)와 지각추론의 주요 소검사(토막짜기, 행렬추론, 퍼즐)로 구성된 조합점수이다. 특히 전체지능지수(FSIQ)에 비해 작업기억 및 처리속도의 영향을 덜 받으므로, 전체지능지수(FSIQ)에 포함된 이들 요소들을 배제한 인지적 능력을 검토할 필요가 있는 경우 사용한다.
- 인지효능지수(Cognitive Proficiency Index, CPI) : 작업기억의 주요 소검사(숫자, 산수)와 처리속도의 주요 소검사(동형찾기, 기호쓰기)로 구성된 조합점수이다. 언어이해 및 지각추론에 덜 민감한 인지적 능력에 대한 측정이 필요한 경우 사용한다.

ⓒ K-WAIS-Ⅳ 프로파일의 기본적인 분석 절차

- 전체지능지수(FSIQ)에 대한 검토(제1단계) : 전체지능지수(FSIQ)는 개인의 지적 수준과 기능에 대한 가장 안정적이고 타당한 측정치이다. 다만, 전체지능지수(FSIQ)를 구성하는 4가지 지수 점수 중 가장 높은 지수와 가장 낮은 지수 간의 차이가 1.5 표준편차(약 23점) 미만인 경우에만 신뢰성 있고 타당한 측정치로 인정된다. 만약 그 차이가 1.5 표준편차(약 23점) 이상인 경우 단일 점수로서 의미가 없는 것으로 간주하여 전체지능지수(FSIQ)를 산출하기는 하되 해석에는 사용하지 않으며, 각각의 4가지 지수에 대해 별도로 해석해야 한다.
- 각 지수 점수에 대한 검토(제2단계) : 다음으로 언어이해지수(VCI), 지각추론지수(PRI), 작업기억지수(WMI), 처리속도지수(PSI) 순으로 지수 점수를 검토한다. 이 경우에도 각각의 세부 지수에 포함되는 소검사들 간의 차이가 1.5 표준편차(약 5점) 미만인 경우에만 유의미한 것으로 간주하며, 그 차이가 1.5 표준편차 (약 5점) 이상인 경우 단일한 지수로 해석하는 것은 적절하지 않다. 각 지수의 해석이 가능한 것으로 판단될 경우, 해당 지수의 수준을 통해 현재 수검자가 보이는 능력이 어느 정도인지 기술한다.
- 차이값의 비교, 강점과 약점의 평가 등(제3단계) : 다음으로 지수 점수들 간 차이값의 비교, 강점과 약점의 평가, 소검사 점수들 간 차이값의 비교 등을 수행한다. 또한 소검사 내의 점수 패턴에 대한 평가, 전반적인 과정분석 등을 선택적으로 수행한다.

ⓔ K-WAIS-Ⅳ의 과정점수

- 시간 보너스 없는 토막짜기(Block Design No Time Bonus, BDN)
- 숫자 바로 따라하기(Digit Span Forward, DSF)
- 숫자 거꾸로 따라하기(Digit Span Backward, DSB)
- 숫자 순서대로 따라하기(Digit Span Sequencing, DSS)
- 최장 숫자 바로 따라하기(Longest Digit Span Forward, LDSF)

- 최장 숫자 거꾸로 따라하기(Longest Digit Span Backward, LDSB)
- 최장 숫자 순서대로 따라하기(Longest Digit Span Sequence, LDSS)
- 최장 순서화(Longest Letter-Number Sequence, LLNS)

ⓜ K-WISC-Ⅳ의 합산점수별 측정 내용

- 언어이해지표(VCI)
  - 언어적 개념형성, 언어적 추론 및 이해, 획득된 지식, 언어적 자극에의 주의력 등에 대한 측정치에 해당한다.
  - 기존의 언어성 IQ (VIQ) 점수보다 인지기능상의 보다 협소한 영역을 측정하며, 다른 인지 기능보다 덜 혼입되어 있다. 따라서 언어이해지표(VCI)는 기존의 언어성 IQ (VIQ)에 비해 언어적 추론에 대한 보다 순수한 측정치로 간주된다.
- 지각추론지표(PRI)
  - 유동적 추론, 공간처리, 세부에 대한 주의력, 시각-운동 통합에 대한 측정치에 해당한다.
  - 처리속도에 덜 혼입되어 있으므로, 저조한 처리속도 능력을 가진 개인의 진정한 비언어적 추론 능력을 보다 잘 반영한다.
- 작업기억지표(WMI)
  - 입력된 정보의 일시적인 저장, 계산 및 변환처리 과정, 계산 및 변환의 산물(출력)이 발생하는 작업기억에 대한 정신적 용량을 측정한다.
  - 작업기억은 학습의 핵심적인 요소이므로, 작업기억에서의 차이를 통해 수검자의 주의력, 학습 용량, 유동적 추론 등에 대한 개인차의 분산을 설명한다.
- 처리속도지표(PSI)
  - 수검자가 단순하거나 일상적인 정보를 오류 없이 신속하게 처리할 수 있는지를 나타낸다.
  - 학습은 일상적인 정보처리와 복잡한 정보처리의 조합이므로, 처리속도상에 문제가 있는 경우 새로운 정보와 관련된 과제를 수행하는 데 보다 오랜 시간이 걸리며, 과제수행에 있어서도 어려움을 겪게 된다.
- 전체검사 지능지수(FSIQ)
  - 수검자의 인지기능상의 전반적인 수준을 추정하는 종합적인 합산점수에 해당한다.
  - 보충 소검사를 제외한 주요 소검사 10개 점수의 합계로, 보통 일반요인 또는 전반적인 인지적 기능에 대한 대표치로 간주된다.

ⓗ K-WISC-Ⅳ 프로파일의 세부적인 분석 절차

- 전체검사 지능지수(FSIQ)의 보고 및 기술(제1단계) : 전체검사 지능지수(FSIQ)는 수검자의 인지능력의 전반적인 수준을 추정하는 종합적인 합산점수로서 4가지 지표 점수, 10가지 주요(핵심) 소검사 점수의 합계이다.
- 언어이해지표(VCI)의 보고 및 기술(제2단계) : 언어이해지표(VCI)는 주요 소검사인 공통성(Similarities), 어휘(Vocabulary), 이해(Comprehension)의 합산점수로, 기존 K-WISC-Ⅲ의 언어성 지능(VIQ)에 비해 언어적 추론과 개념형성에 대한 개선된 측정치이다.

- 지각추론지표(PRI)의 보고 및 기술(제3단계) : 지각추론지표(PRI)는 토막짜기(Block Design), 공통그림찾기(Picture Concepts), 행렬추리(Matrix Reasoning)의 합산점수로, 기존 K-WISC-Ⅲ의 동작성 지능(PIQ)에 비해 유동성 추론을 더욱 강조한 측정치이다.
- 작업기억지표(WMI)의 보고 및 기술(제4단계) : 숫자(Digit Span), 순차연결(Letter-Number Sequencing)의 합산점수로, 기존 K-WISC-Ⅲ에 비해 수학적 지식에 대한 연령 적합성과 작업기억에 대한 요구를 늘린 측정치이다.
- 처리속도지표(PSI)의 보고 및 기술(제5단계) : 기호쓰기(Coding), 동형 찾기(Symbol Search)의 합산점수로, 기존 K-WISC-Ⅲ에 비해 목표 사물에 대한 단순한 시각적 구별이 아닌 과제 내의 인지적 의사결정, 학습 요소 등을 강조한 측정치이다.
- 지표-수준의 차이 비교 평가(제6단계) : 소검사 수행능력에서 유의미하고 보기 드문 차이가 있는 경우, 합산점수 간 비교 해석에 있어서 그와 같은 변산성을 고려해야 한다. K-WISC-Ⅳ는 이를 위해 표준화 표본에서 다양한 지표점수 사이에 나타나는 차이의 누적비율은 물론 전체 규준 표본과의 능력 수준에 따른 누적 비율을 제공한다.
- 강점과 약점의 평가(제7단계) : 아동의 인지적 강점 및 약점 영역들은 통계상 규준집단과의 비교에 의한 유의미성 여부로 판단할 수 있다. K-WISC-Ⅳ는 이를 위해 단일 소검사와 전체검사 지능지수(FSIQ)에 기여하는 소검사들의 전체 평균 또는 언어이해지표(VCI)와 지각추론지표(PRI)에 기여하는 소검사들의 평균 간 차이에 대한 누적비율을 제공한다.
- 소검사-수준의 차이 비교 평가(제8단계) : K-WISC-Ⅳ는 주요 소검사와 보충 소검사 간의 차이와 함께 다양한 소검사 환산점수의 차이를 나타내는 표준화 표본의 백분율을 제공한다. 이로써 소검사 점수들 간의 비교를 통해 개별적 가설들을 확증 혹은 반박할 수 있도록 한다.
- 소검사들 내의 점수 패턴 평가(제9단계) : 프로파일의 심도 있는 분석을 위해서는 소검사 내에서의 점수 패턴을 고려해야 한다. 동일한 환산점수를 받은 아동이라도 맞힌 문항들이 특정한 분포를 보인다거나 산발적인 양상을 보이는 경우, 이는 아동의 주의력, 언어와 관련된 문제, 수검 태도 등에서 비롯된 것일 수 있다.
- 처리분석(제10단계) : 처리분석은 소검사 수행에 영향을 미치는 수검자의 인지능력과 관련하여 보다 자세한 정보를 얻기 위한 질적 분석 과정이다. 예를 들어, 숫자(Digit Span) 소검사에서 바로 따라하기와 거꾸로 따라하기 간의 차이는 비교적 쉬운 과제 혹은 어려운 과제에서의 차별적인 수행능력을 나타낸다.

⑪ 웩슬러지능검사의 일반적인 진단

㉠ 웩슬러지능검사에 의한 정신증의 일반적인 특징

- 동작성 지능이 언어성 지능에 비해 상대적으로 낮은 수준을 보인다. 이는 곧 동작성 지능이 장애의 영향을 더 많이 받음을 시사한다.
- 상식(Information), 어휘(Vocabulary) 소검사를 중심으로 나타나는 극단적인 분산의 양상이 지적 기능의 심각한 불균형을 시사한다.
- 쉬운 문항에서 잦은 실패 양상을 보인다.

- 문항을 잘못 이해하는 경우가 많다.
- 이해(Comprehension), 차례 맞추기(Picture Arrangement)에서의 낮은 점수가 사회적 적응능력의 손상을 시사한다.
- 공통성(Similarities)의 저하/상식(Information), 어휘(Vocabulary)의 상승이 기억력은 비교적 잘 보존되어 있으나 추상적 사고능력이 손상되었음을 시사한다.
- 빠진 곳 찾기(Picture Completion), 산수(Arithmetic)에서의 낮은 점수가 주의집중력 저하를 반영한다.
- 토막짜기(Block Design)의 점수가 낮게 나타난다.
- 숫자 외우기(Digit Span)에서 점수가 유지됨으로써 즉각적인 기억 손상이 없음을 나타내며, 이는 곧 불안이 적거나 없음을 반영한다.
- 수검자의 개별적인 문항에서의 반응, 특히 차례 맞추기(Picture Arrangement), 공통성 (Similarities), 어휘(Vocabulary) 소검사에서의 반응에 대한 질적인 분석이 중요하다. 이와 같은 소검사들을 통해 수검자의 비논리성, 부적절성, 연상장애, 괴이한 언어 등 전형적인 와해가 나타날 수 있기 때문이다.

ⓛ 웩슬러지능검사에 의한 우울증의 일반적인 특징

- 언어성 지능이 동작성 지능에 비해 상대적으로 높은 수준을 보인다.
- 쉽게 포기하는 경향을 보이는 등 지구력이 부족하다.
- 전반적으로 반응속도가 느리다.
- 언어성 검사 중 공통성(Similarities)의 점수가 낮으며, 동작성 검사 중 빠진 곳 찾기(Picture Completion)를 제외한 다른 동작성 소검사들에서 낮은 점수를 보인다.
- 반응의 질적인 면에서의 정교화나 언어표현의 유창성 등이 부족하다.
- 자신에 대해 비판적인 양상을 보인다.
- 사고의 와해는 보이지 않는다.

ⓒ 웩슬러지능검사에 의한 기질적 뇌손상의 일반적인 특징

- 토막짜기(Block Design), 바꿔쓰기(Digit Symbol), 차례 맞추기(Picture Arrangement), 모양 맞추기(Object Assembly)의 점수가 상대적으로 낮다.
- 숫자 외우기(Digit Span) 소검사에서 '바로 따라 외우기'와 '거꾸로 따라 외우기' 간의 점수 차이가 크게 나타난다.
- 공통성(Similarities) 소검사의 낮은 점수가 개념적 사고의 손상을 시사한다.
- 상식(Information), 어휘(Vocabulary), 이해(Comprehension) 소검사의 점수는 비교적 유지된 상태이다.

ⓔ 웩슬러지능검사에 의한 강박장애의 일반적인 특징

- 보통 전체 지능지수가 110 이상을 나타낸다.
- 언어성 지능이 동작성 지능에 비해 상대적으로 높은 수준을 보인다. 이는 수검자의 강박적 성향에서 비롯된다.

- 상식(Information), 어휘(Vocabulary) 소검사의 높은 점수가 수검자의 주지화 성향을 나타내는 반면, 그에 비해 상대적으로 낮은 이해(Comprehension) 점수가 수검자의 회의적 성향을 반영한다.

ⓜ 웩슬러지능검사에 의한 히스테리성성격장애의 일반적인 특징

- 비교적 쉬운 문항에서 실패하는 양상을 보인다.
- 산수(Arithmetic) 소검사의 낮은 점수가 수검자의 쉽게 포기하는 성향을 반영한다.
- 이해(Comprehension) 소검사 점수가 상식(Information) 소검사 점수에 비해 상대적으로 높으며, 토막짜기(Block Design), 차례 맞추기(Picture Arrangement) 소검사에서도 높은 점수를 나타낸다.
- 도덕적인 반응 내용을 보인다.
- 사고의 와해 징후는 보이지 않는다.

ⓑ 웩슬러지능검사에 의한 반사회성성격장애의 일반적인 특징

- 언어성 지능이 동작성 지능에 비해 상대적으로 낮은 수준을 보인다.
- 소검사 간 분산이 심한 편이다.
- 사회적 상황과 관련된 내용에 대해 예민한 반응을 보인다.
- 바꿔쓰기(Digit Symbol), 차례 맞추기(Picture Arrangement) 점수가 높은 반면, 개념형성 관련 점수는 낮게 나타난다.
- 무성의하게 아무렇게나 대답하는 경향이 있다.
- 사회적 규준에 부합하지 못한다.
- 지나친 관념화, 주지화, 현학적인 성향을 보일 수 있다.

더 알아두기

K-WAIS에 의한 지능의 진단적 분류

IQ	분류	이론적 정규분포(%)	표본분포(%)
130점 이상	최우수(Very Superior)	2.2	2.3
120~129점	우수(Superior)	6.7	6.7
110~119점	평균상(High Average)	16.1	18.0
90~109점	평균(Average)	50.0	48.6
80~89점	평균하(Low Average)	16.1	15.3
70~79점	경계선(Borderline)	6.7	7.3
69점 이하	정신지체(Mentally Retardation)	2.2	1.8

K-WAIS-Ⅳ에 의한 지능의 진단적 분류

IQ	분류	이론적 정규분포(%)	표본분포(%)
130점 이상	최우수(Very Superior)	2.5	2.3
120~129점	우수(Superior)	7.2	6.8
110~119점	평균상(High Average)	16.6	17.1
90~109점	평균(Average)	49.5	50.2
80~89점	평균하(Low Average)	15.6	15.0
70~79점	경계선(Borderline)	6.5	6.1
69점 이하	정신지체(Mentally Retardation)	2.1	2.5

(3) 카우프만 아동용 지능검사(Kaufman Assessment Battery for Children, K-ABC)

① 의의

㉠ 만 2세 6개월부터 만 12세 6개월까지의 아동을 대상으로 한 검사로 카우프만 부부가 고안하였다.

㉡ 인지심리학과 신경심리학의 지능이론을 토대로 문항을 개발하였다.

㉢ 비언어적 과제에 비중을 두어 의사소통에 문제가 있는 특수아동이나 타문화권 아동에게도 실시할 수 있도록 제작되었다.

② 특징

㉠ K-ABC는 지능을 인지처리 과정으로 보고, 과제해결 방식에 따라 순차처리 척도(Sequential Processing Scales)와 동시처리 척도(Simultaneous Processing Scales), 그리고 이를 혼합한 인지처리 과정 척도(Mental Processing Composite)를 두고 있다. 또한 후천적으로 습득한 지식을 평가하기 위한 습득도 척도(Achievement Scales), 언어장애아를 효과적으로 평가하기 위한 비언어성 척도(Nonverbal Scales)를 두고 있다.

㉡ K-ABC는 처리과정 중심의 결과로 검사결과에 근거한 교육적 처치가 가능하다. 처리과정 중심의 검사는 기존의 대다수 내용 중심의 검사와 달리 아동이 왜 그러한 정도의 수행을 하였는지에 대해 설명해 줄 수 있다.

㉢ K-ABC는 인지발달이론에 근거하여 연령별로 실시하는 하위검사를 차별화하였다. 즉, 16개의 하위검사 중 수검자의 연령 및 인지발달 수준에 따라 7~13개의 하위검사를 실시하도록 되어 있다.

㉣ K-ABC는 좌뇌와 우뇌의 기능을 고루 측정할 수 있는 하위검사들로 구성되어 있다. 이는 전통적 지능검사들의 경우 주로 좌뇌의 기능을 측정하는 좌뇌지향 검사로, 우뇌가 발달한 아동이나 우뇌지향적 문화권의 아동에게 불리한 결과로 나타날 수 있다는 지적에서 비롯된 것이다.

③ K-ABC의 구성

㉠ 인지처리능력

• 순차처리능력

– 손동작

- 전체연령에 실시하며 검사자가 보여주는 일련의 손동작을 보고 순서대로 재연하도록 요구한다.
- 지각적 조직화, 모방능력을 측정한다.

– 수회생

- 전체연령에 실시하며 일련의 숫자를 불러 주면 순서대로 말하도록 요구한다.
- 청각적 주의집중력, 단기기억, 순차처리능력을 측정한다.

– 단어배열

- 4세 이상의 연령에 실시하며 검사자가 불러 주는 단어를 듣고, 실루엣이 그려진 선택지 중 해당그림을 차례로 선택하도록 요구한다.
- 순차처리능력, 청각적 단기기억, 청각정 정보처리능력, 운동–비운동적 반응과 연계하는 두 가지 인지처리능력을 복합적으로 측정한다.

• 동시처리능력

– 마법의 창

- 2세 6개월부터 4세 11개월까지의 연령에 실시하며 좁은 틈의 회전판을 통해 연속적으로 사물을 제시한 다음, 그 사물의 이름을 말하도록 요구한다.
- 집중력, 주의지속력을 측정한다.

– 얼굴기억

- 2세 6개월부터 4세 11개월까지의 연령에 실시하며 짧은 시간 동안 1~2명의 사진을 제시하고 다른 포즈로 찍힌 사람을 맞추도록 요구한다.
- 시각적 세부자극에 대한 주의집중력을 측정한다.

– 그림통합

- 전체연령에 실시하며 모호한 잉크반점의 그림을 보고 무엇인지 말하도록 요구한다.
- 부분과 전체 관계 파악, 지각적 조직화, 공간능력을 측정한다.

– 삼각형

– 4세 이상의 연령에 실시하며 노란색과 파란색이 앞뒤로 붙은 삼각형을 검사틀에 제시된 그림으로 완성하도록 요구한다. – 통합력, 추리력, 공간능력, 시각-운동협응능력을 측정한다.

– 시각유추

– 5세 이상의 연령에 실시하며 제시된 그림 중 관계있는 것이나 완성할 수 있는 도형의 모양을 선택하도록 요구한다. – 분석력, 시각적 예민성, 지각적 조직화, 추리능력, 공간능력, 추상자극에 대한 시지각능력을 측정한다.

– 위치기억

– 5세 이상의 연령에 실시하며 무선배치된 그림의 위치를 재생하도록 요구한다. – 시각자극에 대한 단기기억력, 공간능력, 지각적 조직화를 측정한다.

– 사진순서

– 5세 이상의 연령에 실시하며 무선 배열된 사진들을 순서에 맞게 배열하도록 요구한다. – 순차 · 계열적 조작, 부분과 전체 관계파악, 지각적 조직화를 측정한다.

ⓒ 습득도

- 표현어휘
  - 2세 6개월부터 4세 11개월까지의 연령에 실시하며 사물과 동물의 그림을 보여주고 이름을 이야기하도록 요구한다.
  - 언어발달, 지식축적, 단어지식을 측정한다.
- 인물 · 장소
  - 전체연령에 실시하며 이야기 속 인물, 잘 알려진 명소 등의 그림을 보고 이름을 말하도록 요구한다.
  - 장기기억, 언어적 표현, 일반상식을 측정한다.
- 산수
  - 3세 이상의 연령에 실시하며 숫자를 읽거나 계산하도록 요구한다.
  - 언어적 이해력, 수리력, 응용력 및 시지각능력을 측정한다.
- 수수께끼
  - 3세 이상의 연령에 실시하며 사물이나 사람, 장소에 대한 언어적 단서를 통해 이름을 유추하도록 요구한다.

– 본질과 비본질 구별, 초기언어발달, 지식의 축적, 장기기억, 부분과 전체관계파악, 추리력, 언어이해를 측정한다.

• 문자해독
  – 5세 이상의 연령에 실시하며 제시된 음절이나 낱말 단위의 글자를 읽도록 요구한다.
  – 학습의 기초, 초기언어발달, 읽기능력, 언어표현력을 측정한다.

• 문장이해
  – 7세 이상의 연령에 실시하며 문장으로 주어진 지시를 읽고, 동작으로 표현하도록 요구한다.
  – 학습의 기초, 읽기능력, 언어개념형성을 측정한다.

더 알아두기

K-ABC-Ⅱ 검사의 특징

• 만 3~18세의 아동과 청소년의 정보처리와 인지능력을 측정하기 위해 개발된 개인지능검사이다.
• 미취학 아동부터 고등학생까지의 심리, 임상, 심리교육, 신경심리적 평가를 위해 개발되었다.
• K-ABC의 16개 하위검사 중 8개 하위검사(단어배열, 수회생, 손동작, 삼각형, 얼굴기억, 그림통합, 수수께끼, 표현어휘)를 유지하면서 10개의 새로운 하위검사(이름기억, 관계유추, 이야기완성, 빠른길찾기, 이름기억-지연, 언어지식, 암호해독, 블록세기, 형태추리, 암호해독-지연)가 추가되었다.
• 사고력과 전반적 인지능력을 모두 측정할 수 있는 측정도구로 학생들의 치료계획, 배치계획을 세우는 데 유용하다.
• 인지능력과 사고력에서의 강점과 약점을 파악할 수 있도록 구성되었으며, 학습장애의 핵심적인 양상인 기본적인 사고처리과정의 장애를 파악하는 데 유용하다.

K-ABC과의 차이

• 적용대상을 K-ABC의 2세 6개월~12세 6개월에서 3~18세로 확대하였다.
• 결과해석 시 CHC지능이론(Cattell-Horn-Carroll Theory)과 Luria 뇌기능이론(Luria's Theory of Brain Functioning)의 이원적 이론구조를 적용하여 다양한 관점에서 진단하는 것이 가능하다.
• 비언어성척도를 포함하여 제한된 언어능력을 갖춘 아동에게도 활용할 수 있다.
• 새로운 하위검사 10개를 추가하여, 또래지능의 평균 범위를 벗어나는(낮거나 높거나) 아동에게도 실시가 가능하다.

④ K-ABC의 분석과 해석

㉠ 전체점수와 습득도척도는 평균 100, 표준편차 15인 표준점수로, 인지처리능력은 평균 10, 표준편차 3인 척도점수로 변환하여 산출하며, 산출된 지능지수는 질적으로 해석해야 한다.

㉡ 순차처리척도와 동시처리척도를 비교하여 그 차이를 해석해야 한다. 두 척도 간 점수차이가 없을 경우에는 아동이 정보를 처리할 특히 선호하는 정보처리양식이 없으며 문제해결능력이 균형 있게 발달되어 있다는 것을 시사한다.

㉢ 인지처리과정 하위검사에 대한 강점 · 약점을 판단해야 한다. 강점 · 약점은 하위검사에서 받은 점수가 본인의 평균능력에 비해 상대적으로 강함 또는 약함을 의미하는 개인 내 차이의 반영이지 절대적 기준이나 규준이 아니라는 점을 유의한다.

㉣ 각 하위검사들이 시사하는 임상적 의미를 해석해야 한다. 예를 들어 수회생 소검사를 통해 주의산만 · 불안 정도를 파악할 수 있으며, 손동작 소검사에서는 고집스러운 반응경향성이나 신경근육 협응운동장애를 알아볼 수 있다. 시각유추, 사진순서 소검사를 통해서는 아동의 충동적인 경향을 관찰할 수 있으며, 단어배열 소검사에서는 욕구불만에 대한 아동의 인내력과 경직성을 확인할 수 있다. 그리고 얼굴기억, 위치 기억 소검사에서는 아동의 집중력에 대한 정보를 얻을 수 있다.

더 알아두기

K-ABC에 의한 지능의 서술적 분류

IQ	분류	척도범위
130점 이상	아주 높음	16~19
120~129점	상당히 높음	14~15
110~119점	약간 높음	12~13
90~109점	보통	8~11
80~89점	입학 가능, 학업성취문제, 특별한 관심요망	6~7
70~79점	다소 낮은 지능에 약간 문제, 구체적 임상검사 실시요망	4~5
69점 이하	아주 낮은 지능에 약간 문제, 구체적 임상검사 실시요망	1~3

(4) 그림지능검사(Pictorial Test of Intelligence, PTI)

① 의의

㉠ 미국의 임상심리학자 French (1964)가 지능검사의 측정치가 아동의 능력을 제대로 반영하기 위해서는 반응상의 어려움(언어성, 동작성)을 최소화할 필요가 있다는 것에 착안하여 고안한 검사이다.

㉡ 그림으로 된 지능검사이기 때문에 의사소통이 가능한 아동은 말로 반응하게 하지만 이에 문제가 있는 경우 손가락이나 눈짓으로 가리키는 방식으로 반응하게 하여 검사를 받을 수 있는 범위가 넓다.

㉢ 간단한 지시를 알아듣고 따를 수 있는 아동이라면 정상아동 뿐 아니라 언어나 동작성장애를 가진 아동, 정서장애 및 자폐를 가진 아동, 그리고 뇌성마비가 있는 아동들도 쉽게 검사를 받을 수 있다.

② 특징

㉠ 검사문항과 응답선택지가 전부 그림으로 되어 있기 때문에 주의산만한 아동이나 학습에 흥미가 없는 아동도 쉽게 검사에 집중하게 할 수 있다.

㉡ 질문이 간단하고 응답은 손가락이나 눈짓으로 해도 되기 때문에 간단한 지시를 이해할 수 있는 아동이면 누구나 아는 것을 충분히 나타낼 수 있다.

㉢ 지능지수와 정신연령의 두 가지 규준을 모두 사용하기 때문에 아동의 지능수준이 또래 집단에서 어느 수준에 있는지를 알 수 있으며 몇 살 정도의 지능수준인지도 함께 알 수 있다.

㉣ 다른 지능검사로는 지적 능력의 측정이 어려운 지적 장애아동 등의 지능지수나 정신연령도 측정하는 것이 가능하다.

ⓜ 개인용 지능검사이므로 지적 능력을 측정하고 동시에 행동관찰을 통해 여러 가지 성격적 · 정서적 특징에 대한 자료를 얻을 수 있다.

ⓑ 검사 시 주어진 답에서 고르게 하는 것이므로 우연히 맞힌 문항 때문에 점수가 높아질 수 있다는 점에 주의한다.

ⓢ 학습장애 아동 중 언어이해능력이 떨어지는 아동에게 실시할 경우 지나치게 낮은 점수가 나올 수 있으므로 다른 검사와 함께 실시해야 한다.

(5) 인물화지능검사

① 의의

㉠ Goodenough (1929)는 아동용 지능검사 도구로 인물화 검사를 고안하였는데, 아동의 그림에서 보이는 발달적 특징을 기준으로 간편히 지능을 측정하고자 하였다.

㉡ 이후 Harris가 이를 발전시켜 Goodenough–Harris Draw–a–Man Test (DAM)라고 명명하였다.

㉢ Goodenough와 Harris는 아동의 그림을 통하여 지적인 기술발달이 반영된다고 하였고 더 지적으로 발달된 아동은 인물그림에서 더 많은 세부묘사를 할 것으로 기대하였다.

㉣ 아동을 대상으로 남아 71항목, 여아 73항목의 각기 구분된 세분화된 준거목록을 개발하였는데, 이러한 인지적 채점체계는 널리 받아들여졌다.

② 특징

㉠ 3세에서 12세의 아동에게 적용이 가능하며, 집단검사로도 개별검사로도 모두 사용이 가능하다.

㉡ 투사법검사로서 아동에 대한 유용한 자료를 제공해 줄 수 있는데 일반적인 검사 상황에서는 검사 배터리 중의 한 부분으로서 실시된다.

㉢ 지시가 단순하고 신속하여 아동의 제한된 언어적 능력으로 인하여 표준화된 지능검사를 실시하기가 어려운 경우(예 유아, 지적 장애 아동, 특수학교 아동 등)에 비언어적이고 일반적인 지능을 신속하게 평가하는 데 사용할 수 있다.

㉣ 신뢰도 면에서 0.90 이상으로 높은 신뢰도를 보이나, 스탠포드–비네검사와의 상관계수가 0.26에서 0.92였고 웩슬러지능검사와는 0.38에서 0.77로 타당도 면에서는 중등도의 타당도를 보이고 있다.

㉤ 투사검사이기 때문에 성격검사로도 널리 활용되고 있다.

제 2 절 성격평가

1 다면적 인성검사

(1) 의의

① 미네소타 다면적 인성검사(Minnesota Multiphasic Personality Inventory, MMPI)는 세계적으로 가장 널리 쓰이고 가장 많이 연구되어 있는 객관적 성격검사이다.

② 1943년 미국 미네소타대학의 하더웨이와 매킨리(Hathaway & McKinley)가 처음 발표하였으며, 진단적 도구로서의 유용성과 다양한 장면에서의 활용 가능성을 인정받고 있다.

③ 임상장면의 규준집단을 사용하여 개발된 것으로, 비정상적인 행동과 증상을 객관적으로 측정하여 임상진단에 관한 정보를 제공해 주는 것이 주목적이다.

④ 본래 일반적 성격특성을 측정하기 위한 것이 아니었으나, 진단적 · 병리적 분류의 개념이 정상인의 행동을 설명하는 데에도 어느 정도 유효하다는 전제 하에 일반적 성격특성을 유추하기 위한 용도로도 사용되고 있다.

(2) 특징

① 20C 초반 대다수의 심리검사들이 이론적 제작방법에 의해 고안된 반면, MMPI는 실제 환자들의 반응을 토대로 외적 준거 접근의 경험적 제작방법에 의해 만들어졌다. 즉, 검사 제작 초기에 검사 개발을 목표로 이론적인 접근을 하여 문항을 제시하기는 하지만, 최종 단계에서 문항을 질문에 포함시킬 것인지는 목표집단과 통제집단의 반응 차이 여부에 따라 결정이 이루어진다.

② 대표적인 자기보고식 검사로, 검사의 실시 · 채점 · 해석이 용이하며, 시간과 노력을 절약할 수 있다.

③ 투사적 검사에서와 달리 비교적 덜 숙련된 임상가라도 간편하고 정확한 해석을 할 수 있다.

④ 550개의 문항을 포함하고 있는데, 이 중 16개의 문항이 중복되어 총 566개의 문항으로 구성되어 있다. 중복된 16개의 문항은 수검자의 반응 일관성을 확인하기 위한 지표로 사용된다.

⑤ 수검자는 각 문항에 대해 그렇다 혹은 아니다의 두 가지 답변 중 하나를 택하여 반응하도록 되어 있다.

⑥ 이와 같은 반응은 주요 비정상 행동을 측정하는 10가지 임상척도와 수검자의 검사태도를 측정하는 4가지 타당도척도에 따라 채점된다.

⑦ 원점수를 T점수로 환산하여 평가하며, 이때 T점수는 평균이 50, 표준편차가 10이 되도록 Z점수를 변환한 점수에 해당한다.

⑧ 수검자의 성격적 특징을 보다 정확히 반영하기 위해 수검자가 검사 문항에 솔직하게 반응하는지, 의도적으로 좋게 또는 나쁘게 보이려고 하는지 파악한다.

⑨ 보다 올바르고 풍부한 해석을 위해서는 임상가의 수련과 경험이 필요하며, 성격 및 정신병리에 대한 체계적인 지식이 요구된다.

⑩ MMPI의 문항 수가 너무 많고 방대하여 시간이 많이 소요된다는 문제가 제기되어 단축형 MMPI에 대한 연구가 지속적으로 전개되었다. 참고로 현재 임상장면에서는 383개의 문항으로 구성된 단축형이 널리 사용되고 있다.

(3) MMPI-2의 개발

① MMPI가 1943년 개발된 이후 임상장면 이외의 장면들(예 인사선발, 입학, 징병 등)에서 사용됨에 따라 성적 적응, 신체적 기능, 종교적 문제 등과 관련된 문항들에 의문이 제기되었다. 특히 기존 MMPI의 몇몇 문항들이 의학적 · 정신과적 평가 용도로는 적합하나, 그것이 다른 용도로 사용되는 경우 사생활을 침범하고 불쾌감을 줄 수 있다는 지적이 제기되었다.

② 사회문화적 변화와 함께 사람들의 인식도 변화되었으므로, 그에 적합한 새로운 규준의 필요성이 제기되었다. 특히 성차별적 문구, 구식의 관용적 표현들, 시대에 맞지 않는 구식의 문화와 관련된 문항들을 적절히 수정하고, 최근 사회적인 문제로 대두되고 있는 자살, 약물사용, 치료 관련 행동 등 임상적으로 중요한 내용 영역들을 추가적으로 포함할 필요성이 제기되었다.

③ 이와 같은 문제 제기와 개정의 필요성에 따라 1980년대 초부터 미네소타 주립대에서 MMPI 의 재표준화 작업이 시작되었다. 개정판의 개발을 위해 남자 1,138명, 여자 1,462명을 규준집단으로 선정하였으며, 기존 원판의 문제점을 개선하고 최신의 규준을 확보하여 새로운 문항과 척도들을 추가하였다.

④ 1989년 MMPI-2가 처음 출판되었으며, 이후 축적된 연구 결과들을 토대로 하여 2001년 MMPI-2 Manual Revised Edition이 출판되었다.

⑤ 총 567개의 문항과 함께 재구성 임상척도, 내용척도, 보충척도, 성격병리 5요인척도(PSY-5 척도) 등이 포함되었다.

⑥ 개발의 기본적인 원칙은 원판 MMPI의 기본 타당도척도 및 임상척도의 틀을 그대로 유지함으로써 원판 MMPI와 연속성을 가지는 검사를 만드는 것이었다. 따라서 검사 결과의 해석에 있어서 원판 MMPI에 적용되던 해석 내용들을 그대로 적용할 수 있게 되었다.

(4) 검사실시 전 수검자 고려사항

① **수검자의 독해력** : 검사자는 수검자가 MMPI에 제대로 응답할 수 있는지 수검자의 독해력 수준을 파악해야 한다. 이 경우 독해력은 초등학교 6학년 이상의 수준이어야 한다.

② **수검자의 연령** : MMPI를 실시할 수 있는 수검자의 연령 하한선은 본래 16세이다. 다만, 일정 수준의 독해력이 인정되는 경우 12세까지 가능하다.

③ **수검자의 지능수준** : 일반적으로 수검자의 언어성 IQ(VIQ)가 80 이하인 경우 검사 실시가 부적합한 것으로 간주되고 있다.

④ **수검자의 임상적 상태** : MMPI는 원칙적으로 검사 시간에 제한이 없으므로 수검자가 심리적인 혼란 상태에 있는 경우를 제외하고 수검자의 정신적 손상을 검사 제한 사유로 고려하지 않는다. 다만, 검사소요시간에 영향을 미치는 수검자의 우울증이나 강박증 성향 또는 충동성이나 비협조적 태도 등은 진단적으로 유의미할 수 있다.

(5) 검사시행 시 유의사항

① 검사 시간은 원칙적으로 제한이 없으나, 보통 대부분의 사람들(90% 이상)에서 60분 내지 90분 정도 소요된다. 그러나 다른 심리검사에 비해 검사 문항이 월등히 많으므로 수검자가 피로나 권태를 느끼지 않는 시간대에 실시하는 것이 바람직하다.

② 검사자는 수검자에게 검사용지를 주어 집에서 하게 할 수도 있으나, 가능한 한 검사자가 지정하는 곳에서 검사자의 감독 하에 실시하는 것이 바람직하다.

③ 검사는 충분한 조명, 조용한 분위기, 여유로운 공간, 적절한 환기 등 환경적 조건이 갖추어진 곳에서 이루어져야 한다.

④ 검사자는 검사실시 전 수검자와 충분한 관계형성을 시도한다. 검사의 목적, 결과의 용도, 누가 이 결과를 보게 되는가, 그리고 결과의 비밀보장 등에 대해 솔직하고 성실하게 설명해 준다. 또한 수검자의 검사에 대한 제반 질문에 대해 친절하게 답변함으로써 수검자의 협조를 얻도록 노력한다.

⑤ 검사 도중 검사자는 수검자에게 방해되지 않게 한두 번 정도 검사진행을 확인할 필요가 있다.

⑥ 검사실시와 함께 보호자나 주변인물과의 면접을 실시함으로써 수검자에 대한 생활사적 정보와 수검자의 현 상태에 대한 객관적인 정보를 얻는 것이 필요하다.

⑦ 마지막으로 실시한 검사를 채점한 후에 다시 수검자와 면접을 실시해야 한다.

(6) 채점 및 프로파일 작성

① 채점자는 수검자의 답안지를 세밀하게 살펴보며, 응답하지 않은 문항 또는 그렇다, 아니다 모두에 응답한 문항을 표시해 둔다. 해당 문항들은 무응답으로 처리하여 ? 채점란에 기입한다.

② 구멍 뚫린 채점판 또는 컴퓨터 채점 프로그램을 이용하여 채점한다. 특히 원점수가 극단적으로 높거나 낮게 나오는 경우 채점 과정상의 오류를 점검해 본다.

③ 검사의 신뢰도와 타당도를 높이기 위해 K 교정점수를 구하며, 이를 5가지의 특정 임상척도에 일정 비율 더해 준다.

④ 13개 검사척도(? 척도를 제외한 3개의 타당도척도와 10개의 임상척도)의 원점수를 T점수로 환산하며, 해당 값에 따라 프로파일 용지 위에 프로파일을 그린다.

⑤ 프로파일을 작성할 때 우선 T점수를 점으로 찍은 후 검사척도들을 실선으로 연결한다. 다만, 타당도척도와 임상척도는 분리하며, 보통 척도는 환산점수 대신 원점수를 그대로 기입한다.

(7) 검사해석 시 고려해야 할 절차

① 수검자의 특징적인 검사태도에 대한 고려

㉠ 수검자의 검사수행에 소요되는 시간, 검사수행 시 행동 등을 관찰한다.

㉡ 수검자가 강박적이거나 우유부단한 성격을 가진 경우, 우울증으로 인해 정신운동지체를 보이는 경우 검사수행에 오랜 시간이 소요되는 반면, 수검자가 성의가 없거나 충동적인 성격을 가진 경우 검사수행 시간이 짧은 경향이 있다.

② 개별척도에 대한 해석의 시도

㉠ 처음에는 타당도척도를 검토하여 검사 결과의 타당성을 고려한다.

㉡ 검사 결과가 타당한 것으로 판단될 경우, 각 임상척도들의 상승 정도를 확인하며, 그 점수들이 정상 범위에 있는지 혹은 정상 범위를 이탈해 있는지를 파악한다.

③ 2 코드 해석의 시도

㉠ 코드유형으로 확인된 상승척도쌍에 대한 경험적 해석은 단일척도에 대한 해석보다 더욱 강렬할 수 있다.

㉡ 가장 보편적인 방법은 가장 높이 상승되어 있는 두 개의 임상척도를 찾아내어 이를 해석하는 2 코드 해석이다.

④ 낮은 임상척도에 대한 고려

㉠ 낮은 점수의 임상척도에 대한 연구는 높은 점수의 해석과 관련된 연구에 비해 빈약한 편이지만, 수검자의 주요 특징을 잘 나타내 주는 경우도 있다.

㉡ 통계적으로 30T 이하가 낮은 점수의 기준이 될 수 있으나, 35T 혹은 40T를 기준으로 삼는 것이 보다 융통성 있는 해석에 유리하다.

⑤ 전체 프로파일에 대한 형태분석

㉠ 임상척도가 전반적으로 상승되어 있는 경우 수검자의 심리적 고통이나 혼란이 심한 상태이며, 그와 같은 자신의 상태를 외부에 호소하고 있음을 시사한다.

㉡ 특히 신경증과 관련된 세 척도(척도 1, 2, 3)와 정신병과 관련된 네 척도(척도 6, 7, 8, 9)의 상대적 상승도를 살피는 방식이 널리 사용되고 있다.

(8) 빠뜨린 문항의 원인(? 척도의 상승 이유) 및 대처방법

① 수검자가 강박성으로 인해 문항내용에 대한 정확한 응답에 과도하게 집착하는 경우

→ 검사자는 문항에 정답이 있는 것이 아니며, 문항이 요구하는 응답이 대략적인 것임을 강조한다.

② 수검자가 정신적 부주의나 혼란으로 인해 문항을 빠뜨리는 경우

→ 검사자는 수검자가 충분한 시간과 여유를 가지고 모든 문항을 주의 깊게 살펴보도록 요구한다.

③ 수검자가 방어적인 태도로 자신을 드러내는 것에 대해 거부감을 느끼거나 검사 및 검사자에 대해 불신하는 경우

→ 검사자는 척도점수가 중요한 것이지 각 문항의 개별적인 응답 내용이 중요한 것이 아니라는 점을 강조하며, 검사 결과에 대해 비밀이 유지될 것임을 확신시킨다.

④ 수검자가 검사자에게 비협조적이고 반항적인 태도를 보이는 경우

→ 이 경우 검사를 실시하지 않는 것이 바람직하다. 다만, 검사자는 수검자와 면담을 통해 충분히 라포(Rapport)를 형성한 후 검사를 재시도할 수 있다.

⑤ 수검자가 극도의 불안이나 우울증상을 보이는 경우

→ 이 경우 검사를 실시하지 않는 것이 바람직하다. 다만, 검사자는 수검자의 불안이나 우울증상이 경감된 후 검사를 시행할 수 있다.

(9) 코드유형(Code Type)

① MMPI에서 각각의 척도는 해당척도명의 의미에 따라 단일 증상 행동을 측정하는 데 한계가 있다.
② 정신병리의 증상들은 다양하고 복합적으로 나타나며, 이질적 성향의 집단 간에도 동일한 증상 행동이 나타날 수 있다.
③ 프로파일 분석기법으로서 코드유형에 따른 해석법은 다양한 척도들 간의 관계를 통해 보다 유효한 진단적 정보를 제공해 준다.
④ 코드유형은 다면적 인성검사의 형태분석에서 T점수가 일정수준 이상으로 상승된 임상척도들을 하나의 프로파일로 간주하여 해석한다.
⑤ 이러한 코드유형에 따른 해석법은 상호 연관성이 높은 척도들을 결합하여 해석함으로써 높은 행동 예언력을 나타내 보인다.

(10) 타당도척도

① ? 척도(무응답 척도, Cannot Say)

- 응답하지 않은 문항 또는 그렇다, 아니다 모두에 응답한 문항들의 총합으로, 내담자의 심각한 정신병리로 인한 반응상의 어려움, 검사 및 검사자에 대한 비협조적 태도, 개인적 정보 노출에 대한 방어적 태도 등을 측정한다.
- 문항의 누락은 보통 검사지시에 따라 좌우된다. 즉, 모든 문항에 응답하도록 요청하면 별로 빠뜨리는 문항 없이 응답하며, 그렇다, 아니다를 결정할 수 없는 경우에는 답하지 않아도 된다는 지시를 주면 무응답 문항이 많아지게 된다.
- 제외되는 문항의 효과는 잠재적으로 전체 프로파일 및 해당 문항이 속한 척도의 높이를 저하시키는 결과를 초래한다.
- 보통 30개 이상의 문항을 누락하거나 양쪽 모두에 응답하는 경우 프로파일은 무효로 간주될 수 있다. 다만, 30개 이상의 문항을 누락하더라도 기본적인 타당도척도와 임상척도가 위치한 검사의 전반부에 해당하지 않는다면 비교적 타당한 것으로 볼 수 있다.
- 특히 MMPI-2에서는 단축형 검사 실시를 용이하게 하기 위해 원판 타당도척도들과 임상척도들을 최초 370문항 안에 모두 배치하였다. 따라서 무응답 문항이 370번 문항 이후에서 많이 나타났다면, 무응답 문항 수가 많다는 이유만으로 검사 결과의 타당성을 의심할 필요는 없다.

② VRIN척도, TRIN척도

- VRIN척도(무선반응 비일관성 척도, Variable Response INconsistency)
  - 수검자가 응답을 하면서 무선적으로 반응하는 경향을 탐지한다.
  - 서로 내용이 유사하거나 상반되는 문항 쌍으로 구성되어 있으며, 수검자가 각 문항쌍에 불일치하는 비일관적인 반응을 보일 경우 점수가 높아진다.
  - 내용상 서로 유사한 문항쌍 혹은 서로 상반된 문항쌍들로서, 모두 49개의 문항쌍으로 구성되어 있으나, 특정 문항쌍의 경우 두 가지 반응패턴 모두가 비일관적인 반응으로 채점될 수 있으므로, 비일관적인 문항반응쌍은 총 67개이다.
  - VRIN척도 점수가 80T 이상인 경우 수검자가 무선적인 방식으로 문항에 응답한 것으로 볼 수 있으므로, 해당 프로파일은 무효로 간주할 수 있다.
- TRIN척도(고정반응 비일관성 척도, True Response INconsistency)
  - 수검자가 문항에 응답하면서 모든 문항에 그렇다 혹은 아니다로 반응하는 경향을 탐지한다.
  - VRIN척도와 달리 서로 상반된 내용의 문항들로, 총 20개의 문항쌍, 총 23개의 문항반응쌍으로 구성되어 있다.
  - TRIN척도는 T점수가 항상 50점 이상이 되도록 환산된다. 따라서 원점수가 평균으로부터 1표준편차 높은 경우 그렇다로 응답하는 경향을 시사하며, 이를 60T로 표시한다. 반면, 원점수가 평균으로부터 1표준편차 낮은 경우 아니다로 응답하는 경향을 시사하며, 이를 60F로 표시한다. 이때 T 또는 F는 MMPI-2 프로토콜에 나타난 고정반응 편향의 방향성을 나타내는 것이다.
  - TRIN척도 점수가 80점 이상인 경우 수검자가 그렇다 혹은 아니다 방향으로 응답하는 경향이 지나치게 강함을 시사한다.

③ F척도(비전형척도, Infrequency)

- F척도는 비전형적인 방식으로 응답하는 사람들을 탐지하기 위한 것으로, 검사 문항에 대해 정상인들이 응답하는 방식에서 벗어나는 경향성을 측정한다.
- 수검자의 부주의나 일탈된 행동, 증상의 과장 혹은 자신을 나쁘게 보이려는 의도, 질문 항목에 대한 이해부족 혹은 읽기의 어려움, 채점이나 기록에서의 심각한 오류 등을 식별할 수 있다.
- 문항은 정상 성인을 대상으로 하여 비정상적인 방향으로의 응답이 10%를 초과하지 않는 것들로,총 60개의 문항으로 구성되어 있다. 예 내 혼이 가끔 내 몸에서 떠난다.
- F척도 점수가 높을수록 수검자는 대부분의 정상적인 사람들이 하는 것처럼 반응하지 않는 것을, 그가 가지고 있는 문제 영역이 많고 문제의 정도가 심각한 것을 나타낸다.
- 특히 F척도가 상승할 경우 VRIN척도와 TRIN척도를 함께 검토해야 한다. VRIN척도가 80T 이상인 경우 무작위 응답에 의해 F척도가 상승했을 가능성이 있으며, TRIN척도가 80T 이상인 경우 고정반응에 의해 상승했을 가능성이 있다.
- 측정결과가 65~80T 정도인 경우 수검자의 신경증이나 정신병, 현실검증력 장애를 의심할 수 있다. 또한 자신의 자아정체성 문제로 고민하고 있는 청소년에게서도 나타날 수 있다.
- 반면, 측정결과가 100T 이상인 경우 수검자가 의도적으로 심각한 정신병적 문제를 과장해서 응답한 것으로 짐작할 수 있다.

④ FB척도, FP척도

- FB척도(비전형-후반부 척도, Back inFrequency)
  - 검사 실시 과정에서 수검자의 수검 태도상의 변화를 탐지하기 위한 것으로, 검사 후반부에 총 40개의 문항으로 구성되어 있다.
  - 기존의 F척도만으로 수검자가 검사 후반부에 어떤 수검 태도를 보였는지 파악할 수 없었던 문제점을 보완하기 위해 고안되었다. 즉, FB척도가 크게 상승된 경우 수검자의 수검 태도에 변화가 있음을 의미한다.
  - FB척도 점수는 검사 실시 과정에서 수검자의 수검 태도가 크게 변화되었는지를 파악하는 목적으로만 사용된다. 특히 FB척도가 90T 이상이면서 F척도보다 최소 30T 이상 높은 경우 태도상 유의미한 변화가 있는 것으로 간주한다.
- FP척도(비전형-정신병리 척도, inFrequency Psychopathology)
  - 규준집단과 정신과 외래환자집단에서 모두 매우 낮은 반응 빈도를 보인 총 27개의 문항으로 구성되어 있다.
  - VRIN척도와 TRIN척도 점수를 검토한 결과 무선반응이나 고정반응으로 인해 F척도 점수가 상승된 것이 아니라고 판단될 경우 사용한다.
  - 이 척도는 F척도의 상승이 실제 정신과적 문제 때문인지 혹은 의도적으로 자신을 부정적으로 보이려고 한 것인지를 판별하는 데 유효하다. 특히 FP척도가 100T 이상일 경우 수검자의 무선반응 혹은 부정왜곡(Faking-Bad)을 짐작할 수 있으므로, 해당 프로파일은 무효로 간주할 수 있다.

⑤ FBS 척도(증상타당도척도, Fake Bad Scale)

- 본래 부정왜곡척도로 개발되었으나 척도해석에 이론의 여지가 있어서, 약자는 그대로 유지한 채 현재 증상타당도(Symptom Validity)척도로 불리게 되었다.
- 개인상해 소송이나 신체장애 판정장면에서의 꾀병을 탐지하기 위한 총 43개의 문항으로 구성되어 있다.
- 문항들은 신체와 통증에 관한 내용, 신뢰나 정직함에 관한 내용 등을 포함하고 있다.
- MMPI-2의 다른 모든 척도들 가운데 사실상 가장 낮은 타당도를 보인 만큼, 현재까지 논란이 되고 있는 척도이다. 그로 인해 표준채점 양식에서 FBS척도를 제외시키는 경향이 있다.

⑥ L척도(부인 척도, Lie)

- L척도는 사회적으로 찬양할 만하나 실제로는 극도의 양심적인 사람에게서 발견되는 태도나 행동을 측정한다.
- 문항은 이성적으로는 가능하나 사실상 그대로 실행하기 어려운 내용들로, 총 15개의 문항으로 구성되어 있다.
  예 가끔 욕설을 퍼붓고 싶은 때가 있다.
- 본래 수검자가 자신을 좋게 보이려고 하는 다소 고의적이고 부정직하며 세련되지 못한 시도, 즉 심리적 세련(Psychological Sophistication)의 정도를 측정하려는 척도이다.
- L척도의 점수는 수검자의 지능, 교육수준, 사회경제적 위치 등과 연관이 있으며, 특히 지능 및 교육수준이 높을수록 L척도의 점수는 낮게 나온다.
- MMPI의 모든 척도가 경험적 방법에 의해 도출된 문항으로 구성된 반면, L척도만은 논리적 근거에 의해 선발된 문항으로 구성되어 있다.
- 측정결과가 70T 이상으로 높은 경우 자신의 결점을 부정하고 도덕성을 강조하며 고지식하다. 또한 부인(부정)이나 억압의 방어기제를 사용하는 환자에게서 나타날 수 있다. 특히 측정결과가 80T 이상인 경우 수검자가 솔직하게 응답하지 않았을 가능성이 크므로, 해당 프로파일은 무효로 간주할 수 있다.
- 측정결과가 45T 이하로 낮은 경우 비교적 자신의 결점을 인정하고 솔직하며 허용적이다. 반면, 자신을 병적으로 보이려는 환자에게서도 나타날 수 있다.

⑦ K척도(교정척도, Correction)

- K척도는 분명한 정신적인 장애를 지니면서도 정상적인 프로파일을 보이는 사람들을 식별하기 위한 것이다.
- 정상 집단과 정상 프로파일을 보이는 환자집단을 구별해 주는 경험적으로 선택된 총 30개의 문항으로 구성되어 있다.
  예 처음 만나는 사람과 대화하기가 어렵다.
- 심리적인 약점에 대한 방어적 태도를 탐지하기 위한 것으로, 수검자가 자신을 바람직한 방향으로 왜곡하여 좋은 인상을 주려고 하는지 혹은 검사에 대한 저항의 표시로 나쁜 인상을 주려고 하는지 파악하는 데 유효하다.
- L척도의 측정내용과 중복되기도 하지만 L척도보다는 은밀하게, 그리고 보다 세련된 사람들에게서 측정한다는 점이 다르다.
- K척도가 상승한 수검자는 심각한 심리적 문제를 나타내지 않는 방향으로 반응했을 가능성이 크므로, 임상척도에서 주목할 만한 상승이 없다고 하더라도 심리적 문제가 없는 것으로 결론을 내릴 수는 없다.
- K척도는 5가지 임상척도의 진단상 변별력을 높이기 위한 교정 목적의 척도로도 사용된다. 특히 척도 7 Pt(강박증), 척도 8 Sc(조현병)에는 K척도의 원점수 전부를 더하고, 척도 1 Hs(건강염려증), 척도 4 Pd(반사회성), 척도 9 Ma(경조증)에는 K척도의 점수 일부를 더하여 교정하도록 하고 있다.
- 측정결과가 65T 이상인 경우 수검자가 자신을 좋은 방향으로 왜곡해서 대답하는 긍정왜곡(Faking-Good)의 가능성이 있다. 이는 수검자의 정신병리에 대한 방어 또는 억압 성향을 나타내는 것으로 볼 수 있다.
- 측정결과가 35T 이하인 경우 수검자가 자신의 단점을 과장하거나 심각한 정서적 장애를 가지고 있는 것으로 왜곡하려는 부정왜곡(Faking-Bad)의 가능성이 있다.

⑧ S척도(과장된 자기제시 척도, Superlative Self-Presentation)

- S척도는 인사선발, 보호감찰, 양육권 평가 등 비임상집단에서 도덕적 결함을 부인하고 자신을 과장된 방식으로 표현하는 것을 평가하기 위해 개발되었다.
- 5개의 소척도, 즉 인간의 선함에 대한 믿음(S1 – Beliefs in Human Goodness), 평정심 또는 평온함(S2 – Serenity), 삶에 대한 만족감(S3 – Contentment with Life), 흥분과 분노에 대한 인내심/부인(S4 – Patience/Denial of Irritability and Anger), 도덕적 결점에 대한 부인(S5 – Denial of Moral Flaws) 등으로 이루어지며, 규준집단과 극단적인 방어태도를 나타내는 집단 간의 반응률 차이를 비교할 수 있는 총 50개의 문항으로 구성되어 있다.
- S척도와 K척도는 수검자의 방어성을 측정하는 지표인 점에서 공통적이지만, K척도의 문항들이 검사의 전반부에 국한되어 있는 반면, S척도의 문항들은 검사 전반에 걸쳐 퍼져 있는 점에서 차이가 있다.
- 측정결과가 70T 이상인 경우 수검자의 긍정왜곡의 가능성이나, 주로 아니다로 응답하는 경향을 시사한다.
- 측정결과가 45T 이하인 경우 수검자의 부정왜곡의 가능성이나, 정신병리로 인한 주관적 고통과 행동장해의 정도를 반영한다.

MMPI-2의 주요 타당도척도 범주 구분

범주	척도
성실성	• 문항 내용과 무관한 응답을 평가하는 척도 – ? 척도(무응답 척도) – VRIN척도(무선반응 비일관성 척도) – TRIN척도(고정반응 비일관성 척도)
비전형성	• 문항 내용과 연관된 왜곡응답을 평가하는 척도 – F척도(비전형 척도) – FB척도(비전형-후반부 척도) – FP척도(비전형-정신병리 척도)
방어성	• 과소보고 경향을 탐지하는 척도 – L척도(부인 척도) – K척도(교정 척도) – S척도(과장된 자기제시 척도)

(11) 임상척도

① 척도 1 Hs(Hypochondriasis, 건강염려증)

- 심기증(Hypochondria) 척도로 수검자의 신체적 기능 및 건강에 대한 과도하고 병적인 관심을 반영한다.
- 원판 MMPI에서는 총 33개의 문항으로 구성되었으나, MMPI-2에서는 내용상 문제의 소지가 있는 문항을 한 개 삭제하여 총 32문항으로 구성되어 있다.
- 대부분의 문항들이 다른 임상척도에서도 채점되며, 특히 척도 3 Hy(히스테리)와 중복되어 같은 방향으로 채점이 이루어진다.
- 측정결과가 65T 이상인 경우 만성적인 경향이 있는 모호한 여러 신체증상들을 호소한다. 일반적으로 불행감을 느끼고 자기중심적이며, 애처롭게 호소하는 동시에 적대적이고 타인의 주의집중을 바란다. 또한 자신의 병을 구실로 다른 사람을 조종하며 지배하려고 한다.
- 측정결과가 80T 이상인 경우 극적이면서도 기이한 신체적 염려를 지니고 있을 수 있으며, 특히 척도 3 Hy도 매우 높다면 전환장애의 가능성을 고려해야 한다.
- 측정결과가 낮은 경우 낙천적이고 통찰력이 있으며, 건강에 대한 염려가 없는 것을 나타낸다. 다만, 측정결과가 30T 이하로 매우 낮은 경우 자신의 건강에 대한 걱정 및 신체적 결함에 대한 강한 부정을 의미하기도 한다.

② 척도 2 D(Depression, 우울증)

- 검사수행 당시 수검자의 우울한 기분, 즉 상대적인 기분 상태를 알아보기 위한 척도이다.
- 원판 MMPI에서는 총 60문항으로 구성되었으나, MMPI-2에서는 그 중 3문항이 제외되어 총 57개의 문항으로 구성되어 있다.
- 5개의 소척도, 즉 주관적 우울감(D1 – Subjective Depression), 정신운동지체(D2 – Psychomotor Retardation), 신체적 기능장애(D3 – Physical Malfunctioning), 둔감성(D4 – Mental Dullness), 깊은 근심(D5 – Brooding)으로 이루어져 있다.
- 주로 내인성 우울증보다는 외인성 우울증을 측정하므로, 척도점수는 수검자의 현재 기분상태에 의해 변할 수 있다.
- 수검자의 자기 자신 및 생활환경에서의 안정감 또는 만족감을 파악하는 지표로도 활용된다.
- 측정결과가 70T 이상인 경우 우울하고 비관적이며, 근심이 많고 무기력하다. 또한 지나치게 억제적이며 쉽게 죄의식을 느낀다. 특히 점수 증가는 심한 심리적 고통, 변화나 증상완화에 대한 소망을 반영하기도 한다.
- 측정결과가 낮은 경우 우울이나 비관적 성향이 없이 사교적이고 낙천적이며, 사고나 행동에서 자유로움을 의미한다. 반면, 오히려 주의력 부족 또는 자기과시적 성향을 시사하기도 한다.

③ 척도 3 Hy(Hysteria, 히스테리)

- 현실적 어려움이나 갈등을 회피하는 방법으로 부인기제를 사용하는 성향 및 정도를 반영한다.
- 원판 MMPI의 총 60개의 문항이 MMPI-2에서도 유지되었다.
- 5개의 소척도, 즉 사회적 불안의 부인(Hy1 – Denial of Social Anxiety), 애정 욕구(Hy2 –Need for Affection), 권태-무기력(Hy3 – Lassitude-Malaise), 신체증상 호소(Hy4 –Somatic Complaints), 공격성 억제(Hy5 – Inhibition of Aggression)로 이루어져 있다.
- 전환성 히스테리 경향의 지표로, 스트레스로 인해 일시적으로 나타나는 신체마비, 소화불량, 심장 이상 등의 신체적 기능장애나, 신경쇠약, 의식상실, 발작 등의 심리적 기능장애와 연관된다. 특히 척도 3에 속하는 문항들은 척도 1 Hs(건강염려증)과 중복되어 같은 방향으로 채점이 이루어진다.
- 척도 3의 점수는 수검자의 지능, 교육수준, 사회경제적 위치 등과 연관이 있으며, 특히 지능 및 교육수준이 높을수록 척도 3의 점수 또한 높게 나온다.
- 측정결과가 70T 이상인 경우 유아적이고 의존적이며, 자기도취적이고 요구가 많다. 또한 스트레스상황에서 특수한 신체적 증상을 나타내 보이며, 스트레스 처리에 있어서 부인 또는 부정(Denial), 억압(Repression)의 신경증적 방어기제를 사용하기도 한다. 특히 측정결과가 80T 이상으로 현저히 높은 사람은 신체적 증상을 이용하여 책임을 회피하는 경향이 있다.
- 측정결과가 낮은 경우 논리적이고 냉소적이며, 정서적으로 둔감하고 흥미 범위가 좁다. 특히 이와 같은 낮은 점수는 타인에 대한 비우호적인 성향과 사회적인 고립상태를 반영하기도 한다.

④ 척도 4 Pd(Psychopathic Deviate, 반사회성)

- 반사회적 일탈행동, 가정이나 권위적 대상 일반에 대한 불만, 반항, 적대감, 충동성, 자신 및 사회와의 괴리, 학업이나 진로문제, 범법행위, 알코올이나 약물남용, 성적 부도덕 등을 반영한다.
- 원판 MMPI의 총 50개의 문항이 MMPI-2에서도 유지되었다.
- 5개의 소척도, 즉 가정불화(Pd1 – Familial Discord), 권위와의 갈등(Pd2 – Authority Problems), 사회적 침착성(Pd3 – Social Imperturbability), 사회적 소외(Pd4 – Social Alienation), 자기소외(Pd5 – Self-alienation)로 이루어져 있다.
- 일탈행동이 나타나기 이전 잠재시기에는 오히려 다른 사람의 호감을 사고, 지적인 사고와 행동을 하는 경우가 많다.
- 정상적인 사람으로서 척도 4의 점수가 약간 높은 경우 자기주장적이고 솔직하며 진취적이고 정력적이지만, 실망스러운 상황이나 좌절에 처하게 되면 공격적이고 부적응적인 모습으로 변하게 된다.
- 측정결과가 65T 이상인 경우 외향적 · 사교적이면서도 신뢰할 수 없고 자기중심적이며, 무책임하다. 스트레스를 경험하면 반사회적인 특성이 드러나며, 적대감이나 반항심을 표출한다. 특히 척도 4의 점수가 높은 사람은 외향화(Externalization), 행동화(Acting-Out), 합리화(Rationalization) 및 주지화(Intellectualization)의 방어기제를 자주 사용하는 경향이 있다.
- 측정결과가 낮은 경우 도덕적 · 관습적이며, 권태로운 생활에도 잘 견뎌낼 수 있다. 반면, 자신의 경쟁적 · 공격적 · 자기주장적인 성향에 대한 강한 억제를 반영하기도 한다 .

⑤ 척도 5 Mf(Masculinity-Femininity, 남성성-여성성)

- 본래 동성애자를 변별하기 위해 개발되었으나, 실제로 변별이 잘 되지 않는 것으로 밝혀짐에 따라 남성성 혹은 여성성의 정도를 측정하는 척도로 개정되었다.
- 원판 MMPI에서는 총 60문항으로 구성되었으나, MMPI-2에서는 그 중 4문항이 제외되어 총 56개의 문항으로 구성되어 있다.
- 흥미 양상이 남성적 성향에 가까운지 여성적 성향에 가까운지를 나타내는 지표로, 남성용과 여성용 두 개의 척도가 있으며, 그 해석은 별개이다.
- 문항은 명백히 성적인 내용을 다루기보다는 대부분 직업 및 여가에 대한 관심, 걱정과 두려움, 과도한 민감성, 가족관계 등 다양한 주제들을 담고 있다.
- 측정결과가 65T 이상으로 상승되어 있고 점수가 다양한 인구통계학적 변인에 근거한 기대치에서 현저히 벗어난 경우, 동성애적 경향 혹은 강한 이성적 취향의 가능성을 시사한다. 즉, 남성의 경우 예민하고 탐미적이며, 여성적이거나 수동적인 성향이 있는 반면, 여성의 경우 남성적이고 거칠며 공격적이고 감정적으로 무딘 경향이 있다.
- 측정결과가 낮은 경우 자기 성에 대한 고정관념에 충실한 경향이 있다.

⑥ 척도 6 Pa(Paranoia, 편집증)

- 대인관계에서의 민감성, 의심증, 집착증, 피해의식, 자기 정당성 등을 반영한다.
- 원판 MMPI의 총 40개의 문항이 MMPI-2에서도 유지되었다.
- 3개의 소척도, 즉 피해의식(Pa1 – Persecutory Ideas), 예민성(Pa2 – Poignancy), 순진성 또는 도덕적 미덕(Pa3 – NaÏveté)으로 이루어져 있다.
- 문항에 대한 요인분석에서는 박해, 망상, 희망상실, 죄책감 등의 편집증적 요인과 함께 냉소적 태도, 히스테리, 경직성 등의 신경증적 요인이 나타나고 있다.
- 정상적인 사람으로서 척도 6의 점수가 약간 높은 경우 호기심과 탐구심이 많으며, 진취적이고 흥미범위도 넓다. 다만, 과도한 스트레스상황에 처하는 경우 민감성과 의심증을 드러내며, 왜곡된 지각을 나타내 보이기도 한다.
- 측정결과가 70T 이상인 경우, 수검자는 피해망상, 과대망상, 관계사고 등 정신병적 증상을 보일 수 있다. 이들은 남을 비난하고 원망하며, 적대적이거나 따지기를 좋아한다. 특히 척도 6의 점수가 높은 사람은 투사(Projection)와 합리화(Rationalization)의 방어기제를 자주 사용하는 경향이 있다.
- 정상인으로서 측정결과가 44T 이하인 경우, 사회적인 흥미를 가지고 생활상의 문제에 유연하게 대처하는 양상을 보인다. 그러나 정신병적 소견이 있는 환자로서 측정결과가 매우 낮은 경우, 자기중심적인 성향으로 문제해결에 있어서 경직적이고 경계심이 많으며, 편집증적이고 망상적인 양상을 보인다.

⑦ 척도 7 Pt(Psychasthenia, 강박증)

- 심리적 고통이나 불안, 공포, 자신의 능력에 대한 의심과 회의, 강박관념의 정도를 반영하는 지표로 활용된다. 특히 심리적 고통과 불안을 잘 측정하므로, 척도 2 D(우울증)와 함께 정서적 고통척도로 알려져 있다.
- 원판 MMPI의 총 48개의 문항이 MMPI-2에서도 유지되었다.
- 자신이 부적응적이라는 사실을 알고 있음에도 불구하고 특정행동이나 사고를 하지 않을 수 없는 상태이다.
- 척도 7은 특히 척도 8 Sc(조현병(정신분열증))과 척도 2 D(우울증)에서 상당 부분 중복적인 양상을 보인다. 특히 척도 7의 점수가 높은 사람은 주지화(Intellectualization)의 방어기제를 주로 사용하며, 합리화(Rationalization)나 취소(Undoing)의 기제도 나타난다.
- 정상인으로서 측정결과가 높은 남성의 경우 책임감이 있고 양심적이며 이상주의적인 반면, 여성의 경우 불안과 걱정이 많고 긴장되어 있다. 그러나 강박적인 환자의 경우 긴장되고 불안하며 생각에 집착한다.
- 낮은 점수는 일상생활에서의 심리적 고통이나 불안 없이 비교적 안정감과 만족감을 느끼는 상태로 볼 수 있다.

⑧ 척도 8 Sc(Schizophrenia, 조현병)

- 정신적 혼란과 불안정 상태, 자폐적 사고와 왜곡된 행동을 반영하는 지표로 활용된다.
- 원판 MMPI의 총 78개의 문항이 MMPI-2에서도 유지되었다.
- 6개의 소척도, 즉 사회적 소외(Sc1 – Social Alienation), 정서적 소외(Sc2 – Emotional Alienation), 자아통합결여-인지적(Sc3 – Lack of Ego Mastery-Cognitive), 자아통합결여-동기적(Sc4 – Lack of Ego Mastery-Conative), 자아통합결여-억제부전(Sc5 – Lack of Ego Mastery-Defective Inhibition), 기태적 감각경험(Sc6 – Bizarre Sensory Experiences)로 이루어져 있다.
- 척도 8의 문항들은 본래 조현병(정신분열증)으로 진단된 두 개 집단 환자들의 반응을 대조하여 경험적으로 제작한 것이다.

- 정상적인 사람으로서 척도 8의 점수가 약간 높은 경우 창의성과 상상력이 풍부하며 전위적인 성격을 가진 것으로 볼 수 있으나, 과도한 스트레스상황에 처하는 경우 비현실적이고 기태적인 행위를 보이기도 한다.
- 측정결과가 높은 경우, 전통적인 규범에서 벗어나는 정신분열성 생활방식을 반영한다. 이들은 위축되어 있고 수줍어하며 우울하다. 또한 열등감과 부족감을 느끼며, 주의집중 및 판단력 장애, 사고장애를 나타내 보이기도 한다. 특히 측정결과가 75T 이상인 경우, 기이한 사고, 환각, 판단력 상실 등의 문제를 보이는 정신병적 장애를 시사한다.
- 측정결과가 낮은 경우, 현실적 · 관습적인 사고를 나타내며, 순종적이고 권위에 수용적인 모습을 보이기도 한다. 이들은 창의력과 상상력이 부족하며, 세상을 다르게 지각하는 사람들을 이해하지 못한다.

⑨ 척도 9 Ma(Hypomania, 경조증)

- 심리적 · 정신적 에너지의 수준을 반영하며, 사고나 행동에 대한 효율적 통제의 지표로 활용된다.
- 원판 MMPI의 총 46개의 문항이 MMPI-2에서도 유지되었다.
- 4개의 소척도, 즉 비도덕성(Ma1 – Amorality), 심신운동 항진(Ma2 – Psychomotor Acceleration), 냉정함(Ma3 – Imperturbability), 자아팽창(Ma4 – Ego Inflation)으로 이루어져 있다.
- 인지영역에서는 사고의 비약이나 과장을, 행동영역에서는 과잉활동적 성향을, 정서영역에서는 과도한 흥분상태, 민감성, 불안정성을 반영한다.
- 정상적인 사람으로서 척도 9의 점수가 약간 높은 경우 적극적 · 열성적인 성격을 가진 것으로 볼 수 있으나, 과도한 스트레스상황에 처하는 경우 피상적이고 신뢰성이 결여되며 일을 끝맺지 못한다.
- 측정결과가 70T 이상인 경우, 외향적 · 충동적 · 과대망상적 성향과 함께 사고의 비약을 반영한다. 비현실성으로 인해 근거 없는 낙관성을 보이기도 하며, 신경질적으로 자신의 갈등을 행동으로 표출하기도 한다. 특히 측정결과가 80T를 넘어서는 경우, 조증 삽화의 가능성이 있다. 이와 같이 척도 9의 점수가 높은 사람은 부인(Denial)과 행동화(Acting-Out)의 방어기제를 자주 사용하는 경향이 있다.
- 측정결과가 40T 이하인 경우, 소극적 · 통제적 성향, 조심스러움, 정서적 표현의 삼감을 반영한다. 또한 만성적인 피로나 흥미의 상실, 우울장애를 반영하기도 한다.

⑩ 척도 0 Si(Social Introversion, 내향성)

- 사회적 활동 및 사회에 대한 흥미 정도, 사회적 접촉이나 책임을 피하는 정도를 나타내는 지표로 활용된다.
- 원판 MMPI에서는 총 70문항으로 구성되었으나, MMPI-2에서는 그 중 1문항이 제외되어 총 69개의 문항으로 구성되어 있다.
- 3개의 소척도, 즉 수줍음/자의식(Si1 – Shyness/Self-Consciousness), 사회적 회피(Si2 – Social Avoidance), 내적/외적 소외(Si3 – Alienation – Self and Others)로 이루어져 있다.
- 혼자 있는 것을 좋아하는가(내향성), 타인과 함께 있는 것을 좋아하는가(외향성)와 같이 다른 사람과의 관계형성 양상을 반영한다.
- 척도 0은 전반적인 신경증적 부적응 상태를 반영하며, 정신병리와는 무관한 경우가 대부분이다.
- 측정결과가 70T 이상인 경우, 내성적 성향으로 수줍어하고 위축되어 있으며, 사회적으로 보수적 · 순응적이다. 또한 지나치게 억제적이고 무기력하며, 융통성이 없고 죄의식에 잘 빠진다.
- 측정결과가 40T 이하인 경우, 외향적 성향으로 자신감이 넘치며 사회적 관계에서의 능숙함을 보인다. 그러나 오히려 대인관계가 가벼울 수 있으며, 자신의 이익을 위해 다른 사람을 조정할 가능성도 배제할 수 없다.

참고

MMPI-2에 포함된 내용척도, 보충척도, PSY-5 척도

구분	하위척도
내용척도	• 불안(ANX, 23문항) • 공포(FRS, 23문항) • 강박성(OBS, 16문항) • 우울(DEP, 33문항) • 건강염려(HEA, 36문항) • 기태적 정신상태(BIZ, 24문항) • 분노(ANG, 16문항) • 냉소적 태도(CYN, 23문항) • 반사회적 특성(ASP, 22문항) • A유형 행동(TPA, 19문항) • 낮은 자존감(LSE, 24문항) • 사회적 불편감(SOD, 24문항) • 가정 문제(FAM, 25문항) • 직업적 곤란(WRK, 33문항) • 부정적 치료 지표(TRT, 26문항)
보충척도	• 불안(A, 39문항) • 억압(R, 37문항) • 자아 강도(Es, 52문항) • 지배성(Do, 25문항) • 사회적 책임감(Re, 30문항) • 대학생활 부적응(Mt, 41문항) • 적대감(Ho, 50문항) • 적대감 과잉통제(O-H, 28문항) • 중독 인정(AAS, 13문항) • 중독 가능성(APS, 39문항) • 남성적 성역할(GM, 47문항) • 여성적 성역할(GF, 46문항) • 결혼생활 부적응(MDS, 14문항) • 외상 후 스트레스장애(PK, 46문항) • MacAndrew의 알코올중독(MAC-R, 49문항)
PSY-5 척도	• 공격성(AGGR, 18문항) • 정신증(PSYC, 25문항) • 통제 결여(DISC, 29문항) • 부정적 정서성/신경증(NEGE, 33문항) • 내향성/낮은 긍정적 정서성(INTR, 34문항)

(12) 미네소타 다면적 인성검사(MMPI, MMPI-2)의 주요 상승척도쌍

① 1-2 또는 2-1코드(Hs & D)

- 신체 기능에 몰두함으로써 수반되는 다양한 신체적 증상에 대한 호소와 염려를 보인다.
- 정서적으로 불안감과 긴장감을 느끼며, 감정 표현에 어려움이 있다.
- 보통 내향적인 성격을 가지고 있으며, 다른 사람과의 관계에 있어서 수동적 · 의존적인 양상을 보인다.
- 사소한 자극에도 쉽게 안정을 잃으며, 의심과 경계심을 품는다.
- 억압과 신체화 방어를 통해 스스로 신체적 불편함을 견디려 하므로 정신적 치료를 통한 변화 동기가 부족하다.
- 신체증상 및 관련 장애(신체형장애), 불안장애의 진단이 가능하다.

② 1-3 또는 3-1코드(Hs & Hy)

- 심리적인 문제가 신체적인 증상으로 전환되어 나타난다.
- 자신의 외현적 증상이 심리적인 요인에 의한 것임을 인정하지 않으려 한다.
- 부인(Denial)의 방어기제를 사용하여 자신의 우울감이나 불안감을 잘 드러내지 않는다.
- 스트레스를 받는 경우 사지의 통증이나 두통, 흉통을 보이며, 식욕부진, 어지럼증, 불면증을 호소하기도 한다.
- 자기중심적인 동시에 의존적인 성향을 나타내며, 대인관계에 있어서 피상적이다.
- 전환장애의 가능성이 있다.

③ 2-6 또는 6-2코드(D & Pa)

- 심각한 정서적 어려움을 겪고 있는 정신병 초기의 환자에게서 종종 나타난다.
- 평소 우울한 상태에 있으며, 그러한 우울한 감정에는 분노와 적개심이 내재해 있다.
- 보통의 우울증 환자와 달리 자신의 공격성을 공공연하게 드러낸다.
- 타인의 친절을 거부하고 곧잘 시비를 걸며, 보통의 상황에 대해 악의적인 해석을 내린다.
- 편집증적 경향이 현저하게 나타나기도 한다.

④ 3-8 또는 8-3코드(Hy & Sc)

- 심각한 불안과 긴장, 우울감과 무기력감을 호소한다.
- 주의력 장애 및 집중력 장애, 지남력 상실, 망상 및 환각 등의 사고장애를 보인다.
- 정서적으로 취약하고 다른 사람에 대해 애정과 관심의 욕구를 가진다.
- 자신의 욕구가 좌절되는 경우 자기처벌적인 양상을 보이며, 상동증적 방식으로 문제에 접근한다.
- 과도한 정신적 고통이 두통이나 현기증, 흉통, 위장장애 등의 신체적 증상으로 나타나기도 한다.
- 조현병(정신분열증), 신체증상 및 관련 장애(신체형장애)의 진단이 가능하다.

⑤ 4-6 또는 6-4코드(Pd & Pa)

- 사회적 부적응이 현저하고 공격적 태도를 보이는 비행청소년에게서 종종 나타난다.
- 미성숙하고 자기중심적인 성향을 보이며, 다른 사람들에게서 관심과 동정을 유도한다.
- 화를 내면서 내부의 억압된 분노를 표출하나, 그 분노의 원인을 항상 외부에 전가한다.
- 부인이나 합리화의 방어기제를 사용하여 자신의 심리적인 문제를 외면하며, 이를 지적하는 사람에게 분노와 비난을 퍼붓는다.
- 다른 사람을 의심하며, 정서적인 유대관계를 맺지 않으려고 한다.
- 비현실적인 사고를 하기도 하며, 자신에 대해 과대망상적인 평가를 내리기도 한다.
- 수동-공격성성격장애, 조현병(정신분열증)(편집형)의 진단이 가능하다.

⑥ 4-9 또는 9-4코드(Pd & Ma)

- 재범 우려가 있는 범죄자나 신체노출, 강간 등의 성적 행동화를 보이는 사람, 결혼문제나 법적 문제 등에 연루된 사람에게서 종종 나타난다.
- 충동적 · 반항적 성격과 함께 과격하고 공격적인 행동을 특징으로 한다.
- 일시적으로 다른 사람에게 좋은 인상을 주기도 하지만, 자기중심적 성향과 다른 사람에 대한 불신으로 대인관계가 피상적이다.
- 자신의 행동에 대해 무책임하여 신뢰감을 주지 못하며, 사회적 가치를 무시하여 반사회적 범죄행위를 저지르기도 한다.
- 합리화의 방어기제를 사용하여 자신의 문제를 외면하며, 실패의 원인을 다른 사람에게 전가하기도 한다.
- 반사회성성격장애의 진단이 가능하다.

⑦ 6-8 또는 8-6코드(Pa & Sc)

- 편집증적 경향과 사고장애 등으로 편집증적 조현병(정신분열증)이 의심되는 사람에게서 종종 나타난다.
- 피해망상, 과대망상, 환청 등으로 작은 고통에도 괴로워한다.
- 타인과의 관계에서 적대감과 의심, 과민한 반응과 변덕스러운 태도를 보이는 등 불안정하다.
- 현실을 인지하는 능력을 상실하여 자폐적이고 분열적인 환상에 빠지기도 하며, 성적인 문제에 대해 갈등을 나타낸다.
- 조현병(정신분열증)(편집형), 분열성성격장애의 가능성이 있다.

⑧ 7-8 또는 8-7코드(Pt & Sc)

- 불안하고 우울하며, 긴장하고 예민한 모습을 보인다.
- 주의집중에 어려움을 호소하며, 사고력이나 판단력에 있어서 장애를 보이기도 한다.
- 망상, 감정적 둔마를 보이기도 한다.
- 사회적 상황에서 현실회피적인 양상을 보이며, 대인관계에 있어서도 수동적 · 의존적이거나 대인관계 자체를 기피하기도 한다.
- 성과 관련된 공상을 즐기나 성숙한 이성관계의 형성에 어려움을 보인다.
- 우울장애, 불안장애, 분열성성격장애, 분열형 성격장애의 가능성이 있다.

⑨ 8–9 또는 9–8코드(Sc & Ma)

- 편집증적 망상과 환각, 공상으로 많은 시간을 보낸다.
- 사고는 기태적이며, 정서는 부적절하다.
- 한 가지 생각에 집중하지 못하며, 예측불허의 행동을 보이기도 한다.
- 다른 사람에 대한 의심과 불신으로 인해 친밀한 대인관계를 형성하기 어렵다.
- 성적 적응에 어려움을 보이며, 성적인 문제에 대해 갈등을 나타낸다.
- 조현병(정신분열증), 양극성 장애의 진단이 가능하다.

⑩ 1–2–3/2–1–3코드(Hs, D & Hy)

- 신체적 고통감을 주된 증상으로 하며, 소화기계의 장애나 피로감, 신체적 허약을 호소한다.
- 만성적인 건강염려증을 나타낸 과거력이 있으며, 우울과 불안, 흥미 상실, 무감동 등을 경험한다.
- 수동적 · 의존적인 양상을 보이며, 삶에 있어서 적극성이 결여되어 있다.
- 신체증상 및 관련 장애, 불안장애의 진단이 가능하다.

⑪ 1–3–8/9–3–1/3–1–8코드(Hs, Hy & Sc)

- 기괴한 생각이나 믿음을 가지기 쉬우며, 특히 종교나 성적 문제, 신체증상과 관련된 망상을 나타낼 수 있다.
- 사고장애, 강박행동이 관찰되기도 하며, 우울증 삽화, 자살에 대한 집착을 보이기도 한다.
- 신체증상에 대한 과도한 걱정은 정신증적 증상들이 현저히 드러나 보이는 것을 막아 주는 역할을 한다.
- 조현병(정신분열증)(망상형), 경계성성격장애의 진단이 가능하다.

⑫ 2–4–7/2–7–4/4–7–2코드(D, Pd & Pt)

- 만성적인 우울증과 불안증을 가지고 있으며, 수동–공격적인 성격 양상을 보인다.
- 분노 감정을 가지고 있으면서도 이를 적절히 표현하지 못하며, 자신이 제대로 역할을 하지 못하는 것에 대한 죄책감을 느낀다.
- 자기 자신에 대한 열등감과 부적절감이 많으며, 우울감을 경감시키기 위해 약물에 의존하는 경향이 있다.
- 이와 같은 성격적 특징은 기본적인 신뢰감이나 애정욕구가 좌절된 구강–의존기적인 성격 특징과 연관된 것으로 보인다.

⑬ 4–6–8코드(Pd, Pa & Sc)

- 심리적인 갈등에 대해 회피적 · 방어적인 태도를 보이며, 대인관계에서 적대적이고 화를 잘 내며 의심이 많다.
- 다른 사람의 비판에 대해 쉽게 상처를 받으며, 상대방의 행동에 대해 악의를 가진 것으로 생각하는 경향이 있다.
- 자기도취적이고 자기중심적인 태도를 보이며, 자신의 문제를 인정하기보다는 이를 외부로 귀인하여 다른 사람을 탓하거나 비난한다. 그러나 그와 같은 시도에도 불구하고 자신의 심리적인 불안과 긴장을 해소하지 못한다.
- 합리화에 능하고 논쟁적이며, 권위에 대한 깊은 분노감이 내재해 있으므로, 이들을 치료하거나 면접하는 데 상당한 어려움이 있다.

⑭ 6-7-8/6-8-7코드(Pa, Pt & Sc)

- 심각한 정신병리를 시사하며, 흔히 조현병(정신분열증)(편집형)의 진단이 내려진다.
- 피해망상, 과대망상, 환각이 나타나고 정서적으로 둔화되어 있거나 부적절한 정서를 보인다.
- 타인에 대한 의심이 많으며, 불신감과 적대감으로 친밀한 대인관계를 회피한다.
- 평소 내향적이고 사회적으로 위축된 모습을 보이다가도 술을 마시면 공격적인 모습을 보인다.
- 주의력 및 주의집중의 어려움을 보이며, 일상생활에서 자신에게 부과되는 책임들을 잘 다루지 못한다.

2 로샤(Rorschach)검사

(1) 로샤검사의 의의

① 로샤검사는 1921년 스위스 정신과의사인 로샤(Rorschach)가 『심리진단(Psychodiagnostik)』에 발표한 논문을 통해 세상에 소개되었다.

② 로샤는 잉크반점(Ink-Blot)으로 된 카드들에 대해 정신과 환자들이 일반인과 다르게 반응한다는 사실에 주목하며, 405명의 수검자들을 대상으로 한 테스트에서 잉크반점기법이 조현병을 진단하는 데 유효한 도구가 된다는 사실을 입증하였다.

③ 로샤는 자신의 연구가 단순히 정신과적 진단에 유효한 것이 아닌 개인의 성격 및 습관, 반응양상 등에 대한 유용한 정보를 제공하는 도구로 사용될 수 있음을 인식하고, 연구를 체계적으로 확장하고자 하였다.

④ 로샤는 처음에 자신이 고안한 검사가 무의식을 탐구하는 도구로 오인되어서는 안 된다고 주장하였으나 차츰 검사결과가 수검자의 무의식에 대한 깊은 통찰을 제공할 수 있다고 입장을 바꿈으로써 수많은 논쟁을 불러왔다.

⑤ 로샤검사는 다양한 학자들에 의해 연구되었으며, 최근 가장 많이 사용되는 해석방식은 엑스너(Exner)의 종합체계방식이다.

(2) 로샤검사의 특징

① 대표적인 투사적 · 비구조적 검사로, 지각과 성격의 관계를 상정한다.

② 추상적 · 비구성적인 잉크반점을 자극 자료로 하여 수검자의 학습된 특정 반응이 아닌 여러 가지 다양한 반응을 유도한다.

③ 개인이 잉크반점을 조직하고 구조화하는 방식이 근본적으로 그 사람의 심리적 기능을 반영한다고 본다.

④ 수검자는 그가 지각한 것 속에 자신의 욕구, 경험, 습관적 반응양식을 투사한다.

⑤ 로샤 카드에서는 형태와 색채는 물론 음영에 대한 지각적 속성까지 고려한다.

⑥ 우울증상이 있는 사람은 보통 음영차원과 무채색 반응의 빈도가 높게 나타난다.

⑦ 해석자의 판단에 정답은 없다. 즉, 주관적 검사로 신뢰도 및 타당도가 검증되지 못했으므로 객관적 · 심리측정적 측면에서는 부적합하다.

(3) 로샤검사의 잉크반점카드(Ink-Blot Card)

① 카드 Ⅰ

㉠ 무채색으로, 박쥐 또는 나비를 평범반응으로 한다.

㉡ 처음으로 제시되는 카드이므로 수검자의 새로운 상황에 대한 대처방식을 살펴볼 수 있다.

㉢ 다른 카드에 비해 어렵지 않으므로 평범반응이 쉽게 유도되나, 검정과 회색의 무채색으로 인해 우울감이나 불행감의 반응을 보일 수 있다.

② 카드 Ⅱ

㉠ 무채색에 부분 적색으로, 동물을 평범반응으로 한다.

㉡ 수검자는 적색을 피로 보기도 하며, 이를 통해 분노나 적개심, 심리적 고통의 반응을 보일 수 있다.

㉢ 검은 영역의 상단을 남성의 성기로, 붉은 영역의 하단을 여성의 성기로 보는 경우도 있으며, 이는 수검자의 성(性)에 대한 관심 정도를 보여준다.

③ 카드 Ⅲ

㉠ 무채색에 부분 적색으로, 인간의 형상을 평범반응으로 한다.

㉡ 두 번째 카드와 달리 반점의 형태가 명확히 분리되어 있으며, 이는 마치 두 사람이 서로 마주하고 있는 것처럼 보일 수 있다.

㉢ 수검자가 이 카드에서 어려워하는 경우, 대인관계나 사회적 상호작용에 대해 부정적인 태도를 가지고 있는 것으로 볼 수 있다.

④ 카드 Ⅳ

㉠ 무채색으로, 인간 또는 거인을 평범반응으로 한다.

㉡ '아버지 카드(Father Card)'로 불리며, 크고 강하며, 권위적이고 위협적인 것을 연상시킨다.

㉢ 수검자가 이 카드에서 어려워하는 경우, 권위나 권위적인 인물에 대한 열등감을 가지고 있는 것으로 볼 수 있다.

⑤ 카드 Ⅴ

㉠ 무채색으로, 박쥐 또는 나비를 평범반응으로 한다.

㉡ 수검자는 앞선 카드들에서 느꼈던 고통을 이 카드에 와서 다시 회복할 기회를 얻게 된다.

㉢ 쉬운 과제에도 불구하고 수검자가 이 카드에서 어려워하는 경우, 카드 Ⅳ에서 경험한 불안의 감정이 지속된 것으로 볼 수 있다.

⑥ 카드 Ⅵ

㉠ 무채색으로, 양탄자 또는 동물가죽을 평범반응으로 한다.

㉡ 많은 사람들에 의해 성기의 상징으로 해석되므로 이른바 '성 카드(Sex Card)'라고 불리며, 이를 통해 수검자의 성에 대한 태도를 살펴볼 수 있다.

㉢ 인간관계에서의 친밀성을 연상시키기도 하므로, 이를 통해 수검자의 대인관계에 대한 태도를 살펴볼 수 있다.

⑦ 카드 Ⅶ

㉠ 무채색으로, 인간의 얼굴 또는 동물의 머리를 평범반응으로 한다.

㉡ 하단 가운데 부분이 여성의 성기를 연상시키므로 '어머니 카드(Mother Card)'라고 불리며, 여성적인 것과 연관된 특성들을 대거 포함한다.

㉢ 수검자가 이 카드에서 어려워하는 경우, 여성에 대한 부정적인 감정이나 여성과의 해결되지 못한 불안 등을 경험하고 있는 것으로 볼 수 있다.

⑧ 카드 Ⅷ

㉠ 전체가 유채색으로, 움직이는 동물을 평범반응으로 한다.

㉡ 대부분의 수검자는 앞선 카드들에 비해 보다 쉽게 평범반응을 나타내 보이며, 안도감을 드러내기도 한다.

㉢ 화려한 색상이 조각으로 나뉘어 흩어져 있으므로 이를 위협적인 것으로 느낄 수도 있으며, 수검자가 그와 같은 반응을 보이는 경우 복잡한 상황에서의 감정적 자극을 회피하고자 하는 것으로 볼 수 있다.

⑨ 카드 Ⅸ

㉠ 전체가 유채색으로, 인간 또는 인간과 흡사한 형상을 평범반응으로 한다.

㉡ 색면의 구조, 색상의 혼합, 그림자 영역으로 인해 모호하고 산만하게 보이므로, 어떤 수검자들은 전체를 사용하여 하나의 반응을 나타내는 데 어려움을 느낀다.

㉢ 가장 빈번하게 거부되는 카드로, 수검자가 이 카드에서 어려워하는 경우, 복잡한 상황을 좋아하지 않는 것으로 볼 수 있다.

⑩ 카드 Ⅹ

㉠ 전체가 유채색으로, 게 또는 거미를 평범반응으로 한다.

㉡ 카드 Ⅸ 다음으로 어려운 카드로, 수검자들은 이 카드에서 전체가 아닌 부분을 선택하여 반응하는 경우가 많다.

㉢ 수검자가 이 카드에서 어려워하는 경우, 많은 것을 동시에 처리하는 것에 압도되어 부담감을 느끼거나 검사 자체를 빨리 끝내고 싶어하는 것으로 볼 수 있다.

순서	색상	평범반응
카드 Ⅰ	무채색	박쥐 또는 나비
카드 Ⅱ	무채색에 부분 적색	동물
카드 Ⅲ	무채색에 부분 적색	인간의 형상
카드 Ⅳ	무채색	인간 또는 거인
카드 Ⅴ	무채색	박쥐 또는 나비
카드 Ⅵ	무채색	양탄자 또는 동물가죽
카드 Ⅶ	무채색	인간의 얼굴 또는 동물의 머리
카드 Ⅷ	유채색	움직이는 동물
카드 Ⅸ	유채색	인간 또는 인간과 흡사한 형상
카드 Ⅹ	유채색	게 또는 거미

(4) 로샤검사의 실시과정

① 제1단계 : 소개단계

㉠ 검사자는 로샤검사에 대해 수검자에게 자세히 설명한다.

㉡ 수검자가 검사를 받는 목적을 어느 정도 이해하고 있는지 확인하기 위해 짧은 면접을 할 필요가 있다.

㉢ 검사에 대한 부정적 이해나 오해가 확인되는 경우 검사의 전 절차를 개략적으로 설명해주어야 한다.

예 "지금부터 그림이 있는 10장의 카드를 보여드리겠습니다.", "잘 보시고 그림이 무엇처럼 보이는지 말씀해주세요.", "그림은 사람마다 다르게 보일 수 있습니다."

② 제2단계 : 반응단계

㉠ 그림에 대한 수검자의 지각 및 자유연상이 이루어진다.

㉡ 검사자는 수검자가 하는 말을 가능하면 있는 그대로 기록한다.

㉢ 수검자가 하나의 카드에서 한 가지 반응을 보이고 멈추는 경우 다시 격려하여 연상하도록 한다.

㉣ 수검자의 반응이 너무 적은 경우 질문단계로 넘어가지 않은 채 반응단계를 반복한다.

예 "보통 하나의 그림에서 2개 이상을 이야기하곤 합니다.", "더 보시면 그것 외에 또 다른 것을 보실 수도 있어요."

③ 제3단계 : 질문단계

㉠ 검사자는 수검자가 어떤 결정인에 의해 해당 반응을 형성한 것인지 확인할 수 있는 질문을 한다.

㉡ 개방적인 질문을 통해 어떤 영역을 무엇 때문에 그렇게 보았는지 질문한다.

㉢ 검사자는 수검자의 이야기를 반응기록지(Location Sheet)에 기재한다.

㉣ 과도한 질문은 수검자의 저항과 거부감을 유발할 수 있으므로 삼간다.

예 "어디서 그렇게 보았나요?"(반응영역 또는 반응의 위치), "무엇 때문에 그렇게 보았나요?"(결정인), "무엇을 보았나요?"(반응내용)

더 알아두기

질문단계의 주의사항

- 적절한 질문
  - 질문단계에서 검사자는 3가지 주요 영역, 즉 반응영역, 결정인, 반응 내용에 초점을 둔다. 그러나 기초적인 질문 외에 수검자에게 좀 더 자세한 설명을 요구해야 하는 경우도 많다.
  - 검사자는 어떤 점이 ~처럼 보인 건가요?, 모양 외에 ~처럼 본 이유가 더 있습니까?, ~에 대해 좀 더 설명해 보시겠어요? 등 보충적인 질문과 격려적인 개입을 하게 된다.
  - 특히 검사자는 수검자의 응답이 잘 이해되지 않을 경우 당신이 어디를 그렇게 보았는지 잘 모르겠네요(반응영역), 그것처럼 보이게 하는 게 무엇인지 모르겠네요(결정인) 등의 질문을 해야 한다. 또한 수검자가 그냥 그렇게 보여요와 같이 애매하게 응답할 경우, 검사자는 그냥 그렇게 보인다고 하셨는데 어떤 것을 말씀하시는 것인지 조금 더 구체적으로 설명해 주시겠어요?와 같이 수검자가 회피하려는 것을 허용해서는 안 된다.
  - 만약 수검자가 반점을 보고 반응한 것인지, 단순히 카드에 대한 평을 한 것인지 모호한 경우, 그것은 카드에 대한 대답인가요?라고 질문한다.

• 부적절한 질문
  – 검사자는 수검자에게 질문 시 다음과 같은 부적절한 질문을 삼가야 한다.

> 직접적인 질문 : 그 사람이 뭔가를 하고 있나요?
> 유도질문 : 어느 쪽이 위인가요?
> 반응을 상세히 묘사하도록 하는 질문 : 그 동물은 왜 싸웠을까요?

  – 검사자는 채점을 하는데 직접적으로 관계가 없으나 검사자가 궁금한 사항들에 대해 질문하는 것을 삼가야 한다.
  – 검사자는 모든 반응 결정인을 염두에 두고 질문을 할 필요가 있으나 강박적인 생각을 할 필요는 없다. 즉, 질문은 간결하고 비지시적이어야 한다.
  – 질문 시 검사자와 수검자가 주고받은 말은 대화체로 기록하도록 하며, 위치를 표시하는 용지는 영역 확인 시에 정확히 기록해 두어야 한다.

④ **제4단계** : 한계검증단계
  ㉠ 공식적인 검사가 끝난 후 수검자에게 자연스럽게 질문을 건네는 단계이다.
  ㉡ 수검자가 평범반응을 놓친 경우 검사자가 해당 카드에 대해 손으로 가리는 등의 일정한 한계를 준 후 재질문하는 과정이 포함된다.
  ㉢ 검사자는 수검자의 투사와 관련하여 유용한 해석 정보를 얻을 수 있으나, 수검자의 새로운 반응 내용을 채점에 포함시키지는 않는다.
  ㉣ 검사 과정상의 반응에 대해 추가적인 설명을 할 수 있도록 한다.
    예 수검자가 선호하는 카드 또는 거부하는 카드를 고르도록 하여 그 이유를 설명하도록 할 수 있다.

(5) 로샤검사의 해석

① **채점(양적 분석)** : 엑스너(Exner)의 종합체계방식에 따른 주요 채점항목
  ㉠ 위치(Location) : 내담자가 반응한 반점이 어느 위치인가?
  ㉡ 발달질(Developmental Quality) : 그 위치선택에서의 발달질이 어떠한가?
  ㉢ 반응결정인(Determinant) : 반응하게 하는데 기여한 반점의 특징은 무엇인가?
  ㉣ 형태질(Form Quality) : 수검자가 기술한 대상이 반점에 적절한가?
  ㉤ 내용(Content) : 반응이 어떤 내용의 범주에 속하는가?
  ㉥ 평범(Popular)반응 : 그 반응이 일반적으로 사람들이 많이 하는 반응인가?
  ㉦ 조직화(Organizational Activity)점수 : 반점을 의미 있게 통합했는가?
  ㉧ 특수점수(Special Scores) : 반응에서 이상한 언어화가 있는가? 병리를 나타내는 특징이 있는가?

② **해석(질적 분석)** : 3단계 과정
  ㉠ 명제단계(Propositional Stage)
  ㉡ 통합단계(Integration Stage)
  ㉢ 최종보고서단계(Final Report Stage)

(6) 로샤검사의 활용

① 로샤검사는 내담자의 정신병리의 심각성, 문제의 복합성, 인지 방략, 치료 과정과 예후에 관한 자료를 제공하여, 정신과적 진단 및 심리역동 진단을 가능하게 한다.

② **심리치료에서 로샤검사 활용방안** : 4가지

㉠ 치료적 개입의 결정

- 치료적 접근의 선택
- 심리치료의 선택

㉡ 치료의 동기화

㉢ 치료계획

㉣ 치료성과의 평가

3 주제통각검사

(1) 주제통각검사(TAT)의 의의

① 주제통각검사(Thematic Apperception Test)는 로샤검사와 더불어 전 세계적으로 널리 사용되고 있는 대표적인 투사적 검사이다.

② 1935년 하버드대학의 머레이와 모건(Murray & Morgan)이 『공상연구방법론 A Method for Investigating Fantasies』을 통해 처음 소개하였다.

③ 머레이는 기존의 아카데믹한 심리학이 인간 본성에 대한 실제적인 내용을 알려주지 못한다고 주장하며, 상상을 통해 인간 내면의 내용들을 탐구하는 새로운 검사방식을 고안하였다.

④ 머레이는 프로이트(Freud)와 융(Jung)의 정신분석이론을 통해 지각(Perception)보다는 상상(Imagenation)에 의한 반응이 우선한다는 점을 강조하였다.

⑤ 머레이는 융의 정신분석을 연구하던 모건과 함께 카드 형태의 TAT 도구를 개발하였으며, 이 카드는 1936년 처음 배포되기 시작하여 1943년 하버드 출판부에서 출판되었다.

⑥ 3회의 개정을 거쳐 1943년에 출판된 31개 도판의 TAT 도구는 현재까지 그대로 사용되고 있다.

참고

CAT

- 아동용 주제통각검사(The Children's Apperception Test)의 약자
- Bellak & Bellak이 개발하였으며, 3~10세 아동을 대상으로 함
- TAT와 다른 점 : 그림판에 동물이 등장한다는 것과 표준그림판 9매, 보충그림판 9매 총 18매의 그림판으로 구성
- 중요한 인물, 충동에 대응해 나가는 방식을 이해하는 데 유용

(2) TAT의 특징

① 통각(Apperception)이란 투사(Projection)와 유사하나 보다 포괄적인 의미를 가진 것으로, 지각에 대한 의미 있는 해석을 말한다. 즉, 통각은 지각에 의미가 부가되는 것으로, 외부세계에 대한 객관적인 지각 과정에 주관적인 요소가 개입된 통합적인 인식 과정으로 볼 수 있다.

② TAT는 투사적 검사로, 자아와 환경관계 및 대인관계의 역동적 측면 등을 평가한다.

③ 정신분석이론을 토대로 수검자 자신의 과거 경험 및 꿈에서 비롯되는 투사와 상징을 기초로 한다.

④ 수검자가 동일시 할 수 있는 인물과 상황을 그림으로 제시하여 수검자의 반응양상을 분석 · 해석한다.

⑤ 수검자는 그림들을 보면서 현재의 상황과 그림 속 인물들의 생각 및 느낌과 행동, 그리고 과거와 미래의 상황들을 상상력을 발휘하여 이야기한다.

⑥ 수검자의 그림에 대한 반응을 통해 현재 수검자의 성격 및 정서, 갈등, 콤플렉스 등을 이해하는 동시에 수검자 개인의 내적 동기와 상황에 대한 지각 방식 등에 대한 정보를 얻을 수 있다.

⑦ 로샤검사와 주제통각검사는 상호보완적으로 사용된다. 로샤검사가 주로 사고의 형식적 · 구조적 측면을 밝히는 데 반해, 주제통각검사는 주로 사고의 내용을 규명한다.

⑧ TAT는 가족관계 및 남녀관계와 같은 대인관계 상황에서의 욕구 내용 및 위계, 원초아(Id), 자아(Ego), 초자아(Superego)의 타협구조 등을 파악할 수 있도록 한다.

⑨ 머레이는 TAT를 심리치료 과정의 첫 단계에 유용하게 사용할 수 있다고 제안하였다.

(3) TAT의 기본가정

벨락(Bellak)은 TAT의 기본가정으로 통각(Apperception), 외현화(Externalization), 정신적 결정론(Psychic Determination)을 제시하였다.

구분	내용
통각 (Apperception)	• 개인은 대상을 인지할 때 지각, 이해, 추측, 심상의 심리적 과정을 거쳐 대상에 대한 결론을 내린다. 이러한 과정에서 개인은 내적 욕구와 선행 경험을 토대로 새로운 지각에 대해 상상력을 발휘하게 된다.
외현화 (Externalization)	• 수검자는 전의식적 수준에 있는 내적 욕구와 선행 경험을 외현화 과정을 통해 의식화한다. 수검자는 반응 시 즉각적으로 인식하지 못하더라도 질문 과정을 거치면서 그것이 자기 자신에 대한 내용임을 부분적으로 인식하기에 이른다.
정신적 결정론 (Psychic Determination)	• TAT를 비롯한 모든 투사적 검사는 자유연상의 과정을 포함하며, 검사 결과의 해석에 있어서 정신적 결정론의 입장을 따른다. 즉, 수검자의 반응 내용은 그의 역동적인 측면을 반영하므로, 수검자의 반응 모두 역동적인 원인과 유의미하게 연관된다는 것이다.

(4) TAT의 구성

① 주제통각검사는 30장의 흑백그림카드와 1장의 백지카드 등 총 31장으로 구성되어 있다.

② 그림카드 뒷면에는 공용도판, 남성공용도판(BM), 여성공용도판(GF), 성인공용도판(MF), 미성인공용도판(BG), 성인남성전용도판(M), 성인여성전용도판(12F), 소년전용도판(B), 소녀전용도판(G)으로 구분되어 있으며, 한 사람의 수검자에게 20장을 적용할 수 있도록 구성되어 있다.

③ 숫자로만 표시되어 있는 카드는 연령과 성별의 구분 없이 공통적으로 적용될 수 있다.

④ 주제통각검사의 31장의 카드는 로샤검사의 잉크반점카드와 달리 각 카드별 평범반응이나 채점 기준이 명시되어 있지 않다.

(5) TAT의 시행방법

① 검사에 의한 피로를 최소화하기 위해 대략 한 시간 정도 두 번의 회기로 나누어 시행한다. 이때 회기 간에는 하루 정도의 간격을 두도록 한다.

② 보통 1~10번의 카드를 첫 회기에 시행하며, 나머지 11~20번의 카드를 다음 회기에 시행한다.

③ 검사는 검사자와 수검자 간에 관계형성(Rapport)이 이루어진 상태에서 시행하도록 한다.

④ 검사자는 수검자에게 각 카드를 보여주고 어떠한 극적인 이야기 혹은 연극적인 장면을 만들어 보도록 요구하며, 그에 대해 대략 5분 정도 이야기를 해줄 것을 요청한다. 만약 수검자가 카드의 분명하지 않은 세부에 대해 질문하는 경우, 검사자는 수검자에게 보이는 대로 상상하여 이야기를 만들어보도록 요구한다.

⑤ 16번 백지카드에서는 수검자가 어떤 그림을 상상하고 있는지 말해달라고 요청한다. 다만, 과도하게 상상력을 발휘할 것을 요구하여 수검자로 하여금 위협감을 느끼게 해서는 안 된다.

⑥ 검사자는 수검자의 응답상 불완전한 부분에 대해 중간질문을 하도록 한다. 다만, 이 경우 수검자의 연상의 흐름을 방해해서는 안 된다.

⑦ 검사자는 종결질문을 통해 수검자로 하여금 자유로운 연상 과정에서의 의미 있는 경험을 의식화할 수 있도록 돕는다. 이로써 수검자는 자신에 대한 통찰력을 얻을 수 있게 된다.

(6) TAT의 해석

① **표준화법(Hartman)** : 수량화된 해석방법으로, 수검자의 반응을 항목별로 구분하여 표준화자료와 비교한다.

② **욕구-압력분석법(Murray)** : 주인공 중심의 해석방법으로, 주인공의 욕구 및 압력, 욕구 방어 및 감정, 다른 등장인물과의 관계 등에 초점을 둔다. 일반적으로 가장 널리 사용되고 있다.

③ **대인관계법(Arnold)** : 이야기에 등장하는 인물들의 상호관계를 중심으로 한 해석방법으로, 이들 간의 공격성이나 친화성 등을 분석한다.

④ **직관적 해석법(Bellak)** : 해석자의 통찰적인 감정이입능력이 요구되는 해석방법으로, 수검자의 반응에서 나타나는 무의식적 내용을 자유연상을 이용하여 해석한다.

⑤ **지각법(Rapaport)** : 이야기 내용에 대한 형식적 해석방법으로, 수검자의 왜곡적 반응이나 일탈된 사고, 기괴한 언어 사용 등을 포착한다.

4 투사적 그림검사

(1) 집-나무-사람 그림검사(HTP)

① 의의

㉠ 집-나무-사람 그림검사(House-Tree-Person)는 1948년 벅(Buck)이 처음 개발한 투사적 그림검사로, 수검자가 자신의 개인적 발달사와 관련된 경험을 그림에 투사한다는 점에 기초한다.

㉡ 해머(Hammer)는 HTP를 임상적으로 확대 적용하였으며, 코피츠(Koppitz)는 투사적 채점 체계를 제시하였다.

㉢ 번스와 카우프만(Burns & Kaufman)은 기존의 HTP를 변형하여 동작성 HTP(Kinetic-HTP)를 고안하였다.

② 특징

㉠ 수검자의 무의식과 관련된 상징을 드러내줌으로써 더욱 풍부한 정보를 제공한다.

㉡ 기존의 인물화검사(Draw-A-Person, DAP)에 의한 결과보다 더 많은 정보를 입수할 수 있으므로 개인의 성격구조를 이해하는 데 효과적이다.

㉢ HTP의 집, 나무, 사람은 수검자의 연령과 지식수준 등을 고려할 때 다른 어떠한 주제보다도 받아들이기 쉽다. 즉, HTP는 사실상 모든 연령의 수검자에게 실시가 가능하며, 특히 문맹자에게 적합하다.

㉣ 검사 자체가 간접적이므로, 수검자는 검사자가 요구하는 바를 알지 못하여 보다 솔직하고 자유롭게 반응한다.

㉤ 수검자의 그림은 모호하고 구조화되지 않은 것이므로 반응을 해석하는 데 어려움이 따른다.

㉥ 로샤검사(Rorschach Test)나 주제통각검사(TAT)가 제시된 자극에 대해 수검자가 어떻게 반응하는지 수검자의 수동적인 반응 과정으로 전개되는 반면, HTP는 수검자가 직접 반응을 구성해 가는 능동적인 반응 과정으로 전개된다.

㉦ 로샤검사나 주제통각검사가 언어 또는 이야기를 매개로 하는 반면, HTP는 언어적인 표현을 전제로 하지 않으므로 비언어적인 방식으로 표출되는 성격의 단면을 포착하는 것이 가능하다.

㉧ HTP를 통해 개인의 무의식이나 방어기제를 탐색하는 것이 가능하며, 특히 아동의 성격을 이해하는 데 매우 유효하다.

③ HTP의 투사적 상징

㉠ 집(House) : 자기-지각(Self-Awareness), 가정생활의 질, 자신의 가족 내 관계에 대한 지각

- 문 : 환경과의 직접적 접촉의 성질 및 상호작용의 정도
- 창문 : 환경과의 간접적 접촉의 성질 및 상호작용의 정도
- 지붕 : 생활의 환상적 영역, 공상적 활동, 자기 자신에 대한 관념
- 굴뚝 : 가족 내 관계, 애정욕구, 성적 만족감
- 벽 : 자아 강도 및 통제력

㉡ 나무(Tree) : 무의식적 · 원시적 자아개념, 심리적 갈등과 방어, 정신적 성숙도, 환경에 대한 적응수준 등

- 뿌리 : 안정성 여부, 현실과의 접촉 수준
- 기둥 : 자아 강도, 내면화의 힘
- 가지 : 타인과의 접촉 성향, 수검자의 자원
- 잎 : 외계, 장식, 활력 수준

㉢ 사람(Person) : 보다 직접적인 자기상(Self-Image)으로 자화상, 이상적인 자아, 중요한 타인 등

- 머리 : 인지능력 및 지적 능력, 공상 활동, 충동 및 정서의 통제
- 얼굴 : 타인과의 의사소통 및 관계형성

> – 눈 : 기본적 성향 및 현재의 기분
> – 코 : 성적 상징, 외모에 대한 태도, 타인과의 관계형성
> – 입 : 심리적 성향, 타인과의 의사소통
> – 귀 : 정서자극에 대한 반응
> – 턱 : 공격성, 자기주장적 성향
> – 목 : 지적 영역, 충동적 성향

- 몸통 : 기본적 추동(Drive)의 양상

> – 어깨 : 책임성, 책임 수행능력
> – 가슴 : 남자의 경우 힘과 능력, 여자의 경우 성적 성숙과 애정욕구
> – 허리 : 성적 행동, 성충동
> – 엉덩이 : 성적 발달 미숙

- 팔다리

> – 팔 : 자아발달과 환경과의 접촉, 현실에서의 욕구충족 방식
> – 다리 : 목표를 위한 행동, 위험으로부터의 도피
> – 손 : 사회적 교류, 환경에 대한 통제능력
> – 발 : 독립성 대 의존성, 안정감 대 불안정감

④ HTP의 사람(Person) 그림을 통해 평가할 수 있는 3가지 측면

㉠ 자화상(자기상) : 현재의 자아상태

- '자화상'은 수검자가 자신에 대해 스스로 어떻게 느끼는지를 묘사하는 것이다.
- 생리적 약점이나 신체적 장애를 가지고 있는 경우 그와 같은 약점이 수검자의 자아개념에 영향을 미치고 심리적인 감수성을 일으킬 때 그림 속에 재현된다.

- 심리적 자아의 모습이 그림 속에 나타나기도 한다. 예를 들어, 키 큰 수검자가 자신의 모습을 왜소하고 팔을 무기력하게 늘어뜨린 채 불쌍해 보이는 얼굴로 그렸다면, 이는 수검자 자신이 무기력하고 의존적이라고 느끼고 있는 것일 수 있다.

ⓛ 이상적인 자아 : 이상적으로 바라는 자기상

- '이상적인 자아'는 수검자가 이상적으로 바라는 자기상을 투사한 것이다.
- 예를 들어, 홀쭉하고 연약한 편집증의 남성은 자신이 바라는 이상적인 모습으로서 건장한 체격의 운동선수를 그릴 수 있다.
- 흔히 소년의 경우 수영복을 입은 운동선수를, 소녀의 경우 드레스를 입은 영화배우를 그리기도 한다.

ⓒ 중요한 타인 : 자신에게 영향을 미치는 중요 인물들

- '중요한 타인'은 수검자의 현재 혹은 과거의 경험 및 환경으로부터 도출되는 것으로, 수검자에게 영향을 미치는 중요 인물들의 영향력을 반영한 것이다.
- 중요한 타인의 그림은 청소년이나 어른보다는 아동의 그림에서 더욱 잘 나타나며, 일반적으로 '부모'의 모습으로 표현된다.
- 아동이 부모를 그리는 이유는 그들의 생활에서 부모가 차지하는 비중이 크며, 아동의 입장에서 부모는 곧 그들이 동일시해야 할 모델이기 때문이다.

⑤ HTP의 구조적 해석

㉠ 검사 소요시간

- 일반적 소요시간 : 하나의 그림을 완성하는 데 대략 10분 정도 소요
- 과도하게 빨리(2분 이내) 또는 느리게(30분 이상) 그린 경우 : 수검자의 갈등과 연관됨
- 오랜 시간 소요 : 완벽 성향, 강박 성향
- 어려움 호소 : 낮은 자존감, 우울감

ⓛ 그림의 순서

- 일반적 순서
  - 집 : 지붕 → 벽 → 문 → 창문
  - 나무 : 둥치(큰 줄기) → 가지 → 수관 → 뿌리 등
  - 사람 : 얼굴 → 눈 → 코 → 입 → 목 → 몸 → 팔 → 다리
- 일반적 순서와 다르게 그린 경우 : 사고장애, 발달장애
- 얼굴의 내부를 먼저, 윤곽을 나중에 그린 경우 : 평소 타인과의 대인관계에 문제가 있음
- 그림을 지우고 새로 그린 경우 : 해당 영역이 상징하는 것과 관련하여 열등감 또는 가장 성향을 지니고 있음

ⓒ 그림의 크기

- 일반적 크기 : 종이 크기의 2/3 정도 사용
- 그림을 과도하게 크게 그린 경우 : 공격성, 과장성, 낙천성, 행동화 성향, 자기 확대욕구 등
- 그림을 과도하게 작게 그린 경우 : 열등감, 불안감, 위축감, 낮은 자존감, 의존성 등

㉣ 그림의 위치
- 일반적 위치 : 종이 가운데
- 가운데 : 적정 수준의 안정감, 융통성의 부족
- 위 : 높은 욕구, 목표달성에 대한 스트레스, 공상적 만족감
- 아래 : 불안정감, 우울성향, 실제적인 것을 선호하는 성향
- 왼쪽 : 충동성, 외향성, 변화욕구, 즉각적 만족 추구 성향
- 오른쪽 : 자기 통제적 성향, 내향성, 지적 만족 추구 성향
- 구석 : 두려움, 위축감, 자신감 결여

㉤ 그림의 선
- 수평선 : 여성성, 두려움, 소극적 · 자기방어적 성향
- 수직선 : 남성성, 결단성, 활동적 · 자기주장적 성향
- 직선 : 경직성, 완고함, 공격성
- 곡선 : 유연성, 관습 거부 성향
- 길게 그린 선 : 안정성, 결단성, 높은 포부 수준
- 끊긴 곡선 : 의존성, 우유부단함, 복종적 성향
- 선에 음영 : 불안정성, 불안감, 민감성, 신중함

㉥ 필압
- 필압의 의미 : 에너지 수준
- 일반적 필압 : 강(强) 또는 약(弱)의 유연한 필압 사용
- 필압의 계속적인 변화 : 낮은 안정감
- 강한 필압 : 공격성, 독단성, 자기주장적 성향, 극도의 긴장감, 뇌염 또는 뇌전증 상태 등
- 약한 필압 : 위축감, 두려움, 우유부단, 자기억제 성향, 우울증 상태 등

㉦ 그림의 세부묘사
- 세부묘사의 의미 : 일상생활에서 실제적인 면을 의식 또는 처리하는 능력
- 생략된 세부묘사 : 위축감, 우울 성향
- 과도한 세부묘사 : 강박성, 자기 억제 성향, 주지화 성향
- 부적절한 세부묘사 : 위축감, 불안감

㉧ 그림의 대칭성
- 대칭성 결여 : 불안정성, 신체적 부적응감, 정신병적 상태, 뇌기능장애
- 대칭성 강조 : 경직성, 강박성, 충동성, 융통성 결여, 편집증적 성향

㉨ 그림의 왜곡 또는 생략
- 왜곡 및 생략 : 불안감, 내적 갈등
- 극단적 왜곡 : 현실 검증력 장애, 뇌손상 또는 정신지체

㉧ 동적 또는 정적 움직임
- 경직된 모습 : 우울감, 위축감, 정신병적 상태
- 극단적 움직임 : ADHD(주의력 결핍 및 과잉행동장애), 경계선 장애

㉨ 절단
- 용지 하단에서의 절단 : 강한 충동성 또는 충동성의 억제
- 용지 상단에서의 절단 : 주지화 성향, 지적인 면에서의 강한 성취욕구
- 용지 왼쪽에서의 절단 : 의존성, 강박성, 과거에 대한 고착, 솔직한 감정 표현
- 용지 오른쪽에서의 절단 : 행동에 대한 통제, 미래로의 도피 욕구, 감정 표현에 대한 두려움

㉩ 음영
- 음영의 의미 : 불안 또는 갈등 수준
- 진하게 칠한 음영 : 불안 및 강박에 의한 우울감, 미숙한 정신상태로의 퇴행
- 연하게 칠한 음영 : 대인관계에서의 과민성

㉪ 그림 지우기
- 빈번한 지우기 : 내적 갈등, 불안정, 자신에 대한 불만
- 반복적 지우기에도 그림이 개선되지 않음 : 특별한 불안 또는 갈등

㉫ 종이 돌리기
- 이리저리 돌리기 : 반항성, 내적 부적절감
- 계속 같은 방향으로 돌리기 : 하나의 개념에 얽매인 보속성

㉮ 투시화
- 투시화의 의미 : 성격 통합 상실, 현실검증장애, 병적 징조
- 신체 내부의 장기 투시 : 조현병(정신분열증)

⑥ HTP가 임상장면에서 널리 사용되는 이유

㉠ 연필과 종이만 있으면 되므로 실시가 쉽다.

㉡ 대략 20~30분 정도 소요되므로 시간이 오래 걸리지 않는다.

㉢ 중간 채점이나 기호 채점의 절차 없이 그림을 직접 해석할 수 있다.

㉣ 수검자의 투사를 직접 목격할 수 있다.

㉤ 아동, 외국인, 문맹자 등 언어표현이 어려운 사람에게도 적용할 수 있다.

㉥ 연령, 지능, 예술적 재능 등에 제한을 받지 않는다.

㉦ 그림에의 투사과정이 그 자체로 억압의 해소 등 치료적인 효과를 가진다.

(2) 가족화검사 : 동적 가족화(Kinetic Family Drawing, KFD)

① 의의

㉠ KFD는 번즈와 카우프만(Burns & Kaufman, 1970)에 의해 개발된 기법으로 가족화에 움직임을 첨가한 투사화이다.

㉡ 동적 가족화의 목적은 가족 내에서의 자기 자신과 다른 가족구성원에 대한 지각을 파악하고 가족 간의 상호작용과 역동성을 파악하기 위한 것이다.

㉢ 동적 가족화는 일반적인 상담 장면에서 그리게 하는데, 그다지 크지 않은 방에 적당한 높이의 책상과 의자가 있으면 충분하나, 수검자가 자유롭고, 수용적인 장면임을 느낄 수 있도록 라포를 형성하는 것이 중요하다.

㉣ 집단검사도 가능하나, 임상적 상황에서는 일대일로 검사하는 것이 바람직하다.

② 실시 방법

㉠ A4 용지, 연필, 지우개를 지급한 후, 아래의 지시사항에 따라서 그림을 그리게 한다.

"지금 당신을 포함하여 당신 가족 모두가 무엇인가 하고 있는 그림을 그려 보세요. 만화나 막대기 같은 사람이 아닌 완전한 사람을 그려주세요. 무엇이든 어떠한 행위를 하고 있는 그림을 그려야 합니다. 당신 자신도 그리는 것을 잊어서는 안 됩니다."

㉡ 시간제한은 없지만, 대략 30분 정도가 적당하다. 일반적으로 투사적 심리검사를 일상장면에서 이용하는 경우에는 시간제한을 설정할 필요는 없으나 가급적 30~40분에 완료하도록 한다.

㉢ 그림을 그리는 도중에 여러 가지 질문에 대해서는 "자유입니다. 그리고 싶은 대로 그리세요. 완전히 자유롭게 그리십시오."라고 하고 어떠한 단서도 주지 않도록 한다.

㉣ 치료자는 내담자가 그림을 그리는 동안 그림을 그리는 순서나 그리는 태도 등의 과정을 잘 관찰한다.

㉤ 만약 가족 중 그리지 않은 사람이 있을 경우는 "누구는 없네요. 그려 보세요."라고 치료자가 제안하여 나중에 다시 그려 넣는 일이 없도록 한다.

㉥ 그림을 그린 후 치료자는 그린 순서, 인물의 나이, 하고 있는 행위, 생략한 사람, 가족 이외에 그린 사람이 있는지 물어서 기록한다.

㉦ 내담자의 그림을 보면서 그림을 그린 뒤의 느낌이나 자신이 생각하는 가족의 특성, 가족 간의 관계 등에 대하여 이야기하도록 한다.

③ 진단 및 해석 기준 : 5가지 진단영역

㉠ 인물상의 행위

- 가족 모두가 상호작용하고 있는지 아니면 일부가 상호작용하고 있는지 또는 상호작용 행위 자체가 없는지에 따라 가족의 전체적 역동성을 파악할 수 있다.
- 각 인물상의 행위를 중심으로 가족 내 역할유형을 알 수 있다. 주로 아버지, 어머니, 자기상을 중심으로 분석하게 되는데, 이 세 사람이 공통되는 가족구성원이며 자녀에게 있어서 부모는 성격형성의 중요한 장을 형성해 주기 때문이다. 행위에 대한 해석은 그림의 양식, 상징 등을 고려하여 전체적 관점에서 해석되어야 한다.

㉡ 양식

일반적 양식	• 보통의 신뢰감에 가득 찬 가족관계를 체험하고 있는 경우 그려지는 것으로 복잡하거나 명백한 장벽을 나타내지 않고 온화하고 우호적인 상호관계를 암시하는 그림이다.
구분	• 하나 또는 그 이상의 직선이나 곡선을 사용하여 그림에서 인물들을 의도적으로 분리하는 경우이다. • 사회적으로 고립되거나 내성적인 내담자에게서 보여 지는 것으로 다른 가족구성원으로부터 자신과 그들의 감정을 철회하고 분리시키려는 욕구를 표현한 것으로 해석된다.
종이접기	• 구분검사용지를 접어서 몇 개의 사각 형태를 만들고 그 안에 가족구성원을 그리는 것으로 구분의 극단적인 양식이다. • 이는 가족관계 내에 존재하는 강한 불안이나 공포를 나타내는 것으로 해석된다.
포위	• 하나 또는 그 이상의 인물을 어떤 사물이나 선으로 둘러싸는 경우다. • 가족 간의 관계에서 자기 자신이 개방적인 감정적 태도를 가지지 못할 때, 가족원 혹은 자기 자신을 닫아버리는 양식이다. • 강한 불안이나 불안의 표현으로 주로 책상, 그네, 자동차 등의 사물을 이용하여 교묘하게 표현하는 경우가 많다.
가장자리	• 인물상을 용지의 주변에 그리는 경우로, 상당히 방어적이며 문제의 핵심에서 회피하려는 경향이 있다. • 또한 친밀한 관계를 맺는 것에 대한 강한 저항을 나타낸다.
인물 아래의 선	• 자신이나 특정 가족구성원에 대해 불안감이 강한 경우에 인물상 아래에 선을 긋는 경우가 있다. • 가족성원 상호간의 인간관계의 불안정성을 시사하고 있다고 본다.
상 · 하부의 선	• 용지의 상부에 그려진 선으로 불안, 걱정, 공포가 존재함을 의미한다. • 하부의 선은 강한 스트레스 아래에 있는 내담자가 안정을 필요로 하고 구조 받고 싶은 욕구가 강할 때 나타난다. • 붕괴 직전에 놓여 있는 가정이라든지 스트레스 아래에 있는 내담자가 안정을 강하게 필요로 하고 또 구조 받고 싶은 욕구가 강할 때 나타난다.

㉢ 상징

- 공격성 혹은 경쟁의식 : 공, 축구공, 던지는 물체들, 빗자루, 먼지떨이 등
- 애정, 온화함, 희망적임 : 태양, 전등, 난로 등의 열과 빛이 적절할 때(빛이나 열이 강렬하고 파괴적일 때는 애정이나 양육의 욕구, 증오심을 나타내기도 함)
- 분노, 거부, 적개심 : 칼, 총, 날카로운 물체, 불, 폭발물 등
- 힘의 과시 : 자전거, 오토바이, 차, 기차, 비행기 등. 자전거를 제외하고 모두 의존적 요소에 의한 힘의 과시
- 우울한 감정, 억울함 : 물과 관계되는 모든 것 예 비, 바다, 호수, 강 등

㉣ 역동성

인물상의 순서	• 가족 내의 일상적 순서를 나타내는 경우가 많다. • 특정 인물이나 자기상이 제일 먼저 그려진 경우에 내담자의 가족 내 정서적 위치에 대해서 특별히 고찰할 필요가 있다.
인물상의 위치	• 위쪽으로 그려진 인물상은 가족 내 리더로서의 역할이 주어지는 인물을 나타내며 높은 목표를 가지고 그 목표에 도달하고자 노력한다. – 가족구성원 전원이 위쪽으로 그려진 경우는 가족 전체의 현재 상황에 대한 수검자의 불안이나 불안정감을 의미한다. – 아래쪽은 억울한 감정이나 침체감과 관계가 있다. 또한 가장자리나 아래쪽은 불안정, 낮은 자존감을 의미하기도 한다. • 좌우로 구분했을 때, 우측은 외향성과 활동성에 관계하며, 좌측은 내향성과 침체성과 관계가 있다. – 적절히 적응하는 사람들은 남녀 모두 자기상을 우측에 그리는 일이 많다. • 중앙부에 그려진 인물상은 가족의 중심인물인 경우가 많다. – 만약 내담자가 중앙부에 자기상을 위치시켰을 때는 자기중심성이나 미성숙한 인격을 의미하는 경우도 있다.
인물상의 크기	• 가족구성원에 대한 관심의 정도가 인물의 크기를 반영한다. • 부정적이든 긍정적이든 관심이 큰 인물이 크게 그려진다. • 전반적인 그림이 현저하게 큰 것은 공격적 성향이나 과장, 부적절한 보상적 방어의 감정이나 과잉행동을 나타낸다. • 반면에 현저하게 작은 그림은 열등감, 무능력함, 혹은 부적절한 감정, 억제적이고 소심함을 나타낸다.
인물상 간 거리	• 인물상 간의 거리는 내담자가 본 가족구성원들 간의 친밀성 정도나 심리적인 거리를 반영하는 것이라고 할 수 있다. • 인물상이 겹쳐지거나 접촉되어 있는 것은 두 사람 사이에 친밀함이 존재함을 의미한다. • 반대로 거리가 먼 경우에는 실제 생활에서도 상호작용이나 의사소통이 소원한 경우가 많다.
인물상의 방향	• 그려진 인물상의 방향이 정면일 경우에는 긍정적인 감정, 측면일 경우는 반 긍정, 반 부정적인 감정 그리고 뒷면일 경우에는 부정적인 감정을 반영한다고 볼 수 있다.
인물상의 생략	• 가족구성원의 생략은 그 가족구성원에 대한 적의나 공격성, 불안 등의 부정적인 감정을 표현한 것으로 볼 수 있다. • 인물상을 지운 흔적은 지워진 인물과의 양가감정 혹은 갈등이 있을 수 있음을 암시하거나 강박적이고 불안정한 심리상태를 나타낼 경우도 있다. • 가족구성원의 일부를 용지의 뒷면에 그리는 경우는 그 개인과의 간접적인 갈등을 시사한다.
타인의 묘사	• 가족구성원이 아닌 제3자를 그리는 경우에는 가족 내에 누구에게나 마음을 터놓을 수 없는 상태에 있음을 나타낸다. • 친구가 묘사되는 경우가 많다.

㉤ 인물상의 특성

음영이나 갈기기	• 신체부분에 음영이 그려진 경우 그 신체부분에의 몰두, 고착, 불안을 시사한다. • 또한 정신신체증상의 호소와도 관련된다. • 그림의 윤곽선이 진하고 그림 안의 선들이 진하지 않을 경우 성격의 평형을 유지함이 곤란함을 나타낸다.
윤곽선 형태	• 강박적 사고와 관련이 있다. • 인물상을 빈틈없이 그릴 수 없을 정도로 과도하게 집착하고 있음을 시사한다.
신체부분의 과장	• 신체부분의 확대 혹은 과장은 그 부분의 기능에 대한 집착을 나타낸다. • 신체내부를 투명하게 보이는 경우는 현실왜곡, 빈약한 현실감각, 정신장애 가능성을 내포한다.
신체부분의 생략	• 그 신체부분 기능의 거부와 그 부분에 집착된 불안이나 죄의식을 나타낸다.
얼굴표정	• 직접적인 감정을 나타내므로 해석상 확실한 지표가 된다. • 인물의 표정은 가족활동 안에서 내담자가 지각하는 정서반응일 수 있다. • 얼굴표정을 생략한 경우 가족 내에서 느끼는 갈등이나 정서적 어려움을 회피하거나 거리감을 두려는 시도로 해석할 수 있다.
의복의 장식	• 나체상을 그리는 사람은 사회규범에 대해 반항적이며 성적 문제를 가지는 경향이 많으며, 의복을 통하여 신체가 보이도록 그리는 경우는 현실검증력이 낮고, 심리적으로 장애가 있는 경우가 많다. • 의복의 단추모양이나 액세서리의 강조는 의존성 또는 애정욕구의 불만을 의미한다.
회전된 인물상	• 인물상이 기울기도 하고 옆으로 누워 있는 경우가 있다. • 이는 가족에 대한 인식기능이 상실되었을 때, 혹은 거절이나 다른 가족구성원과의 분리감정을 나타낸다. • 즉, 보편적으로 강한 불안정과 정서통제가 되지 않는 내담자에게서 나타난다.
정교한 묘사	• 그림이 극히 정교하고 정확하며 질서가 있는 경우는 환경구성에 대한 그림을 그리는 사람의 관심이나 욕구를 반영하는 것이나, 과도한 표현은 강박적이고 불안정한 심리상태를 의미한다.
필압	• 선이 굵고 강하게 나타나는 경우는 충동이 밖으로 향하고 공격적이고 활동적이다. • 반대로 약하고 가는 선은 우울하고 소극적인 사람에게 나타난다.

④ 적용

㉠ KFD는 가족이 무엇인가 하고 있는 것을 그리는 것으로 현재의 가족 모습이 나타나기도 하고 자신이 바라는 가족 모습이 나타날 수도 있으므로 그림 자체만으로 해석하는 것은 상당한 오류를 범할 수 있다.

㉡ 치료자는 내담자의 현재의 상황과 잘 연결시켜 그림을 해석하도록 한다.

㉢ 치료자가 해석기준만 참고하여 일방적으로 진단을 내리는 것은 위험할 수 있기 때문에 내담자에게 아래와 같이 질문하여 직접 자신의 그림을 설명할 수 있도록 하고 이를 해석에 참고하는 것이 바람직하다.

> • 그림을 그린 후 그림을 보고서 어떤 느낌을 받았나요?
> • 누구를 그릴 때 가장 힘들었나요?
> • 가족 중 나와 가장 가까운 사람은 누구인가요?
> • 평소에 생각하는 가족과 그림에서 나타나는 가족은 어떤 차이가 있나요?

5 문장완성검사

(1) 의의

① 문장완성검사(Sentence Completion Test, SCT)는 단어연상검사의 변형 · 발전된 형태로, 다수의 미완성 문장들에 대해 수검자가 자신의 생각대로 문장을 완성하도록 하는 검사이다.

② 갈튼(Galton)의 자유연상법, 카텔(Cattell) 및 라파포트(Rapaport)의 단어연상법, 융(Jung) 의 임상적 연구 등에 영향을 받았다.

③ 1897년 에빙하우스(Ebbinghaus)가 최초로 지능검사 도구로 미완성 문장을 활용하였으며, 1928년 페인(Payne)이 문장완성을 성격검사 도구로 처음 사용하였다. 이후 1930년 텐들러(Tendler)가 이를 사고반응 및 정서반응의 진단을 위한 도구로 발전시켰다.

④ 제2차 세계대전 당시 대규모의 인원을 대상으로 한 효과적인 병사 선발을 목적으로 일대일의 직접 면담 대신 활용되었다. 이후 심리검사 배터리(Battery)에 포함되어 연구목적에 따라 다양한 형태로 변형 · 제작되었다.

(2) 특징

① SCT는 완성되지 않은 문장을 완성하도록 되어 있는 투사검사 중 하나이다.

② 자유연상을 토대로 하므로 수검자의 내적 갈등이나 욕구, 환상, 주관적 감정, 가치관, 자아구조, 정서적 성숙도 등을 효과적으로 파악할 수 있다.

③ 언어표현을 사용하므로 수사법, 표현의 정확성 여부, 표현된 정서, 반응시간 등이 중요한 의미를 지닌다.

④ 보통 50~60개 문장을 통해 수검자의 복합적인 성격패턴을 도출해낸다.

⑤ 로샤검사나 주제통각검사(TAT)보다 더 구조화되어 있으므로, 몇몇 학자들에 의해 투사적 검사로 보기 어렵다는 견해도 있다.

⑥ 단어연상검사에 비해 연상의 다양성이 감소된다는 지적도 있으나, 검사 문장을 통해 나타나는 상황적 맥락이나 감정적 색채 등이 오히려 수검자의 태도나 관심 영역을 잘 반영하고 있다는 주장이 받아들여지고 있다.

⑦ 수검자는 예/아니요와 같이 단정적으로 답을 강요당하지 않으며, 자신이 원하는 대로 답할 수 있다.

⑧ 수검자가 검사의 구체적인 의도를 명확히 알지 못하고, 옳은 답 또는 그른 답을 분간할 수 없으므로 비교적 솔직한 답을 얻을 수 있다. 다만, 다른 투사적 검사에 비해 검사의 의도가 완전히 은폐되지 않으므로 수검자의 응답이 왜곡되어 나타날 가능성을 완전히 배제하기는 어렵다.

⑨ 다른 투사적 검사에 비해 검사의 시행 및 해석에 있어서 특별한 훈련이 요구되지 않는다. 다만, 표준화 검사와 같이 객관적인 채점을 할 수는 없으므로 검사 결과의 임상적인 분석을 위해 보다 전문적인 수준의 지식과 훈련이 필요하다.

⑩ 집단적인 검사가 가능하므로 시간 및 노력이 상대적으로 적게 소요된다.

⑪ 검사 문항의 작성이 매우 용이하며, 특히 다양한 상황에 부합하도록 검사 문항을 수정할 수 있다.

⑫ 수검자의 언어표현능력이 검사 결과에 영향을 미치므로, 언어발달이 완성되지 못한 아동에게는 적용하기 어렵다.

(3) 삭스문장완성검사

① 삭스문장완성검사(Sacks Sentence Completion Test, SSCT)는 20명의 심리학자들을 대상으로 가족, 성, 대인관계, 자아개념의 4가지 영역에 대해 중요한 태도를 유도할 수 있는 미완성 문장을 만들도록 한 후 선별의 과정을 거쳐 만들어졌다.

② 최종 검사문항은 가족 12문항, 성 8문항, 대인관계 16문항, 자아개념 24문항으로 총 60문항이었으나, 내용상 중복되는 것을 제외한 채 현재 50개 문항의 형태로 널리 사용되고 있다.

③ 삭스(Sacks)는 4개의 영역을 15개의 영역으로 보다 세분화하여, 각 영역에서 수검자가 보이는 손상의 정도에 따라 0, 1, 2점으로 평가하고, 해당평가에 대한 해석체계를 구성하였다.

④ SSCT의 4가지 주요 영역의 특징은 다음과 같다.

영역	특징
가족	• 어머니와 아버지, 그리고 가족에 대한 태도를 측정한다. 예 어머니와 나는 ______
성	• 남성과 여성, 결혼, 성적 관계 등 이성관계에 대한 태도를 측정한다. 예 내 생각에 여자들은 ______
대인관계	• 가족 외의 사람, 즉 친구와 지인, 권위자 등에 대한 태도를 측정한다. 예 내가 없을 때 친구들은 ______
자아개념	• 자신의 능력, 목표, 과거와 미래, 두려움과 죄책감 등에 대한 태도를 측정한다. 예 내가 저지른 가장 큰 잘못은 ______

⑤ SSCT의 반응유형은 다음과 같다.

유형	반응 내용	판단
고집형	내용의 변화가 적으며, 특정대상이나 욕구를 반복적으로 제시함	성격의 경직성, 기호의 편벽성
감정단반응형	좋다 또는 싫다 등 간단하고 짤막한 어휘로 반응함	정신지체, 감정통제의 어려움
장황형	감정단반응형과 달리 장황하고 지루하게 반응함	신경증적 · 강박적 성향
자기중심형	자신과 관련되지 않은 문항에서조차 자기중심적인 주제로 반응함	미성숙
공상반응형	비현실적인 생각이나 공상으로 반응함	현실도피, 현실에의 부적응
허위반응형	자신의 본래 모습을 감추면서 도덕적으로 반응함	반사회성, 가장적 성향
모순형	검사 전체의 전후 내용을 고려할 때 내용상 모순적으로 반응함	무의식적 갈등
반문형	자극문항 앞에서 응답이 아닌 반문으로 반응함	권위에 대한 저항
은닉형	자극문항 앞에서 반응의 내용에 대해 구체적인 표현을 삼감	자기방어적 성향
거부형	자극문항 앞에서 고의로 없다 또는 모른다로 반응하거나 전혀 반응하지 않음	자기방어적 성향
병적 반응형	자극문항 앞에서 비정상적인 내용으로 반응함	정신장애

제 3 절 신경심리평가

1 의의 및 목적

(1) 의의

① 신경심리검사는 선천적 또는 후천적 뇌손상 및 뇌기능 장애를 진단하는 검사도구를 말한다.

② 환자의 행동 변화를 야기하는 뇌손상과 그로 인한 신체적 · 인지적 기능상의 변화 등을 감별하기 위한 것이다. 즉, 환자의 행동변화를 야기하는 뇌손상이 있는지, 손상이 있는 경우 어떤 기능영역에서 나타나는지, 나아가 그와 관련된 뇌병변의 위치가 어디인지 등을 판단하기 위한 진단적 목적으로 사용된다.

③ 가벼운 초기 뇌손상의 진단에 효과적인 도구로, 특히 초기 치매나 두개골 골절이 없는 폐쇄두부손상 등 자기공명영상(MRI)이나 양전자단층촬영(PET)과 같은 첨단 뇌영상촬영장비로 탐지하기 어려운 미세한 장애를 탐지하는 데 유용하게 활용된다.

④ 신경심리평가는 이와 같은 뇌손상 및 뇌기능장애에 특화된 심리검사와 함께 신경심리상태에 대한 과학적 · 체계적인 검사 및 환자의 행동장애에 대한 평가를 통해 인지기능의 손상여부를 판정하고 치료계획을 세우기 위한 과정을 의미한다.

(2) 목적

① **환자상태의 예측** : 신경심리검사는 환자에게서 나타난 뇌손상의 심각도를 알 수 있도록 하며, 뇌손상의 후유증을 예측할 수 있도록 한다. 특히 단층촬영(CT)이나 자기공명영상(MRI)과 같은 뇌영상기법에서 이상소견이 나타나지 않을 때 유용할 수 있다.

② **환자관리 및 치료계획수립** : 환자의 성격특성이나 인지상태 등에 대한 자세한 정보를 입수하여 신경학적 장애가 있는 환자들을 보다 세심하게 관리하며, 환자가 겪고 있는 심리적 변화가 그의 행동에 어떠한 영향을 미치는지 파악함으로써 합리적인 치료계획을 세우도록 한다.

③ **재활 및 치료평가** : 환자의 현재 신경심리학적 상태에 대한 평가를 통해 환자의 변화된 욕구와 능력에 부합하는 적절한 재활프로그램을 적용할 수 있도록 하며, 환자의 수행실패에 대한 분석을 통해 어떤 치료기법이 유효한지 평가할 수 있도록 한다.

④ **연구** : 환자의 뇌기능과 행동의 연관성에 대한 연구를 가능하도록 한다. 예를 들어 환자의 유형에 따라 어떤 특정한 신경외과적 수술이 요구되는지, 향후 어떤 변화가 일어날 수 있는지 등을 연구하는 데 유용한 도구로 활용된다.

2 평가영역 및 주요 신경심리검사

(1) 평가영역

① 지능

㉠ 지적 능력의 저하는 뇌손상의 결과로 인한 가장 일반적인 현상으로, 특히 지능검사는 신경심리평가에 있어서 가장 많이 사용되는 도구이다.

㉡ 웩슬러지능검사(The Wechsler Scales)는 인지기능의 기저 수준을 결정하고 병전 기능 수준을 추정하는 데 유용하지만, 신경심리학적 평가의 관점에서 뇌손상의 성질을 밝히는 데 크게 도움이 되지는 않는다.

㉢ 일반적으로 웩슬러지능검사에서 낮은 언어성 IQ는 좌반구의 손상을, 낮은 동작성 IQ는 우반구의 손상을 나타내는 것으로 간주한다.

② 기억 및 학습능력

㉠ 기억장애는 유전적인 요인에서부터 신경학적 손상, 대사기능의 이상, 나아가 정서적 · 심리적 문제 등에 의해서도 야기되므로, 평가 시에 기억 곤란을 야기하는 근본적인 원인을 명확히 파악하는 것이 중요하다.

㉡ 환자들이 호소하는 기억손상은 과거의 사건이나 지식을 잃어버리는 역행성 기억상실과 함께 손상 후 새로운 사건이나 사실을 학습하는 데 어려움을 보이는 순행성 기억상실로 구분된다.

㉢ 대표적인 검사로는 웩슬러 기억척도(Wechsler Memory Scale), 레이 청각언어학습 검사(Rey Auditory Verbal Learning Test), 캘리포니아 언어학습 검사(California Verbal Learning Test) 등이 있다.

③ 언어기능

㉠ 신경학적 병변과 관련된 언어기능상의 이상은 실어증(Aphasia) 혹은 언어기능 장애(Dysphasias)로 나타난다.

㉡ 실어증은 크게 수용기술과 표현기술, 즉 읽고 이해하기, 듣고 이해하기 등의 수용언어와 함께, 단어와 의미의 정확한 사용, 문장의 정확한 사용, 목적지향적 언어의 정확한 사용 등 표현언어로 나누어 측정한다.

㉢ 대표적인 검사로는 라이탄 실어증 선별검사(Reitan Aphasia Screen Test), 보스턴 진단용 실어증 검사(Boston Diagnostic Aphasia Examination), 보스톤 이름대기 검사(Boston Naming Test) 등이 있다.

④ 주의력과 정신적 처리속도

㉠ 주의력은 시공간적 지남력과 주의전환, 각성 또는 지속적 주의, 선택적 또는 초점 주의 등의 세 가지 측면으로 구분된다.

㉡ 주의력은 신경학적 손상에 의해서는 물론 정신과적인 질병이나 검사 상황에서의 불안 및 긴장 등에 의해서도 저하될 수 있으므로 이에 대한 변별이 이루어져야 한다.

㉢ 대표적인 검사로는 선로잇기 검사(Trail Making Test), 기호 숫자 양식 검사(Symbol Digit Modalities Test), 스트룹 색상-단어 검사(Stroop Color-Word Test), 숫자 외우기 검사(Digit Span), 요일순서 거꾸로 말하기 등이 있다.

⑤ 시각구성능력

㉠ 자극의 재구성을 위해서는 자극 부분들의 공간적 관계를 정확하게 지각하는 능력, 각 부분을 전체로 조직화하는 능력, 실제적인 운동능력 등이 필요하다.

㉡ 시공간적 지각능력의 손상은 구성장애 또는 구성실행증(Constructional Apraxia)을 초래 한다. 구성장애는 1차원 및 2차원의 자극을 토대로 2차원 또는 3차원으로 된 대상이나 형태를 구성하는 능력에서 결함을 나타내는 장애로, 특히 두정엽의 병변과 밀접한 관련이 있는 것으로 알려져 있다.

㉢ 대표적인 검사로는 벤더게슈탈트 검사(Bender Gestalt Test), 레이-오스테리스 복합도형 검사(Rey-Osterrieth Complex Figure Test), 벤톤 시각기억 검사(The Benton Visual Retention Test) 등이 있다.

⑥ 집행기능(실행기능)

㉠ 집행기능은 개념형성 및 추론을 통해 문제를 해결하거나 계획하며, 상황에 부합하는 판단 및 적절한 행동을 하도록 하는 고차적인 기능이다.

㉡ 집행기능의 손상은 기초적인 인지기능이 보존되어 있더라도 사회적으로 적응적인 행동을 하는 데 어려움을 초래하는데, 특히 전두엽 및 전두엽-피질하부 순환경로상의 병변과 밀접한 관련이 있는 것으로 알려져 있다.

㉢ 대표적인 검사로는 위스콘신 카드분류 검사(Wisconsin Card Sorting Test), 스트룹 검사(Stroop Test), 하노이 탑 검사(Tower of Hanoi Test), 선로잇기 검사(Trail Making Test), 추적검사(Trail Making Test) 등이 있다.

⑦ 성격 및 정서적 행동

㉠ 성격 및 정서의 변화는 뇌손상의 직접적인 결과로 나타날 수도 있으나 신체적 기능저하나 사고경험, 환자의 병전 성격이나 정신과적 질병의 유무, 보상과 관련된 꾀병의 여부 등에 의한 것일 수도 있다.

㉡ 뇌손상을 입은 환자는 MMPI 프로파일이 현저히 상승하거나 로샤검사에서 빨간색에 과도한 반응을 보이기도 하며, 기괴한 반응이나 해부학적 반응을 나타내기도 한다.

㉢ 대표적인 검사로는 간이정신진단검사-90(Symptom Checklist 90-Revised), 밀튼 임상 다축성검사(Milton Clinical Multiaxial Inventory-Ⅲ) 등이 있다.

(2) 주요 신경심리검사 및 배터리

① 루리아-네브라스카 신경심리배터리(Luria-Nebraska Neuropsychological Battery, LNNB)

㉠ 양적-질적 접근법을 결합한 것으로, 개별 수검자 실험연구는 물론 집단 간 실험연구로도 사용된다.

㉡ 총 269문항으로 이루어져 있으며, 운동(Motor), 리듬(Rhythm), 촉각(Tactile), 시각(Visual), 언어수용(Receptive Speech), 언어표현(Expressive Speech), 쓰기(Writing), 읽기(Reading), 산수(Arithmetic), 기억(Memory), 지적 과정(Intelligence)의 11개 척도로 구성되어 있다.

㉢ 뇌손상의 유무, 뇌기능장애로 인한 운동기능과 감각기능의 결함, 지적 기능장애를 비롯하여 기억력과 학습능력, 주의집중력 등을 포괄적으로 평가한다.

㉣ 검사실시에서 결과 해석에 이르기까지 2~3시간의 비교적 짧은 시간이 소요되며, 검사자가 융통성을 발휘할 수 있다.

㉤ 검사자의 주관적 판단과 임상적 직관의 비중이 매우 크며, 뇌손상 여부의 확인에는 유용하지만 뇌손상의 유형이나 손상된 부위 및 결과에 대해서는 의심의 여지가 많다.

② 할스테드-라이탄 신경심리배터리(Halstead-Reitan Neuropsychological Battery, HRNB)

㉠ 뇌손상의 유무는 물론 그 부위를 미리 알지 않고도 대뇌기능과 함께 그 손상 정도를 의미 있게 측정할 수 있도록 여러 가지 서로 다른 검사들의 배터리로 구성되어 있다.

㉡ 지능, 언어지각, 촉각인지, 손가락운동, 감각기능 등을 평가하기 위해 할스테드 범주검사(Halstead Category Test), 언어청각검사(Speech-Sounds Perception Test), 시쇼어 리듬검사(Seashore Rhythm Test), 촉각수행검사(Tactual Performance Test), 선로잇기검사(Trail Making Test), 라이탄-인디아나 실어증검사(Reitan-Indiana Aphasia Screening Test), 편측우세검사(Lateral Dominance Examination), 수지력검사(Finger Tapping Test) 등 다양한 항목들을 포함하고 있다.

㉢ 뇌손상 환자군과 대조군의 비교를 통해 다수의 타당도 검사가 실시되어 그 타당도가 검증된바 있으며, 이로써 뇌손상이 있는 영역과 뇌손상의 유형, 진행과정 등을 유의미하게 평가할 수 있는 것으로 보고되고 있다.

③ 서울신경심리검사(Seoul Neuropsychological Screening Battery, SNSB)

㉠ 주의집중능력, 언어 및 관련 기능, 시공간 기능, 기억력, 전두엽 집행기능 등을 평가하는 다양한 하위검사들로 구성되어 있다.

㉡ 단시간 내에 치매를 선별하기 위한 검사도구로 한국판 간이 정신상태 검사(K-MMSE), 수검자의 인지기능에 영향을 미칠 수 있는 정서적 상태를 평가하는 노인용 우울검사(GDS), 신체적 상태를 평가하는 바텔 일상생활활동(B-ADL), 수검자와 보호자의 보고를 토대로 치매의 심각도를 평가하는 임상치매척도(CDR) 등이 포함되어 있다.

㉢ 검사실시에 대략 2시간 정도가 소요되며, 55~80세 노년층에 대한 규준을 제공한다.

④ 한국판 치매평가검사(Korean-Dementia Rating Scale-2, K-DRS-2)

㉠ 치매 환자의 진단 및 경과 측정을 위해 개발된 치매평가검사(DRS-2)를 국내 실정에 맞도록 재표준화한 것이다.

㉡ 주의, 관리기능, 구성, 개념화, 기억 등을 측정하는 검사들로 구성되어 있다.

㉢ 검사실시에 대략 30분~1시간 정도가 소요되며, 4개의 연령 수준(50~59세, 60~69세, 70~79세, 80~89세)과 4개의 학력 수준(문맹, 0~5세, 6~11세, 12년 이상)으로 세분화된 규준을 제공한다.

⑤ 한국판 세라드 치매 진단검사(Korean Version of Consortium to Establish a Registry for Alzheimer's Disease, CERAD-K)

㉠ CERAD는 알츠하이머병 환자의 진단 및 평가, 연구에 표준화된 평가도구 및 진단방법을 사용함으로써 연구자 간 협력기반을 구축하고자 개발된 것이다.

㉡ 기억력, 지남력, 언어능력, 시공간 능력을 측정하는 검사들로 구성되어 있다.

㉢ 검사실시에 대략 30분 정도의 비교적 짧은 시간이 소요되면서도 치매와 관련된 인지기능을 포괄적으로 측정하는 장점을 가지고 있다.

참고

배터리(Battery)검사와 개별검사

구분	특징
배터리검사	• 배터리(Battery)는 여러 종류의 검사를 하나의 세트로 묶어 사용하는 방식으로, 배터리형으로 제작된 검사세트를 모두 실시하는 방법에 해당한다. • 평가되는 기능에 관하여 총체적인 자료를 제공해 준다. • 자동화된 해석체계가 존재하므로 검사자의 채용을 촉진한다. • 환자의 병전 기능수준에 대한 평가와 함께 현재 기능수준에 대한 파악이 가능하다. • 임상적 평가 목적과 연구 목적이 함께 충족될 수 있다. • 자료가 광범위하거나 불충분하게 제공될 수 있으며, 시간과 비용이 많이 소요된다. • 최신의 신경심리학적 연구결과들을 반영하기 어렵다.
개별검사	• 환자에 따라 적절한 검사를 특정적으로 선정하여 실시하는 방법에 해당한다. • 다른 불필요한 검사들을 제외하며, 필요한 검사에 대하여 보다 집중적인 실행이 가능하다. • 자동화된 해석체계가 존재하지 않으므로 고도의 전문성을 가진 신경심리전문가가 필요하다. • 환자의 검사 행동 및 결과의 종합을 통해 풍부한 정보를 제공한다. • 신경심리전문가를 훈련시키거나 모집하는 데 어려움이 있다.

3 관련 장애 및 검사해석 시 고려사항

(1) 관련 장애

① 신경인지장애 또는 치매

㉠ 신경인지장애(Neurocognitive Disorder)는 기존에 치매(Dementia)로 불린 DSM-5 분류 기준상의 장애범주로, 알츠하이머병, 파킨슨병, 헌팅턴병을 비롯하여 외상성뇌손상, 혈관질환 등 다양한 병인의 결과인 만큼 신경학적, 정신과적, 신체적 상해 등의 평가과정을 포함한다.

㉡ 신경심리학적 평가는 이러한 장애로 인한 현재의 기능 상태와 특정영역의 손상을 탐지하고 병전능력 수준과의 비교를 통해 손상의 정도를 제시함으로써 이를 치료에 활용할 수 있도록 한다.

② 약물중독 또는 물질남용

㉠ 약물중독이나 물질남용은 신경계에 손상을 입히는데, 보통 이와 같은 중독 혹은 남용은 정신과적 문제가 복합적으로 작용하고 있다. 따라서 정신과적 문제에 일차적인 초점이 맞춰 지지만, 재활프로그램을 적용하는 경우 개개인의 신경심리학적 소견에 따라 실시되어야 효율적이다.

㉡ 급성환자를 제외하고 중독의 영구적 후유증은 명확하지 않다. 이때 신경심리학적 평가가 그 미묘한 차이를 평가하는 데 유용하게 사용될 수 있다.

③ 뇌졸중

㉠ 뇌졸중은 혈관의 이상으로 인해 뇌의 혈액공급이 단절됨으로써 신경학적 증상이 나타나는 것이다. 그러나 뇌졸중은 광범위한 혈관질환이므로 인지손상이 다양하게 나타날 수 있으며, 그 결과로 예상되는 인지손상의 특정한 형태가 존재하지 않는다.

㉡ 신경심리학적 평가는 일차적인 진단도구로 사용되지는 않지만, 회복속도 및 예후에 대한 평가, 인지기능의 현재 상태평가 및 치료 후 효과와의 비교, 치료영역결정 및 치료종결 후 장기치료 계획수립을 위한 기초자료제공 등을 위해 실시된다.

④ 두부손상

㉠ 두부충격으로 인한 외상 중 폐쇄성두부손상(Closed Head Injury)은 뇌의 구조적 변화를 야기하는 심한 두부손상과 달리 뇌에 광범위하고 산재성 형태의 확산성축색손상을 일으키므로, 특징적인 장애양상을 보이지 않는 것이 특징이다.

㉡ 신경심리학적 평가는 주의력감소, 새로운 학습이나 처음 시도하는 과제에 대한 정신적 속도 및 능력의 감소 등 완전한 기능상실보다는 다양한 기능의 효율성감소가 어느 정도 나타나는지를 알려준다.

⑤ 뇌전증

㉠ 뇌전증은 급격히 일시적으로 나타나는 뇌세포들의 과도한 방전으로 인한 발작을 의미하는 것으로, 심한 근육경련, 의식상실 등을 동반한다. 성인보다는 아동에게서 많이 관찰되며, 특히 5세 이하의 아동과 사춘기 연령에서 발생빈도가 높은 것으로 알려져 있다.

㉡ 신경심리학적 평가는 발작의 발생 및 빈도 등 여러 요인이 복합적으로 작용하여 나타나는 뇌전증의 특징적 양상에 대해 보다 정확한 평가를 내릴 수 있도록 하며, 취학기의 학습과 수행에 관한 적절한 정보를 제공해 준다.

(2) 검사 해석 시 고려사항

① **환자 및 환자가족의 사회력** : 사회경제적 상태, 교육수준 또는 학력, 직업력, 가족력, 결혼력 등

② **생활환경** : 가계소득, 직업, 여가활동, 종교활동 등

③ **의학적 상태** : 뇌손상의 정도, 뇌손상 후 경과시간, 뇌손상 당시 연령, 뇌손상 전 환자상태, 병력에 대한 환자의 보고, 병원 등에서의 각종 진단기록 등

④ **평가상의 문제** : 환자가 신경심리평가를 의뢰하게 된 배경, 평가의 적절성 여부 등

제 5 장 실제예상문제

checkpoint 해설 & 정답

01 ② 실시할 수 있는 수검자의 연령하한선은 본래 16세이다. 다만, 일정 수준의 독해력이 인정되는 경우 12세까지 가능하다.
③ 수검자의 언어성 IQ(VIQ)가 80 이하인 경우 검사 실시가 부적합한 것으로 간주되고 있다.
④ 수검자가 심리적인 혼란 상태에 있는 경우를 제외하고 수검자의 정신적 손상을 검사 제한 사유로 고려하지 않는다.

02 2–6 또는 6–2코드(D & Pa)
- 심각한 정서적 어려움을 겪고 있는 정신병 초기의 환자에게서 종종 나타난다.
- 평소 우울한 상태에 있으며, 그러한 우울한 감정에는 분노와 적개심이 내재해 있다.
- 보통의 우울증 환자와 달리 자신의 공격성을 공공연하게 드러낸다.
- 타인의 친절을 거부하고 곧잘 시비를 걸며, 보통의 상황에 대해 악의적인 해석을 내린다.
- 편집증적 경향이 현저하게 나타나기도 한다.

정답 01 ① 02 ①

01 MMPI 검사를 실시할 때의 고려사항에 대한 내용으로 옳은 것은?

① 독해력은 초등학교 6학년 이상의 수준이어야 한다.
② 수검자의 연령하한선은 본래 16세로 이는 어떤 경우에도 지켜야 한다.
③ 수검자의 언어성 IQ(VIQ)가 60 이하인 경우 검사 실시가 부적합한 것으로 간주되고 있다.
④ 수검자의 가벼운 정신적 손상에도 검사는 제한되어야 한다.

02 아래의 특징은 MMPI의 상승 코드쌍 중 어느 것과 관련되는가?

- 심각한 정서적 어려움을 겪고 있는 정신병 초기의 환자에게서 종종 나타난다.
- 평소 우울한 상태에 있으며, 그러한 우울한 감정에는 분노와 적개심이 내재해 있다.
- 보통의 우울증 환자와 달리 자신의 공격성을 공공연하게 드러낸다.

① 2–6 또는 6–2코드
② 3–8 또는 8–3코드
③ 4–6 또는 6–4코드
④ 6–8 또는 8–6코드

해설 & 정답 checkpoint

03 MMPI-2의 타당도척도 중 방어성과 관련되는 내용이 아닌 것은?

① 과소보고 경향을 탐지하는 척도
② L척도
③ S척도
④ FP척도

03 MMPI-2의 주요 타당도척도 범주 구분

범주	척도
성실성	• 문항 내용과 무관한 응답을 평가하는 척도 – ? 척도(무응답 척도) – VRIN척도(무선반응 비일관성 척도) – TRIN척도(고정반응 비일관성 척도)
비전형성	• 문항 내용과 연관된 왜곡응답을 평가하는 척도 – F척도(비전형 척도) – FB척도(비전형-후반부 척도) – FP척도(비전형-정신병리 척도)
방어성	• 과소보고 경향을 탐지하는 척도 – L척도(부인 척도) – K척도(교정 척도) – S척도(과장된 자기제시 척도)

04 다음 중 MMPI의 타당도척도에 속하지 않는 것은?

① VRIN척도
② 척도 5 Mf
③ L척도
④ FB척도

04 척도 5 Mf는 임상척도에 해당한다.

정답 03 ④ 04 ②

checkpoint 해설 & 정답

05 우울증상이 있는 사람은 보통 음영차원과 무채색 반응의 빈도가 높게 나타난다.

06 MMPI는 객관적 검사에 해당된다.

07 아동용 주제통각검사(The Children's Apperception Test)의 경우에 3~10세를 대상으로 한다.

정답 05 ③ 06 ① 07 ①

05 로샤검사에 대한 내용 중 옳지 않은 것은?

① 추상적 · 비구성적인 잉크반점을 자극 자료로 하여 수검자의 학습된 특정 반응이 아닌 여러 가지 다양한 반응을 유도한다.
② 수검자는 그가 지각한 것 속에 자신의 욕구, 경험, 습관적 반응양식을 투사한다.
③ 우울증상이 있는 사람은 보통 음영차원과 유채색 반응의 빈도가 높게 나타난다.
④ 개인이 잉크반점을 조직하고 구조화하는 방식이 근본적으로 그 사람의 심리적 기능을 반영한다고 본다.

06 아래의 성격검사 중 투사검사가 아닌 것은?

① MMPI-2
② TAT
③ 로샤검사
④ HTP

07 다음 중 TAT에 대한 설명으로 틀린 것은?

① 3~10세 아동을 대상으로 한다.
② 로샤검사와 더불어 전 세계적으로 널리 사용도고 있는 대표적인 투사적 검사이다.
③ 정신분석이론을 토대로 수검자 자신의 과거경험 및 꿈에서 비롯되는 투사와 상징을 기초로 한다.
④ 해석 시 사용되는 방법 중 주인공의 욕구 및 압력, 욕구 방어 및 감정, 다른 등장인물과의 관계 등에 초점을 두는 방법을 욕구-압력분석법이라고 한다.

해설 & 정답 checkpoint

08 KFD검사에서 인물상을 생략한 경우의 해석으로 볼 수 없는 것은?

① 적의나 공격성, 불안 등의 부정적인 감정
② 억울한 감정이나 침체감
③ 양가감정 혹은 갈등
④ 간접적인 갈등

08 ②는 인물상의 위치가 아래쪽으로 그려졌을 때 할 수 있는 해석이다.

09 신경심리검사에 대한 설명으로 옳지 않은 것은?

① 선천적 또는 후천적 뇌손상 및 뇌기능 장애를 진단하는 검사도구
② 환자의 행동 변화를 야기하는 뇌손상과 그로 인한 신체적 · 인지적 기능상의 변화 등을 감별하기 위한 것
③ 가벼운 초기 뇌손상의 진단에는 효과가 없음
④ 신경심리평가는 인지기능의 손상여부를 판정하고 치료계획을 세우기 위한 과정을 의미

09 가벼운 초기 뇌손상의 진단에 효과적인 도구로, 특히 초기 치매나 두개골 골절이 없는 폐쇄두부손상 등 자기공명영상(MRI)이나 양전자단층촬영(PET)과 같은 첨단 뇌영상촬영장비로 탐지하기 어려운 미세한 장애를 탐지하는 데 유용하게 활용된다.

10 다음 중 SCT에 대한 내용 중 틀린 것은?

① 자유연상을 토대로 하므로 수검자의 내적 갈등이나 욕구, 환상, 주관적 감정, 가치관, 자아구조, 정서적 성숙도 등을 효과적으로 파악할 수 있다.
② 로샤검사나 주제통각검사(TAT)보다 더 구조화되어 있으므로, 몇몇 학자들에 의해 투사적 검사로 보기 어렵다는 견해도 있다.
③ 수검자는 예/아니요와 같이 단정적으로 답을 강요당하지 않으며, 자신이 원하는 대로 답할 수 있다.
④ 1930년 카텔(Cattell)이 사고반응 및 정서반응의 진단을 위한 도구로 발전시켰다.

10 1930년 텐들러(Tendler)가 사고반응 및 정서반응의 진단을 위한 도구로 발전시켰다.

정답 08 ② 09 ③ 10 ④

주관식 문제

01 신경심리평가의 목적을 간략히 기술하시오.

checkpoint 해설 & 정답

01
정답
- 환자상태의 예측
- 환자관리 및 치료계획수립
- 재활 및 치료평가
- 연구

02 신경심리검사에서 평가하는 영역은 무엇인지 쓰시오.

02
정답 지능, 기억 및 학습능력, 언어기능, 주의력과 정신적 처리속도, 시각구성능력, 집행기능, 성격 및 정서적 행동

해설 & 정답 checkpoint

03 HTP검사의 특징을 3가지 이상 기술하시오.

03

정답
- 수검자의 무의식과 관련된 상징을 드러내줌으로써 더욱 풍부한 정보를 제공한다.
- 기존의 인물화 검사(DAP)에 의한 결과보다 더 많은 정보를 입수할 수 있으므로 개인의 성격구조를 이해하는 데 효과적이다.
- HTP의 집, 나무, 사람은 수검자의 연령과 지식수준 등을 고려할 때 다른 어떠한 주제보다도 받아들이기 쉽다. 즉, HTP는 사실상 모든 연령의 수검자에게 실시가 가능하며, 특히 문맹자에게 적합하다.
- 검사 자체가 간접적이므로, 수검자는 검사자가 요구하는 바를 알지 못하여 보다 솔직하고 자유롭게 반응한다.

04 아래의 내용은 MMPI의 어떤 척도에 해당되는지 쓰시오.

- 심리적 · 정신적 에너지의 수준을 반영하며, 사고나 행동에 대한 효율적 통제의 지표로 활용된다.
- 인지영역에서는 사고의 비약이나 과장을, 행동영역에서는 과잉활동적 성향을, 정서영역에서는 과도한 흥분상태, 민감성, 불안정성을 반영한다.

04

정답 척도 9 Ma(Hypomania, 경조증)

메 모

제 6 장

정신분석과 정신역동치료

I wish you the best of luck

제 6 장 정신분석과 정신역동치료

제 1 절 정신분석

1 의의 및 특징

(1) 기본가정

① 정신적 결정론 또는 심리결정론(Psychic Determination)
㉠ 인간의 모든 심리적 현상은 그에 선행하는 어떤 원인에 의해 결정
㉡ 인간의 기본적 성격구조는 대략 5세 이전의 과거 경험에 의해 결정. 특히 5세 이전의 성(性)과 관련된 심리적 외상(Trauma)에 의해 성격이 형성되거나 신경증적 증상이 나타남
㉢ 인간은 자신의 행동을 결정하는 심리적 원인의 극히 일부만을 의식할 뿐 그 대부분은 자각하지 못함

② 무의식적 동기(Unconscious Motivation)
㉠ 인간행동의 원인은 바로 무의식적 동기에서 비롯됨
㉡ 인간의 행동은 의식적 요인보다는 무의식적 요인에 의해 훨씬 더 강력한 영향을 받음

③ 성적 추동(Sexual Drive)
㉠ 인간 삶의 원동력
㉡ 성인의 경우 성행위를 비롯한 다양한 형태로 표현될 수 있으며, 아동의 경우 양육자, 특히 어머니와의 관계에서 나타남
cf. 공격적 욕구도 인간의 기본적인 욕구

④ 어린 시절의 경험
㉠ 어린 시절의 경험, 특히 양육자인 부모와의 상호작용 경험이 개인의 성격형성의 기초를 이루게 됨
㉡ 성인의 행동은 어린 시절의 경험을 통해 형성된 무의식적 성격구조가 발현된 것으로 볼 수 있음

(2) 마음의 지형학적 모델

① 의식(Conscious) : 개인이 각성하고 있는 순간의 기억, 감정, 공상, 경험, 연상 등 현재 자각하고 있는 생각
② 전의식(Preconscious) : 현재는 의식 밖에 있어 인식하지 못하나 조금만 주의를 기울이면 의식될 수 있는 부분
③ 무의식(Unconscious) : 전혀 의식되지 않지만 인간정신에서 가장 큰 비중을 차지하여 행동을 결정하는 데 막대한 영향력을 행사

(3) 성격의 삼원구조이론

① 원초아(Id) : 쾌락의 원칙. 원초아는 본능에 따라 무의식적으로 이루어지는 과정이며, 욕구실현을 위한 사고가 아닌 비논리적이고 맹목적인 욕구충족을 꾀함
② 자아(Ego) : 현실의 원칙. 원초아의 본능과 초자아, 그리고 외부 현실 세계를 중재 또는 통제하는 역할. 주관적 욕구와 외부 현실을 구별하여 환경에 적응할 줄 아는 현실검증능력을 가짐
③ 초자아(Superego) : 쾌락보다는 완전, 현실보다는 이상을 추구. 도덕에 위배되는 원초아의 충동을 억제하고 자아의 현실적 목표를 도덕적이고 규범적인 기준에 맞추어 이상적인 목표를 세우도록 요구

(4) 성격 발달 : 5단계

단계	연령	특징
구강기 (Oral Stage)	출생~1세 6개월	• 유아의 입, 혀가 존재의 중심이며, 생존과 밀접한 관련 • 수유를 지나치게 규칙적으로 하거나 이유를 지나치게 빨리 하여 만족이 좌절되면 구강고착(Oral Fixation)의 성격을 갖게 됨 • 고착 vs. 승화 – 고착될 경우 : 음식에 대한 지나친 집착, 과도한 흡연이나 음주, 사람과의 접촉에 대한 지나친 요구, 타인에 대한 의존성 등 퇴행적 성격을 보임. 타인에 대한 비난이나 분노를 나타냄 – 승화될 경우 : 미식가, 반동형성할 경우 : 금주 운동가
항문기 (Anal Stage)	1세 6개월~3세	• 배설의 쾌감을 통해서 욕구 충족 • 배변훈련을 하는 시기이므로 항문쾌감이 박탈될 가능성이 높음 • 고착 vs. 승화 – 고착될 경우 : 항문기 폭발적 성격, 정돈하지 않고 지저분하며, 어지럽히는 행동을 통해 항문기 억압에 대해 반항하는 경우. 항문기 강박적 성격, 고집이 세고 완고하며 검소하고 인색 이는 항문기 억압에 대한 분노가 소극적으로 나타나는 방식 – 승화될 경우 : 조각가, 미술가, 반동 형성할 경우 : 결벽증

남근기 (Phallic Stage)	3세~6세	• 성기를 통해 쾌감을 얻는 시기 • 리비도가 자신과 가장 가까이에 있는 이성의 부모를 향한 근친상간적인 욕구로 발현 – 외디푸스 콤플렉스(Oedipus Complex) : 남아의 어머니에 대한 애정. 아동의 성격 형성에 중요한 역할을 함 ⇒ 아동은 거세불안(Castration Anxiety)을 감소시키기 위해 아버지와 동일시함으로 초자아가 형성 – 엘렉트라 콤플렉스(Electra Complex) : 여아의 아버지에 대한 애정 • 고착 vs. 승화 – 고착될 경우 : (남성) 자기도취적, 강한 남성성 과시, 과장된 행동과 야심적인 행동. (여성) 문란한 성, 유혹적, 경박한 기질 – 승화될 경우 : 시, 연극 등으로 성공. 반동형성할 경우 : 수사, 금욕적인 생활
잠복기 (Latency Stage)	6세~12세	• 모든 성적인 것들이 억압되고 외면적으로 성적 관심이 없는 시기 • 리비도는 학교과업, 운동 등 사회적으로 용납되고 인정되는 활동을 통해 강력한 에너지로 발산
생식기 (Genital Stage)	12세 이후	• 공격적이 되며 성적 본능들이 활발 • 이성이 다시 관심의 초점. 이성관계, 구애, 결혼, 가족형성 등에 관심 • 성행위를 통한 리비도의 충족을 추구하게 되며 이러한 리비도의 표출양식은 전 생애를 통해 지속

(5) 불안

① **현실불안(Reality Anxiety)** : 실제적이고 현실적인 불안으로, 실제 외부 세계에서 받는 위협, 위험에 대한 인식 기능으로 불안을 느끼는 것

② **신경증적 불안(Neurotic Anxiety)** : 불안을 느껴야 할 이유가 없음에도 불구하고 본능적 충동이 의식 속으로 뚫고 들어와 불상사가 생길 것이라 느껴지는 불안. 신경증적 불안은 원초아의 쾌락(예 성적 충동, 공격적 충동)을 그대로 표현하였을 때 현실에서 처벌이나 제재를 받은 경험으로 인하여 이러한 충동이 지각되기만 하여도 두려움을 느끼게 되는 것

③ **도덕적 불안(Moral Anxiety)** : 원초아의 충동이 자신의 도덕적 원칙에 위배되어 충족을 얻으려고 할 때 죄책감이나 수치심을 통해 초자아의 위협을 느껴 두려움을 갖는 것. 즉, 도덕적 불안은 원초아와 초자아 간의 갈등에서 비롯된 자기 양심에 대한 두려움

(6) 방어기제

① **억압(Repression)** : 죄의식이나 괴로운 경험, 수치스러운 생각을 의식에서 무의식으로 밀어내는 것으로 선택적인 망각을 의미

예 부모의 학대에 대한 분노를 억압하여 부모에 대한 이야기를 무의식적으로 꺼리는 경우

② **부인 또는 부정(Denial)** : 의식화되는 경우 감당하기 어려운 고통이나 욕구를 무의식적으로 부정하는 것

예 애인이 교통사고로 사망했음에도 불구하고 그의 죽음을 인정하지 않은 채 여행을 떠난 것이라고 주장하는 경우

③ **합리화(Rationalization)** : 현실에 더 이상 실망을 느끼지 않기 위해 또는 정당하지 못한 자신의 행동에 그럴듯한 이유를 붙이기 위해 자신의 말이나 행동을 정당화하는 것

예 여우가 먹음직스러운 포도를 발견하였으나 먹을 수 없는 상황에 처했을 때 "저 포도는 신 포도라서 안 먹는다"라고 말하는 경우

④ **반동형성(Reaction Formation)** : 자신이 가지고 있는 무의식적 소망이나 충동을 본래의 의도와 달리 반대되는 방향으로 바꾸는 것

예 미운 놈에게 떡 하나 더 준다

⑤ **투사(Projection)** : 사회적으로 인정받을 수 없는 자신의 행동과 생각을 마치 다른 사람의 것인 양 생각하고 남을 탓하는 것

예 자기가 화가 난 것을 의식하지 못한 채 상대방이 자기에게 화를 낸다고 생각하는 경우

⑥ **퇴행(Regression)** : 생의 초기에 성공적으로 사용했던 생각이나 감정, 행동에 의지하여 자기 자신의 불안이나 위협을 해소하려는 것

예 대소변을 잘 가리던 아이가 동생이 태어난 후 밤에 오줌을 싸는 경우

⑦ **주지화(Intellectualization)** : 위협적이거나 고통스러운 정서적 문제를 피하기 위해 또는 그것을 둔화시키기 위해 사고, 추론, 분석 등의 지적 능력을 사용하는 것

예 죽음에 대한 불안감을 덜기 위해 죽음의 의미와 죽음 뒤의 세계에 대해 추상적으로 사고하는 경우

⑧ **전치 또는 치환(Displacement)** : 자신이 어떤 대상에 대해 느낀 감정을 보다 덜 위협적인 다른 대상에게 표출하는 것

예 종로에서 뺨 맞고 한강에서 눈 흘긴다

⑨ **전환(Conversion)** : 심리적인 갈등이 신체 감각기관이나 수의근육계의 증상으로 바뀌어 표출되는 것

예 글쓰기에 심한 갈등을 느끼는 소설가에게서 팔의 마비가 나타나는 경우

⑩ **상징화(Symbolization)** : 의식적으로 인정받을 수 없는 무의식적 욕망이나 충동을 어떠한 상징적 표현으로 전치하는 것

예 아이를 가지고 싶은 강렬한 소망을 품은 여인의 꿈에 새의 알이 보이는 경우

⑪ **해리(Dissociation)** : 괴로움이나 갈등상태에 놓인 인격의 일부를 다른 부분과 분리하는 것

예 지킬 박사와 하이드

⑫ **격리(Isolation)** : 과거의 고통스러운 기억에서 동반된 부정적인 감정을 의식으로부터 격리시켜 무의식 속에 억압하는 것

예 직장 상사와 심하게 다툰 직원이 자신의 '상사살해감정'을 무의식 속으로 격리시킨 채 업무에 있어서 잘못된 것이 없는지 강박적으로 서류를 반복하여 확인하는 경우

⑬ **보상(Compensation)** : 어떤 분야에서 탁월하게 능력을 발휘하여 인정받음으로써 다른 분야의 실패나 약점을 보충하여 자존심을 고양시키는 것

예 작은 고추가 맵다

⑭ 대치(Substitution) : 받아들여질 수 없는 욕구나 충동 에너지를 원래의 목표에서 대용 목표로 전환시킴으로써 긴장을 해소하는 것

예 꿩 대신 닭

⑮ 승화(Sublimation) : 정서적 긴장이나 원시적 에너지의 투입을 사회적으로 인정될 수 있는 행동방식으로 표출하는 것

예 예술가가 자신의 성적 욕망을 예술로 승화하는 경우

⑯ 동일시(Identification) : 자기가 좋아하거나 존경하는 대상과 자기 자신 또는 그 외의 대상을 같은 것으로 인식하는 것

예 좋아하는 연예인의 옷차림을 따라하는 경우

⑰ 취소(Undoing) : 자신의 공격적 욕구나 충동으로 벌인 일을 무효화함으로써 죄의식이나 불안 감정에서 벗어나고자 하는 것

예 전날 부부싸움 끝에 아내를 구타한 남편이 퇴근 후 장미꽃 한 다발을 아내에게 선물하는 경우

⑱ 신체화(Somatization) : 심리적인 불안이나 스트레스가 감각기관이나 수의근계통 이외의 신체증상으로 표출되어 나타나는 것

예 사촌이 땅을 사면 배가 아프다

⑲ 행동화(Acting-Out) : 무의식적 욕구나 충동이 즉각적으로 충족되지 않은 채 연기됨으로써 발생하는 내적 갈등을 피하기 위한 목적으로 그와 같은 욕구나 충동을 보다 직접적으로 표출하는 것

예 남편의 구타를 예상한 아내가 먼저 남편을 자극하여 매를 맞는 경우

⑳ 상환(Restitution) : 무의식적 죄책감으로 인한 마음의 부담을 줄이기 위해 일종의 배상행위를 하는 것

예 자신의 반평생을 돈벌이를 위해 살았던 사람이 자신이 모은 돈을 자선사업에 기부하는 경우

2 상담목표와 기법

(1) 목표

① 성장의 촉진

㉠ 가장 중요한 것은 인간의 기본적인 신뢰감과 안정감을 회복시키는 것

㉡ 초자아로부터 어느 정도 자유로워진 건전한 양심을 형성해야 함

㉢ 자신의 공격성에 대한 불안을 극복하고 공격성을 건설적으로 활용할 수 있는 능력을 함양

㉣ 성(性)에 대한 미숙한 환상을 극복하고 성숙한 사랑을 할 수 있는 통합된 인격체가 되어야 함

② 자기체계의 성숙

㉠ 자기행동, 느낌, 결단 등에 대해서 스스로 책임지고자 하는 사람은 결코 실수나 실패를 두려워하지 않음

㉡ 시공을 넘어 자기를 자기로 체험하는 굳은 심지가 느껴지고, 갈등과 변화, 좌절, 고난 속에서도 탄력 있는 자기동일성을 유지하게 됨

㉢ 건강한 자기가치 감정은 자기와 남을 있는 그대로 받아들이고 존경할 수 있는 기본적인 조건

③ 인간관계의 성숙
  ㉠ 자기중심적 인간관계를 극복하고, 부모에 대한 비현실적인 기대, 좌절, 왜곡된 지각이나 판단 등에 대한 깊은 깨달음을 통해 부모도 부족한 인간임을 받아들이게 됨
  ㉡ 세대 간의 경계를 받아들여 부모 사이에 끼지 않고 그들의 부부관계를 인정하게 됨
  ㉢ 친밀한 관계와 그렇지 않은 관계를 구별할 줄 알게 되고, 타인에 대한 의존이 적어지고, 혼자라는 것에 대한 불안이 줄어들어 서로 주고받는 친밀한 관계를 통해 삶의 의미가 채워지게 됨
④ 현실수용
  ㉠ 감사하는 마음이 생김. 제대로 이루어진 종결에 가까워 오면 거의 모든 내담자들이 상담자에게 깊이 감사하는 마음을 표현하게 됨
  ㉡ 떠나보낼 수 있고, 할 수 있으며, 동경할 수 있는 능력이 키워짐
  ㉢ 추동을 통제하는 힘과 좌절을 이겨내는 능력이 키워짐
  ㉣ 편안하게 마음을 놓을 수 있는 여유가 생김
  ㉤ 정확한 현실검증능력이 생김
⑤ 성숙한 대처방안
  ㉠ 일상생활에서 어떤 문제가 일어나기만 하면 분열, 투사적 동일시, 폐쇄적으로 돌아서는 것, 수동적 공격성 등과 같이 발달 단계적으로 미숙한 방어를 경직되게 사용하는 것을 극복하게 됨
  ㉡ 방어는 심리 내적으로 혹은 사회적으로 어려운 상황에 적응하기 위하여 임시로 활용되는 것이 이상적인데 이런 식의 대처방안을 사용할 수 있게 됨
⑥ 체험의 충만감과 생동성 : 에너지 관리를 잘 하고 기쁨과 슬픔, 편안함 등과 같은 근본적인 생활 감정을 정확하게 느끼고 어떤 감정인지 알고 명명할 수 있는 능력이 생김
⑦ 통합적 능력의 수용
  ㉠ 자신과 남을 이상화하거나 평가절하 하는 경향을 포기하고 현실을 있는 그대로 받아들이게 됨
  ㉡ 선과 악, 그리고 흑백논리에 대한 통찰과 통합이 이루어짐
  ㉢ 인지능력을 효율적이고 경제적으로 관리하게 됨
  ㉣ 합리적인 것과 비합리적인 것 사이의 긴장감을 견디어 낼 수 있게 됨
⑧ 자기분석능력
  ㉠ 자기통찰을 키우게 됨
  ㉡ 통찰한 것을 행동으로 옮기는 능력을 키우게 됨
  ㉢ 전이신경증을 극복하게 됨

(2) 기법

① **자유연상(Free Association)** : 어떤 대상, 자극, 상황 등과 관련해서 내담자가 자신의 마음속에 떠오르는 생각, 감정, 기억들을 그대로 이야기하는 방법

② **꿈의 분석(Dream Analysis)** : 수면 중에는 내담자의 방어기제가 약해져 무의식 속의 충동, 욕구, 상처 등 억압된 욕망과 갈등이 의식의 표면으로 쉽게 떠오르게 되므로, 이러한 꿈을 분석하고 해석함으로써 문제의 원인이 무엇인지 밝히고, 내담자가 자신의 내면을 통찰할 수 있도록 도움

③ **전이(Transference)** : 내담자들이 과거에 자신에게 중요하고 의미 있던 사람에게 느꼈던 감정이나 생각을 현재의 상담자에게 느끼는 것

④ **저항(Resistance)** : 현 상태를 유지시키고 변화를 막기 위해 내담자가 억압했던 생각이나 감정 등을 의식의 표면으로 떠오르지 않게 하려는 것

⑤ **해석(Interpretation)** : 꿈, 자유연상, 저항, 전이 등에서 나타나는 내용 중 명확하지 않은 부분에 대해 내담자가 이해할 수 있도록 지적하고 설명해 주는 것

⑥ **훈습(Working-Through)** : 상담과정에서 느낀 내담자의 통찰이 현실생활에 실제로 적용되어 내담자에게 변화가 일어나는 것

⑦ **버텨주기(Holding)** : 내담자가 막연하게 느끼지만 스스로는 직면할 수 없는 불안과 두려움에 대해 상담자의 이해를 적절한 순간에 적합한 방법으로 전해주면서, 내담자에게 의지가 되어주고 따뜻한 배려로 마음을 녹여주는 것

⑧ **간직하기(Containing)** : 내담자가 불안과 두려움을 느끼는 충동과 체험에 대해 상담자가 즉각적으로 반응하는 대신 이를 마음속에 간직하여 적절히 통제함으로써 위험하지 않도록 변화시키는 것

3 공헌 및 한계

공헌	• 인간은 개인이 인지하지 못한 충동에 의해 사고나 행동이 동기화된다는 것을 밝혔다. • 체계적인 성격이론과 효과적인 심리치료의 기술을 개발했다. • 유아기의 중요성을 강조하여 자녀양육의 중요성에 대해 일깨워 관련 연구를 자극하였다. • 신경증 치료과정에서 불안의 기능을 확인하고 해석, 저항, 전이의 중요성을 강조하였다.
한계	• 모든 인간에게 근친상간의 쾌락적인 충동이 있다고 보았다. • 인간의 현재 상태를 설명하기 위하여 유아기의 경험과 억압된 무의식의 내용을 중요시함으로써 인간을 결정론적이고 비합리적인 존재로 보고 인간의 자율성과 책임성, 합리성을 무시하였다. • 인간의 모든 문제의 근원을 성(性)에 관련시켰으나 이 이론을 뒷받침해 줄 연구 자료는 불완전하다.

제 2 절 다양한 정신역동적 심리치료

1 개인심리학

(1) 의의 및 특징

① 기본가정

㉠ 총체적 존재 : 아들러(Adler)는 성격은 통합적이고 분리할 수 없는 전체로 보아야 하며, 인간은 목표를 향해 일정한 패턴을 가지고 삶을 지속해 나가는 역동적이고 통합된 유기체로 가정

㉡ 사회적 존재 : 인간은 본질적으로 사회적 존재이며, 인간의 행복과 성공은 대개 사회적 유대와 관련되어 있다고 가정

㉢ 목표 지향적 · 창조적 존재 : 아들러는 성격형성에 있어 유전과 환경의 중요성을 인정하면서도, 인간을 그 두 요인을 능가하는 제3의 힘인 창조력을 가지고 있는 존재로 가정

㉣ 주관적 존재 : 아들러는 현상학적 관점을 수용하여 개인이 자신과 자신을 둘러싼 환경을 어떻게 인식하고 해석하느냐에 따라 그의 행동 방식이 결정된다고 가정

② 주요개념

㉠ 열등감과 보상

- 열등감 : 자기완성을 위한 필수적인 요소로 인간의 심리 깊숙이 자리 잡고 있는 열등감이 모든 병리현상의 일차적 원인이며, 많은 정신병리현상은 열등감에 대한 이차적 반응
- 보상 : 열등감 극복을 위한 시도로 인간이 높은 단계로 발전을 위하여 노력할 수 있도록 하며, 인간발달의 동기를 부여하는 데 중요한 요소

㉡ 우월성의 추구 : 인간이 추구하는 궁극적인 목적은 우월성의 추구이며, 이는 단지 열등감을 극복한다는 소극적 입장이 아니라 보다 적극적인 향상과 완성을 지향하는 것

㉢ 생활양식 및 생활양식의 4가지 유형 : 삶의 목적, 자아개념, 가치, 태도 등 개인의 독특성으로 삶의 목적을 달성하는 독특한 방법

> • 지배형 : 부모가 지배하고 통제하는 독재형
>   – 가부장적 가족문화, 유교문화, 권위중시
>   – 독단적이고 공격적이며 활동적
>   – 지배적이며 반사회적 유형
>   – 더 활동적일수록 더 직접적으로 공격
> • 기생형 : 의존형
>   – 부모가 자녀를 지나치게 과잉보호할 때 나타남
>   – 자녀가 원하면 무엇이든 들어주면 자녀는 기생형으로 성숙
>   – 활동성이 낮고 사회적 관심저조
>   – 타인으로부터 모든 것 기대, 주는 것 없음
>   – 수동적 대인관계, 자선에 의존
> • 회피형 : 매사에 소극적이며, 부정적 태도
>   – 사회적 관심결핍, 활동성 낮음
>   – 삶의 문제를 노력하기보다 회피
>   – 현실세계로부터 후퇴
>   – 성공보다 실패를 더 두려워함
> • 사회적 유용형
>   – 긍정적 태도, 활동성이 높고 사회적 관심이 높음, 성숙한 사람
>   – 타인의 욕구 의식, 지역사회 이익기여(사회공헌)

㉣ 인생과제 : 인간은 일, 사랑, 우정이라는 최소한의 세 가지 주요 생활과제를 해결해야 하는 존재

㉤ 사회적 관심 : 사회를 살아가는 개인의 태도를 의미하며, 보다 나은 미래를 추구하는 관심을 포함 → 사회적 관심이 발달할수록 열등감과 소외감은 감소

㉥ 출생순위

• 첫째 : 첫째는 잠시 동안 부모의 사랑을 독차지하나, 동생이 태어나면서 그 사랑을 빼앗기게 되고 → 그것을 되찾으려고 노력하지만 실패 → 그 결과 스스로 고립해서 적응해 나가며, 타인의 애정이나 인정을 얻고자 하는 욕구에 초연해 혼자 생존해나가는 전략을 습득 → 그 결과 일반적으로 타인들과 좋은 관계를 맺으며, 타인의 기대에 쉽게 순응하고, 사회적 책임을 잘 감당하는 특징을 보임

• 둘째 : 둘째는 태어날 때부터 형 또는 누나라는 경쟁자를 만나게 되므로, 그들의 장점을 넘어서기 위한 자극과 도전을 받아 첫째보다 훨씬 빠른 발전을 보이기도 함. 그로 인해 경쟁심이 강하고 야망을 가진 성격이 되기 쉽고, 자신이 첫째보다 낫다는 것을 증명하기 위해 노력하는 생활양식을 보임

• 막내 : 막내는 동생에게 자리를 빼앗기는 경험을 하지 않아 귀염둥이로 자랄 수도 있지만, 때로는 전혀 관심을 받지 못할 수도 있음. 또한 자신보다 힘세고 특권을 가진 형들에게 둘러싸여 독립심 부족과 함께 강한 열등감을 경험하기 쉽고, 누군가 자기 대신 자기의 생활을 만들어 주기를 바라는 경향을 보임

- 독자 : 독자, 즉 외동아이는 경쟁할 형제가 없으므로 응석받이가 되기 쉬워 의존심과 자기중심성이 현저하게 나타남. 다른 아이와 나누어 가지거나 협동하는 것을 배우지 못하는 반면, 어른들을 어떻게 다루어야 하는지는 잘 배움. 또한 항상 무대의 중앙에 위치하기를 원하고, 그 위치가 도전을 받으면 불공평하다고 느낌
- 중간아이 : 중간 아이는 삶이 불공평하다고 확신할 수 있으며, 속았다는 느낌을 받아 자기 자신을 불쌍히 여기는 태도를 가질 수 있음

ⓢ 가상적 목표 : 개인의 행동을 이끄는 마음속의 중심목표를 의미하며, 우리의 궁극적 목표는 현실에서 검증되거나 확인될 수 없는 가상의 목표임. 가상적 목표는 미래에 실재할 것이라기보다는 지금-여기에 존재하는 주관적 · 정신적으로 현재의 행동에 영향을 주는 이상으로, 어떤 상황에서 개인이 추구하는 안전한 상태의 자기상으로 우월성의 추구 및 생활양식의 지침으로 기능

ⓞ 창조적 자기 : 인간이 스스로 자신의 삶을 만들어 나간다는 것으로, 개인이 생의 의미로서 목표를 설정하고 이를 달성하기 위해 노력을 기울이는 과정

더 알아두기

프로이트와 아들러 이론의 비교

구분	프로이트(Freud)	아들러(Adler)
에너지의 원천	성적 본능(Libido)	우월에 대한 추구
성격의 개념	원초아, 자아, 초자아의 역동	생활양식
성격의 구조	원초아, 자아, 초자아로의 분리	분리할 수 없는 전체
성격결정의 요인	과거, 무의식	현재와 미래, 의식
성격형성의 주요인	성(Sex)	사회적 관심
자아의 역할	원초아와 초자아의 중재	창조적 힘
부적응의 원인	5세 이전의 외상경험 성격구조의 불균형	열등 콤플렉스 파괴적 생활양식 및 사회적 관심 결여

(2) 상담목표와 기법

① 목표

㉠ 사회적 관심 증폭시키기 : 내담자로 하여금 심리적으로 건강하고, 기꺼이 사회에 기여할 수 있으며, 주어진 상황과 과제를 긍정적으로 바라볼 수 있는 용기를 갖추도록 함

㉡ 잘못된 기본가정 및 목표의 수정 : 내담자의 건강과 전인적 생활양식 계발을 위해 삶의 초기에 잘못 형성된 내담자의 기본가정과 목표를 수정할 수 있도록 함

㉢ 타인과 평등관계 경험 : 내담자의 자기개념을 변화시키고, 자신과 관련된 제반문제에 기꺼이 책임을 질 수 있도록 하며, 자신의 잘못된 생활양식에의 통찰과 직면을 촉진하도록 하여 심리적 건강을 회복할 수 있도록 촉진

㉣ 열등감 극복 : 내담자를 병든 존재나 치료받아야 할 존재로 보지 않기 때문에 상담의 목표도 증상제거보다는 열등감을 극복할 수 있도록 하는 것

② 기법

㉠ 생활양식 분석

- 다음 문장을 완성하라. "나는 항상 ~한 아이였다."
- 형제, 자매 중 당신과 가장 다른 사람은 누구이며 어떻게 다른가?
- 어린 시절에 당신은 부모님의 어떤 면이 가장 긍정적이라고 생각했는가? 부모님에 대해서 거부감을 느꼈던 것은 무엇이었나?
- 잊을 수 없는 성장과정의 중요한 결심 : "당신이 성장하면서 인생에 관해 내린 중요한 결론 중 가장 기억에 남는 것은 무엇인가? 예를 들어, 어른이 된다면 나는 반드시 무엇을 할 것이다. 또는 나는 결코 이런 일은 일어나지 않도록 할 것이다."
- 두 가지의 초기기억 알아내기 : "당신이 기억할 수 있는 가장 어린 시절의 사건은 무엇인가?", "어떤 순간이 가장 생생하게 기억되는가? 그 사건과 관련해서 어떤 느낌을 지니는가?"

㉡ 격려

- 내담자를 격려함으로써 내담자의 생활양식에 접근하고 긍정적 관계를 형성하는 데 유용하게 사용할 수 있음
- 내담자의 반복적 절망감을 단절시키는 데 도움을 주는 주요한 원천으로 작용

㉢ 즉시성 : 지금-여기에서 무엇이 일어나고 있는지를 다루는 기법으로, 이를 통해 내담자는 상담과정에서 일어나는 것이 그의 일상생활에서 일어나는 생활양식의 표본이라는 것을 깨닫게 됨

㉣ 역설적 의도 : 내담자가 두려워하는 행동이나 허약한 사고를 의도적으로 과장하여 행동하도록 하는 기법. 역설적 의도를 통해 자신이 어떻게 하고 있는가에 대한 현실을 극적으로 자각하게 되면, 그런 자신의 행동의 결과에 대한 책임이 자신에게 있으므로 수용해야 한다는 것을 깨닫게 됨

㉤ 내담자의 수프에 침 뱉기 : 내담자의 자기패배적 행동의 감춰진 의도나 목적을 드러냄으로써 이전의 행동을 분리시키기 위한 기법. 상담자는 내담자의 부정적인 행동이 전체적으로 자신에게 손해되는 행동이라는 사실을 내담자에게 지적하고, 내담자가 이후 그와 같은 행동을 수행하려고 할 때 이전과 같은 편안한 감정을 느끼지 못하도록 하며, 그 행동을 함으로써 치러야 할 대가를 내담자에게 보여줌

㉥ 마치 ~인 것처럼 행동하기 : 실제로는 그렇지 않지만, 무엇이 이루어진 것처럼 가정하여 행동하거나 또는 내담자가 부담스러워하지 않는 다른 것처럼 행동하는 것으로 내담자가 새로운 시도를 어려워할 경우에 유용한 기법

ⓢ 단추 누르기
- 내담자가 자신이 원하는 감정은 무엇이든지 만들어 낼 수 있다는 사실을 인지하기 위한 것
- 내담자에게 내적 통제감을 부여하는 기법
- 내담자가 유쾌하거나 불쾌한 혹은 고통스러운 경험을 번갈아 가면서 생각하고 자신이 원하는 감정을 느낄 수 있다는 경험을 갖게 하는 것
- 유쾌함 단추와 불쾌함 단추 중에 어떠한 단추를 누르냐에 따라 감정이 달라지며 이는 내담자가 통제할 수 있다고 믿게 하는 것이 중요

ⓞ 초기 기억(어린 시절의 회상) : 생후 6개월부터 9세까지의 선별된 기억들로, 내담자의 생활양식, 잘못된 신념, 사회적 상호작용, 행동 목표에 관한 의미 있는 단서를 제공

③ 공헌 및 한계

공헌	• 의학적 모델이 아닌 성장모델에 기초하므로 부모–아동 상담, 부부상담, 가족상담, 집단상담, 문화적 갈등 등 다양한 영역에서 채택 가능하다. • 융통성이 있는 이론적 접근으로 다양한 이론들을 통합 · 절충하였다. • 중다문화적 관점에 기여 : 여성 평등, 문화 및 종교의 다양성 존중, 소수 집단에 대한 배려 등을 강조하였다. 즉, 개인차를 존중할 것을 강조하였다.
한계	• 이 이론을 지지하는 경험적 연구가 부족하다. • 이 이론에서 전제하는 개념들이 충분하고 명확하게 정의되어 있지 않다. • 성격 형성에서 심리 · 사회적인 측면만 지나치게 강조하고 생물 · 유전적 측면에 대하여서는 무시하였다. • 인간 본성을 지나치게 낙관적으로 보고 있다. • 치료가 급한 경우 이 이론에 따른 치료법은 도움이 되지 못한다.

2 분석심리이론

(1) 의의 및 특징

① 기본가정

㉠ 융(Jung)의 분석심리이론은 철학, 고고학, 종교학, 신화, 점성술 등 광범위한 영역을 반영

㉡ 융은 전체적인 성격을 '정신(Psyche)'으로 보았으며, 성격발달을 '자기(Self)' 실현의 과정으로 봄

㉢ 정신을 크게 의식(Consciousness)과 무의식(Unconscious)의 두 측면으로 구분하며, 무의식을 다시 개인무의식(Personal Unconscious)과 집단무의식(Collective Unconscious)으로 구분

㉣ 인간은 의식과 무의식의 대립을 극복하여 하나의 통일된 전체적 존재가 됨

㉤ 개인은 독립된 존재가 아닌 역사를 통해 연결된 존재이며, 사회적 규범이나 문화적 요구에 적응하는 동시에 자기실현의 과정을 수행함으로써 사회의 발전에 기여

㉥ 인간은 본질적으로 양성을 가지고 태어난다는 양성론적 입장

㉦ 인간은 인생의 전반기에 자기의 방향이 외부로 지향되어 분화된 자아(Ego)를 통해 현실 속에서 자기(Self)를 찾으려고 노력하며, 중년기를 전환점으로 자아(Ego)가 자기(Self)에 통합되면서 성격발달이 이루어짐

② 주요개념

㉠ 개인무의식(Personal Unconscious)

- 의식에 인접해 있는 부분으로 쉽게 의식화될 수 있는 망각된 경험이나 감각경험으로 구성
- 의식되었으나 그 내용이 중요하지 않은 것 혹은 의식될 경우 고통스러우므로 망각되거나 억제된 자료의 저장소
- 프로이트의 전의식(Preconsciousness)과 유사한 개념이나 무의식(Unconsciousness)까지 포함된 개념으로 볼 수 있음

㉡ 집단무의식(Collective Unconscious)

- 모든 인류가 공통적으로 가지고 있는 하부구조로, 본능과 원형을 주된 내용으로 함
- 개인적 경험이 아닌 사람들이 역사와 문화를 통해 공유해 온 모든 정신적 자료의 저장소
- 종교적 · 신화적인 요소가 포함되어 있으며, 조상이나 종족 전체의 경험 및 생각과 연관된 원시적 공포, 사고, 성향 등을 담고 있는 무의식
- 민족이나 종족 등에 유전되는 집단의 공통된 정신이자 심상으로, 인식되거나 의식되는 경우가 거의 없지만 인격 전체를 지배하는 것은 물론 집단적으로 유전되므로 매우 강력하고 광범위
- 상징으로 드러나며, 무의식 속에서 전승. 한 민족, 종족, 혹은 인종의 신화, 설화, 민담, 전설, 민요 속에는 그 집단무의식의 심상이 원형(Archetypes)으로 남아 있음
- 직접적으로 의식화되지는 않지만 꿈, 신화, 예술 등을 통해 상징적인 형태로 표현되며, 인간에게 어떠한 목표와 방향감각을 부여

㉢ 콤플렉스(Complex)

- 정서적 색채가 강한 관념과 행동적 충동을 말하는 것으로, 다양한 종류의 감정으로 이루어진 무의식 속의 관념덩어리
- 개인무의식의 고통스러운 사고, 기억, 감정 등이 어떤 주제를 중심으로 연합되어 심리적인 복합체를 이루게 됨
- 개인의 사고와 행동을 지배하기도 하는 퍼스낼리티 속의 별개의 작은 퍼스낼리티
- 무의식적인 콤플렉스를 의식화하는 것이 인격성숙을 위한 과제

㉣ 원형(Archetype)

- 집단무의식을 구성하고 있는 인류역사를 통해 물려받은 정신적 소인
- 형태(Form)를 가진 이미지 혹은 심상일 뿐 내용(Content)은 아님. 상징(Symbol)이 원형의 내용이며, 원형의 외적 표현
- 인간이 가지는 보편적 · 집단적 · 선험적 심상들로서 성격의 주요 구성요소에 해당
- 인간의 사고와 행동에 영향을 미치지만 정작 인간은 그 원형을 인식하지 못함
- 대표적인 원형 : 자기(Self), 페르소나(Persona), 음영(Shadow), 아니마(Anima)와 아니무스(Animus) 등

(2) 심리학적 유형론

① 의의 및 특징

㉠ 인간의 한 가지 성격유형의 양극단에 있는 두 가지 성향은 하나로 통일되고 조화와 균형을 이루려는 경향을 가지고 있다는 융의 통찰에서 비롯됨

㉡ 융은 인간의 성격을 태도유형과 기능유형으로 나누고, 심리적 기능을 합리적 기능과 비합리적 기능으로 구분

㉢ 융은 심리적 태도와 기능을 조합하여 8가지 성격유형, 즉 외향적 사고형, 외향적 감정형, 외향적 감각형, 외향적 직관형, 내향적 사고형, 내향적 감정형, 내향적 감각형, 내향적 직관형을 제시

㉣ 마이어스-브릭스 성격유형검사(MBTI)의 개발에 직접적인 영향을 미침

② 태도유형

㉠ 자아가 가지는 에너지의 방향을 의미하는 것으로, 외향형(Extraversion)과 내향형(Introversion)으로 구분

㉡ 외향형은 외부세계에 관심을 가지는 객관적인 태도를 보이는 반면, 내향형은 내면세계에 관심을 가지는 주관적인 태도를 보임

㉢ 개인은 두 가지 태도 유형을 모두 가지고 있으며, 둘 중 어느 태도가 지배적이냐에 따라 그의 태도가 결정

㉣ 꿈의 보상적 기능 : 외향적인 사람은 꿈에서 내향적인 모습을 나타낼 수 있는 반면, 내향적인 사람은 그 반대로 나타날 수 있음

③ 기능유형

㉠ 의식의 기능은 주관적 세계와 외부세계를 지각하고 이해하는 서로 다른 방식

㉡ 성격을 구성하는 기능에는 사고(Thinking), 감정(Feeling), 감각(Sensing), 직관(Intuition)의 네 가지가 있음

㉢ 사고는 사물을 이해하고자 하는 지적 기능에 해당하며, 감정은 어떤 관념을 받아들일 것인지 혹은 물리칠 것인지를 결정하는 평가의 기능에 해당. 감각은 감각기관의 자극에 의해 생기는 모든 의식적 경험을 포함하며, 직관은 그 근원과 과정을 설명할 수는 없으나 직접적으로 주어지는 경험을 포함

㉣ 사고와 감정은 의사결정을 위한 판단기준을 어디에 두고 있는가와 관련되는데, 사고형은 객관적인 기준으로 판단하는 반면, 감정형은 개인적 · 주관적인 기준으로 판단

㉤ 감각과 직관은 정보수집 시 어떤 것에 주의를 기울이는가와 관련되는데, 감각형은 오감을 통해 직접적으로 인식되는 것과 실제로 존재하는 것에 주의를 기울이는 반면, 직관형은 육감을 통해 느끼는 것과 가능성이 있는 것에 주의를 기울임

더 알아두기

프로이트와 융 이론의 비교

구분	프로이트(Freud)	융(Jung)
이론적 관점	• 인간행동과 경험의 무의식적 영향에 대한 연구	• 의식과 무의식의 대립적 관점이 아닌 통합적 관점
리비도 (Libido)	• 성적 에너지에 국한	• 일반적인 생활에너지 및 정신에너지로 확장
성격형성	• 과거 사건에 의해 결정	• 과거는 물론 미래에 대한 열망을 통해서도 영향을 받음
정신구조	• 의식, 무의식, 전의식	• 의식, 무의식(개인무의식, 집단무의식)
강조점	• 인간 정신의 자각 수준에 초점을 맞추어 무의식의 중요성을 강조	• 인류 정신문화의 발달에 초점
발달단계	• 5단계(구강기, 항문기, 남근기, 잠복기, 생식기)	• 4단계(아동기, 청년 및 성인초기, 중년기, 노년기)

3 호나이의 신경증적 성격이론

(1) 의의 및 특징

① 기본가정

㉠ 인간은 기본적으로 외롭고 나약한 존재

㉡ 인간은 안전(Safety)과 사랑(Love)의 욕구에 의해 동기화

㉢ 기본적 불안(Basic Anxiety)을 신경증의 토대로 가정

㉣ 신경증적 욕구와 함께 그와 관련된 강박적 태도가 신경증적 성격을 유발

㉤ 개인의 자기체계를 현실적 자기(Real Self)와 이상적 자기(Ideal Self)로 구분

㉥ 이상적 자기를 이루어야 한다는 당위적 요구를 신경증의 핵심으로 가정

㉦ 현대사회의 구조가 개인들로 하여금 신경증적 욕구와 당위적 요구에 대한 압박을 가한다고 주장

㉧ 심리치료를 통해 신경증적 악순환을 해소해야만 개인이 자신이 지닌 잠재력을 발현하게 된다고 가정

② 주요개념

㉠ 기본적 불안(Basic Anxiety)

- 적대적인 세계에서 자신도 모르게 증가하는 모든 측면에 파고드는 고독과 무력감
- 개인이 적대적인 세계와의 관계 속에서 느끼는 불안전감(Feelings of Insecurity)에서 비롯됨
- 안전과 사랑의 추구에서 비롯된 기본적 불안을 인간행동의 추진력으로 가정

㉡ 기본적 악(Basic Evil)

- 개인으로부터 불안전감을 불러일으키는 환경 내의 모든 부정적 요인
- 아동에게 있어서는 지배, 고립, 과보호, 무관심, 부모의 불화, 돌봄과 지도의 결핍, 격려와 애정의 결핍 등

㉢ 신경증적 욕구(Neurotic Needs)

- 개인은 안전감을 확보하고 기본적 불안을 회피하기 위한 방어적 태도로서 신경증적 욕구를 가짐
- 욕구에 '신경증적(Neurotic)'이라는 수식어를 붙인 이유는 그와 같은 욕구가 문제를 해결하는 데 있어서 비합리적으로 작용하기 때문임
- 신경증을 가진 사람에게 있어서 신경증적 욕구는 너무 강렬하거나 비현실적이거나 무분별하게 나타나며, 극도의 불안이 내재되어 있음
- 10가지의 신경증적 욕구

> – 애정과 인정(Affection and Approval)
> – 지배적 동반자(A Dominant Partner)
> – 힘(Power)
> – 착취(Exploitation)
> – 특권(Prestige)
> – 존경(Admiration)
> – 성취 혹은 야망(Achievement or Ambition)
> – 자기충족(Self-Sufficiency)
> – 완벽(Perfection)
> – 생의 편협한 제한(Narrow Limits to Life)

㉣ 신경증적 경향성(Neurotic Trends)

- 신경증적 욕구에 따라 강박적으로 나타나는 태도와 행동을 의미
- 10가지 신경증적 욕구와 관련된 3가지 신경증적 경향성을 제시하였으며, 이는 곧 신경증적 성격 유형으로 볼 수 있음

타인을 향해 움직이기 (Movement toward Other People)
타인에 반해 움직이기 (Movement against Other People)
타인으로부터 멀어지기 (Movement away from Other People)

➡

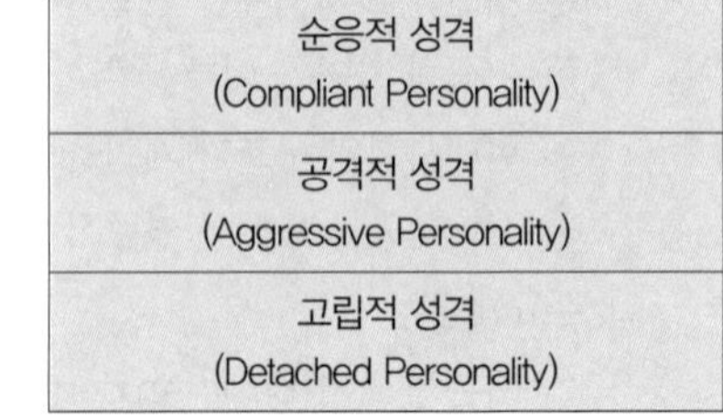

ⓜ 현실적 자기(Real Self)와 이상적 자기(Ideal Self)

- 현실적 자기 : 가능한 자기(Possible Self)를 가리키는 것으로, 현실적으로 표출할 수 있는 자기를 의미
- 이상적 자기 : 되어야만 하는 자기(Self What We Should Be)를 가리키는 것으로, 잠재력을 개발하고 자기실현을 이루도록 돕는 모델 역할
- 건강한 사람의 경우 이상적 자기와 현실적 자기가 대체로 일치
- 신경증 환자의 경우 이상적 자기와 현실적 자기 간의 괴리가 심하거나 분리되어 있음

ⓑ 당위성의 횡포 또는 당위적 요구의 폭정(Tyranny of Shoulds)

- 신경증 환자에게서 나타나는 것으로, 자신이 반드시 되어야만 하거나 해야만 한다고 느끼는 것을 의미
- 당위성의 횡포는 특성상 비타협적이므로, 이상적 자기(Ideal Self)를 만들려는 성격의 왜곡 과정으로 나타남
- 신경증 환자는 도달할 수 없는 이상을 향해 전력으로 매진하게 되는데, 이를 영광의 추구(Search for Glory)라고 칭함

(2) 신경증적 성격

① 순응형

㉠ 타인을 향하고자 하는 욕구를 반영하는 태도와 행동을 보임

㉡ 타인으로부터 애정과 보호를 받기 위해 노력하면서 순종적이고 의존적인 삶을 추구

㉢ 타인의 관심을 유발할 수 있는 방식을 잘 알고 있으므로, 남다르게 사려 깊고 이해심이 많으며, 타인의 욕구에 민감한 듯 보임

㉣ 자신의 안전이 타인의 태도나 행동에 의해 좌우된다고 생각하므로 과도하게 의존적이며, 타인의 인정과 확신을 끊임없이 확인하려고 함

ⓜ 내면에 억압된 적대감을 지니므로, 겉으로 드러나는 행동과 태도와는 상반되게 타인을 통제하고 착취하며, 조종하려는 욕구를 가지고 있음

ⓑ 다음의 신경증적 욕구와 연관

애정과 인정	타인을 즐겁게 해 주고 그들로부터 사랑을 받으려는 욕구
지배적 동반자	자신을 사랑해 주고 자신의 모든 문제를 해결해 줄 동반자를 원하는 욕구

② 공격형

㉠ 타인에 반하는 태도와 행동을 보임

㉡ 타인에 대한 적대감을 가지고 있으며, 타인에 대해 지배적이고 경쟁적인 삶을 추구

㉢ 적자생존의 원칙만이 있으며, 우월함과 강함 등을 최고의 가치로 인정

㉣ 타인으로부터 인정을 받음으로써 자신들이 우월하다는 만족을 얻음

ⓜ 타인을 능가하고자 하는 욕구가 강하므로, 타인과의 관계를 통해 자신이 얻을 수 있는 이익으로 타인을 평가하려는 경향이 있음

㉥ 겉으로 자신감 있는 모습을 보이지만, 순응형의 사람과 마찬가지로 내면에 불안전감과 적대감을 가지고 있음

㉦ 다음의 신경증적 욕구와 연관

힘	• 타인을 자신의 마음대로 통제하려는 욕구
착취	• 타인을 이용하여 이득을 취하려는 욕구
특권	• 특권적 지위와 명예를 얻고자 하는 욕구
존경	• 타인으로부터 가치 있는 존재로 추앙받고자 하는 욕구
성취 혹은 야망	• 수단과 방법에 구애됨이 없이 성공에 이르려는 욕구

③ 고립형

㉠ 타인으로부터 멀어지려는 태도와 행동을 보임

㉡ 타인과 정서적으로 밀착된 관계를 회피

㉢ 자신의 사생활을 중시하면서 개인주의적이고 고립된 삶을 추구

㉣ 독립심에 대한 욕구로 인해 자신에게 강요하거나 규제하려는 시도에 대해 예민해짐

㉤ 공격형과 마찬가지로 우월함을 강조하지만, 그 우월함은 경쟁을 통한 것이 아닌 독특함에서 비롯됨

㉥ 친밀감을 갈등의 원인으로 보므로 이를 피하려고 하며, 감정에 많은 제한을 두는 만큼 이성과 논리 등을 강조

㉦ 다음의 신경증적 욕구와 연관

자기충족	• 자율과 독립을 원하며 타인을 무시하려는 욕구
완벽	• 완벽한 삶을 추구하면서 작은 실수도 하지 않으려는 욕구
생의 편협한 제한	• 가능한 한 타인의 주목을 끌지 않고 살아가려는 욕구

3 설리반의 대인관계이론

(1) 의의 및 특징

① 기본가정

㉠ 개인의 성격과 정신병리를 대인관계의 맥락에서 이해하고 설명하고자 함

㉡ 성격은 심리내적인(Intrapersonal) 것이 아닌 대인관계적인(Interpersonal) 것

㉢ 성격은 생리적 욕구와 사회적 안전감의 욕구에서 야기되는 긴장에 의해 결정

㉣ 인간은 사회적 안전감의 욕구가 좌절될 때 불안을 경험

㉤ 대인관계는 불안을 유발하는 주요요인으로, 개인의 자기가치감과 유능감을 위협하며 자기존중감을 손상시키기도 함

㉥ 아동은 불안으로부터 자신을 보호하기 위해 자기체계(Self-System)를 발달시킴

㉦ 대인관계의 목표는 자기체계를 확인하고 강화하기 위해 타인으로부터 자기체계와 일치하는 반응을 유발하는 것

ⓞ 성격의 방어를 위해 자기체계와 일치하지 않은 정보를 배제하거나 타인으로 하여금 자기체계에 일치하는 반응을 보이도록 유도

② 주요개념

㉠ 역동성(Dynamism)

- 개인의 대인관계 및 정서적 기능을 특징짓는 비교적 지속적인 에너지 변형의 패턴
- 역동성 에너지의 원천은 개인의 욕구에 있으며, 에너지 변형은 어떤 형태의 행동으로 나타남
- 성격연구의 가장 작은 요소

㉡ 자기체계(Self-System)

- 어린 시절 부모와의 관계경험을 통해 형성되는 것으로, 자신에 대한 인식의 집합체이자 안정된 자기표상
- 타인과의 접촉에서 타인에 의해 반영된 평가 혹은 자신이 타인에게 얼마나 가치 있게 여겨지는지에 대한 경험으로부터 발달
- 불안으로부터 자신을 보호하고 정서적 안전감을 얻기 위해 사용하는 안전작동기제인 만큼 자기보호체계(Self-Protecting System)로 설명될 수 있음
- 개인이 정서적인 안전감을 추구하기 위해 대인관계에서 습관적으로 사용하는 자신만의 독특한 전략
- 자기체계와 진정한 자기 간의 간격이 커질수록 정신분열적 양상이 나타날 수 있음

㉢ 자기상 형성 또는 자기의 정형화(Personification of Self)

- 상황에 따른 불안의 수준(Gradient of Anxiety)은 발달의 주요 결정요인으로 작용
- 유아는 어머니와의 관계에서 여러 수준의 불안을 경험하며, 그 과정에서 '좋은 나', '나쁜 나', '내가 아닌 나'로 구성된 자기상을 형성

구분	내용
좋은 나 (Good Me)	• 유아가 어머니와 안정감 있고 만족스러운 관계를 경험하면서 자신에게 주어진 긍정적 피드백을 토대로 형성한 자기상이다. • 어머니가 유아의 반응에 온화하게 대하고 칭찬 등 적절한 보상을 해 주면, 유아는 좋은 나의 자기 지각을 형성하게 된다.
나쁜 나 (Bad Me)	• 유아의 행동에 대한 어머니의 불안정하고 과민한 반응이 내재화된 자기상이다. • 어머니가 양육하면서 불안과 긴장을 느끼게 될 때 유아의 특정 행동(예 울음을 그치지 않는 행동)에 과민하게 반응할 수 있으며, 이는 유아로 하여금 불안을 야기한다.
내가 아닌 나 (Not Me)	• 참을 수 없는 강렬한 불안을 경험하면서 자신의 것이 아닌 것으로 거부된 자기의 부분이다. • 불안이 클 경우 현실과의 접촉이 잘 이루어지지 않게 되며, 그로 인해 유아는 자신이 경험하는 것들을 제대로 조직화하지 못하게 된다.

(2) 성격의 방어

① 해리(Dissociation)

㉠ 자기역동성과 부합하지 않는 태도, 행동, 욕망을 의식적 자각으로부터 배제시키는 것

㉡ 불안을 야기하는 모든 현실적 측면을 배제시킨다는 점에서 선택적 부주의(Selective Inattention)라고도 함

② 병렬적 왜곡(Parataxic Distortion)

㉠ 타인에 대한 개인의 반응이 자신이 경험해온 부적합한 관계에 의해 편향되거나 왜곡되는 것

㉡ 예 가부장적이고 권위적인 가족분위기에서 형성된 초기 대인관계는 고용주와 피고용인 간의 현재 관계를 왜곡시킨다.

③ 승화(Sublimation)

㉠ 자신의 혼란스럽고 위협적인 충동을 사회적으로 수용되고 자기향상적인 충동으로 변화시키는 것

㉡ 예 격투기 선수는 사회적으로 수용되기 어려운 자신의 공격적 충동을 격투기 운동으로 변화시킨다.

5 머레이의 욕구 및 동기이론

(1) 의의 및 특징

① 기본가정

㉠ 인간을 움직이게 하는 내면적 동력으로 욕구(Needs), 동기(Motivation), 압력(Press)으로 구분

㉡ 프로이트가 제안한 성격의 삼원구조인 원초아(Id), 자아(Ego), 초자아(Superego)를 수용

㉢ 인간의 기본적 추동(Drive)과 욕구의 원천을 원초아로 인정하면서도, 원초아가 부정적인 충동만을 포함하는 것은 아니라고 주장

㉣ 초자아는 욕구표출에 관한 사회환경의 내재화된 표상이며, 자아는 조직화된 성격의 자의식적(Self-Conscious) 부분으로 변별력, 추론능력, 경험전달능력, 문제해결능력 등 다양한 기능과 역할을 수행

② 주요개념

㉠ 욕구

- 일차적 욕구와 이차적 욕구

일차적 욕구	• 생리적 욕구로 신체 내부의 상태에서 기인한다. • 성욕 및 감각욕구는 물론, 물과 음식, 위험회피 등 생존을 위한 욕구를 포함한다.
이차적 욕구	• 심리적 욕구로 일차적 욕구에서 부차적으로 발생한다. • 주로 정서적 만족과 연관된다.

- 반응적 욕구와 발생적 욕구

반응적 욕구	• 특별한 대상이 존재할 때만 발생한다. 예 위험 회피 욕구는 위험이 존재할 때만 나타난다.
발생적 욕구	• 특별한 대상의 존재 유무와 상관없이 자발적으로 발생한다. 예 배가 고픈 사람이 TV 광고에서 맛있는 음식을 본 후에 식욕을 느끼는 것은 아니다.

• 다양한 욕구들
  – 비하의 욕구 : 외부적인 힘에 수동적으로 복종하려는 욕구
  – 성취의 욕구 : 어떤 어려운 일을 해내려는 욕구
  – 소속의 욕구 : 사람과 유대관계를 형성하려는 욕구
  – 공격의 욕구 : 힘으로 상대방을 이기려는 욕구
  – 자율의 욕구 : 강압과 간섭에 대해 저항하려는 욕구
  – 반작용의 욕구 : 재도전 혹은 재시도를 통해 실패를 극복하거나 보상하려는 욕구
  – 방어의 욕구 : 외부의 공격이나 비난으로부터 자신을 방어하려는 욕구
  – 존경의 욕구 : 자신보다 우월한 사람을 존경하거나 지지하려는 욕구
  – 지배의 욕구 : 자신의 주위환경을 통제하려는 욕구
  – 과시의 욕구 : 타인에게 자신에 대한 좋은 인상을 남기려는 욕구
  – 위험 회피의 욕구 : 신체적 고통이나 상해, 질병, 죽음을 피하려는 욕구
  – 열등 회피의 욕구 : 수치스러운 상황으로부터 피하려는 욕구
  – 양육의 욕구 : 무기력한 타인을 돕고 보호하려는 욕구
  – 질서의 욕구 : 어떤 일이나 사물 등을 체계적으로 정리하려는 욕구
  – 유희의 욕구 : 편안함과 즐거움을 추구하면서 이를 위한 흥밋거리를 찾으려는 욕구
  – 거절의 욕구 : 자신보다 열등한 사람을 배제시키고 무시하려는 욕구
  – 감각의 욕구 : 감각적인 느낌을 추구하고 즐기려는 욕구
  – 성욕의 욕구 : 성적관계를 맺고 유지하려는 욕구
  – 의존의 욕구 : 타인에게 도움이나 보호 혹은 동정심을 구하려는 욕구
  – 이해의 욕구 : 보편적인 문제들을 제기하거나 그에 대해 답을 구하려는 욕구

ⓛ 동기(Motive)
• 욕구와 행동 사이를 매개하는 심리적 상태
• 내재해 있는 욕구가 특정한 행동에 한 단계 더 근접하여 구체화된 심리적 상태
• 욕구가 구체적인 목표를 추구하는 동기로 진전되어 특정한 행동으로 발현되는 과정을 동기화(Motivation)라고 함

ⓒ 압력(Press)
• 인간행동에 영향을 미치는 외부환경 혹은 외부적 사건
• 무언가를 얻고자 하거나 혹은 피하고자 하는 동기를 만들어 내는 외부적 조건
• 주위의 사건이나 사물은 개인이 특정한 방법으로 행동하도록 압력을 가함
• 구분 : α압력과 β압력으로 구분된다.

구분	내용
α압력	• 개인에 의해 객관적으로 지각된 압력이다. • 직접적으로 현실을 반영한 것으로서, 환경의 객관적 혹은 실제적 측면을 나타낸다.
β압력	• 개인이 주관적으로 지각하고 해석함으로써 나타나는 압력이다. • 동일한 사건이라도 각 개인이 어떻게 느끼고 해석하는가는 서로 다르다.

㉣ 주제(Thema)

- 개인적 요인인 욕구와 환경적 요인인 압력이 결합하고 융합하여 상호작용함으로써 형성
- 초기 아동기 경험을 통해 형성되며, 성격을 결정하는 데 지대한 영향력을 미침
- 머레이는 개인이 자극을 해석할 때 자신의 경험을 종합적으로 동원하여 인식하는 통각(Apperception) 과정을 거친다고 주장하였는데, 이 주제와 통각의 개념은 투사적 검사인 주제통각검사(TAT)의 이론적 근거가 됨

(2) 성격의 원리

① **성격은 인간의 뇌에 근거를 둔다** : 개인의 대뇌 생리적 현상이 성격의 양상을 좌우

② **성격은 유기체의 욕구에서 비롯된 긴장의 감소와 연관된다** : 인간은 흥분, 활동, 열정에 대한 지속적인 욕구를 지니며, 긴장 감소를 통한 만족감에 이르기 위해 긴장을 생성. 즉, 긴장을 감소시키기 위한 행동 과정에서 만족감을 느끼게 됨

③ **성격은 시간에 따라 계속 발달하는 종단적 양상을 보인다** : 개인의 성격은 계속해서 발달하며, 생애 과정 중 일어나는 사건들로 구성

④ **성격은 변화하고 발달한다** : 성격은 현재진행형의 현상으로서, 정적이고 고정된 것이 아님

⑤ **성격은 사람들 간의 유사성은 물론 각 개인의 독특성을 내포한다** : 한 개인은 다른 모든 사람들과 유사한 동시에 그들과 전혀 똑같지 않음

6 에릭슨의 심리사회이론

(1) 의의 및 특징

① 기본가정

㉠ 인간의 전 생애에 걸친 발달과 변화를 강조

㉡ 인간을 합리적인 존재이자 창조적인 존재로 보면서, 창조성과 자아정체감의 확립을 강조

㉢ 병리적인 측면이 아닌 정상적인 측면, 건강한 측면에서 접근

㉣ 인간의 행동이 자아(Ego)에 의해 동기화된다고 주장하면서, 자아의 자율적 기능을 강조

㉤ 인간의 행동이 개인의 심리적 요인과 사회문화적 영향의 상호작용에 의해 형성된다고 가정

㉥ 사회적 힘이 성격발달에 미치는 영향을 강조

㉦ 개인의 발달이 사회를 풍요롭게 한다고 봄

㉧ 성격발달에 있어서 유전적 요인의 영향력을 인정

② 주요개념

㉠ 자아(Ego)

- 인간이 신체적 · 심리적 · 사회적 발달 과정에서 외부환경에 적응하는 과정을 통해 형성
- 성격의 자율적 구조로 원초아(Id)로부터 분화된 것이 아닌 그 자체로 형성된 것

- 독립적인 기능을 수행하며, 환경에 대해 적극적이고 창조적으로 대응
- 인간의 성격이 본능이나 부모의 영향을 받는 것으로 생각하는 대신 부모나 형제자매는 물론 모든 사회구성원의 영향을 받는 역동적인 힘으로 봄

㉡ 자아정체감(Ego Identity)

- 총체적인 자기지각을 의미
- 시간적 동일성과 자기연속성을 인식함으로써 시간의 흐름에 따른 변화 속에서도 자기 존재의 동일성과 독특성을 지속 · 고양하는 자아의 자질
- 내적 측면과 외적 측면
  - 내적 측면 : 시간적 동일성과 자기연속성의 인식
  - 외적 측면 : 문화의 이상과 본질적 패턴에 대한 인식 및 동일시
- 자아정체감을 가진 사람은 개별성과 통합성을 동시에 경험하며, 다른 사람과 동일한 흥미나 가치를 가지고 있더라도 자신을 다른 사람과 분리된 독특한 개인으로 인식
- 자아정체감을 형성하는 경우 자신의 신념과 가치관에 따라 행동하며, 직업이나 정치적인 견해를 선택하는 데 있어서 스스로 의사결정을 할 수 있음

㉢ 점성원리(Epigenetic Principle)

- 점성적이란 용어는 영어의 'Epi(의존하는)'와 'Genetic(유전의)'이 합성된 말로 발달이 유전에 의존한다는 의미를 담고 있음
- 발달이 기존의 기초 위에서 이루어지며, 그로 인해 특정 단계의 발달이 이전단계의 성취에 영향을 받는다는 사실을 강조
- 성장하는 모든 것은 기초안(Ground Plan)을 가지며, 각 단계는 특별히 우세해지는 결정적인 시기가 존재
- 인간발달은 심리사회적인 발달과업을 내포하고 있으며, 특정 단계의 발달은 이전 단계의 발달에 의해 영향을 받음
- 건강한 성격은 각 요소가 다른 요소와 체계적으로 연결됨으로써 적절하게 연속적으로 발달하게 됨

㉣ 위기(Crisis)

- 인간의 각 발달단계마다 사회가 심리적으로 요구하는 것
- 그 자체로 재앙의 조짐이 아닌 일종의 전환점이며, 개인이 발달 과정에서 겪는 어려운 상황에서 극복해야 할 생존을 위한 원천
- 개인의 성장과 경험의 폭은 각각의 발달단계에서의 자아의 힘과 연관
- 각 심리단계에서 개인은 위기로부터 야기되는 스트레스와 갈등에 적응하려고 노력
- 현 단계의 위기에 적응하는 경우 다음 단계의 위기에 직면하게 되며, 만약 이러한 위기를 성공적으로 해결하지 못하는 경우 자아정체감의 혼란 야기

(2) 심리사회적 발달단계

단계	심리사회적 위기 (바람직한 결과 vs. 바람직하지 않은 결과)	특징
유아기	신뢰감 vs. 불신감	• 출생부터 18개월까지 지속되며, 프로이트의 구강기에 해당 • 부모의 보살핌의 질이 결정적이며, 특히 일관성이 중요 • 부모의 자신감 결여에 의해 유아가 자신의 부모에 대해 모호한 느낌을 가지게 되는 경우 유아는 불신감을 느끼며, 이는 유아가 이후에 다른 사람과의 신뢰관계를 형성하는데 문제를 일으키게 함 • 이 시기의 발달은 생의 의욕과 긍정적 세계관을 기르는 데 기초가 됨 • 기본적 신뢰감 대 불신감의 갈등이 성공적으로 해결되어 얻어진 심리사회적 능력이 곧 외부세계에 대한 신뢰에서 비롯되는 희망이며, 실패의 결과는 불신에서 비롯되는 공포
초기 아동기	자율성 vs. 수치심 · 회의	• 18개월부터 3세까지 지속되며, 프로이트의 항문기에 해당 • 배변훈련의 과정에서 부모가 아동에게 강압적인 태도를 고수하는 경우 아동은 단순한 무력감을 넘어 수치심을 느끼게 되나, 그러한 과정이 어느 정도 아동의 자기의사를 존중하는 방향으로 전개된다면, 이후 아동은 자기통제 감각을 통해 사회적 통제에 잘 적응하게 됨 • 이 시기의 발달은 독립심과 존중감을 기르는 데 기초가 됨 • 자율성 대 수치심 · 회의의 갈등이 성공적으로 해결되어 얻어진 심리사회적 능력이 곧 의지력이며, 실패는 자신의 의지력에 대한 불신 및 다른 사람의 자기지배에 대한 의심
학령전기	주도성 vs. 죄의식	• 3세부터 5세까지 지속되며, 프로이트의 남근기에 해당 • 아동은 언어능력 및 운동기술의 발달로 외부세계와 교류하고 사회적 놀이에 참여하면서 목적의식 · 목표설정과 더불어 목표에 도달하고자 노력하는 주도성이 생김 • 이 시기에는 사회화를 위한 기초적인 양심이 형성되는데, 그것이 때로 극단적인 양상으로 나타나 과도한 처벌에 의한 자신감 상실 또는 죄의식을 불러오기도 함 • 주도성 대 죄의식의 갈등이 성공적으로 해결되어 얻어진 심리사회적 능력이 곧 목적의식이며, 실패는 지나친 처벌이나 의존성에 의해 야기되는 목적의식 상실
학령기	근면성 vs. 열등감	• 5세부터 12세까지 지속되며, 프로이트의 잠복기에 해당 • 아동은 가정에서 학교로 사회적 관계를 확장함으로써 부모의 도움 없이 다른 사람과 경쟁하는 입장에 섬 • 아동은 사회화로의 결정적인 도전에 임하여 주위 또래집단이나 교사 등의 주위환경을 지지기반으로 하여 사회의 생산적 성원이 되기 위해 한걸음 나아가게 됨 • 성취기회와 성취과업의 인정과 격려가 있다면 성취감이 길러지며, 반대의 경우 좌절감과 열등감을 가지게 됨 • 근면성 대 열등감의 갈등이 성공적으로 해결되어 얻어진 심리사회적 능력이 곧 능력감이며, 실패는 자신감 상실에 따른 무능력감

청소년기	자아정체감 vs. 정체감 혼란	• 12세부터 20세까지 지속되며, 프로이트의 생식기 이후에 해당 • 청소년은 다양한 역할 속에서 방황과 혼란을 경험하며, 이는 심리사회적 유예기간(Psychosocial Moratorium)이라는 특수한 상황에 의해 용인됨 • 심리사회적 유예기간 동안 청소년은 자신의 역할과 능력을 시험할 수 있으며, 사회적 · 직업적 탐색을 통해 정체감을 형성 • 자아정체감 혼미는 직업선택이나 성역할 등에 혼란을 가져오고 인생관과 가치관의 확립에 심한 갈등을 일으킴 • 자아정체감 대 정체감 혼란의 갈등이 성공적으로 해결되어 얻어진 심리사회적 능력이 스스로의 약속을 지킬 수 있는 성실성이며, 실패는 정체감 혼란에서 비롯되는 불확실성
성인 초기	친밀감 vs. 고립감	• 20세부터 24세까지 지속 • 청소년기에 자아정체감이 확립되면 자신의 정체성을 타인의 정체성과 연결 · 조화시키려고 노력함으로써 사회적 친밀감을 형성 • 성인 초기에는 자아정체감에 의한 성적 · 사회적 관계형성이 이루어지며, 이를 통해 개인의 폭넓은 인간관계가 형성 • 친밀감 대 고립감의 갈등이 성공적으로 해결되어 얻어진 심리사회적 능력이 곧 사랑이며, 실패는 사랑에 있어서 책임과 존중을 무시하는 난잡함
성인기	생산성 vs. 침체	• 24세부터 65세까지 지속 • 가정과 사회에서 중요한 역할을 수행하는 시기로, 다음 세대를 양육하는 과업에서 부하직원이나 동료들과의 긴밀한 관계유지의 필요성을 경험하는 때이기도 함 • 자기중심적인 사고에서 벗어나 다른 사람을 보호하거나 스스로 양보하는 미덕을 보임 • 생산성 대 침체의 갈등이 성공적으로 해결되어 얻어진 심리사회적 능력이 곧 다른 사람에 대한 배려이며, 실패는 자기중심적 사고에 의한 이기주의
노년기	자아통합 vs. 절망	• 65세 이후부터 사망에 이르는 기간으로, 인생을 종합하고 평가하는 시기 • 신체적 · 사회적 상실에서 자신이 더 이상 사회가 필요로 하는 사람이 아님을 인식함으로써, 죽음을 앞둔 채 지나온 생을 반성하게 됨 • 이때 지나온 삶에 대한 긍정적 · 낙관적인 인식을 통해 자신의 삶을 수용하는 경우 죽음에 맞선 용기를 얻기도 하며, 반대로 자신의 실패나 실망과 같은 부정적인 인식을 통해 자신의 삶을 수용하지 못하는 경우 절망에 이르게 됨 • 자아통합 대 절망의 갈등이 성공적으로 해결되어 얻어진 심리사회적 능력이 곧 한 시대를 살면서 얻은 지식으로서의 지혜이며, 실패는 삶에 대한 회환 즉 인생의 무의미함

더 알아두기

프로이트의 정신분석이론과 에릭슨의 심리사회이론의 비교

프로이트(Freud)	에릭슨(Erikson)
• 무의식과 성적 충동이 인간행동의 기초가 된다. • 인간의 행동은 개인의 심리적 요인에 의해 결정된다. • 인간이 무의식에 의해 지배된다는 수동적 인간관을 가진다. • 자아는 원초아에서 분화되며, 원초아의 욕구충족을 조정한다. • 아동의 초기경험(만 5세 이전)이 성격을 결정하므로 부모의 영향이 특히 강조된다. • 발달에 있어서 환경의 중요성을 강조하지 않는다. • 성격발달은 구강기에서 생식기에 이르기까지 5단계에 걸쳐 이루어진다.	• 의식과 사회적 충동이 인간행동의 기초가 된다. • 인간의 행동은 개인의 심리적 요인과 사회문화적 영향의 상호작용에 의해 형성된다. • 인간의 창조성과 잠재력을 강조하는 능동적 인간관을 가진다. • 자아는 그 자체로 형성되어 독립적으로 기능한다. • 성격은 자아통제력과 사회적 지지에 의해 형성되며, 전 생애에 걸쳐 발달한다. • 사회적 환경이 개인의 발달에 지속적으로 영향을 미친다. • 성격발달은 유아기에서 노년기에 이르기까지 8단계에 걸쳐 이루어진다.

제 6 장 실제예상문제

해설 & 정답 checkpoint

01 프로이트(Freud)의 정신분석이론의 기본가정과 관련된 내용 중 옳지 않은 것은?

① 심리결정론(Psychic Determination)적 입장을 취한다.
② 인간행동의 원인을 의식적 동기로 보았다.
③ 인생 초기의 경험을 통해 성격형성의 기초가 이루어진다.
④ 원초아(Id)는 쾌락의 원칙을 따른다고 가정한다.

01 인간행동의 원인을 무의식적 동기로 보았다.

02 아래의 특징을 보이는 정신분석이론의 성격발달단계는?

> • 모든 성적인 것들이 억압되고 외면적으로 성적 관심이 없는 시기
> • 리비도는 학교과업, 운동 등 사회적으로 용납되고 인정되는 활동을 통해 강력한 에너지로 발산

① 구강기(Oral Stage)
② 항문기(Anal Stage)
③ 남근기(Phallic Stage)
④ 잠복기(Latency Stage)

02 잠복기의 특징에 해당한다.

정답 01 ② 02 ④

checkpoint 해설 & 정답

03 ① 억압 : 죄의식이나 괴로운 경험, 수치스러운 생각을 의식에서 무의식으로 밀어내는 것으로 선택적인 망각을 의미
② 반동형성 : 자신이 가지고 있는 무의식적 소망이나 충동을 본래의 의도와 달리 반대되는 방향으로 바꾸는 것
④ 주지화 : 위협적이거나 고통스러운 정서적 문제를 피하기 위해 또는 그것을 둔화시키기 위해 사고, 추론, 분석 등의 지적 능력을 사용하는 것

04 아들러(Adler)의 개인심리학적 치료의 기법에 해당한다.

05 ① 지배형 : 독단적이고 공격적이며 활동적
② 기생형 : 활동성이 낮고 사회적 관심 저조
③ 회피형 : 성공보다 실패를 더 두려워함

정답 03 ③ 04 ④ 05 ④

03 "사회적으로 인정받을 수 없는 자신의 행동과 생각을 마치 다른 사람의 것인 양 생각하고 남을 탓하는 것"을 의미하는 방어기제는?

① 억압(Repression)
② 반동형성(Reaction Formation)
③ 투사(Projection)
④ 주지화(Intellectualization)

04 프로이트의 정신분석이론에서 주로 사용하는 상담기법으로 볼 수 없는 것은?

① 자유연상
② 꿈의 분석
③ 버텨주기
④ 수프에 침 뱉기

05 개인심리학에서 가정하는 생활양식의 유형과 그 특징이 올바르게 연결된 것은?

① 지배형 : 성공보다 실패를 더 두려워함
② 기생형 : 독단적이고 공격적이며 활동적
③ 회피형 : 활동성이 낮고 사회적 관심 저조
④ 사회적 유용형 : 정적 태도, 활동성이 높고 사회적 관심이 높음, 성숙한 사람

해설 & 정답 checkpoint

06 융(Jung)의 분석심리이론의 개념 중 콤플렉스(Complex)와 관련된 내용으로 볼 수 없는 것은?

① 정서적 색채가 강한 관념과 행동적 충동을 말하는 것으로, 다양한 종류의 감정으로 이루어진 무의식 속의 관념덩어리
② 민족이나 종족 등에 유전되는 집단의 공통된 정신이자 심상
③ 개인무의식의 고통스러운 사고, 기억, 감정 등이 어떤 주제를 중심으로 연합되어 심리적인 복합체를 이루게 됨
④ 개인의 사고와 행동을 지배하기도 하는 퍼스낼리티 속의 별개의 작은 퍼스낼리티

06 ②는 집단무의식(Collective Unconscious)에 대한 내용이다.

07 호나이(Horney)의 이론에서 '신경증적 경향성'은 무엇을 의미하는가?

① 신경증적 욕구에 따라 강박적으로 나타나는 태도와 행동을 의미
② 개인으로부터 불안전감을 불러일으키는 환경 내의 모든 부정적 요인
③ 적대적인 세계에서 자신도 모르게 증가하는 모든 측면에 파고드는 고독과 무력감
④ 자신이 반드시 되어야만 하거나 해야만 한다고 느끼는 것

07 ② 기본적 악
③ 기본적 불안
④ 당위성의 횡포

08 에릭슨(Erikson)의 심리사회적 발달단계에서 주도성 vs. 죄의식은 어떤 단계와 관련이 있나?

① 초기 아동기
② 학령전기
③ 청소년기
④ 노년기

08 학령전기에 나타나는 위기이다.

정답 06 ② 07 ① 08 ②

checkpoint 해설 & 정답

09 ② 자율의 욕구 : 강압과 간섭에 대해 저항하려는 욕구
③ 거절의 욕구 : 자신보다 열등한 사람을 배제시키고 무시하려는 욕구
④ 이해의 욕구 : 보편적인 문제들을 제기하거나 그에 대해 답을 구하려는 욕구

09 머레이(Murray)의 동기이론에서 각각의 욕구명칭과 그 내용이 알맞게 짝지어진 것은?

① 비하의 욕구 : 외부적인 힘에 수동적으로 복종하려는 욕구
② 자율의 욕구 : 보편적인 문제들을 제기하거나 그에 대해 답을 구하려는 욕구
③ 거절의 욕구 : 강압과 간섭에 대해 저항하려는 욕구
④ 이해의 욕구 : 자신보다 열등한 사람을 배제시키고 무시하려는 욕구

10 자기체계와 진정한 자기 간의 간격이 커질수록 정신분열적 양상이 나타날 수 있음

10 설리반(Sullivan)이 주장한 '자기체계(Self-System)'의 특징 중 옳지 않은 것은?

① 어린 시절 부모와의 관계경험을 통해 형성되는 것으로, 자신에 대한 인식의 집합체이자 안정된 자기표상
② 타인과의 접촉에서 타인에 의해 반영된 평가 혹은 자신이 타인에게 얼마나 가치 있게 여겨지는지에 대한 경험으로부터 발달
③ 불안으로부터 자신을 보호하고 정서적 안전감을 얻기 위해 사용하는 안전작동기제
④ 자기체계와 진정한 자기 간의 간격이 좁아질수록 정신분열적 양상이 나타날 수 있음

정답 09 ① 10 ④

해설 & 정답 checkpoint

✔ 주관식 문제

01 프로이트(Freud)의 정신분석이론과 에릭슨(Erikson)의 심리사회이론 간 차이를 쓰시오.

01

정답 프로이트의 정신분석이론에서는 아동의 초기경험(만5세 이전)이 성격을 결정하므로 부모의 영향을 특히 강조하고 있으며, 발달에 있어서 환경의 중요성을 강조하지 않는다. 이 이론에서 성격발달은 구강기에서 생식기에 이르기까지 5단계에 걸쳐 이루어진다.
이에 비해, 에릭슨의 심리사회이론은 성격은 자아통제력과 사회적 지지에 의해 형성되며, 전 생애에 걸쳐 발달하는 것으로 사회적 환경이 개인의 발달에 지속적으로 영향을 미친다고 본다. 이 이론에서 성격발달은 유아기에서 노년기에 이르기까 지 8단계에 걸쳐 이루어진다.

02 머레이(Murray)의 욕구 및 동기이론 중 일차적 욕구는 무엇인지 설명하시오.

02

정답 생리적 욕구로 신체 내부의 상태에서 기인하는 것으로, 성욕 및 감각욕구는 물론, 물과 음식, 위험회피 등 생존을 위한 욕구를 포함한다.

checkpoint 해설 & 정답

03
정답 좋은 나(Good Me)

03 아래의 설명에 맞는 개념은 무엇인지 쓰시오.

- 유아가 어머니와 안정감 있고 만족스러운 관계를 경험하면서 자신에게 주어진 긍정적 피드백을 토대로 형성한 자기상이다.
- 어머니가 유아의 반응에 온화하게 대하고 칭찬 등 적절한 보상을 해 주면, 유아는 좋은 나의 자기 지각을 형성하게 된다.

04
정답 역설적 의도, 수프에 침 뱉기, 마치 ~인 것처럼 행동하기

04 개인심리학의 상담기법을 세 가지 이상 나열하시오.

제 7 장

행동치료와 인지치료

I wish you the best of luck

제 7 장 행동치료와 인지치료

제 1 절 행동치료

1 의의 및 특징

(1) 기본가정

① 인간행동의 대부분은 학습된 것이므로 수정이 가능
② 특정한 환경의 변화는 개인의 행동을 적절하게 변화시키는 데 도움
③ 강화나 모방 등의 사회학습원리는 상담기술의 발전을 위해 이용될 수 있음
④ 상담의 효율성 및 효과성은 상담장면 밖에서 내담자의 구체적인 행동 변화에 의해 평가됨
⑤ 상담방법은 정적이거나 고정된 것 또는 사전에 결정된 것이 아니므로, 내담자의 특수한 문제를 해결하기 위해 독특한 방식으로 고안될 수 있음

(2) 일반적인 과정

① 제1단계 : 상담관계 형성
㉠ 상담자는 가치판단 없이 내담자에게 관심을 가지며, 내담자의 말을 수용하고 이해해야 함
㉡ 상담자는 내담자와 충분한 관계형성이 이루어진 후에 상담기술을 적용하여야 함
② 제2단계 : 문제 행동 정의 · 규명
㉠ 상담자는 내담자의 문제 행동을 명확히 규명하여야 함
㉡ 상담자는 내담자로 하여금 자신의 문제 행동을 구체적인 행동으로써 나타내도록 도움
③ 제3단계 : 현재 상태 파악
㉠ 상담자는 내담자의 문제를 파악하여 이를 구체적으로 분석해야 함
㉡ 내담자의 문제 행동 및 그러한 행동이 나타나는 장면에 대한 분석, 내담자의 발달과정 및 그에 따른 통제력에 대한 분석, 내담자의 사회적 관계 및 다양한 환경에 대한 분석 등이 포함

④ 제4단계 : 상담목표 설정
㉠ 상담목표는 상담자 및 내담자의 구체적인 행동표적이 됨
㉡ 상담기술이 내담자의 문제유형에 따라 달리 적용된다고 해도, 기본적으로 내담자의 문제 행동에 대한 변화를 주된 목표로 한다는 공통점이 있음
⑤ 제5단계 : 상담기술 적용
㉠ 상담기술의 선택은 내담자의 현재 상태와 함께 상담과정에서 수집한 정보에 기초
㉡ 바람직한 행동을 강화하거나 바람직하지 못한 행동을 소거하는 기술, 내담자 스스로 자신의 행동을 통제할 수 있도록 돕는 기술 등이 사용
⑥ 제6단계 : 상담결과 평가
㉠ 상담자는 상담과정 및 상담기술의 효과성과 효율성에 대해 평가
㉡ 평가결과에 따라 상담과정 중 적용되는 기술은 변경될 수 있음
⑦ 제7단계 : 상담종결
㉠ 상담자는 최종평가에 따라 상담을 종결할 것인지 추가적인 상담을 수행할 것인지 판단
㉡ 상담자는 내담자의 긍정적인 변화가 다른 부적응적인 행동에도 전이될 수 있도록 도움

2 상담목표와 기법

(1) 목표(George & Cristiani)

① 내담자의 부적응행동을 변화
② 내담자로 하여금 효율적인 의사결정 과정을 학습하도록 함
③ 내담자에게 장차 일어날 부적응행동을 예방
④ 내담자가 호소하는 구체적인 행동상의 문제들을 해결
⑤ 행동의 변화가 일상생활에 전이될 수 있도록 함

(2) 기법

① 고전적 조건형성에 근거한 기법
㉠ 대표적인 학자는 상호억제원리(상호제지원리)를 제시한 볼페(Wölpe)
㉡ 볼페는 상담의 기본적인 목적을 내담자의 불안 제거에 두고, 우선 여러 가지 정보들을 종합하여 내담자가 불안을 느끼고 부적절한 방식으로 반응하는 조건의 위계를 결정하였고, 그 위계에 따라 점차적으로 불안 자극에 노출시키는 방식을 적용
㉢ 체계적 둔감법, (근육)이완훈련, (자기)주장훈련, 홍수법, 혐오치료 등

② 조작적 조건형성에 근거한 기법

㉠ 대표적인 학자는 ABC 패러다임을 제시한 스키너(Skinner)

㉡ 스키너는 특히 자극과 반응 사이의 연결에 초점을 둔 강화의 원리에 기초하여 특정행동의 재현 가능성을 높일 수 있음을 입증

㉢ 강화, 행동조성(조형), 토큰경제(상표제도), 타임아웃(Timeout) 등

3 공헌 및 한계

공헌	• 학습과정에 대한 지식을 상담과정에 적용하고 연구를 수행함으로써, 상담 분야를 과학으로 발전하게 하였다. • 상담의 목표가 특정 행동의 소거, 특정 행동의 획득과 같이 구체적이기 때문에 이것의 달성 여부에 대하여 명확히 알 수 있고, 따라서 이에 대한 객관적인 평가가 가능하다. • 내담자와 상담자의 합의에 따라 각자에 알맞은 구체적인 상담기술을 다양하게 적용할 수 있다.
한계	• 상담자와 내담자와의 관계를 경시하는 반면 기술적인 측면을 지나치게 강조하였다. • 내담자의 문제 행동이 행동수정접근법에 의해 일시적으로 사라진다고 해도, 이 접근에 의해 일시적으로 사라진 행동은 곧 다른 형태로 나타날 수 있다. 즉, 문제의 근원은 해결하지 못하는 경향이 있다. • 상담과정에서 감정과 정서의 역할 및 내담자의 현재 문제에 대한 배경적 정보를 경시하는 측면이 있다. • 근본적으로 이 접근법은 동물을 대상으로 한 연구에서 나왔기 때문에, 실험실 밖의 일상생활에서나 동물이 아닌 인간에게는 적절하지 않을 수 있다.

제2절 Ellis의 합리적 정서행동치료

1 의의 및 특징

(1) 기본가정

① 엘리스(Ellis)의 합리적 · 정서적 행동치료(합리적 정서치료)는 신념, 결정, 행동을 강조한다는 점에서 인지치료적 접근

② 인간은 자기 보존, 자기 성장, 행복, 사랑 등 합리적이고 올바른 사고를 가지고 있는 반면, 자기 파괴, 자기 비난, 완벽주의, 회의 등 올바르지 못한 사고도 가지고 있음

③ 엘리스는 인간이 외부 환경에 의해 장애를 느끼는 것이 아닌 자기 자신으로 인해 장애를 경험 한다고 주장. 또한 쓸데없이 자신을 혼란시키는 생물학적 · 문화적인 경향이 있으므로, 스스로 혼란스러운 신념을 만든다고 주장하면서도 엘리스는 다른 한편으로 인간이 자신의 인지, 정서, 행동을 변화시킬 수 있는 능력을 가지고 있음을 강조

④ 정신병리가 아동기에 의미 있는 사람으로부터 주입된 비합리적 신념의 학습 또는 환자 자신이 만들어 낸 미신이나 자기 패배적 사고에 의해 일어난다고 가정

⑤ 비합리적 신념의 산물로 정서장애가 발생하므로, 이와 같은 비합리적 신념들을 변화시킬 수 있는 방법을 내담자에게 가르쳐 주는 것을 치료의 핵심으로 함

(2) 비합리적 신념의 특징(Ellis & Dryden)

① **당위적 사고** : 영어의 Must와 Should로 대변되는 것으로, 우리말로는 반드시 ~해야 한다로 표현. 이는 인간문제의 근본요인에 해당하는 매우 경직된 사고로, 어떠한 강한 요구가 포함됨

예 나는 반드시 성공해야만 한다.

② **파국화(Awfulizing) 또는 재앙화(Catastrophizing)** : 지나친 과장을 의미하는 것으로, 우리말로는 ~하는 것은 끔찍한 일이다로 표현됨

예 기말시험을 망치는 것은 정말 끔찍한 일이다.

③ **좌절에 대한 인내심 부족** : 좌절을 유발하는 상황을 잘 견디지 못하는 것으로서, 세상에 대한 부정적 · 비관적인 시각을 가지게 됨

예 나는 다른 사람들에게서 죄인으로 오해를 받으면서 살 수 없다.

④ **자기 및 타인에 대한 비하** : 자기 자신이나 타인 혹은 상황에 대해 경멸하거나 비하함으로써 파멸적인 사고를 하는 것

예 열심히 공부하고도 성적이 떨어졌으니, 나와 같은 바보가 세상에 또 있을까?

(3) 비합리적 신념의 유형

구분	특징
완전주의	• 자신은 완전하며 또한 완전해야 한다고 믿는다. 예 선생님의 사소한 지적에 상처를 받거나 조언을 받아들이기 거부하는 경우
당위성	• 모든 현상이나 사건이 반드시 어떠한 일정한 방식이나 방향으로 전개되리라고 믿는다. 예 부모가 자신의 가치관에 따라 자녀를 훈육하려는 경우
과잉일반화	• 한두 개의 고립된 사건에 근거해서 일반적인 결론을 내리고 그것을 서로 관계없는 상황에 적용하려고 한다. 예 여자 친구가 피곤해서 만날 수 없다고 했을 때, 사랑이 식었다고 결론을 내리는 경우
부정적 예언	• 자신이 시도하는 일은 결과적으로 성공할 수 없다고 믿는다. 예 수험생이 자신이 하는 일은 실패할 것이 분명하다고 단정을 내림으로써 시험을 미리 포기하거나 체념하는 경우
무력감	• 자신의 능력을 스스로 과소평가하거나 무기력 상태에 놓임으로써 자신은 결코 그렇게 할 수 없다고 믿는다. 예 비행청소년에게서 곤란을 겪고 있는 친구에게 자신은 도움을 줄 수 없다며 회피하는 경우

(4) 비합리적 신념의 뿌리를 이루는 3가지 당위성

① 자신에 대한 당위성 : 나는 반드시 훌륭하게 일을 수행해 내야하며, 중요한 타인들로부터 인정받아야만 한다. 만약 그렇지 못하다면 끔찍하고 참을 수 없는 일이며, 나는 썩어빠진 하찮은 인간이다.

② 타인에 대한 당위성 : 타인은 반드시 나를 공정하게 대우해야 한다. 만약 그렇지 못하다면 끔찍하고 참을 수 없는 일이며, 나 또한 그러한 상황을 참아낼 수 없다.

③ 세상에 대한 당위성(조건에 대한 당위성) : 세상의 조건들은 내가 원하는 방향으로 돌아가야만 한다. 만약 그렇지 못하다면 끔찍하고 참을 수 없는 일이며, 나 또한 그와 같은 끔찍한 세상에서 살아갈 수 없다.

(5) 비합리적 신념의 종류(Ellis)

① 인간은 주위의 모든 중요한 사람들에게서 항상 사랑과 인정을 받아야만 한다.

② 인간은 모든 면에서 반드시 유능하고 성취적이어야 한다.

③ 어떤 사람은 악하고 나쁘며 야비하다. 따라서 그와 같은 행위에 대해서는 반드시 준엄한 저주와 처벌이 내려져야 한다.

④ 일이 내가 바라는 대로 되지 않는 것은 끔찍스러운 파멸이다.

⑤ 인간의 불행은 외부 환경 때문이며, 인간의 힘으로는 그것을 통제할 수 없다.

⑥ 위험하거나 두려운 일이 일어날 가능성은 상존하므로, 그것이 실제로 일어날 가능성에 대해 항상 유념해야 한다.

⑦ 인생에 있어서 어떤 난관이나 책임을 직면하는 것보다 회피하는 것이 더욱 쉬운 일이다.

⑧ 인간은 타인에게 의지해야 하며, 자신이 의지할만한 더욱 강력한 누군가가 있어야 한다.

⑨ 인간의 현재 행동과 운명은 과거의 경험이나 사건에 의해 결정되며, 인간은 과거의 영향에서 결코 벗어날 수 없다.

⑩ 인간은 다른 사람의 문제나 곤란에 대해 항상 신경을 써야 한다.

⑪ 인간의 문제에는 항상 정확하고 완전한 해결책이 있으므로, 이를 찾지 못하는 것은 매우 유감스러운 일이다.

2 엘리스(Ellis)의 ABCDE 모델

(1) ABCDE 모델의 요소

① A (Activating Event ; 선행사건) : 내담자의 감정을 동요시키거나 내담자의 행동에 영향을 미치는 사건을 의미

예 내담자는 실직했다(구체적인 사건)

② B (Belief System ; 비합리적 신념체계) : 선행사건에 대한 내담자의 비합리적 신념체계나 사고체계를 의미

예 나는 실직했어. 그것은 절대적으로 나에게 일어나지 말았어야 했는데, 이건 내가 부적절하다는 것을 의미해

③ C (Consequence ; 결과) : 선행사건을 경험한 후 자신의 비합리적 신념체계를 통해 그 사건을 해석함으로써 느끼게 되는 정서적 · 행동적 결과

예 • 바람직하지 않은 정서적 결과 : 극심한 우울과 불안, 자괴감, 무가치감 등
• 바람직하지 않은 행동적 결과 : 내담자의 자포자기 상태가 적극적인 구직 활동을 방해함

④ D (Dispute ; 논박) : 내담자가 가지고 있는 비합리적 신념이나 사고에 대해 그것이 사리에 부합하는 것인지 논리성 · 실용성 · 현실성에 비추어 반박하는 것으로, 내담자의 비합리적 신념체계를 수정하기 위한 것

예 • 논리성 : 실직을 했다고 해서 스스로를 부적절하다고 생각하는 것이 과연 논리적으로 타당한가?
• 현실성 : 사람은 누구나 실직할 수 있다. 그러니 그와 같은 일이 나에게는 절대 일어나지 않는다고 말할 수 있겠는가?
• 실용성(효용성) : 실직을 했다고 해서 의기소침해 있는 것이 나의 사회생활이나 구직 활동에 어떤 도움이 되겠는가?

⑤ E (Effect ; 효과) : 논박으로 인해 나타나는 효과로서, 내담자가 가진 비합리적인 신념을 철저하게 논박하여 합리적인 신념으로 대체함

예 • 인지적 효과 : 비록 실직을 했지만, 그렇다고 내가 무능력한 사람은 아니다 또는 누구나 실직을 할 수 있는 만큼 나도 한 직장에서 항상 승승장구할 수 있는 것은 아니다
• 정서적 효과 : 실직을 한 것에 대해 약간 실망스럽지만, 그렇다고 우울하거나 불안하지는 않다 또는 실직이 오히려 내게 새로운 시도를 위한 기회가 될 수도 있다
• 행동적 효과 : 나의 적성에 맞는 새로운 직업을 찾아봐야겠다 또는 나의 가치를 더욱 높이기 위해 열심히 배우고 익혀야겠다

(2) ABCDE 모델에 근거한 상담의 진행절차

① 제1단계 : 설득
상담자는 합리적 정서치료의 기본 철학과 논리를 믿도록 내담자를 설득시킴

② 제2단계 : 비합리적 신념의 규명
상담면접 과정에서 내담자의 자기 보고 및 상담자의 관찰을 통해 내담자의 비합리적 신념을 발견하고 이를 규명

③ 제3단계 : 논박 및 예시
내담자의 비합리적 신념에 대해 체계적으로 논박하며, 합리적 신념의 예시 또는 시범을 보임

④ 제4단계 : 인지적 연습
내담자로 하여금 비합리적 신념을 합리적 신념으로 대체하도록 인지적 연습을 반복시킴

⑤ 제5단계 : 합리적 행동 연습
내담자의 합리적 행동 반응을 개발 및 촉진시키기 위해 내담자로 하여금 행동 연습을 하도록 함

(3) 논박의 유형

① 기능적 논박(Functional Dispute)

㉠ 내담자에게 그의 신념과 그에 수반하는 정서, 행동의 실제적 유용성에 대해 의문을 가지도록 하는 것. 내담자로 하여금 자신이 지닌 신념, 행동, 정서가 목표를 성취하는 데 얼마나 도움이 되는지를 평가

예 그것이 당신에게 도움이 됩니까?, 그와 같은 방식으로 생각(또는 행동)을 지속하는 것이 당신에게 어떤 영향을 줄 것 같습니까? 등

㉡ 상담자는 내담자에게 비합리적 신념을 더욱 융통적이고 현실적인 합리적 신념으로 바꾸었을 때 얼마나 많은 이득을 얻을 수 있을 지를 체계적으로 보여 주기 위해 노력해야 함

② 경험적 논박(Empirical Dispute)

㉠ 신념의 사실적 근거에 대한 평가로, 내담자가 가진 신념이 사회적 현실에 얼마나 부합하는가를 평가

예 그와 같은 생각을 뒷받침할 만한 증거가 있습니까?, 그 말이 옳다는 증거가 있습니까? 등

㉡ 경험적 논박은 비합리적 신념이 기반한 소망의 타당성을 논하는 것이 아니며, 얼마나 많은 사람들이 그와 같은 신념에 동의를 하는지에 대해 묻는 것도 아님. 즉, 경험적 논박은 신념의 경험적 근거를 찾는 것이지, 선호에 대해 묻는 것이 아님

㉢ 상담자는 내담자의 바람을 지지하고 그의 염려를 이해하며, 내담자로 하여금 비합리적 두려움과 합리적 걱정을 구분할 수 있도록 도와야 함

③ 논리적 논박(Logical Dispute)

㉠ 내담자의 비합리적 신념이 기반하고 있는 비논리적 추론에 대해 의문을 제기하는 것. 내담자의 비논리성은 그의 소망이나 바람에 의해 나타나는데, 그 소망이나 바람이 꼭 그렇게 되리라는 보장은 없음

예 그 일이 사실이기를 바란다고 해서, 반드시 그렇게 되는 것일까요?, A 다음에 B가 반드시 나온다는 논리는 어떻게 나온 것이지요? 등

㉡ 내담자의 우울증은 자신의 과거에 대한 회상과 그에 대한 자책, 분노 등과 연관되는데, 이는 자기충족예언으로 되돌아와서 절대로 내가 원하는 대로 될 수 없을 거야와 같은 부적절한 신념으로 이어짐. 이 경우 상담자는 내담자의 완전주의와 비현실적 기대에 대해 논리적으로 논박함으로써 내담자로 하여금 미래에 대한 낙관적인 시각을 가지도록 할 수 있음

④ 철학적 논박(Philosophical Dispute)

㉠ 내담자는 바로 눈앞의 문제에 너무나 몰두해 있는 나머지, 삶의 다른 부분에 내재한 가능성을 보지 못하는 경우가 많음. 내담자는 눈앞의 문제가 해결되지 않는다면 자신의 실존이 위협을 받을 것으로 생각하기도 함. 철학적 논박은 삶에 대한 만족이라는 주제를 내담자와 함께 다루는 것

예 설령 당분간 당신이 원하는 대로 되지 않을지라도 다른 부분에서 만족을 느끼고 행복할 수 있지 않을까요? 등

㉡ 갑작스런 해고나 연인과의 이별을 경험한 내담자에게 상담자는 그와 같은 일을 제외하고 그동안 내담자가 잘 살아왔음을 이야기하는데, 비록 그와 같은 불행을 통해 깨달음을 얻게 된 것은 안타까운 일이나, 결과적으로 인생의 깊은 교훈을 배우게 된 것임을 알려 줄 수 있음

3 공헌 및 한계

공헌	• 내담자 스스로 치료를 이행할 수 있는 방법을 교육할 수 있다. • 내담자가 상담자에게 지나치게 의존하지 않고 스스로 변화 가능한 존재라고 가정한다. • 포괄적이고 통합적인 치료 기법을 사용한다.
한계	• 합리적 신념에 대한 명확한 규정과 평가가 부재한다. • 적극적이고 지시적인 접근법으로 상담자가 권한을 남용할 소지가 있다.

제3절 Beck의 인지치료

1 의의 및 특징

(1) 기본 가정

① 엘리스(Ellis)가 개인이 가진 비합리적 사고나 신념에 문제의 초점을 두었다면, 벡(Beck)은 개인이 가지고 있는 정보처리과정상의 인지적 왜곡에 초점

② 벡은 사람들이 느끼고 행동하는 방식이 경험의 지각과 구조화의 방식에 의해 결정된다고 봄

③ 역기능적이고 자동적인 사고 및 도식, 신념, 가정의 대인관계행동에서의 영향력을 강조하며, 이를 수정하여 내담자의 정서나 행동을 변화시키는 데 역점

④ 구조화된 치료이자 단기적 · 한시적 치료로 여기–지금(Here & Now) 내담자가 가지고 있는 문제를 파악하며, 그에 대한 교육적인 치료를 수행하는 과정으로 이루어짐

(2) 주요원칙

① 인지용어로 내담자의 문제를 공식화하며, 이를 토대로 치료를 진행

② 치료자와 내담자 간 건강한 치료적 동맹과 상호협조를 강조

③ 내담자의 자발적이고 적극적인 참여를 강조

④ 목표지향적인 동시에 문제중심적인 치료

⑤ 여기–지금(Here & Now)을 강조

⑥ 내담자 스스로 치료자가 될 수 있도록 교육하며, 특히 재발방지를 위해 노력하는 과정

⑦ 구조화된 치료이자 단기적 · 한시적 치료

⑧ 내담자로 하여금 자신의 역기능적인 사고와 신념을 평가하도록 하며, 그에 대해 적절히 반응하도록 교육
⑨ 내담자의 부적응적 사고, 감정, 행동을 변화시키기 위하여 다양한 기법을 사용

(3) 자동적 사고(Automatic Thinking)의 특징

① 구체적이며, 분리된 메시지
② 축약된 언어나 이미지 또는 그 두 가지가 혼합된 형태로 나타남
③ 비합리적인 내용이라도 거의 의심 없이 받아들여짐
④ 자발적으로 경험
⑤ 흔히 당위적인 말로 표현
⑥ 일을 극단적으로 보려는 경향
⑦ 개인에 따라 독특한 방식으로 나타남
⑧ 중단하기가 쉽지 않음
⑨ 학습되는 경향

(4) 인지적 오류(Beck)

① **임의적 추론(Arbitrary Inference)** : 어떤 결론을 지지하는 증거가 없거나 그 증거가 결론에 위배됨에도 불구하고 그와 같은 결론을 내림
예 자신의 메시지에 답변이 없다고 하여 상대방이 의도적으로 회피하는 것이라고 판단하는 경우

② **선택적 추상화(Selective Abstraction)** : 다른 중요한 요소들은 무시한 채 사소한 부분에 초점을 맞추고, 그 부분적인 것에 근거하여 전체 경험을 이해함
예 필기시험에서 우수한 성적을 거두었으나 실기시험의 결과에 스스로 만족하지 못하는 사람이 전체 시험을 망쳤다고 판단하는 경우

③ **과도한 일반화 또는 과잉일반화(Overgeneralization)** : 한두 가지의 고립된 사건에 근거해서 일반적인 결론을 내리고 그것을 서로 관계없는 상황에 적용
예 평소 자신을 도와주던 친구가 어느 때 한 번 자신을 도와주지 않았다고 하여 자신과의 친분관계를 끊은 것이라고 결론내리는 경우

④ **개인화(Personalization)** : 자신과 관련시킬 근거가 없는 외부사건을 자신과 관련시키는 성향으로, 실제로는 다른 것 때문에 생긴 일에 대해 자신이 원인이고 자신이 책임져야 할 것으로 받아들임
예 자신이 시험을 망쳤기 때문에 여자 친구와 헤어졌다고 판단하는 경우

⑤ **이분법적 사고 또는 흑백논리적 사고(Dichotomous Thinking)** : 모든 경험을 한두 개의 범주로만 이해하고 중간지대가 없이 흑백논리로써 현실을 파악
예 완벽하지 않은 것은 곧 잘못된 것이라고 판단하는 경우

⑥ **과장/축소 또는 의미확대/의미축소(Magnification/Minimization)** : 어떤 사건 또는 한 개인이나 경험이 가진 특성의 한 측면을 그것이 실제로 가진 중요성과 무관하게 과대평가하거나 과소평가
예 평범한 평가를 받는다는 것은 곧 자신이 얼마나 부족한지 증명하는 것이라고 판단하는 경우

⑦ **정서적 추론(Emotional Reasoning)** : 자신의 정서적 경험이 마치 현실과 진실을 반영하는 것인 양 간주하여 이를 토대로 그 자신이나 세계 또는 미래에 대해 그릇되게 추리

예 자신이 부적절하다는 느낌을 통해 아무런 쓸모없는 사람이라고 단정하는 경우

⑧ **긍정격하(Disqualifying the Positive)** : 자신의 긍정적인 경험이나 능력을 객관적으로 평가하지 않은 채 그것을 부정적인 경험으로 전환하거나 자신의 능력을 낮추어 봄

예 자신의 계획이 성공에 이르렀음에도 불구하고 이를 자신의 실력이 아닌 운에 의한 것으로 돌리는 경우

⑨ **재앙화 또는 재난적 사고(Catastrophizing)** : 어떠한 사건에 대해 자신의 걱정을 지나치게 과장하여 항상 최악을 생각함으로써 두려움에 사로잡힘

예 길을 걷다가 개에게 물린 사람이 이제 곧 광견병으로 목숨을 잃게 될 것이라 생각하는 경우

⑩ **잘못된 명명(Mislabelling)** : 어떠한 하나의 행동이나 부분적 특성을 토대로 사람이나 사건에 대해 완전히 부정적이고 단정적으로 명명

예 한 차례 지각을 한 학생에게 지각대장이라는 이름표를 붙이는 경우

2 치료기법

(1) 자동적 사고의 식별방법

① **감정변화 인식하기(감정변화 즉시 질문하기)** : 내담자의 슬픔, 고통 등의 감정은 그 감정에 실린 지극히 즉각적이고 개인적인 생각들을 만들어내므로, 치료자는 그와 같은 내담자의 감정변화에 대해 즉시 질문

② **심리교육하기** : 치료자는 치료 초기에 또는 치료 중 내담자의 감정변화나 특정사고를 설명하고자 할 때 내담자에게 자동적 사고의 특징, 자동적 사고가 개인의 감정과 행동에 미치는 영향 등에 대해 설명

③ **안내에 따른 발견** : 치료회기 중 자동적 사고를 찾아내기 위해 가장 자주 사용되는 기법으로, 내담자의 감정을 자극하면서 한 가지 주제에 대해 집중적으로 질문을 하게 됨. 또한 가급적 최근 사건에 초점을 맞춰 깊이 있는 내용을 다루며, 공감의 기술을 통해 내담자의 유의미한 자동적 사고를 능숙하게 감지

④ **사고기록지 작성하기** : 치료자는 내담자의 자동적 사고를 기록지에 작성하는 과정에서 내담자의 중요한 인지에 주의를 기울일 수 있으며, 보다 체계적인 방법으로 자동적 사고를 찾아내는 연습을 할 수 있음

⑤ **심상(Imagery) 활용하기(생활사건 생생하게 떠올리기)** : 치료자는 내담자로 하여금 상상을 통해 자신의 중요한 사건을 회상하도록 함으로써 그 사건이 일어났을 당시의 생각과 감정을 생생하게 떠올리도록 도움

⑥ **역할극 활용하기** : 역할극은 치료자가 내담자의 삶에서 어떤 중요한 인물의 역할을 맡음으로써 내담자의 자동적 사고를 자극하는 방식으로 전개되나, 이와 같은 역할극을 수행하기에 앞서 내담자의 현실검증능력이나 역할극이 치료적 관계에 미치는 영향 등을 고려

⑦ **체크리스트 활용하기** : 치료자는 내담자에게 부정적인 자동적 사고의 문항들이 담긴 설문지의 체크리스트를 작성하도록 할 수 있는데, 특히 홀론과 켄달(Hollon & Kendall)이 개발한 자동적 사고 체크리스트(Automatic Thoughts Questionnaire, ATQ)가 널리 활용

(2) 인지적 치료기법

① 재귀인(Reattribution)

㉠ 사건에 대한 모든 변인들을 고려하여 내담자로 하여금 자동적 사고와 가정을 검증하도록 하는 것

㉡ 내담자가 사건의 원인을 개인화하거나 단일변수를 유일한 원인으로 결론짓는 경우 사용

② 재정의(Redefining)

㉠ 문제가 자신의 통제를 넘어선 것이라고 믿는 내담자의 부적절한 신념을 수정하는 것

㉡ 내담자가 부정적인 사고로 인해 무기력한 상태에 놓이는 경우 사용

③ 탈중심화(Decentering)

㉠ 다른 사람들의 관심이 자신에게 집중되어 있다고 믿는 내담자의 부적절한 신념을 수정하는 것

㉡ 내담자가 불안증상을 나타내 보이는 경우 사용

3 공헌 및 한계

공헌	• 성격장애를 포함하는 광범위한 임상적 문제에 대하여 인지적 치료의 효율성이 입증되고 있다. • 다양한 기법과 개입방법은 다른 치료접근법 입장에서도 따르는 것이 가능한 기준과 유용한 아이디어를 제공한다.
한계	• 긍정적 사고의 힘을 지나치게 강조하고 있다. • 피상적이고 단순한 기법에 의존하고 있다. • 증상의 제거에만 관심을 기울이고 있어 문제 근원 탐색에는 관심이 없다. • 무의식의 역할을 무시하고 인간에 있어 감정의 역할을 부정하는 측면이 있다.

제4절 최신 인지치료

1 최신 인지치료기법

(1) 마음챙김인지치료(Mindfulness Based Cognitive Therapy, MBCT)

자신의 생각과 감정, 감각을 더 자각하고, 현재에 초점을 맞추며, 생각을 판단하지 않고 수용할 수 있도록 함으로써 부정적인 생각과 감정 및 신체 감각에 대한 관점을 근본적으로 변화시켜 탈중심적, 메타인지적 자각을 기르는 것에 초점을 맞춘다.

(2) 변증법적 행동치료(Dialectical Behavior Therapy, DBT)

정서를 회피하거나 억압하는 것이 개인이 경험하는 문제의 원인이며, 정서적 고통의 수용을 해 오히려 정서적 고통을 감소시킬 수 있다고 본다.

(3) 행동활성화치료(Behavioral Activation Treatment, BAT)

구조적이고 단기적인 심리학적 접근법으로, 최근 들어 우울증에 대한 강력한 치료적 대안으로 제시되고 있다.

(4) 기능분석치료(Functional Analytic Psychotherapy, FAP)

내담자가 겪는 대인 관계의 어려움을 해결하는 실용적인 치료법으로, 내담자가 실제로 하는 행동의 기능을 분석하여 문제행동과 호전행동으로 분류하고, 치료관계를 통해 문제행동은 줄이고 호전행동을 늘리는 식으로 일상의 대인 관계에 변화를 가져온다.

2 향후 인지치료

다양한 장애와 문제영역에 점차 확대하여 인지치료를 적용하게 될 것이며, 이 분야의 체계적인 연구들이 계속될 것이다. 다음과 같은 질환에 인지치료가 적용될 것이다 : 만성 동통, 범죄자, 사회 공포, 만성 두통, 만성 틱 장애, HIV- 연관 장애, 알코홀리즘, 병적 질투, 과민성 대장 증후군, 불면, 정신분열증, 죄책감과 수치심, 니코틴 중독, 흉통, 기질성뇌증후군, 도벽, 일반화된 틱 장애, 성적인 문제 등

제 7 장 실제예상문제

해설 & 정답 checkpoint

01 다음 중 행동치료의 기본가정으로 옳지 않은 것은?

① 인간행동의 대부분은 학습된 것이므로 수정이 가능
② 특정한 환경의 변화는 개인의 행동을 적절하게 변화시키는 데 도움
③ 강화나 모방 등의 사회학습원리는 상담기술의 발전을 위해 이용될 수 있음
④ 인간은 합리적이고 올바른 사고를 가지고 있는 반면, 올바르지 못한 사고도 가지고 있음

01 인지적 접근에 해당한다.

02 엘리스(Ellis)가 제안한 비합리적 신념과 그 특징이 올바르게 짝지어진 것은?

① 당위적 사고 : 자기 자신이나 타인 혹은 상황에 대해 경멸하거나 비하함으로써 파멸적인 사고를 하는 것
② 파국화 : 영어의 Must와 Should로 대변되는 것으로, 우리말로는 반드시 ~해야 한다로 표현
③ 좌절에 대한 인내심 부족 : 좌절을 유발하는 상황을 잘 견디지 못하는 것으로, 세상에 대한 부정적 · 비관적인 시각을 가지게 됨
④ 자기 및 타인에 대한 비하 : 지나친 과장을 의미하는 것으로, 우리말로는 ~하는 것은 끔찍한 일이다로 표현됨

02 ① 당위적 사고 : 영어의 Must와 Should로 대변되는 것으로, 우리말로는 반드시 ~해야 한다로 표현
② 파국화 : 지나친 과장을 의미하는 것으로, 우리말로는 ~하는 것은 끔찍한 일이다로 표현됨
④ 자기 및 타인에 대한 비하 : 자기 자신이나 타인 혹은 상황에 대해 경멸하거나 비하함으로써 파멸적인 사고를 하는 것

정답 01 ④ 02 ③

checkpoint 해설 & 정답

03 과잉일반화 : 한두 개의 고립된 사건에 근거해서 일반적인 결론을 내리고 그것을 서로 관계없는 상황에 적용하려고 하는 것

04 내담자에게 장차 일어날 부적응행동을 예방한다.

정답 03 ① 04 ③

03 비합리적 신념의 유형에서 '여자 친구가 피곤해서 만날 수 없다고 했을 때, 사랑이 식었다고 결론을 내리는 경우'와 같은 사례는 무엇에 해당하는가?

① 과잉일반화
② 완전주의
③ 당위성
④ 무력감

04 행동치료의 목표와 관련된 내용으로 옳지 않은 것은?

① 내담자의 부적응행동을 변화시킨다.
② 내담자로 하여금 효율적인 의사결정 과정을 학습하도록 한다.
③ 내담자에게 장차 일어날 부적응행동을 예방하는 효과는 기대하지 않는다.
④ 내담자가 호소하는 구체적인 행동상의 문제들을 해결한다.

해설 & 정답 checkpoint

05 ABCDE 모델의 요소 중 C와 관련되는 내용은?

① 내담자의 자포자기 상태가 적극적인 구직 활동을 방해함
② 나는 실직했어. 그것은 절대적으로 나에게 일어나지 말았어야 했는데, 이건 내가 부적절하다는 것을 의미해
③ 실직을 했다고 해서 스스로를 부적절하다고 생각하는 것이 과연 논리적으로 타당한가?
④ 비록 실직을 했지만, 그렇다고 내가 무능력한 사람은 아니다 또는 누구나 실직을 할 수 있는 만큼 나도 한 직장에서 항상 승승장구할 수 있는 것은 아니다

05 ② B
③ D
④ E

06 행동치료의 기법 중 그 성격이 다른 하나는?

① 체계적 둔감법
② 타임아웃
③ (자기)주장훈련
④ 홍수법

06 ② 조작적 조건형성 기반
①·③·④ 고전적 조건형성 기반

07 다음 중 논박의 유형에 해당하지 않는 것은?

① 기능적 논박
② 경험적 논박
③ 철학적 논박
④ 미래지향적 논박

07 **논박의 유형**
- 기능적 논박(Functional Dispute)
- 경험적 논박(Empirical Dispute)
- 논리적 논박(Logical Dispute)
- 철학적 논박(Philosophical Dispute)

정답 05 ① 06 ② 07 ④

08 벡(Beck)의 인지치료의 개념 중 자동적 사고(Automatic Thinking)의 특징이 아닌 것은?

① 축약된 언어나 이미지 또는 그 두 가지가 혼합된 형태로 나타남
② 자발적으로 경험
③ 흔히 당위적인 말로 표현
④ 경험하는 사람 대부분에서 보편적인 방식으로 나타남

09 각각의 인지적 오류와 그 특징이 알맞게 연결된 것은?

① 임의적 추론(Arbitrary Inference) : 어떤 결론을 지지하는 증거가 없거나 그 증거가 결론에 위배됨에도 불구하고 그와 같은 결론을 내림
② 개인화(Personalization) : 어떠한 사건에 대해 자신의 걱정을 지나치게 과장하여 항상 최악을 생각함으로써 두려움에 사로잡힘
③ 정서적 추론(Emotional Reasoning) : 자신과 관련시킬 근거가 없는 외부사건을 자신과 관련시키는 성향으로, 실제로는 다른 것 때문에 생긴 일에 대해 자신이 원인이고 자신이 책임져야 할 것으로 받아들임
④ 재앙화 또는 재난적 사고(Catastrophizing) : 자신의 정서적 경험이 마치 현실과 진실을 반영하는 것인 양 간주하여 이를 토대로 그 자신이나 세계 또는 미래에 대해 그릇되게 추리

checkpoint 해설 & 정답

08 개인에 따라 독특한 방식으로 나타남

09 ② 개인화 : 자신과 관련시킬 근거가 없는 외부사건을 자신과 관련시키는 성향으로, 실제로는 다른 것 때문에 생긴 일에 대해 자신이 원인이고 자신이 책임져야 할 것으로 받아들임
③ 정서적 추론 : 자신의 정서적 경험이 마치 현실과 진실을 반영하는 것인 양 간주하여 이를 토대로 그 자신이나 세계 또는 미래에 대해 그릇되게 추리
④ 재앙화 또는 재난적 사고 : 어떠한 사건에 대해 자신의 걱정을 지나치게 과장하여 항상 최악을 생각함으로써 두려움에 사로잡힘

정답 08 ④ 09 ①

10 벡(Beck)의 인지치료에 대한 평가와 관련되지 않는 것은?

① 성격장애를 포함하는 광범위한 임상적 문제에 대하여 인지적 치료의 효율성이 입증되고 있다.
② 긍정적 사고의 힘을 지나치게 강조하고 있다.
③ 내담자가 상담자에게 지나치게 의존하지 않고 스스로 변화 가능한 존재라고 가정한다.
④ 증상의 제거에만 관심을 기울이고 있어 문제 근원 탐색에는 관심이 없다.

해설 & 정답 checkpoint

10 합리적 정서행동치료와 관련된 내용이다.

정답 10 ③

안심Touch

주관식 문제

01 엘리스(Ellis)의 ABCDE 모델의 A, B, C, D, E는 각각 무엇인지 쓰시오.

02 행동치료의 일반적 단계(7단계)를 기술하시오.

checkpoint 해설 & 정답

01

정답
- A : 선행사건
- B : 비합리적 신념체계
- C : 결과
- D : 논박
- E : 효과

02

정답
① 제1단계 : 상담관계 형성
② 제2단계 : 문제 행동 정의 · 규명
③ 제3단계 : 현재 상태 파악
④ 제4단계 : 상담목표 설정
⑤ 제5단계 : 상담기술 적용
⑥ 제6단계 : 상담결과 평가
⑦ 제7단계 : 상담종결

해설 & 정답 checkpoint

03 엘리스(Ellis)가 제안한 비합리적 신념의 뿌리를 이루는 세 가지 당위성의 종류를 나열하시오.

03
정답 ① 자신에 대한 당위성
② 타인에 대한 당위성
③ 세상에 대한 당위성(조건에 대한 당위성)

04 벡(Beck)의 인지치료의 개념 중 선택적 추상화(Selective Abstraction)의 사례를 기술하시오.

04
정답 필기시험에서 우수한 성적을 거두었으나 실기시험의 결과에 스스로 만족하지 못하는 사람이 전체 시험을 망쳤다고 판단하는 경우

메모

현상학적 치료

I wish you the best of luck

제 8 장 현상학적 치료

제 1 절 인본주의치료

1 인간중심상담

(1) 의의 및 특징

① 기본가정

㉠ 로저스(Rogers)는 인간이 스스로 자신의 삶의 의미를 능동적으로 창조하며, 주관적 자유를 실천해 나간다고 가정

㉡ 개인의 독특하고 주관적인 경험을 강조하는 이론으로, 모든 인간에게 있어서 객관적 현실세계란 존재하지 않으며 주관적 현실세계만이 존재한다고 주장

㉢ 인간은 자신의 사적 경험체계 또는 내적 준거체계와 일치하는 방향으로 객관적 현실을 재구성

㉣ 한 개인이 생각하고 느끼고 행동하는 고유한 방법을 이해하기 위해서는 그가 객관적 현실을 어떻게 지각하고 해석하는지 그 내적 준거체계를 명확히 파악해야 함

㉤ 인간이 지닌 기본적 자유는 그에 따른 책임을 전제로 함

㉥ 인간은 유목적적인 존재인 동시에 합리적이고 건설적인 방향으로 지속적으로 성장해 나가는 미래지향적 존재

㉦ 자기실현 경향성(실현화 경향성)은 인간행동의 가장 기본적인 동기

㉧ 인간관은 자유, 합리성 그리고 자기실현 경향성이 서로 연결되어 있음

㉨ 여기와 지금(Here & Now) : 지금, 그리고 여기에서 사람이 어떻게 생각하고 느끼느냐가 행동을 결정하는 유일한 요소로 과거는 별로 중요하지 않음

② 주요개념

㉠ 유기체(Organism)

- 인간은 조직화된 전체로 기능하는 유기체
- 경험은 어떤 주어진 순간에 유기체 내에서 진행되는 잠재적으로 자각에 이용될 수 있는 모든 것
- 개인은 외적 현실로서 자극 조건이 아닌 자신의 현상학적 장에 의존하여 행동
- 유기체적 가치화 과정(Organismic Valuing Process) : 개인은 자신의 개별적 경험과 관련하여 그것이 얼마만큼 자신을 유지시키고 증진시키는가에 따라 평가
  - 긍정평가 : 자신을 유지시키거나 증진시키는 것으로 지각된 경험 → 적극적으로 추구
  - 부정평가 : 자신을 유지시키거나 증진시키는 것을 방해하는 것으로 지각된 경험 → 회피

㉡ 현상학적 장(Phenomenal Field)
- 특정 순간에 개인이 지각하고 경험하는 모든 것
- 동일한 현상이어도 개인에 따라 다르게 지각하고 경험하기 때문에 이 세상에는 개인적 현실, 즉 현상학적 장만이 존재한다고 가정
- 개인이 의식적으로 지각한 것과 지각하지 못한 것까지 포함되지만, 개인은 객관적 현실이 아닌 자신의 현상학적 장에 입각하여 재구성된 현실에 반응하게 됨
- 동일한 사건을 경험한 두 사람도 각기 다르게 행동할 수 있으며, 그로 인해 모든 개인은 서로 다른 독특한 특성을 보이게 됨

㉢ 자기(Self)와 자기개념(Self-Concept)
- 자기 : 자기 자신에 대해 가지고 있는 조직적이고 지속적인 인식, 즉 자기상(Self Image)
  - 주체로서의 나(I)와 객체로서의 나(Me)의 의식적 지각과 가치를 포함
  - 현재 자신의 모습에 대한 인식인 현실적 자기(Real Self)와 함께, 앞으로 자신이 나아가야 할 모습에 대한 인식인 이상적 자기(Ideal Self)로 구성
- 자기개념 : 자기의 여러 가지 특성들이 하나로 조직화된 것, 즉 자기에 대한 여러 가지 지각된 내용들의 조직화된 틀
- 현재 경험이 자기구조와 불일치할 때 개인은 불안을 경험
  - 자기구조와 주관적 경험이 일치할 경우 적응적이고 건강한 성격을 가지게 됨
  - 자기구조와 주관적 경험 간 불일치가 심할 경우 부적응적이고 병적인 성격을 가지게 됨
- 자기의 발달은 자신이 세상에서 경험하는 것에 대해 어떻게 지각하는가를 바탕으로 하여 변화하는 역동적인 과정

㉣ 실현화 경향성(Actualizing Tendency)과 자기실현 경향성(Self-Actualizing Tendency)
- 실현화 : 유기체가 단순한 실체에서 복잡한 실체로, 의존성에서 독립성으로, 고정성 혹은 경직성에서 유연성 혹은 융통성으로 변화하고자 하는 유기체의 경향성
- 자기실현 경향성 : 자신을 성장시키고 발전시키기 위해 자신의 모든 잠재력을 발휘하는 인간의 선천적 경향성
  - 모든 인간은 성장과 자기증진을 위해 끊임없이 노력하며, 그 노력의 와중에서 직면하게 되는 고통이나 성장방해요인을 극복해 나갈 수 있는 성장지향적 유기체
  - 성장과 퇴행 중에 어느 하나를 선택하여야 하는 상황에 처하게 되면 더욱 강하게 작용
- 모든 인간이 퇴행적 동기를 가지고 있기는 하지만 그보다는 성장지향적 동기, 즉 자기실현욕구가 기본적인 행동동기
- 자기실현 과정 : 자신을 창조하는 과정이므로, 이러한 과정을 통해 모든 인간은 삶의 의미를 찾고 주관적인 자유를 실천해 나감으로써 점진적으로 완성

㉤ 충분히 기능하는 사람(Fully Functioning Person)
- 현재 진행되는 자신의 자아를 완전히 자각하는 사람
- 최적의 심리적 적응, 최적의 심리적 성숙, 완전한 일치, 경험에 대한 완전한 개방을 갖춘 사람
- 경험의 개방성, 실존적인 삶, 자신의 유기체를 신뢰, 창조적이고 자유로운 특성을 가짐

③ 심리적 문제의 발생과정

㉠ 긍정적 존중의 욕구와 자기개념 : 타인이 자신을 긍정적으로 대하면 자기개념 또한 긍정적일 수 있으며, 타인으로부터 부정적인 평가를 받게 되면 자기개념은 부정적으로 형성

㉡ 가치조건(Conditions of Worth)
- 가치가 있고 없음을 규정짓는 외부적인 조건들을 말하는 것으로 외적으로 규정된 조건들에 들어맞을 때 가치가 있는 것이며, 조건에 부합되지 않으면 가치가 없는 것
- 어린 시절 영향력이 큰 부모나 보호자로부터 긍정적 존중을 얻기 위해 노력한 결과물로 어른의 가치가 아이의 내면에 형성되는 현상

㉢ 자기와 경험의 불일치
- 개인이 자신의 유기체적 경험을 자기 개념과 일치하는 것으로 통합할 때 건강한 심리적 적응이 가능
- 자기와 경험의 불일치 즉, 개인이 유기체로서 소망하며 경험하는 것들과 자기존중감을 느끼게 하는 것들 간에 불일치가 생기게 되면 심리적 부적응이 발생
- 불일치가 많을수록 '여기와 지금'에서 부정되는 경험들이 많게 되며, 이러한 과정이 되풀이 될수록 잠재력을 실현할 수 없음은 물론이고 심리적 문제와 부적응이 커지게 됨

㉣ 심리적 증상의 의미
- 스스로 타고난 가능성과 잠재력을 발견하지 못하고 외적으로 부여된 가치 조건들에 맞춰 살려고 할 때 생겨남
- 외적으로 부여된 가치조건에 따라 형성된 자기개념이 여기와 지금에서의 경험을 부정하고 왜곡하게 되면 심리적 문제가 발생
- 외적으로 부여된 가치조건에 따라 형성된 자기개념이 자신의 긍정적이고 창조적인 성장에의 힘을 위축시키거나 약화시킴으로써 심리적 문제가 발생

(2) 상담목표와 기법

① 목표

㉠ 내담자의 자기개념과 유기체적 경험 간의 불일치를 제거하여 충분히 기능하는 사람이 되도록 도움

㉡ 자신의 잠재력을 최대한 발휘하여 자기실현의 방향으로 나아가게 함

㉢ 내담자가 가진 문제의 해결에 그치지 않고 내담자의 성장과정을 도와 앞으로의 문제까지 잘 다룰 수 있도록 돕는 것

② 기법

㉠ 진실하려고 노력하기 : 상담자 스스로의 내면세계를 깊이 자각하고 수용하고자 하는 끊임없는 노력이 필요하며 내담자를 돕고자 하는 진정한 관심을 전달할 수 있어야 진실한 마음을 전할 수 있으며 내담자에게 신뢰를 심어 줄 수 있음

㉡ 적극적인 경청하기 : 내담자의 내면세계를 이해하기 위해서는 그가 말하고 행동하는 것에 주의를 기울이며 경청하는 적극적인 태도가 필요

㉢ 공감적으로 반영하기 : 상담자가 내담자의 내면세계에 대하여 이해한 바를 전달하는 것으로 상담 초기에는 언어적 전달내용에 근거하여 가장 두드러진 생각과 감정을 반영하나, 상담자가 내담자를 더 잘 알게 될수록 내담자가 인식하지 못하고 있는 감정들을 인식하고 전달하는 것도 가능하여 정서적 변화를 잘 포착하고 깊은 교감이 이루어질 수 있게 됨

㉣ '여기와 지금'의 즉시성 : 내담자를 변화시키는 가장 강렬한 상호작용은 상담자와 내담자 사이에서 직접적으로 경험되는 감정과 생각을 다루는 것이며, '여기와 지금'에서 경험되는 생생한 체험을 다루면서 즉각적으로 탐색 · 확인 · 논의하는 것이 가능

㉤ 자기 노출하기 : 상담자가 의도적으로 자신의 생각과 경험을 내담자에게 내보이는 것으로 상담자–내담자 상호 간 내면세계를 이해하게 하여 지지적이고 공감적인 관계를 형성

㉥ 치료자의 개성 살리기 : 상담자의 성격과 스타일에 따라 다양하고 창조적 방식으로 치료하는 것을 권장하며 이는 내담자의 바람과 성향에 맞추기 위한 창조적 노력과 유연성을 전제로 함

(3) 공헌 및 한계

공헌	• 인간 내면의 주관적 경험을 다룰 수 있는 새로운 과학적 연구모델을 고안함으로써, 치료자 자신의 치료 방식과 신념을 검토하도록 했다. • 상담자들이 자신의 상담스타일을 개발해 나갈 수 있도록 촉진하였다. • 상담에서 상담자와 내담자 사이 관계의 중요성을 강조하였다. • 내담자가 스스로 중요한 결정을 할 수 있는 인격체로 인정하였다. • 인간행동에서 정서와 감정의 역할이 중요함을 인식하도록 하였다. • 로저스는 상담회기를 녹음하여 기록으로 남긴 최초의 상담자이자 심리치료사였다.
한계	• 지나치게 현상학적 측면을 강조하며 무의식적 요인을 무시하는 경향이 있다. • 지적이고 인지적 요인을 무시하는 경향이 있다. • 심리검사 등의 객관적인 정보를 사용하여 내담자를 도와주는 면이 부족하다. • 상담자의 기술수준을 초월하는 사람 됨됨이가 중요하므로 상담자의 인격과 수양이 요구되나 이는 결코 쉽지 않다. • 인간중심상담이론이 내담자 자신의 문제를 집어내지 않기 때문에, 상담자가 무엇을 지향하고 있는지를 이해하지 못하는 경우가 생길 수 있다. • 지적 능력이 낮거나 자기표현 능력에 한계가 있는 사람 혹은 어린아이들에게는 적용의 한계가 있다. • 저항과 감정 전이 등이 무시된다.

2 실존주의적 상담

(1) 의의 및 특징

① 기본가정

㉠ 인간은 자각하는 능력을 가지고 있다 : 인간은 자기 자신, 자신이 하고 있는 일, 그리고 자신에게 여기-지금 일어나고 있는 일들에 대해 자각하는 능력을 가지고 있는데, 이와 같은 능력이 인간을 다른 모든 동물들과 구분 지으며, 인간으로 하여금 선택과 결단을 가능하게 함

㉡ 인간은 정적인 존재가 아닌 항상 변화하는 상태에 있는 존재이다 : 인간은 하나의 존재가 아닌 존재로, 되어가고 있는 혹은 무엇을 향해 계속적인 변화의 상태에 있는 존재

㉢ 인간은 자유로운 존재인 동시에 자기 자신을 스스로 만들어 가는 존재이다 : 외적 영향은 인간 실존에게 제한조건이 될 수 있으나 결정요인은 될 수 없음. 인간 실존은 주어지는 것이지만 그 본질은 그가 어떻게 자신의 삶을 의미 있게 그리고 책임감 있게 만들어 가느냐에 달려있음

㉣ 인간은 즉각적인 상황과 과거 및 자기 자신을 초월할 수 있는 능력을 가지고 있다 : 인간은 초월의 능력을 통해 과거와 미래를 여기-지금의 실존 속으로 가져올 수 있으며, 자기 자신과 상황을 객관적으로 볼 수 있음. 또 여러 가지 대안을 고려하여 결단을 내릴 수 있음

㉤ 인간은 장래의 어느 시점에서 무존재가 될 운명을 지니고 있으며, 자기 스스로 그와 같은 사실을 자각하고 있는 존재이다 : 인간은 누구나 자신이 죽게 된다는 사실을 자각하고 있으며, 궁극에는 그와 같은 사실에 직면하게 됨. 그러나 인간은 실존의 의미와 가치를 깨닫기 위해 끊임없이 비존재, 죽음, 고독의 불가피성을 자각해야 하며, 그것에 직면하는 용기를 지녀야 함

② 주요개념

㉠ 자유와 책임

- 인간은 매순간 자신의 의지에 따라 선택할 수 있는 자유를 가진 자기결정적인 존재
- 인간은 근본적으로 자유롭기 때문에 삶의 방향을 결정하고 자기의 존재를 개척해 나가는 데 책임을 져야 함

㉡ 삶의 의미

- 삶의 목적과 의미를 찾기 위한 노력은 인간의 독특한 특성
- 삶은 그 자체로 긍정적 또는 부정적인 의미를 가지고 있지 않으며, 인간 스스로 삶의 의미를 어떻게 창조해 나가는가에 달려 있음

㉢ 죽음과 비존재

- 인간은 미래의 언젠가는 자신이 죽는다는 것을 스스로 자각하며, 삶의 과정에서 불현듯 비존재로서의 위협을 느끼게 됨
- 인간의 삶은 유한한 것이며, 현재의 삶만이 의미를 가짐

㉣ 진실성

- 진실적인 존재로 있다는 것은 우리를 정의하고 긍정하는 데 필수적인 것은 어떤 것이든지 하는 것을 의미
- 개인은 진실적 실존 속에서 언젠가 일어나게 될 비존재의 가능성에 직접적으로 직면하게 되고, 불확실성 속에서 선택적 결정을 내리며, 그 결과에 대해 책임을 짐

(2) 상담기법과 치료원리

① 상담기법

㉠ 비도구성의 원리 : 실존적 관계란 능률이나 생산성을 강조하는 기술적 관계가 아니므로, 상담 장면에서 상담자와 내담자의 관계는 도구적 · 지시적이 되어서는 안 됨

㉡ 자아중심성의 원리 : 실존주의상담의 초점은 내담자의 자아에 있으며, 이러한 자아중심성은 내면세계에 있는 심리적 실체를 중심으로 이루어짐

㉢ 만남의 원리 : 실존주의상담은 여기–지금에서의 상담자와 내담자의 만남을 중시하며, 이러한 만남의 과정을 통해 과거의 인간관계에서 알 수 없었던 것을 현재의 상담관계를 통해 깨닫도록 함

㉣ 치료할 수 없는 위기의 원리 : 실존주의상담은 적응이나 치료 자체보다는 인간 존재의 순정성 회복을 궁극적인 목적으로 함

② 내담자의 자기인식능력 증진을 위한 상담자의 치료원리

㉠ 죽음의 실존적 상황에의 직면에 대한 격려 : 상담자는 내담자로 하여금 죽음의 실존적 상황에 직면하도록 격려하는데, 죽음에 대한 자각은 사소한 문제에서 벗어나 핵심적인 것에 근거한 새로운 삶의 관점을 제공

㉡ 삶에 있어서 자유와 책임에 대한 자각 촉진 : 상담자는 내담자에게 스스로의 삶에 대한 자유와 책임을 자각하도록 촉진

㉢ 자신의 인간관계 양식에 대한 점검 : 상담자는 내담자로 하여금 실존적 고독에 직면시킴으로써 스스로 인간관계 양식을 점검하도록 도움

㉣ 삶의 의미에 대한 발견 및 창조에의 조력 : 상담자는 내담자로 하여금 삶의 의미를 발견하고 창조하도록 돕는데, 이 과정에서 내담자는 자신의 존재에 스스로 의미와 가치를 부여함으로써 삶을 충만하게 만들 수 있음을 깨닫게 됨

③ 의미요법(Logotherapy)

㉠ 프랭클(Frankl)이 의미로의 의지(Will to Meaning)를 강조하면서 기존의 심리학적 이론에 실존철학을 도입한 치료법

㉡ 인간은 의미를 추구하기 위해 초월적인 가치를 탐구하며, 이러한 초월적인 가치는 인간의 잠재능력을 구현하는 동시에 인간이 스스로의 삶을 책임지면서 살도록 도움

㉢ 인생의 의미, 죽음과 고통의 의미, 일과 사랑의 의미 등 철학적이고 영혼적인 양상의 문제를 가진 내담자들을 대상

㉣ 허무주의나 공허감, 죽음의 공포, 가치관의 갈등 상황에 놓인 정신장애에 초점

㉤ 내담자로 하여금 본원적인 가능성과 잠재적인 능력을 깨닫도록 하며, 자기실현, 자기충족, 자기발전에 이를 수 있도록 도움

④ **의미요법에서 인간에게 삶의 의미를 부여하는 세 가지 가치체계**

㉠ 창조적 가치(Creative Values) : 인간은 창조적 가치를 실현함으로써 자신에 대한 삶의 의미를 부여하게 되는데, 이와 같은 의미의 실현은 개인이 자신의 사명과 구체적인 과업을 자각할 때 생김

㉡ 경험적 가치(Experiential Values) : 비록 자신이 직접 창조해내지는 않더라도 타인이 창조해 놓은 것을 경험함으로써 가치를 느끼는 것

㉢ 태도적 가치(Attitudinal Values) : 극한 상황에서 창조도 경험도 하기 어려운 경우라도 태도적 가치를 통해 삶에 의미를 부여하는 것이 가능. 극도의 절망적인 상황에서도 스스로 운명을 어떻게 맞이하느냐 하는 태도는 개인의 자유의지에 의해 선택할 수 있기 때문

⑤ **예기불안의 제거를 위한 역설적 의도(Paradoxical Intention)**

㉠ 예기불안 : 불안에 대한 불안, 걱정에 대한 걱정을 가중시키며, 그로 인해 강박증이나 공포증을 가지고 있는 사람들은 이를 회피하려는 성향을 보임

㉡ 역설적 의도 : 내담자로 하여금 이를 회피하지 말고 바로 직면하도록 하기 위해 예상되는 불안 및 공포를 의도적으로 익살을 섞어 과장되게 생각하고 표현하도록 유도

제2절 현실치료

1 현실치료의 주요개념과 이론

(1) 기본가정

① 1950년대에 글래서(Glasser)가 정신분석의 결정론적 입장에 반대하여 그에 반대되는 치료적 접근방법을 개발

② 현실주의상담 또는 현실치료는 인간이 자신의 욕구를 충족하기 위해 행동하며, 그러한 행동은 인간이 스스로 선택하고 결정한 것이라는 점을 강조

③ 인간은 생존의 욕구, 사랑과 소속의 욕구, 권력과 성취의 욕구, 자유의 욕구, 즐거움과 재미의 욕구 등 5가지의 기본적인 욕구를 가지고 있으며, 이와 같은 욕구에는 어떠한 위계도 존재하지 않음

④ 현실주의상담은 내담자의 좌절된 욕구를 알고 사람들과의 관계에서 새로운 선택을 함으로써 보다 성공적인 관계를 얻고 유지할 수 있음을 강조

⑤ 인간은 자유롭고 자신이나 환경을 통제할 수 있으며, 자신의 목표를 스스로 선택하고자 하는 욕구를 가지고 있음

⑥ 현실주의상담은 내담자로 하여금 스스로의 삶을 더욱 효과적으로 통제할 수 있도록 하며, 결과에 대해 스스로 책임질 것을 강조
⑦ 과거나 미래보다 현재에 초점을 두며, 무의식적 행동보다 행동 선택에 대한 평가에 초점을 둠
⑧ 도덕성을 강조하며, 개인의 효과적인 욕구충족을 위해 새로운 방법을 교육시키고자 함

(2) 현실주의상담의 8단계 원리(Glasser)

① **제1단계** : 관계형성 단계
상담자(현실치료자)가 상담(치료)을 시작하기 위해 내담자와 개인적인 접촉을 하면서 관계를 형성하는 것은 필수적

② **제2단계** : 현재 행동에 대한 초점화 단계
상담자는 내담자의 성격과 관련된 과거 기록을 강조하지 않으며, 그것이 현재 행동과 관련되어 있는 경우에 한해 논의

③ **제3단계** : 자기행동 평가를 위한 내담자 초청 단계
상담자는 내담자로 하여금 자신의 행동이 스스로에게 어떠한 도움이 되는지 자기행동에 대해 평가하도록 해야 함

④ **제4단계** : 내담자의 행동계획 발달을 위한 원조 단계
상담자는 내담자에게 행동계획을 세우도록 하여 그 계획에 따라 반드시 실천하겠다는 약속을 다짐받음

⑤ **제5단계** : 내담자의 의무수행 단계
상담자는 내담자에게 일상생활에서 계획을 실행하도록 위임하여 내담자 스스로 자발성과 책임감을 통해 자기존중감을 느낄 수 있도록 함

⑥ **제6단계** : 변명 거부 단계
상담자는 내담자의 변명을 거부함으로써 내담자 스스로 자신의 변화에 대한 보다 큰 책임감을 가지도록 하는 동시에 계획을 수행할 수 있는 능력을 발달시키도록 도움

⑦ **제7단계** : 처벌 금지 단계
내담자에 대한 처벌은 내담자의 정체감을 약화시키고 상담자와 내담자 간의 관계를 손상시키는 부정적인 결과를 초래. 따라서 상담자는 내담자에게 벌을 사용하는 대신 그 행동에 따르는 당연한 결과를 있는 그대로 받아들이도록 요구하는 것이 바람직함

⑧ **제8단계** : 포기 거절 단계
상담자는 내담자가 적응행동을 받아들이는 데 상당한 시간이 걸리더라도 내담자의 변화 능력을 굳게 믿고 인내심을 가지고 지켜보며, 내담자의 포기를 받아들이지 않음으로써 내담자 스스로 변화에 적극적인 의지를 가질 수 있도록 함

2 현실치료의 기법과 적용

(1) 주요기법

① 유머

㉠ 현실주의상담 또는 현실치료는 인간의 기본 욕구로서 즐거움과 흥미를 강조

㉡ 상담자(현실치료자)는 유머를 사용함으로써 내담자와 친근한 관계를 유지하며, 상담과정에서 내담자의 참여와 소속의 욕구를 충족시킬 수 있음

㉢ 유머는 내담자로 하여금 현재 자신의 문제에 대한 새로운 시각을 가질 수 있도록 함

㉣ 유머는 시기적절하게 사용되어야 함. 내담자와의 상담관계가 형성되기 전에 유머를 사용하는 것은 바람직하지 않음

② 역설적 기법

㉠ 내담자가 상담과정에서 저항을 보이는 경우, 내담자가 계획한 바를 실행에 옮기지 않는 경우 효과적인 방법

㉡ 상담자는 내담자에게 모순된 요구나 지시를 함으로써 의도적으로 내담자를 딜레마에 빠뜨림

㉢ 일종의 언어충격으로, 매우 강력한 도구이므로 전문적인 훈련을 받은 상담자가 사용해야 함

③ 직면

㉠ 내담자의 책임감을 강조하며 변명을 허용하지 않는 것

㉡ 상담자는 내담자가 현실적인 책임에서 벗어나는 행동을 하는 경우 내담자에게 책임 있는 행동을 할 것을 촉구

㉢ 직면은 내담자의 저항을 유발할 수 있으므로 사용상 주의를 요함

(2) 현실주의상담의 과정(WDEP 모형)

① 제1단계 : Want(바람)

㉠ 내담자의 욕구, 바람, 지각을 탐색하는 과정

㉡ 상담자는 내담자에게 무엇을 원하는가?라고 질문을 함으로써, 내담자로 하여금 자신의 욕구를 충족시킬 수 있는 방법을 발견할 수 있도록 도움

㉢ 내담자는 자신의 질적인 세계를 탐색하고 상담자의 숙련된 질문에 응답하면서 이제까지 명확하지 않았던 자신의 내적인 바람에 대한 여러 측면을 직관적으로 인식하게 됨

② 제2단계 : Doing(행동, ~하기)

㉠ 내담자의 현재 행동을 탐색하는 과정

㉡ 상담자는 내담자에게 당신은 무엇을 하고 있습니까?라고 질문을 함으로써, 내담자에게 통제할 수 있는 활동을 스스로 탐색할 것을 강조

㉢ 내담자는 자신의 바람을 충족하기 위해 어떤 행동을 하고 있는지 인식하게 됨

③ 제3단계 : Evaluation(평가)
   ㉠ 내담자로 하여금 자신의 행동을 평가하도록 하는 과정
   ㉡ 상담자는 내담자에게 지금의 행동이 당신에게 도움이 됩니까?라고 질문을 함으로써, 내담자로 하여금 자신의 행동과 욕구와의 관계를 점검해 보도록 함
   ㉢ 내담자는 앞서 관찰한 자신의 행동들이 자신에게 어떤 도움 혹은 해가 되는지를 자기평가하게 됨

④ 제4단계 : Planning(계획)
   ㉠ 내담자가 진정으로 원하는 것을 얻을 수 있도록 새로운 계획을 세우는 과정
   ㉡ 상담자는 내담자로 하여금 자신의 바람과 욕구를 더 효과적으로 충족시킬 계획을 세우고 실천하도록 도움
   ㉢ 계획은 구체적이고 현실적이어야 하며, 즉시 실행할 수 있는 것, 반복적이고 매일 할 수 있는 것이어야 함. 또한 실생활에서 실천 후 평가될 수 있는 것이어야 함

3 현실치료의 평가

공헌	• 내담자 문제와 관련하여 현재에 초점을 둔 채 현실을 판단하고 직면함으로써 비교적 단기간 에도 상담 효과를 볼 수 있다. • 내담자로 하여금 자신의 문제에 대한 통찰과 인식 외에도 변화를 위한 계획과 그 실천을 강조한다. • 내담자의 변화 정도에 대해 내담자 스스로 평가하게 한다. • 변명을 인정하지 않는 등 구체적이고 분명하게 내담자의 책임을 강조한다. • 학교나 수용시설과 같은 교육기관에서 그 효과가 클 것으로 기대된다.
한계	• 상담과정에서 내담자의 무의식, 과거경험, 초기 아동기 경험의 영향 등을 무시하고 있다. • 과거에 해결되지 않은 감정을 다루지 않은 채 문제해결에만 지나치게 초점을 두므로, 내담자의 근본적인 문제를 다루지 못할 가능성이 있다. • 모든 정서적 장애를 내담자의 책임 없는 행동으로만 생각할 수는 없다. • 내담자가 현실을 판단해야 하는 상황에서 상담자의 가치가 지나치게 내담자에게 강요될 수 있다.

제 3 절 게슈탈트치료

1 게슈탈트치료의 주요개념과 이론

(1) 의의 및 특징

① 펄스(Perls)에 의해 개발 · 보급된 것으로, 게슈탈트(Gestalt)상담이라고도 함

② 게슈탈트는 개체에 의해 지각된 유기체 욕구나 감정 즉, 개체가 자신의 욕구나 감정을 하나의 의미 있는 전체로 조직화하여 지각한 것을 의미

③ 현상학 및 실존주의의 영향을 받아 인간을 전체적이고 현재 중심적이며, 선택의 자유에 의해 잠재력을 각성할 수 있는 존재로 봄

④ 내담자로 하여금 여기-지금의 현실에서 자신이 무엇을 어떻게 보고 느끼는지, 무엇이 경험을 방해하는지 자각 또는 각성하도록 도움

⑤ 개인이 자신의 내부와 주변에서 일어나는 일들을 충분히 자각할 수 있다면, 자신이 당면하는 삶의 문제들을 스스로 효과적으로 다룰 수 있다고 가정

⑥ 내담자의 불안, 분노, 증오, 죄책감 등 표현되지 않은 느낌으로서의 미해결과제를 처리하도록 하며, 이를 통해 성격을 통합하고 성장에 이를 수 있도록 도움

(2) 인간관

① 인간은 완성을 추구하는 경향이 있음

② 인간은 자신의 현재 욕구에 따라 게슈탈트를 완성

③ 인간의 행동은 그것을 구성하는 구성요소인 부분의 합보다 큰 전체

④ 인간의 행동은 행동이 일어난 상황과 관련하여 의미 있게 이해

⑤ 인간은 전경과 배경의 원리에 따라 세상을 경험

(3) 목적

① 자각에 의한 성숙과 통합의 성취

㉠ 형태주의상담은 내담자가 스스로 성숙 · 성장할 수 있도록 돕고, 이를 통해 통합(Integration)에 이르도록 하는 것을 기본적인 목표로 함

㉡ 상담자는 내담자가 현재의 경험을 더욱 명료하게 하고 자각을 증진시킴으로써 여기-지금의 삶에 충실하도록 도와야 함

② 자신에 대한 책임감

㉠ 형태주의상담은 자신의 경험에 대한 주체가 곧 자기(Self)라는 태도를 가질 것을 강조

㉡ 상담자는 외부환경에 의존하던 내담자로 하여금 책임의 방향을 내담자 자신에게 돌리도록 함으로써 자신의 행동의 결과를 수용하고 그에 대한 책임감을 가지도록 도와야 함

③ 잠재력의 실현에 따른 변화와 성장

㉠ 형태주의상담은 내담자의 잠재력을 어떻게 실현할 수 있는가에 초점을 둠

㉡ 상담자는 내담자로 하여금 자신에 대한 각성과 함께 외부 지지에서 자기 지지로 전환하도록 함으로써 삶을 더욱 풍요롭게 하고 변화와 성장을 향해 나아가도록 도와야 함

(4) 주요개념

① 게슈탈트(Gestalt)

㉠ 전체, 형상, 형태, 모습 등의 뜻을 지닌 독일어로, 게슈탈트 심리학자들에 의하면 개체는 대상을 지각할 때 그것들을 산만한 부분들의 집합이 아닌 하나의 의미 있는 전체, 즉 게슈탈트로 만들어 지각한다는 것

㉡ 개체에 의해 지각된 유기체 욕구나 감정 즉, 개체가 자신의 욕구나 감정을 하나의 의미 있는 전체로 조직화하여 지각한 것을 의미함. 개체는 자신의 욕구나 감정을 유의미한 행동으로 만들고 이를 실행하여 완결 짓기 위해 게슈탈트를 형성

㉢ 개인은 자신의 모든 활동을 게슈탈트로 형성하여 조정하고 해결하기 때문에, 건강한 사람은 자신이 가진 게슈탈트 형성능력을 통해 자신에게 필요한 것을 스스로 자각하면서 문제를 해결해 나감

㉣ 게슈탈트 형성 활동을 인위적 · 의도적으로 차단하고 방해하는 경우 게슈탈트 형성에 실패함으로써 신체적 · 심리적인 장애를 겪게 됨

② 미해결과제(Unfinished Business)

㉠ 미해결과제는 완결되지 않은 게슈탈트를 의미하는 것으로, 분노 · 원망 · 고통 · 슬픔 · 불안 · 죄의식 등과 같이 명확히 표현되지 못한 감정을 포함

㉡ 표현되지 못한 감정은 개인의 의식 배후에 자리하여 다른 사람과 효율적으로 접촉하는 것을 방해하는데, 대표적인 미해결과제로서 적개심은 종종 죄의식으로 전환되어 다른 사람과의 진실한 대화를 어렵게 만듦

㉢ 미해결과제가 확장되는 경우 욕구 해소에 실패하게 되며, 이는 신체적 · 심리적 장애로 이어짐

③ 회피(Avoidance)

㉠ 회피는 미해결과제와 연관된 개념으로, 미해결과제에 대한 직면이나 미해결 상황과 관련된 불안정한 정서의 경험으로부터 개인이 자신을 지키기 위해 사용하는 수단 중 하나

㉡ 사람은 분노 · 원망 · 고통 · 슬픔 · 불안 · 죄의식 등의 불편한 감정을 직면하거나 경험하려고 하지 않음

㉢ 예기불안은 개인을 심리적으로 경직되게 만들며, 부정적인 환상을 통해 현실적 삶에 대한 적응을 방해

㉣ 상담자는 내담자로 하여금 지금까지 표현되지 못한 채 남아있는 강렬한 감정들을 표현할 수 있도록 격려하며, 내담자의 감정적인 통합을 통해 성장할 수 있도록 조력해야 함

④ 전경과 배경(Figure & Ground)

㉠ 개인은 어떠한 대상이나 사건을 인식할 때 자신이 관심을 가지고 있는 부분을 부각시키는 반면 그 외의 부분을 밀쳐내는 경향이 있음

㉡ 전경은 관심의 초점으로 부각되는 부분을 말하는 반면, 배경은 관심 밖으로 밀려나는 부분을 의미

㉢ 개인이 전경으로 떠올랐던 게슈탈트를 해소하고 나면 전경은 배경으로 물러나며, 이후 새로운 게슈탈트가 형성되어 다시 전경으로 떠오름

㉣ 건강한 사람은 매순간 자신에게 중요한 게슈탈트를 분명하게 전경으로 떠올릴 수 있는 데 반해, 그렇지 못한 사람은 전경과 배경을 명확하게 구별하지 못함

2 게슈탈트 심리치료의 기법과 적용

(1) 기법

① 욕구와 감정의 자각

㉠ 형태주의상담에서는 현재 상황에서 자신의 욕구와 감정을 자각하는 것이 매우 중요

㉡ 상담자는 내담자의 생각이나 주장의 배후에 내재된 여기－지금에 체험되는 욕구와 감정을 자각하도록 도와야 함

② 신체 자각

㉠ 상담자는 내담자에게 현재 상황에서 느끼는 신체 감각을 자각하도록 함으로써 자신의 욕구와 감정을 깨닫도록 도와야 함

㉡ 내담자로 하여금 보기, 듣기, 만지기, 냄새 맡기, 목소리 내기 등의 감각작용을 통해 환경과의 접촉을 증진하도록 해야 함

③ 환경 자각

㉠ 상담자는 내담자에게 스스로의 욕구와 감정을 명확히 하도록 환경과의 접촉을 증진하며, 주위 환경에서 체험하는 것을 자각하도록 도와야 함

㉡ 예를 들어 자연의 경치, 주위 사물의 모습, 타인의 동작 등에 대해 어떠한 감각작용으로 접촉하는지 자각하도록 하는 것

④ 빈 의자 기법

㉠ 현재 치료 장면에 없는 사람과 상호작용할 필요가 있는 경우 내담자에게 그 인물이 맞은 편 빈 의자에 앉아 있다고 상상하도록 하여 대화하는 방법

㉡ 상담자는 내담자에게 상대방의 감정을 이해하도록 유도함으로써 외부로 투사된 자기 자신의 감정을 자각하도록 도와야 함

⑤ 과장하기

㉠ 상담자는 내담자가 감정을 체험하지만 그 정도와 깊이가 약한 경우 행동이나 언어를 과장하여 표현하도록 함으로써 감정 자각을 도와야 함

㉡ 신체언어나 춤은 상징적인 의미를 파악하는 데 효과적일 수 있음

⑥ 반대로 하기(반전기법)

㉠ 상담자는 내담자에게 평소 행동과 반대되는 행동을 해보도록 요구함으로써 내담자가 억압하고 통제해 온 부분을 표출하도록 해야 함

㉡ 내담자는 반대의 행동을 통해 자신의 다른 측면을 접촉하고 통합할 수 있음

⑦ 머물러 있기(느낌에 머무르기)

㉠ 상담자는 내담자에게 자신의 미해결 감정들을 회피하지 않고 직면하여 견뎌내도록 함으로써 이를 해소하도록 도와야 함

㉡ 감정의 자각과 에너지의 소통에 유효

⑧ 언어 자각

㉠ 상담자는 내담자의 말에서 행동의 책임소재가 불명확한 경우, 자신의 감정과 동기에 책임을 지는 문장으로 말하도록 해야 함

㉡ 내담자로 하여금 그것, 우리 등의 대명사 대신 나는, ~해야 한다, ~해서는 안 된다 등의 객관적인 논리적 어투의 표현 대신 ~하고 싶다, ~하고 싶지 않다 등의 주관적인 감정적 어투의 표현으로 변경하여 표현하도록 함

⑨ 자기 부분들 간 대화

㉠ 상담자는 내담자의 인격에서 분열된 부분 또는 갈등을 느끼는 부분들 간 대화가 이루어지도록 해야 함

㉡ 부분들 간 대화를 통해 서로의 입장이 분명히 드러나며, 성격의 대립되는 부분들이 통합될 수 있음

⑩ 꿈을 통한 통합(꿈 작업)

㉠ 꿈은 내담자의 욕구나 충동 혹은 감정이 외부로 투사된 것이며, 꿈에 나타난 대상은 내담자의 소외된 부분 또는 갈등된 부분에 대한 상징이라고 볼 수 있음

㉡ 정신분석에 의한 꿈의 해석과는 다른 것으로, 상담자가 내담자에게 꿈을 현실로 재현하도록 하여 꿈의 각 부분들과 동일시해 보도록 하는 것

⑪ 대화실험

㉠ 상담자는 내담자에게 특정 장면을 연출하거나 공상 대화를 하도록 제안함으로써 내담자가 내적인 분할을 인식할 수 있도록 도와야 함

㉡ 궁극적으로 성격 통합을 촉진시키기 위한 것으로, 내담자가 거부해온 감정이 바로 자신의 실제적인 일부분임을 깨닫도록 하는 것

(2) 개인과 환경 간 접촉장애 유형

① 내사(Introjection) : 개인이 환경과의 접촉을 통해 자신에게 필요한 행동방식이나 가치관을 외부로부터 무비판적으로 받아들임으로써 발생

② 투사(Projection) : 개인이 자신의 생각이나 욕구, 감정 등을 타인의 것으로 지각하는 현상

③ 반전(Retroflection) : 개인이 다른 사람이나 환경에 하고 싶은 행동을 자기 자신에게 하는 것 또는 타인이 자기에게 해주기를 바라는 행동을 스스로 자기 자신에게 하는 것

④ **융합(Confluence)** : 밀접한 관계에 있는 두 사람이 서로 간에 차이점이 없다고 느끼도록 합의함으로써 발생
⑤ **편향(Deflection)** : 감당하기 힘든 내적 갈등이나 환경 자극에 노출될 때, 이에 압도당하지 않으려고 자신의 감각을 둔화시켜서 환경과의 접촉을 피하거나 약화시키는 것

3 게슈탈트 심리치료의 평가

공헌	• 개인에게 실존적 의미를 실제로 경험하게 한다. • 과거를 현재와 관련되는 사건으로 가져와서 생생하게 처리한다. • 내담자의 문제해결과 성장을 돕는다. • 꿈의 실존적 메시지를 발견하도록 돕는다.
한계	• 통합적인 이론체계가 아직 정립되지 않았다. • 성격의 인지적 측면을 무시하고 있다. • 상담자가 높은 수준의 인간적 성숙을 통해 자기를 통합하여 기법만 사용하는 상담자가 되는 것을 지양한다.

제 8 장 실제예상문제

checkpoint 해설 & 정답

01 지금, 그리고 여기에서 사람이 어떻게 생각하고 느끼느냐가 행동을 결정하는 유일한 요소로 과거는 별로 중요하지 않음

02 ①·③ 자기
④ 자기개념

정답 01 ③ 02 ②

01 로저스(Rogers)의 인간중심상담에 대한 설명으로 옳지 않은 것은?

① 인간이 스스로 자신의 삶의 의미를 능동적으로 창조하며, 주관적 자유를 실천해 나간다고 가정
② 개인의 독특하고 주관적인 경험을 강조
③ 지금, 그리고 여기에서 사람이 어떻게 생각하고 느끼느냐가 행동을 결정하는 유일한 요소로 현재는 별로 중요하지 않음
④ 인간은 유목적적인 존재인 동시에 합리적이고 건설적인 방향으로 지속적으로 성장해 나가는 미래지향적 존재

02 '현상학적 장(Phenomenal Field)'에 대한 설명으로 옳은 것은?

① 자기 자신에 대해 가지고 있는 조직적이고 지속적인 인식
② 특정 순간에 개인이 지각하고 경험하는 모든 것
③ 주체로서의 나(I)와 객체로서의 나(Me)의 의식적 지각과 가치를 포함
④ 현재 경험이 자기구조와 불일치할 때 개인은 불안을 경험

해설 & 정답 checkpoint

03 '충분히 기능하는 사람(Fully Functioning Person)'의 정의로 옳지 않은 것은?

① 현재 진행되는 자신의 자아를 완전히 자각하는 사람
② 최적의 심리적 적응, 최적의 심리적 성숙, 완전한 일치, 경험에 대한 완전한 개방을 갖춘 사람
③ 매순간 자신의 의지에 따라 선택할 수 있는 자유를 가진 자기결정적인 존재
④ 경험의 개방성, 실존적인 삶, 자신의 유기체를 신뢰, 창조적이고 자유로운 특성을 가짐

03 실존주의상담의 개념이다.

04 실존주의적 상담의 원리에 대한 내용 중 옳지 않은 것은?

① 상담장면에서 상담자와 내담자의 관계는 도구적 · 지시적이 되어서는 안 됨
② 실존주의상담의 초점은 내담자의 자아에 있으며, 이러한 자아중심성은 내면세계에 있는 심리적 실체를 중심으로 이루어짐
③ 실존주의상담은 여기-지금에서의 상담자와 내담자의 만남을 중시함
④ 실존주의상담은 적응이나 치료 자체를 궁극적인 목적으로 함

04 실존주의상담은 적응이나 치료 자체보다는 인간 존재의 순정성 회복을 궁극적인 목적으로 함

정답 03 ③ 04 ④

안심Touch

checkpoint 해설 & 정답

05 ②·③·④ 인간중심상담

06 인간은 정적인 존재가 아닌 항상 변화하는 상태에 있는 존재이다.

정답 05 ① 06 ②

05 프랭클(Frankl)의 의미요법(Logotherapy)에 대한 내용으로 옳은 것은?

① 허무주의나 공허감, 죽음의 공포, 가치관의 갈등 상황에 놓인 정신장애에 초점
② 내담자의 자기개념과 유기체적 경험 간의 불일치를 제거하여 충분히 기능하는 사람이 되도록 도움
③ 자신의 잠재력을 최대한 발휘하여 자기실현의 방향으로 나아가게 함
④ 내담자가 가진 문제의 해결에 그치지 않고 내담자의 성장과정을 도와 앞으로의 문제까지 잘 다룰 수 있도록 도움

06 실존주의상담의 기본가정 중 옳지 않은 것은?

① 인간은 자각하는 능력을 가지고 있다.
② 인간은 정적인 존재로 항상 변화를 두려워하며 불안한 마음을 품고 있다.
③ 인간은 자유로운 존재인 동시에 자기 자신을 스스로 만들어 가는 존재이다.
④ 인간은 즉각적인 상황과 과거 및 자기 자신을 초월할 수 있는 능력을 가지고 있다.

해설 & 정답 checkpoint

07 인간중심상담에서 심리적 증상이 나타나게 되는 경우와 거리가 먼 것은?

① 스스로 타고난 가능성과 잠재력을 발견하지 못하고 외적으로 부여된 가치 조건들에 맞춰 살려고 할 때
② 개인이 유기체로서 소망하며 경험하는 것들과 자기존중감을 느끼게 하는 것들 간에 불일치가 생기게 될 때
③ 내적으로 부여된 가치조건에 따라 형성된 자기개념이 여기와 지금에서의 경험을 부정하고 왜곡하게 될 때
④ 외적으로 부여된 가치조건에 따라 형성된 자기개념이 자신의 긍정적이고 창조적인 성장에의 힘을 위축시키거나 약화시키게 될 때

07 외적으로 부여된 가치조건에 따라 형성된 자기개념이 여기와 지금에서의 경험을 부정하고 왜곡하게 될 때

08 의미요법의 세 가지 가치가 아닌 것은?

① 창조적 가치
② 경험적 가치
③ 혁신적 가치
④ 태도적 가치

08 의미요법에서 인간에게 삶의 의미를 부여하는 세 가지 가치체계
- 창조적 가치(Creative Values)
- 경험적 가치(Experiential Values)
- 태도적 가치(Attitudinal Values)

09 예상되는 불안 및 공포를 의도적으로 익살을 섞어 과장되게 생각하고 표현하도록 유도하는 것으로 예기불안을 제거하기 위한 상담기법은?

① 단추 누르기
② 반영
③ 역설적 의도
④ 자기노출하기

09 역설적 의도에 대한 설명이다.

정답 07 ③ 08 ③ 09 ③

checkpoint 해설 & 정답

10 저항과 감정 전이 등이 무시된다.

11 인간은 생존의 욕구, 사랑과 소속의 욕구, 권력과 성취의 욕구, 자유의 욕구, 즐거움과 재미의 욕구 등 5가지의 기본적인 욕구를 가지고 있으며, 이와 같은 욕구에는 어떠한 위계도 존재하지 않음

12 ① 제1단계
② 제4단계
③ 제5단계

정답 10 ② 11 ③ 12 ④

10 인간중심상담의 역사적 의미와 관련된 내용 중 옳지 않은 것은?

① 인간행동에서 정서와 감정의 역할이 중요함을 인식하도록 하였다.
② 저항과 감정 전이 등이 중시된다.
③ 심리검사 등의 객관적인 정보를 사용하여 내담자를 도와주는 면이 부족하다.
④ 지적 능력이 낮거나 자기표현 능력에 한계가 있는 사람 혹은 어린아이들에게는 적용의 한계가 있다.

11 현실치료에 대한 내용 중 옳지 않은 것은?

① 1950년대에 글래서(Glasser)가 정신분석의 결정론적 입장에 반대하여 그에 반대되는 치료적 접근방법을 개발
② 현실치료는 인간이 자신의 욕구를 충족하기 위해 행동하며, 그러한 행동은 인간이 스스로 선택하고 결정한 것이라는 점을 강조
③ 인간은 생존의 욕구, 사랑과 소속의 욕구, 권력과 성취의 욕구, 자유의 욕구, 즐거움과 재미의 욕구 등 5가지의 기본적인 욕구를 가지고 있으며, 이와 같은 욕구에는 위계가 존재함
④ 현실주의상담은 내담자의 좌절된 욕구를 알고 사람들과의 관계에서 새로운 선택을 함으로써 보다 성공적인 관계를 얻고 유지할 수 있음을 강조

12 현실주의상담의 8단계 중 제6단계는 무엇인가?

① 관계형성 단계
② 내담자의 행동계획 발달을 위한 원조 단계
③ 내담자의 의무수행 단계
④ 변명 거부 단계

해설 & 정답 checkpoint

13 현실치료의 기법에 포함되지 않는 것은?

① 유머
② 역설적 기법
③ 수프에 침 뱉기
④ 직면

13 개인주의상담의 기법에 해당한다.

14 WDEP 모형의 제1단계에 대한 내용이 아닌 것은?

① 내담자의 욕구, 바람, 지각을 탐색하는 과정
② 내담자가 진정으로 원하는 것을 얻을 수 있도록 새로운 계획을 세우는 과정
③ 상담자는 내담자에게 무엇을 원하는가?라고 질문을 함으로써, 내담자로 하여금 자신의 욕구를 충족시킬 수 있는 방법을 발견할 수 있도록 도움
④ 내담자는 자신의 질적인 세계를 탐색하고 상담자의 숙련된 질문에 응답하면서 이제까지 명확하지 않았던 자신의 내적인 바람에 대한 여러 측면을 직관적으로 인식하게 됨

14 제4단계 : Planning(계획)

15 현실치료의 평가와 관련된 내용 중 옳지 않은 것은?

① 내담자 문제와 관련하여 현재에 초점을 둔 채 현실을 판단하고 직면함으로써 비교적 단기간에도 상담 효과를 볼 수 있다.
② 내담자로 하여금 자신의 문제에 대한 통찰과 인식 외에도 변화를 위한 계획과 그 실천을 강조한다.
③ 내담자의 변화 정도를 상담자가 평가하기 때문에 보다 객관적일 수 있다.
④ 과거에 해결되지 않은 감정을 다루지 않은 채 문제해결에만 지나치게 초점을 두므로, 내담자의 근본적인 문제를 다루지 못할 가능성이 있다.

15 내담자의 변화 정도에 대해 내담자 스스로 평가하게 한다.

정답 13 ③ 14 ② 15 ③

checkpoint 해설 & 정답

16 펄스(Perls)에 의해 개발 · 보급된 것으로, 게슈탈트(Gestalt)상담이라고도 함

17 ② 게슈탈트
③ 전경
④ 배경

18 정신분석치료의 기법에 해당한다.

정답 16 ① 17 ① 18 ①

16 게슈탈트치료에 대한 내용 중 옳지 않은 것은?

① 프랭클(Frankl)에 의해 개발 · 보급된 것으로, 게슈탈트(Gestalt)상담이라고도 함
② 게슈탈트는 개체에 의해 지각된 유기체 욕구나 감정 즉, 개체가 자신의 욕구나 감정을 하나의 의미 있는 전체로 조직화하여 지각한 것을 의미
③ 현상학 및 실존주의의 영향을 받아 인간을 전체적이고 현재 중심적이며, 선택의 자유에 의해 잠재력을 각성할 수 있는 존재로 봄
④ 내담자로 하여금 여기-지금의 현실에서 자신이 무엇을 어떻게 보고 느끼는지, 무엇이 경험을 방해하는지 자각 또는 각성하도록 도움

17 미해결과제(Unfinished Business)란 무엇인가?

① 분노 · 원망 · 고통 · 슬픔 · 불안 · 죄의식 등과 같이 명확히 표현되지 못한 감정
② 전체, 형상, 형태, 모습 등
③ 관심의 초점으로 부각되는 부분
④ 관심 밖으로 밀려나는 부분

18 게슈탈트치료의 기법에 해당하지 않는 것은?

① 꿈 해석
② 자기 부분들 간 대화
③ 대화실험
④ 빈 의자 기법

해설 & 정답 checkpoint

19 개인과 환경 간 접촉장애 유형과 그 내용이 올바르게 연결된 것은?

① 내사(Introjection) : 개인이 다른 사람이나 환경에 하고 싶은 행동을 자기 자신에게 하는 것 또는 타인이 자기에게 해주기를 바라는 행동을 스스로 자기 자신에게 하는 것
② 투사(Projection) : 개인이 환경과의 접촉을 통해 자신에게 필요한 행동방식이나 가치관을 외부로부터 무비판적으로 받아들임으로써 발생
③ 반전(Retroflection) : 개인이 자신의 생각이나 욕구, 감정 등을 타인의 것으로 지각하는 현상
④ 융합(Confluence) : 밀접한 관계에 있는 두 사람이 서로 간에 차이점이 없다고 느끼도록 합의함으로써 발생

19 ① 내사 : 개인이 환경과의 접촉을 통해 자신에게 필요한 행동방식이나 가치관을 외부로부터 무비판적으로 받아들임으로써 발생
② 투사 : 개인이 자신의 생각이나 욕구, 감정 등을 타인의 것으로 지각하는 현상
③ 반전 : 개인이 다른 사람이나 환경에 하고 싶은 행동을 자기 자신에게 하는 것 또는 타인이 자기에게 해주기를 바라는 행동을 스스로 자기 자신에게 하는 것

20 아래의 A와 B에 들어갈 말로 가장 적절한 것은?

- 형태주의상담에서는 현재 상황에서 자신의 (A)와 (B)을 자각하는 것이 매우 중요
- 상담자는 내담자의 생각이나 주장의 배후에 내재된 여기–지금에 체험되는 (A)와 (B)을 자각하도록 도와야 함

① A : 욕구, B : 감정
② A : 욕구, B : 환경
③ A : 행동, B : 감정
④ A : 언어, B : 감정

20 • 형태주의상담에서는 현재 상황에서 자신의 욕구와 감정을 자각하는 것이 매우 중요
• 상담자는 내담자의 생각이나 주장의 배후에 내재된 여기–지금에 체험되는 욕구와 감정을 자각하도록 도와야 함

정답 19 ④ 20 ①

checkpoint 해설 & 정답

21 실존주의적 상담의 인간관에 해당한다.

22 반대로 하기(반전기법)
- 상담자는 내담자에게 평소 행동과 반대되는 행동을 해보도록 요구함으로써 내담자가 억압하고 통제해온 부분을 표출하도록 해야 함
- 내담자는 반대의 행동을 통해 자신의 다른 측면을 접촉하고 통합할 수 있음

23 ② 과거를 현재와 관련되는 사건으로 가져와서 생생하게 처리한다.
③ 통합적인 이론체계가 아직 정립되지 않았다.
④ 성격의 인지적 측면을 무시하고 있다.

정답 21 ④ 22 ② 23 ①

21 게슈탈트상담의 인간관과 관련된 내용 중 옳지 않은 것은?

① 인간은 완성을 추구하는 경향이 있음
② 인간은 자신의 현재 욕구에 따라 게슈탈트를 완성
③ 인간의 행동은 행동이 일어난 상황과 관련하여 의미 있게 이해
④ 인간은 즉각적인 상황과 과거 및 자기 자신을 초월할 수 있는 능력을 가짐

22 반대로 하기(반전기법)에 대한 설명으로 옳은 것은?

① 내담자에게 그 인물이 맞은 편 빈 의자에 앉아 있다고 상상하도록 하여 대화하는 방법
② 내담자가 억압하고 통제해온 부분을 표출하도록 할 수 있음
③ 내담자에게 자신의 미해결 감정들을 회피하지 않고 직면하여 견뎌내도록 함으로써 이를 해소하도록 함
④ 자연의 경치, 주위 사물의 모습, 타인의 동작 등에 대해 어떠한 감각작용으로 접촉하는지 자각하도록 하는 것

23 게슈탈트 심리치료에 대한 평가 중 옳은 것은?

① 개인에게 실존적 의미를 실제로 경험하게 한다.
② 과거보다는 현재를 중심으로 상담을 전개한다. 과거는 전혀 중요하지 않다.
③ 통합적인 이론체계가 정립되어 있다.
④ 성격의 인지적 측면을 강조하고 있다.

해설 & 정답 checkpoint

24 게슈탈트치료에서 회피(Avoidance)란 무엇인가?

① 개인이 자신의 생각이나 욕구, 감정 등을 타인의 것으로 지각하는 현상
② 감당하기 힘든 내적 갈등이나 환경 자극에 노출될 때, 이에 압도당하지 않으려고 자신의 감각을 둔화시켜서 환경과의 접촉을 피하거나 약화시키는 것
③ 미해결과제와 연관된 개념으로, 미해결과제에 대한 직면이나 미해결 상황과 관련된 불안정한 정서의 경험으로부터 개인이 자신을 지키기 위해 사용하는 수단 중 하나
④ 개인이 다른 사람이나 환경에 하고 싶은 행동을 자기 자신에게 하는 것 또는 타인이 자기에게 해주기를 바라는 행동을 스스로 자기 자신에게 하는 것

24 ① 내사
② 편향
④ 반전

25 게슈탈트상담에 영향을 준 학파는?

① 현상학과 실존주의
② 행동주의와 인지주의
③ 정신분석과 실존주의
④ 사회학습이론과 현상학

25 현상학 및 실존주의의 영향을 받았다.

정답 24 ③ 25 ①

checkpoint 해설 & 정답

주관식 문제

01 로저스(Rogers)의 인간중심상담의 한계점을 기술하시오.

02 인생의 의미, 죽음과 고통의 의미, 일과 사랑의 의미 등 철학적이고 영혼적인 양상의 문제를 가진 내담자들을 대상으로 하는 의미요법(Logotherapy)을 개발한 사람은 누구인지 쓰시오.

01

 정답

- 지나치게 현상학적 측면을 강조하며 무의식적 요인을 무시하는 경향이 있다.
- 지적이고 인지적 요인을 무시하는 경향이 있다.
- 심리검사 등의 객관적인 정보를 사용하여 내담자를 도와주는 면이 부족하다.
- 상담자의 기술수준을 초월하는 사람됨됨이가 중요하므로 상담자의 인격과 수양이 요구되나 이는 결코 쉽지 않다.

02

정답 프랭클(Frankl)

해설 & 정답 checkpoint

03 인간중심상담의 개념에서 자신을 성장시키고 발전시키기 위해 자신의 모든 잠재력을 발휘하는 인간의 선천적 경향성을 의미하는 용어는 무엇인지 쓰시오.

03

정답 자기실현 경향성

04 인간중심상담의 목표를 간략히 기술하시오.

04

정답
- 내담자의 자기개념과 유기체적 경험 간의 불일치를 제거하여 충분히 기능하는 사람이 되도록 도움
- 자신의 잠재력을 최대한 발휘하여 자기실현의 방향으로 나아가게 함
- 내담자가 가진 문제의 해결에 그치지 않고 내담자의 성장과정을 도와 앞으로의 문제까지 잘 다룰 수 있도록 돕는 것

05 현실치료의 기법 중 '유머'에 대하여 설명하시오.

05

정답
- 상담자(현실치료자)는 유머를 사용함으로써 내담자와 친근한 관계를 유지하며, 상담과정에서 내담자의 참여와 소속의 욕구를 충족시킬 수 있음
- 유머는 내담자로 하여금 현재 자신의 문제에 대한 새로운 시각을 가질 수 있도록 함

checkpoint 해설 & 정답

06
정답 글래서(Glasser)

07
정답
- 전경은 관심의 초점으로 부각되는 부분을 말하는 반면, 배경은 관심 밖으로 밀려나는 부분을 의미
- 개인이 전경으로 떠올랐던 게슈탈트를 해소하고 나면 전경은 배경으로 물러나며, 이후 새로운 게슈탈트가 형성되어 다시 전경으로 떠오름

08
정답 과장하기, 머물러 있기, 빈 의자 기법

06 정신분석의 결정론적 입장에 반대하여 그에 반대되는 치료적 접근방법인 현실치료를 개발한 학자의 이름을 쓰시오.

07 게슈탈트상담의 개념 중 전경과 배경(Figure & Ground)은 무엇을 의미하는지 기술하시오.

08 게슈탈트치료의 기법을 세 가지 이상 나열하시오.

해설 & 정답 checkpoint

09 게슈탈트상담의 개인과 환경 간 접촉장애 유형의 명칭을 쓰시오.

09

정답 • 내사(Introjection)
• 투사(Projection)
• 반전(Retroflection)
• 융합(Confluence)
• 편향(Deflection)

10 '게슈탈트(Gestalt)'의 의미를 쓰시오.

10

정답 전체, 형상, 형태, 모습 등의 뜻을 지닌 독일어로, 게슈탈트 심리학자들에 의하면 개체는 대상을 지각할 때 그것들을 산만한 부분들의 집합이 아닌 하나의 의미 있는 전체, 즉 게슈탈트로 만들어 지각한다는 것

메 모

지역사회 심리학

I wish you the best of luck

제 9 장 지역사회심리학

제 1 절 지역사회심리학의 기본개념

1 의의 및 특징

(1) 사람과 환경 간의 적합성에 주의를 기울이면서, 정신건강 문제의 발생 및 일화에 있어서 환경적 힘의 역할에 주목한다.

(2) 삶의 문제 원인을 생물학적 · 심리적 원인에서 찾기보다는 사회적 · 지역적 선형사건에서 찾으려고 한다.

(3) 사람과 지역사회의 자원 및 강점을 파악하고 이를 개발하여 지역 내 정신건강 문제의 해결을 위한 대안을 마련하는 데 주력한다.

(4) 인간자원개발, 정치활동, 과학에 관심을 가지며, 치유보다는 예방을 목표로 한다.

(5) 지역사회 중심의 공공 정신보건체계를 강조하며, 정신질환자 또는 정신장애자를 기존의 병원이나 수용소가 아닌 가족, 학교, 직장, 광범위한 장소 등 지역사회 내의 다양한 사회구조로 흡수한다.

(6) 전문가의 자문가로서의 역할과 함께 위기개입에 있어서 훈련된 준전문가의 역할을 강조한다.

(7) 1차 · 2차 · 3차 예방을 통해 질병을 유발하는 해로운 환경을 제거하고 정신건강 문제에 대해 조기에 개입하며, 환자의 가정과 사회로의 복귀 및 적응을 돕기 위한 지지와 교육을 제공한다.

2 지역사회심리학의 원리(Orford)

(1) 문제의 원인은 개인, 사회장면, 체계 간 오랜 기간의 상호작용에서 기인한다.

(2) 문제는 이웃, 조직, 지역사회 등 여러 수준에서 정의할 수 있다.

(3) 지역사회심리학은 진료실이 아닌 실제 현장이나 사회적 맥락에서 실무를 수행한다.

(4) 지역사회심리학자는 지역사회의 욕구와 위험을 전향적으로 평가한다.

(5) 지역사회심리학은 기존 문제의 치료보다는 문제의 예방을 강조한다.

(6) 전문가의 자문이 이루어지나, 실제 개입은 준전문가, 훈련된 비심리학자 혹은 자조 프로그램을 통해 이루어진다.

제 2 절 지역사회심리학의 적용

1 자조집단

오포드(Orford)는 지역사회심리학 분야의 연구자로, 특히 지역사회 내 알코올중독이나 가정폭력 등 정서적인 문제를 경험한 사람들로 구성된 자조집단에 관해 연구했다. 그는 자조집단이 집단 참가자들 간 서로 경험을 나누고 정서적 지지를 제공하며, 새로운 참가자에게 역할모델로서 희망을 발견하도록 방향성을 제공하는 등 긍정적인 기능을 한다고 주장했다.

(1) 자조집단의 1차적 기능(Orford)

① 정서적 지지를 제공한다.
② 집단원이 다루고 있는 문제를 직면하고 정복한 역할모델을 제공한다.
③ 집단원의 문제들을 이해하는 방법을 제공한다.
④ 중요하고 적절한 정보를 제공한다.
⑤ 기존 문제에 어떻게 대처할 것인가에 대한 새로운 아이디어를 제공한다.
⑥ 집단원 간에 서로 돕는 기회를 제공한다.
⑦ 사교 관계(Socal Compainioship)를 제공한다.
⑧ 자신들의 문제에 대한 향상된 숙달감과 통제감을 제공한다.

2 예방 및 평가

(1) 예방

① 1차 예방(Primary Prevention)

㉠ 해로운 환경이 질병을 야기하지 않도록 사전에 이를 제거하는 것이다.

㉡ 사회적 지지체계를 강화하고 스트레스의 근원을 제거하며, 스트레스에 적절히 대처할 수 있도록 개인의 능력을 함양시킨다.

② 2차 예방(Secondary Prevention)

㉠ 정신건강 문제를 조기에 확인하고 장애로 발전하기 이전 초기단계에서 문제를 치료하는 것이다.

㉡ 심리장애로 발전될 위기에 있는 사람들을 대상으로 조기에 치료를 제공하며, 사고나 재해의 피해자에 대해서는 위기개입을 한다.

③ 3차 예방(Tertiary Prevention)

㉠ 심리장애 발생 후에 그 지속기간 및 부정적인 영향을 최소화하는 것이다.

㉡ 심리장애의 악화 및 재발을 방지하고 재활 프로그램을 실시하며, 가정과 사회로의 복귀 및 적응을 돕기 위한 지지와 교육을 제공하는 동시에 지역사회 전체를 대상으로 교육을 실시한다.

(2) 예방 프로그램의 설계 실행 평가를 위한 절차

① 제1단계 – 문제나 장애의 감별 및 심각성 평가

문제나 장애를 감별하고 추가적인 정보들을 고려하여 그 심각성을 평가한다. 이때 프로그램이 다루는 문제나 장애는 유병률, 발병률, 사회적 비용의 측면에서 명확히 명시되어야 한다.

② 제2단계 – 위험 및 보호 요인 관련 정보의 평가

해당 문제나 장애의 위험 및 보호 요인을 확인하고, 예방 혹은 치료에 관한 기존 연구들을 개관한다. 이때 정보는 예방 영역 내의 자료는 물론 예방 영역 밖의 자료도 함께 얻는다.

3 지역사회 정신보건서비스 제공

(1) 4원칙

① 개별화된 접근

대상마다 적절한 서비스

② 단정적 접근

㉠ 정신장애인은 스트레스에 취약하고, 대인관계기술이 결핍되어 있고, 낮은 동기와 수동성, 심한 의존성 등을 보인다.

㉡ 서비스는 동기가 낮은 사람이나 중도탈락자들에 대해서도 단정적으로 접근할 수 있어야 한다.

③ **연속적 보호 제공**

㉠ 정신장애인을 위한 서비스들은 서로 밀접하게 연결되어 있으며, 서비스 간의 상호작용에 의해 그 효과를 더욱 높일 수 있다.

㉡ 다양한 종류의 서비스들이 서비스 간의 단절 없이 서로 연결되어 제공될 수 있어야 한다.

④ **지속적 제공**

㉠ 정신장애인의 증상은 특성상 오랜 기간 좋아졌다가도 금세 나빠지기를 반복할 수 있다.

㉡ 서비스도 오랫동안 지속적으로 제공될 필요가 있다.

제 3 절 지역사회심리학의 개입

1 자문

자문이란 다른 사람(내담자)에게 서비스를 제공할 책임이 있는 사람(피자문자)이 내담자에게 보다 나은 서비스를 제공하도록 도울 수 있는 특별한 전문 지식을 가졌다고 믿는 사람(자문가)에게 자발적으로 자문하는 과정이다(Orford, 1992). 자문의 기본 이점은 바위의 물이 연못으로 흘러 들어가듯이 동시다발적인 효과를 가진다는 것이다. 자문은 서로 다른 역사적 관점으로부터 나온 여러 입장에서 볼 수 있다.

(1) 정신건강 자문의 유형

① **내담자 중심 사례 자문/피자문자 중심 사례 자문** : 피자문자가 미래의 사례를 다루는 데 필요한 기술을 증진시키도록 돕는 것이다.

② **프로그램 중심 운영 자문** : 특정 프로그램의 운영과 관리를 돕는다. 잠재적인 부적응 사례를 탐지하기 위한 '조기 경보 체계'를 확립하기 위해 자문가를 고용할 수 있다.

③ **피자문자 중심 운영 자문** : 미래 운영자가 보다 잘 기능할 수 있도록 운영자의 기술을 증진시키는 것. 예를 들어 운영자의 의사소통 기술 증진을 위해 운영자 감수성 집단을 구성하고 감독한다.

(2) 기법과 단계

① **도입 또는 준비 단계** : 초기 단계에서는 자문 관계의 정확한 본질과 상호 의무에 대해 작업

② **시작 또는 워밍업 단계** : 작업 관계가 확립

③ **대안적 행동 단계** : 문제 해결을 위한 구체적이고 대안적인 해결책과 전략을 개발

④ **종결** : 추가적인 자문이 필요 없다는 데 상호 동의하면 종결

2 입원에 대한 지역사회 대안

환자를 사회에서 책임 있는 위치에 다시 서게 하는 목표를 가진 환경을 제공하는 것이다. 전통적인 24시간 입원보다 효과적이고 비용이 적게 드는 낮병원이 점점 대중화되고 있다.

3 초기 아동기 개입

가장 우려되는 것은 결정적 발달 시기의 조기 박탈이 아동의 생을 방해하는 것이다. 가난한 학령 전 환경과 경험은 저조한 학업 수행으로 이어지고, 다양한 정신건강 및 법적, 사회적 문제에 취약해진다. 따라서 학령 전 개입 프로그램이 개발된다면 예방적인 행동 과정이 가능할 것이다.

4 자조

전문가가 모든 도움을 제공하는 것이 아니라 비공식 조력 집단이 전문가 개입 욕구를 대신하는 가치 있는 지원을 제공할 수 있다. 알코올 집단, 독신 부모모임 등 비전문적 자조집단이 위탁 전문가에 의해 치료 효과를 가져올 수 있으며, 집단이 최대의 효과를 보기 위해서는 전문가가 자문가로 참여해야 한다.

5 준전문가 활용

지역사회 운동에서 눈에 띄는 특징 중 하나는 공식적인 임상 훈련을 받지 않은 일반인이나 준전문가를 치료자로 활용하고 있으며, 이런 현상이 점차 증가한다는 것이다. 우울에 대한 메타분석 결과에 따르면, 동료-지지 개입을 받은 우울한 집단이 일반적인 치료만 받은 집단보다 더 나은 치료 결과를 보였다.

제 9 장 실제예상문제

checkpoint 해설 & 정답

01 정신질환자 또는 정신장애자를 기존의 병원이나 수용소가 아닌 가족, 학교, 직장, 광범위한 장소 등 지역사회 내의 다양한 사회구조로 흡수한다.

02 지역사회심리학은 기존 문제의 치료보다는 문제의 예방을 강조한다.

03 사교 관계(Social Companionship)를 제공한다.

정답 01 ④ 02 ④ 03 ②

01 지역사회심리학의 의의와 부합하지 않는 것은?

① 사람과 환경 간의 적합성에 주의를 기울인다.
② 지역 내 정신건강 문제의 해결을 위한 대안을 마련한다.
③ 인간자원개발, 정치활동, 과학에 관심을 가진다.
④ 정신질환자 또는 정신장애자는 지역사회 내에서 구분하여 분리시키고자 한다.

02 Orford의 지역사회심리학의 원리가 아닌 것은?

① 문제의 원인은 개인, 사회장면, 체계 간 오랜 기간의 상호작용에서 기인한다.
② 문제는 이웃, 조직, 지역사회 등 여러 수준에서 정의할 수 있다.
③ 지역사회심리학은 진료실이 아닌 실제 현장이나 사회적 맥락에서 실무를 수행한다.
④ 지역사회심리학은 문제의 예방보다는 기존 문제의 치료를 강조한다.

03 Orford의 자조집단의 1차적 기능이 아닌 것은?

① 정서적 지지 제공
② 사교 관계 금지
③ 적절한 정보 제공
④ 문제 대처를 위한 새로운 아이디어 제공

해설 & 정답 checkpoint

04 예방의 개념이 제대로 연결되지 않은 것은?

① 1차 예방(Primary Prevention) : 질병이 야기되지 않도록 사전에 이를 제거하는 것
② 1차 예방(Primary Prevention) : 사회적 지지체계를 강화하고 스트레스의 근원을 제거하며, 스트레스에 적절히 대처할 수 있도록 개인의 능력을 함양시킨다.
③ 2차 예방(Secondary Prevention) : 정신건강 문제가 발생한 후 중기 단계에서 치료하는 것
④ 3차 예방(Tertiary Prevention) : 심리장애 발생 후에 지속기간 및 부정적인 영향을 최소화하는 것

04 2차 예방(Secondary Prevention) : 정신건강 문제를 조기에 확인하고 장애로 발전하기 이전 초기단계에서 문제를 치료하는 것이다.

05 예방 프로그램의 설계 실행 평가를 위한 절차로 바른 것은?

① 제1단계 – 문제나 장애의 감별
② 제1단계 – 위험 및 보호 요인 관련 정보의 평가
③ 제2단계 – 문제의 심각성 평가
④ 제2단계 – 정보들에 대한 고려

05 제1단계에서는 문제나 장애의 감별 및 심각성 평가가 이루어진다.

06 지역사회심리학에서 지향하는 바가 아닌 것은?

① 자원봉사자 등 비전문인력의 활용
② 정신장애의 예방
③ 정신장애인의 사회적 분리
④ 정신병원시설의 확장

06 정신장애인의 사회적 분리가 아닌, 사회로의 복귀를 지향한다.

정답 04 ③ 05 ① 06 ③

checkpoint 해설 & 정답

07 삶의 문제 원인을 생물학적 · 심리적 원인에서 찾기보다는 사회적 · 지역적 선행사건에서 찾으려고 한다.

08 관련 서비스기관들 간의 적절한 연계가 필요하다.

09 지역사회는 관련 전문영역 및 서비스 기관들과의 네트워크와 조정을 통해 만성정신질환자들의 기본적인 욕구 및 권익증진을 위해 노력해야 한다.

정답 07 ③ 08 ④ 09 ③

07 지역사회 심리학의 의의 및 특징으로 맞지 않는 것은?

① 사람과 환경 간의 적합성에 주의를 기울인다.
② 정신건강 문제의 발생 및 완화에 있어서 환경적 힘의 역할에 주목한다.
③ 삶의 문제 원인을 생물학적, 심리적 원인에서 찾는다.
④ 사람과 지역사회의 자원 및 강점을 파악한다.

08 만성정신질환자의 재활을 위한 지역사회지지체계의 방향으로 옳은 것은?

① 사례관리시스템을 개별화해야한다.
② 중앙정부집중형태의 수직적인 지시체계가 있어야 한다.
③ 만성정신질환자의 욕구 해결보다는 치료를 우선시해야한다.
④ 관련 서비스기관들 간의 적절한 연계가 이루어져야 한다.

09 만성정신질환자의 재활을 위해 지역사회에서 요구되는 원칙이 아닌 것은?

① 지속적인 치료와 재활을 유지하도록 지지하고 격려한다.
② 재발방지 차원에서 지속적인 약을 복용하도록 격려한다.
③ 스스로 자신의 권익을 주장하고 옹호하도록 격려한다.
④ 스트레스를 적게 주는 활동을 요구한다.

10 지역사회지지체계의 주요구성요소에 대항하는 것을 모두 고른 것은?

A. 수용 및 시설	B. 개별적 사례관리
C. 교육 및 계몽	D. 지문 및 옹호

① A, B, C
② A, C
③ A, B, D
④ D

해설 & 정답 checkpoint

10 지역사회지지체계의 주요구성요소 : 기본적 욕구해결의 지원 / 위기대처 및 지원 /신체적, 정신적 건강보호 / 상호지지체계구축 / 클라이언트권리보호 / 자문 및 오호 / 대면상담 및 아웃리치 / 지지적 환경 및 주거 / 심리사회서비스 및 직업재활서비스 / 통합적 사례관리지원

주관식 문제

01 지역사회 정신보건 서비스 제공의 4원칙을 서술하시오.

01
정답
• 개별화된 접근
• 단정적 접근
• 연속적 보호제공
• 지속적 제공

02 지역사회지지체계의 방향에 대해 2가지만 기술하시오.

02
정답 ① 수요자 중심의 서비스 네트워크 구축
② 통합적인 사례관리 시스템 구축
③ 만성정실질환자들의 욕구해결과 권익 증진, 사회적 역량 강화를 위한 대안 마련

정답 10 ④

안심Touch

checkpoint 해설 & 정답

03
정답 ① 정서적 지지를 제공한다.
② 집단원이 다루고 있는 문제를 직면하고 정복한 역할 모델을 제공한다.
③ 집단원의 문제를 이해하는 방법을 제공한다.
④ 중요하고 적절한 정보를 제공한다.
⑤ 기존 문제에 어떻게 대처할지 새로운 아이디어를 제공한다.
⑥ 집단원이 서로 도울 기회를 제공한다.
⑦ 사교 관계를 제공한다.
⑧ 자신들의 문제에 향상된 숙달 감과 통제감을 제공한다.

04
정답 자문

03 자조집단의 8가지 일차적 기능 중 3가지를 서술하시오.

04 다른 사람에게 서비스를 제공할 책임이 있는 사람이 내담자에게 보다 나은 서비스를 제공하도록 도울 수 있는 특별한 전문지식을 가졌다고 믿는 사람에게 자발적으로 묻는 것은 무엇이라고 하는지 쓰시오.

제 10 장

기타 전문영역

I wish you the best of luck

제 10 장 기타 전문영역

제 1 절 건강심리학

1 의의 및 특징

(1) 최근에 등장하여 급속도로 성장하고 있는 심리학 영역으로서, 건강의 유지 및 증진, 질병의 예방 및 치료를 목적으로 심리학적인 이론과 방법을 동원하는 학문이다.

(2) 현대인들의 주된 질병 및 사망의 원인을 심리사회적 관점에서 보는 것으로, 최근 현대인들의 건강에 대한 관심이 증폭되면서 현저하게 발전하고 있다.

(3) 전통적인 임상심리학이 불안장애나 우울장애 등 정신적인 병리에 초점을 둔 반면, 건강심리학은 정신적 병리와 함께 암이나 심혈관질환 등 신체적 병리에도 관심을 가진다.

(4) 신체적 질병이 특히 생활습관이나 스트레스 대처방식과 밀접한 연관성이 있음을 강조한다.

(5) 일상생활에서 현대인들의 건강과 밀접하게 연관된 금연, 체중조절, 스트레스 관리 등을 위한 다양한 프로그램을 연구 · 개발 · 실행하고 있다.

2 건강심리학의 발달배경

(1) 급성질환에서 만성질환으로의 질병 양상의 변화

① 과거에는 결핵, 폐렴, 그 밖의 감염병 등 급성질환(Acute Disorder)이 질병과 사망의 중요 원인이었으나, 이는 치료방법의 혁신과 공중보건위생의 수준 향상으로 감소하였다. 이와 같은 급성질환은 단기 질병으로서 바이러스나 세균의 침입에 의해 발병하며, 대부분은 치료가 가능한 것이었다.

② 현대 산업사회에서는 심장질환, 암, 호흡기 질환 등 만성질환(Chronic liness)이 질병과 사망의 중요 원인으로 대두되고 있다. 이와 같은 만성질환은 더 오래 사는 사람들에게 서서히 발전하며, 보통 치료할 수 없고 환자나 건강관리자들의 관리를 필요로 한다.

③ 만성질환은 심리사회적 요인을 주된 원인으로 하고 오랜 기간 관리를 필요로 하는 만큼 특히 심리학적 문제들이 대두된다. 따라서 만성질환을 가진 사람들로 하여금 자신들의 건강 상태 변화를 인식시키는 동시에 심리사회적으로 적응하여 스스로 관리할 수 있도록 돕는 치료적 개입이 요구된다.

(2) 과학과 의학 기술의 발전에 따른 건강심리학 영역의 확장

① 과학과 의학 기술의 발전은 건강심리학자들에 의해 다루어질 수 있는 영역들을 확장하고 있다. 예로, 유방암을 포함한 많은 질병들의 주된 원인 중 하나가 유전자에서 비롯된 것임이 최근에 알려지기 시작했다. 만약 유방암 진단을 받은 어머니를 둔 자녀에게서 유방암 유전자 검사 상 양성반응이 나왔다면, 그로 인해 그녀의 삶이 어떻게 변화하게 될 것인지에 대해 건강심리학이 답하게 된다.

② 생명을 연장시키는 일부 치료들은 환자들의 삶의 질을 심각하게 떨어뜨릴 수 있으며, 환자들은 점차 생명 유지 조치에 대해 선택하도록 요구된다. 그들은 그와 같은 문제에 대해 상담을 필요로 하며, 이때 건강심리학자들이 개입하게 된다.

(3) 건강관리 서비스의 확장

① 건강관리는 서비스 산업으로 빠른 성장을 보인다. 최근 몇 년 동안 건강관리사업의 증가에 대한 검토가 이루어졌으나, 건강관리 비용의 급증에도 불구하고 기본적인 건강지표는 향상되지 않고 있다.

② 건강관리 비용의 절감을 위해 건강심리학에서 예방에 대해 지속적으로 강조하고 있다. 또한 건강관리사업이 모든 국민을 서비스 수혜자로 하는 의료보험제도와 직접적인 약정을 체결함으로써 건강심리학자들의 영향력이 날로 커지고 있다.

(4) 건강 관련의료 수요의 증가

① 건강심리학의 수요 증가는 다양한 단기 행동치료적 개입의 개발로 나타나고 있다. 이는 통증 관리, 흡연 · 음주 등 부적절한 건강습관의 수정, 치료의 부작용 관리 등을 포함한 건강 관련 문제들에 초점을 두고 있다.

② 비만, 흡연 등 위험요인의 제거를 목표로 하는 치료적 개입은 관상동맥성 심장질환의 발병률을 낮추며, 치료의 전 과정을 설명해 주는 유효적절한 개입은 환자의 치료 후 적응력을 증가시키는 것으로 나타났다.

3 건강심리학과 임상심리학의 차이점

(1) 임상심리학은 신체적 병리보다는 정신적 병리에 초점을 둔 반면, 건강심리학은 신체적 병리에 일차적인 관심을 기울인다.

(2) 임상심리학은 질병의 치료와 건강의 회복에 초점을 둔 반면, 건강심리학은 질병의 치료나 건강의 회복은 물론 건강의 유지 및 증진, 그리고 질병의 예방을 강조한다.

(3) 건강심리학은 여러 다른 학문들과의 공동협력을 보다 강조한다.

4 건강심리학의 주요 연구분야

(1) 스트레스와 신체적 질병 간의 관계를 파악하며, 효과적인 스트레스 대처전략을 마련한다.

(2) 일상생활에서 일어나는 주요 사건 및 변화가 각종 심장질환, 고혈압, 암 등에 미치는 영향을 연구한다.

(3) 피부질환, 근육통증, 호흡부전, 순환계 질환, 소화계통 질환, 비뇨기계통 질환, 내분비선계통 질환 등 생리심리학적 장애들을 연구한다.

(4) 입원환자의 행동이 질병치료에 미치는 영향, 환자의 행동이 의료진에 미치는 영향, 수술에 대한 두려움의 극복방법, 치료와 처방에 대한 환자의 순응행동 등을 연구한다.

(5) 근육이완법, 체계적 둔감법, 바이오피드백 등을 통한 인지적 · 행동적 치료법의 효과를 연구한다.

(6) 최면술, 침술, 인지적 책략 등을 이용한 통증완화의 방법들을 연구한다.

(7) 비만의 예방과 치료, 식사조절, 알코올 중독이나 금연을 위한 치료 등을 연구한다.

제 2 절 법정심리학

1 의의 및 특징

법정심리학은 법과 법률과 관련된 쟁점들에 심리학적 전문성을 활용하는 학문이다. 법정심리학에서는 다양한 현장과 성인과 아동을 포함한 다양한 내담자들이 포함될 수 있다. 회사, 정부기관, 대학, 병원과 진료소 및 교정시설 등을 포함하는 모든 기관들이 의뢰인 또는 증언의 대상이 될 수 있다.

법정심리학에 대한 정의는 두 가지로 생각할 수 있는데 일반적으로 법정심리학을 "심리학과 법"으로 이해하는 광의의 정의와 법정심리학을 "임상 / 실제적 문제"로 국한하는 협의의 정의로 구분하여 개념화할 수 있다.

2 건강심리학의 발달배경

(1) 1908년 하버드 대학교 심리학과 교수 휴고 문스터버그(Hugo Munsterberg)가 《증언석 위에서(On the Witness Stand)》라는 책에서 법 체계에 심리학이 적용되는 부분이 많으니 변호사들은 심리학을 알아야 한다고 주장했다. 그 당시에는 법 체계와 직접적으로 연관된 심리학 연구들이 거의 이루어지지 않았기 때문에 문스터버그의 주장에 대해 많은 법학자들과 심리학자들이 이의를 제기했다(Ogloff, 2000). 법학자들은 문스터버그의 의견이 과장되었으며 법학의 문제점에 대한 그의 주장을 뒷받침할 만한 데이터도 없다고 주장했고, 심리학자들은 심리학의 연구를 법에 적용하는 것을 생각하지 말고 과학적이고 순수한 채로 남아야 한다고 주장하였다. 법정심리학은 1950년까지 실제적인 영향은 미흡하였다.

(2) 1962년 미국 컬럼비아 특별구 항소법원에서 Banelon 판사는 다수를 위해 판결문을 쓰면서 적절한 자격을 갖춘 심리학자들이 정신장애에 대한 전문가로서 법정에서 증언할 수 있음을 처음으로 주장하였다. 정신과 의사들은 오랫동안 전문가 증인으로서의 특권을 누려왔으나 결국 법정심리학이 이 시기에 등장하였다.

(3) 오늘날 심리학자들은 형사, 민사, 가족 및 행정법의 모든 영역에서 전문가로서 증언하고 있다. 또한 그들은 법률 체계(법조계)를 통해서 회사와 개인들에게 자문을 제공한다.

(4) 한국의 경우 한국심리학회 산하 12번째 분과로 한국법정심리학회가 조직되었으며 목적은 "기초연구와 응용연구를 통하여 법과 법 제도에 대한 이해를 높이기 위한 심리학의 기여를 촉진하고, 심리학자들이 법의 제 문제를 보다 잘 이해하고, 법조계가 심리학적 문제들을 보다 잘 이해하도록 쌍방 교육을 증진시키며, 법조계와 심리학계, 그리고 일반 국민들에게 법과 심리학 분야의 연구, 교육, 그리고 봉사활동을 널리 알리는 것"이라고 설명하고 있다.

3 법정심리학자의 주요 활동

(1) 전문가 증인으로서 역할

① 자격, ② 전문가 증언에 관한 주제, ③ 증언, ④ 반대심문

(2) 형사 사건에서의 역할

① 정신이상 항변, ② 법정에 설 능력

(3) 민사 사건에서의 역할

① 정신장애 시설에서의 입원, ② 가정문제

(4) 환자들의 권리

(5) 위험성 예측

(6) 심리치료

(7) 자문

(8) 연구와 법정심리학

4 법정심리학 분야 교육

1995년에 법과 심리학 분야의 교육 및 훈련에 대한 전국 학회, 즉 빌라노바 학회에서 법정심리학자로 활동하기 위해 어떤 교육을 받아야 하는가를 발표했다(Brigham, 1999).

(1) 심리학의 기본적인 지식을 습득해야 한다. 즉, 발달, 사회, 인지, 이상심리학을 비롯하여 윤리 및 전문적인 문제들에 대한 이해가 필요하다.

(2) 실험과 현장에서 요구되는 연구 방법론과 통계학적 지식을 습득해야 한다.

(3) 기본적인 법 지식을 갖춰야 한다. 여기에는 "변호사와 같이 생각할 수 있는" 능력, 법의 기본, 법의 원리, 민법 및 형법적인 지식이 속한다.

(4) 사회과학적 증거가 법에 어떻게 사용될 수 있을지에 대한 지식이 필요하다.

(5) 학문 및 훈련으로 실제 독자적인 연구를 할 수 있는 지식이 있어야 한다.

(법적 평가도구 / 개입 전략 / 폭력, 성범죄 등과 같은 특정 행동에 대한 역학 연구 / 법적인 맥락에서 제공되는 치료 / 배심원의 선정, 소송 전략, 전문가 증언 등의 자문 / 기억, 지각, 아동발달, 집단의 의사결정 등과 관련된 실험 연구 등)

5 법정심리학의 활용분야

(1) 수사 단계

범죄자의 프로파일링을 통해 수사를 도우며 목격자의 증언 왜곡 여부를 판단하고 명확한 진술을 이끌어낼 수 있는 면담기법이나 도구를 개발할 수 있다.

(2) 판결 단계

범죄자의 동기가 무엇인지 파악하며 법적 책임을 물을 수 있을 만큼의 인지 능력이 존재하는지 판단하며 재범 가능성과 판결과 관련된 문제에 대해 심리학적인 견해를 제공한다.

(3) 교정 단계

판결 이후 수형자를 분석, 분류하는 과정에 참여하여 재교육을 시킬 수 있는 교정 프로그램을 개발 및 수행한다.

(4) 재범 예방단계

개인을 적절한 범위에서 통제할 수 있는 방법과 심리 사회적인 특성, 환경적은 특성을 고려하여 범죄를 예방하고 재범을 막기 위한 정책을 개발한다.

제 3 절 아동임상심리학

1 정의 및 특징

아동을 대상으로 한 임상심리학으로 영유아, 아동 · 청소년이 속한 사회적 맥락에서 심리서비스를 제공한다.

(1) 전통적 아동심리평가 / 심리치료, 부모평가(성격, 양육), 부모교육가족 개입이 포함된다.

(2) 주 관심 주제는 발달, 환경(양육, 학교), 조기개입(1, 2, 3차 예방 프로그램실시)이다.

(3) 아동과 가족이 속한 문화와 일치되는 패턴으로 치료가 제공될 때 가장 효과적이다.

(4) 근거 기반 의학 입장에서 평가를 내린다.

2 발달배경

19세기 전반부터 관심을 끌기 시작했던 비행소년을 다루는 문제에서 시작되었다. 그 후 정신의학이나 임상심리학의 이론적 · 임상적 연구의 진전에 따라 점차 발전하여 유아나 아동, 청소년의 문제와 관련하여 각 분야에서 심리진단 및 심리치료를 중심으로 그 체계를 정비하고 문제들을 해결하는 데 크게 기여하게 되었다.

(1) 제1기

제1차 세계 대전 전까지로 볼 수 있다. 앞서 기술한 바와 같이 아동과 청소년에 대한 임상심리학은 반항적 행동으로 세인의 주목을 끌었던 비행청소년을 위한 보호시설을 갖춘 시점에서 출발하였다. 1824년에 미국 뉴욕에서 최초로 공립보호시설이 설립되었고, 유럽은 조금 늦은 1833년에 독일 함부르크 교외에 라우에스 하우스(Raues Haus), 프랑스에서는 1839년에, 영국에서는 1849년에 각각 교호원(教護院)이 설치되었다.
1896년 미국의 심리학자 위트머(L. Witmer)가 철자장애아의 치료, 학업성적 부진아 등에 대한 임상심리학적 연구를 위해 심리학클리닉을 펜실베이니아대학에 개설하여 아동임상심리학에 관한 본격적 연구의 단서를 열었다. 정신의학자 힐리(W. Healy)는 1909년 시카고에서 소년법원과 제휴하여 비행이나 정서장애를 대상으로 하는 소년정신병질연구소를 개설하여 소년심판의 과학화에 기여하였다.
1913년에는 심리학자 브론너(A. Bronner)가 참여했고, 1914년에는 사회사업가가 참여하여 비로소 현재의 클리닉팀의 원형이 완성되었다. 이때 독일 정신의학자 크레펠린(E. Kraepelin)은 현재 정신의학의 중요한 기반의 하나인 기술적 정신의학을 체계화하였는데, 그의 질병론은 아동임상심리학에 큰 기여를 하였다.
그리고 프로이트(S. Freud)의 정신분석학이 등장으며 그의 정신역동의학(dynamic psychiatry)은 미국의 마이어(A. A. Meyer)와 더불어 아동임상심리학에 큰 영향을 주었다. 또한 18세기 말에 프랑스의 아베롱

지구에서 발견된 야생 소년을 치료한 국립농아시설의 의사 이타르(Itard)와 1905년에 지적 능력에 관한 종합적이고 실험적인 연구로 지능척도를 완성한 비네(A. Binet)의 공적도 빠트릴 수 없다.

(2) 제2기

제2차 세계 대전 전후까지로 볼 수 있다. 1899년에 미국에서 소년심판소가 설치되었는데, 이후로 1910년 러시아, 1912년 프랑스, 1922년 독일, 1928년 오스트리아에 소년심판소가 각각 설치되었다. 한셀만(Hanselmann)이나 헬러(Heller) 등의 치료교육에 관한 연구뿐만 아니라 심리상담도 점차 발전했는데, 1917년 미국에서 힐리와 브론너는 저지베이커지도센터를 개설하였다. 나아가 1921년에 톰(Thom)이 보스턴습벽클리닉을, 1926년에 게젤(A. L. Gesell)이 예일심리클리닉을 설치하였다.

(3) 제3기

제2차 세계 대전 후로 볼 수 있다. 당시 세계적인 인간존중 풍조와 더불어 발전했는데, 각종 관련 시설이 증가하고 심리 진단 및 평가, 치료, 다양한 기법이 현저하게 발전하여 아동임상심리학도 괄목할 만하게 발달하였다.

3 아동기 장애 특징

아동에게 흔한 장애(ADHD, 품행장애, 적대적 반항장애, 분리불안장애 등)와 성인에게서도 나타날 수 있는 장애(주요우울장애, 외상 후 스트레스 장애, 신경성 식욕부진증, 신경성 폭식증, 약물남용, 공포증 등)가 포함되며 회복 탄력성이 큰 아동은 위험 요인이 많은 상황에서도 장애로 발전될 확률이 낮고, 취약성이 있는 아동은 상대적으로 위험 요인이 낮은 상황에서도 장애로 발전할 가능성이 높다.

(1) 외현화 장애 : ADHD, 품행장애, 적대적 반항장애 등을 포함

(2) 내재화 장애 : 우울장애, 불안장애 등

4 아동 · 청소년의 평가

(1) 발달상의 단계라는 맥락에서 아동의 행동을 이해해야 한다.

(2) 다중 출처(Multisource), 다중 방법(Multimethod), 다중상황적 접근(Multisetting approach)으로 아동을 평가해야 한다(Merrall).

(3) 면접, 행동 관찰, 행동 평가(부모, 교사, 아동 자신), 투사적 검사, 지능검사 등의 종합적 방법으로 평가해야 한다.

5 아동청소년의 심리치료 시 고려할 점

(1) 아동은 축소된 성인이 아니기 때문에 자발성, 변화의 동기, 착석 능력, 언어적 표현 등이 당연하게 여겨져서는 안 된다.

(2) 아동은 혼자서 치료에 참여하지 못하므로 아동의 부모, 교사 등과 협력 관계를 맺는 것이 중요하다.

(3) 비밀 보장에 대한 문제가 성인과는 다르다. 즉, 부모나 법정후견인이 아동에 대한 책임을 지기 때문에 비밀 보장에 대한 법적 의무가 아동의 부모, 법정후견인에게 적용되지 않는다.

(4) 아동은 자신의 인생에 대한 통제권이 적거나 거의 없기 때문에 자신의 주변 환경을 변경하기 어렵다.

(5) 치료기법에는 인지행동치료(사회기술 훈련, 응용행동 분석), 자기지시적 훈련, 부모훈련, 놀이치료(정신역동 놀이치료, 인본주의 놀이치료) 등이 있다.

제 10 장 실제예상문제

checkpoint 해설 & 정답

01 건강심리학은 정신적 병리와 함께 암이나 심혈관질환 등 신체적 병리에도 관심을 가진다.

02 건강 관련의료 수요가 증가는 건강심리학의 발달배경이라 볼 수 있다.

03 임상심리학은 정신적 병리에 초점을 기울인 반면, 건강심리학은 신체적 병리에 일차적인 관심을 기울인다.

정답 01 ③ 02 ④ 03 ①

01 건강심리학(Health Psychology) 의의 및 특징이 아닌 것은?

① 건강의 유지 및 증진, 질병의 예방 및 치료를 목적으로 심리학적 이론과 방법을 동원하는 학문이다.
② 현대인들의 주된 질병 및 사망의 원인을 심리사회적 관점에서 보는 것이다.
③ 건강심리학은 정신적 병리를 중심으로 한다.
④ 신체적 질병이 생활습관이나 스트레스에 대한 대처방식과 밀접한 연관있음을 강조한다.

02 건강심리학의 발달배경으로 볼 수 없는 것은?

① 급성질환에서 만성질환으로의 질병 양상의 변화
② 과학과 의학 기술의 발전에 따른 건강심리학 영역의 확장
③ 건강관리 서비스의 확장
④ 건강 관련의료 수요의 감소

03 건강심리학과 임상심리학의 차이점이 틀린 것은?

① 임상심리학은 신체적 병리에 일차적인 관심을 둔 반면, 건강심리학은 정신적 병리에 초점을 기울인다.
② 임상심리학은 질병의 치료와 건강의 회복에 초점을 둔다.
③ 건강심리학은 질병의 치료나 건강의 회복은 물론 건강의 유지 및 증진, 그리고 질병의 예방을 강조한다.
④ 건강심리학은 여러 다른 학문들과의 공동협력을 보다 강조한다.

해설 & 정답 checkpoint

04 다음 중 건강심리학의 영역에 해당하는 것을 올바르게 모두 고른 것은?

A. 스트레스관리	B. 섭식장애
C. 알코올중독	D. 웰빙(Well-Being)

① A, B, C
② A, C, E
③ B, C, D
④ A, B, C, D

04 건강심리학의 영역은 스트레스에 대한 관리 및 대처, 물질 및 행위 중독(알코올 중독), 섭식 문제(비만, 다이어트), 삶의 질, 웰빙(Well-Being) 등이 있다.

05 건강심리학 분야의 주된 관심영역과 가장 거리가 먼 것은?

① 흡연
② 우울증
③ 비만
④ 알코올남용

05 우울증 등 정신적 병리에 초점을 둔 전통적인 임상심리학과는 달리, 건강심리학은 정신적 병리와 함께 신체적 병리에도 관심을 가진다. 특히 신체적 질병이 생활습관이나 스트레스에 대한 대처방식과 밀접한 연관을 가진다는 점을 강조한다.

06 법정심리학자의 주요 활동이 아닌 것은?

① 전문가 증인으로서 역할
② 형사 및 민사 사건에서의 역할
③ 문제해결을 위한 적극적 개입자로서의 역할
④ 위험성 예측

06 문제해결을 위한 자문이나 심리치료사로서의 역할을 제공한다.

정답 04 ④ 05 ② 06 ③

checkpoint 해설 & 정답

07 심리학의 기본적인 지식을 습득해야 한다. 즉, 발달, 사회, 인지, 이상 심리학을 비롯하여 윤리 및 전문적인 문제들에 대한 이해가 필요하다.

08 아동과 가족이 속한 문화와 일치되는 패턴으로 치료가 제공될 때 가장 효과적이다.

09 면접, 행동 관찰, 행동 평가(부모, 교사, 아동 자신) 등 종합적인 평가가 중요하다.

정답 07 ① 08 ③ 09 ②

07 법정심리학 분야 교육의 설명으로 옳지 않은 것은?

① 심리학의 기본적인 지식은 법적인 지식에 비해 중요치 않다.
② 실험과 현장에서 요구되는 연구 방법론과 통계학적 지식을 습득해야 한다.
③ 사회과학적 증거가 법에 어떻게 사용될 수 있을지에 대한 지식이 필요하다.
④ 학문 및 훈련으로 실제 독자적인 연구를 할 수 있는 지식이 있어야 한다.

08 아동임상심리학의 내용이 아닌 것은?

① 아동을 대상으로 한 임상심리학으로 영유아, 아동 · 청소년이 속한 사회적 맥락에서 심리서비스를 제공한다.
② 전통적 아동심리평가/심리치료, 부모평가(성격, 양육), 부모교육가족 개입이 포함된다.
③ 아동과 가족이 속한 문화와 일치되는 패턴으로 치료가 제공되는 것은 바람직하지 않은 방식이다.
④ 근거 기반 의학 입장에서 평가를 내린다.

09 아동 · 청소년 평가의 내용으로 맞지 않는 것은?

① 발달상의 단계라는 맥락에서 아동의 행동을 이해해야 한다.
② 부모, 교사의 행동평가는 아동의 행동관찰에 비해 덜 중요하다.
③ 투사적 검사, 지능검사 등의 종합적 방법으로 평가해야 한다.
④ 다중 출처, 다중 방법, 다중 상황적 접근으로 아동을 평가해야 한다.

해설 & 정답 checkpoint

10 아동청소년의 심리치료 시 고려할 점이 아닌 것은?

① 아동은 축소된 성인으로, 자발성, 변화의 동기, 착석 능력, 언어적 표현 등은 당연한 영역임을 이해해야 한다.
② 아동은 혼자서 치료에 참여하지 못하므로 아동의 부모, 교사 등과 협력 관계를 맺는 것이 중요하다.
③ 치료기법에는 인지행동치료(사회기술 훈련, 응용행동 분석), 자기지시적 훈련, 부모훈련, 놀이치료(정신역동 놀이치료, 인본주의 놀이치료) 등이 있다.
④ 아동은 자신의 인생에 대한 통제권이 적거나 거의 없기 때문에 자신의 주변 환경을 변경하기 어렵다.

10 아동은 축소된 성인이 아니기 때문에 자발성, 변화의 동기, 착석 능력, 언어적 표현 등이 당연하게 여겨져서는 안 된다.

주관식 문제

01 최근에 등장하여 급속도로 성장하고 있는 심리학 영역으로서, 현대인들의 주된 질병 및 사망의 원인을 심리사회적 관점에서 보는 것은 무엇인지 쓰시오.

01
정답 건강심리학

정답 10 ①

checkpoint 해설 & 정답

02

정답 ① 전문가 증인으로서 역할
② 형사 사건에서의 역할
③ 민사 사건에서의 역할
④ 환자들의 권리
⑤ 위험성 예측
⑥ 심리치료자문
⑦ 연구와 법정심리학

03

정답 법정심리학

04

정답 ADHD, 품행장애, 적대적 반항장애

02 법정심리학의 주요활동에 대해 3가지를 서술하시오.

03 법과 법률과 관련된 쟁점들에 심리학적 전문성을 활용하는 학문은 무엇인지 쓰시오.

04 아동기 장애 중 외현화된 장애의 종류를 2개 이상 기술하시오.

최종모의고사 / 정답 및 해설

I wish you the best of luck

제 1 회

독학사 심리학과 4단계

최종모의고사 | 임상심리학

제한시간: 50분 | 시작 ____시 ____분 – 종료 ____시 ____분

정답 및 해설 300p

01 임상심리학의 창시자로 평가되며, 미국 펜실베니아(Pennsylvania)대학에 세계 최초의 심리진료소(Psychological Clinic)를 개설한 사람은?

① 분트(Wundt)
② 프로이트(Freud)
③ 위트머(Witmer)
④ 왓슨(Watson)

02 볼더회의를 통해 확립된 모델로 가장 일반적으로 활용되는 임상심리학자 훈련모델은?

① 과학자–실무자모델
② 실무자–학자모델
③ 임상과학자모델
④ 임상박사모델

03 DSM–IV에서 DSM–5로의 개정에 대한 내용 중 옳은 것은?

① 다축체계를 도입하였다.
② 범주적 진단체계로 재정비하였다.
③ 개정판의 순서를 나타내는 숫자를 로마자에서 아라비아숫자로 변경하였다.
④ 조현병의 하위유형을 망상형 또는 편집형(Paranoid Type), 해체형 또는 혼란형(Disorganized Type), 긴장형(Catatonic Type), 감별불능형 또는 미분화형(Undifferentiated Type), 잔류형(Residual Type) 등으로 세분화하였다.

04 각각의 면접기술과 이에 대한 설명이 올바르게 짝지어진 것은?

① 명료화 : 내담자의 말과 행동에서 표현되는 감정 · 생각 · 태도를 면접자가 다른 참신한 말로 부연하는 것
② 직면 : 내담자의 말 속에 포함되어 있는 불분명한 내용에 대해 면접자가 그 의미를 분명하게 밝히는 것
③ 반영 : 내담자의 말에 모순점이 있는 경우 면접자가 그것을 지적해 주는 것
④ 해석 : 내담자가 새로운 방식으로 자신의 문제들을 돌아볼 수 있도록 사건들의 의미를 설정해 주고, 자신의 문제를 새로운 각도에서 이해할 수 있도록 그의 생활경험과 행동, 행동의 의미를 설명하는 것

05 아래의 설명은 어떤 면접법에 해당하는 것으로 볼 수 있는가?

- 환자의 핵심문제나 핵심정서를 다루기보다는 환자의 과거 사건과 사실에 주로 초점을 맞추는 것으로, 환자의 과거력에 관한 자료는 환자를 이해하는 데 매우 중요한 단서가 됨
- 환자의 아동기 경험, 부모 · 형제와의 관계, 학교 및 직장생활, 결혼 생활, 직업적 흥미와 적응 정도 등에 관한 정보를 수집

① 구조화된 면접　② 진단면접
③ 접수면접　④ 사례사면접

06 면접의 신뢰도와 타당도에 대한 내용 중 옳지 않은 것은?

① 면접자가 전반적인 인상을 형성한 후 그것에 준해 다른 관련된 특성을 추론하는 경향을 할로효과(Halo Effect)라고 한다.
② 구조화된 면접을 활용할 경우 면접의 신뢰도와 타당도를 높일 수 있다.
③ 내담자가 자신을 실제보다 더 멋지게 포장하는 경우 타당도에 문제가 생길 수 있다.
④ 면접자가 면접기술을 익히는 것은 면접진행에는 도움이 되나 면접의 타당도 · 신뢰도와는 관련이 없다.

07 웩슬러(Wechsler)검사의 특징에 대한 내용 중 옳지 않은 것은?

① 편차지능지수를 사용한다.
② 병전지능수준을 추정할 수 있다.
③ 문맹자도 검사를 받는 것이 가능하다.
④ 집단검사이다.

08 MMPI의 상승척도쌍에서 아래의 특징을 보이는 것은?

> • 만성적인 우울증과 불안증을 가지고 있으며, 수동-공격적인 성격 양상을 보인다.
> • 분노 감정을 가지고 있으면서도 이를 적절히 표현하지 못하며, 자신이 제대로 역할을 하지 못하는 것에 대한 죄책감을 느낀다.
> • 자기 자신에 대한 열등감과 부적절감이 많으며, 우울감을 경감시키기 위해 약물에 의존하는 경향이 있다.

① 1-3-8
② 2-4-7
③ 4-6-8
④ 6-7-8

09 아래의 사례는 어떤 방어기제와 관련되는가?

> 전날 부부싸움 끝에 아내를 구타한 남편이 퇴근 후 장미꽃 한 다발을 아내에게 선물하는 경우

① 대치(Substitution)
② 동일시(Identification)
③ 취소(Undoing)
④ 행동화(Acting-Out)

10 로저스(Rogers)의 인간중심상담에 대한 내용 중 옳지 않은 것은?

① 인간이 스스로 자신의 삶의 의미를 능동적으로 창조하며, 주관적 자유를 실천해 나간다고 가정한다.
② 자기실현 경향성(실현화 경향성)은 인간행동의 가장 기본적인 동기이다.
③ 사회적 힘이 성격발달에 미치는 영향을 강조한다.
④ 지금, 그리고 여기에서 사람이 어떻게 생각하고 느끼느냐가 행동을 결정하는 유일한 요소로 과거는 별로 중요하지 않다.

11 아래의 내용 중 그 성격이 다른 하나는?

① 인간행동의 대부분은 학습된 것이므로 수정이 가능하다고 가정한다.
② 특정한 환경의 변화는 개인의 행동을 적절하게 변화시키는 데 도움을 줄 수 있다.
③ 비합리적 신념의 산물로 정서장애가 발생하므로, 이와 같은 비합리적 신념들을 변화시킬 수 있는 방법을 내담자에게 가르쳐 주는 것을 치료의 핵심으로 한다.
④ 내담자와 상담자의 합의에 따라 각자에 알맞은 구체적인 상담기술을 다양하게 적용할 수 있다.

12 **벡(Beck)이 주장한 각각의 인지적 오류와 그 특징이 잘못 짝지어진 것은?**

① 임의적 추론(Arbitrary Inference) : 어떤 결론을 지지하는 증거가 없거나 그 증거가 결론에 위배됨에도 불구하고 그와 같은 결론을 내림
② 선택적 추상화(Selective Abstraction) : 다른 중요한 요소들은 무시한 채 사소한 부분에 초점을 맞추고, 그 부분적인 것에 근거하여 전체 경험을 이해함
③ 과잉일반화(Overgeneralization) : 한두 가지의 고립된 사건에 근거해서 일반적인 결론을 내리고 그것을 서로 관계없는 상황에 적용
④ 개인화(Personalization) : 자신의 정서적 경험이 마치 현실과 진실을 반영하는 것인 양 간주하여 이를 토대로 그 자신이나 세계 또는 미래에 대해 그릇되게 추리

13 **"욕구와 감정의 자각", "신체 자각", "환경 자각", "빈 의자 기법" 등의 치료기법을 사용하는 치료 모델은?**

① 인지치료
② 게슈탈트
③ 현실치료
④ 행동치료

14 **글래서(Glasser)의 현실주의상담 8단계 중 '상담자가 내담자에게 행동계획을 세우도록 하여 그 계획에 따라 반드시 실천하겠다는 약속을 다짐받는' 단계는 무엇인가?**

① 제2단계 : 현재 행동에 대한 초점화 단계
② 제4단계 : 내담자의 행동계획 발달을 위한 원조 단계
③ 제6단계 : 변명 거부 단계
④ 제8단계 : 포기 거절 단계

15 **집단상담 시 집단구성에 대한 내용 중 옳지 않은 것은?**

① 집단은 동질적으로 구성될수록 좋다.
② 5~8명 규모가 적당하다.
③ 폐쇄집단일수록 성원의 결석이나 탈락이 부정적인 영향을 미칠 수 있다.
④ 집단상담을 시작할 경우 미리 그 기간을 분명히 하고 종결의 시일도 정해 두는 것이 좋다.

16 **DSM-5의 정신분열스펙트럼 및 기타 정신증적 장애 범주에 해당되지 않는 것은?**

① 망상장애(Delusional Disorder)
② 조현양상장애(Schizophreniform Disorder)
③ 순환감정장애(Cyclothymic Disorder)
④ 단기정신병적 장애(Brief Psychotic Disorder)

17 아래의 내용은 무엇에 대한 설명인가?

> • 내담자의 언어적 메시지(예 말의 내용, 내담자의 경험, 행동, 감정, 정서)를 잘 듣는 것이다.
> • 내담자의 비언어적 메시지(예 얼굴 표정, 몸의 움직임, 목소리의 높낮이나 억양 등)를 잘 관찰하며 듣는 것이다.
> • 면접자는 내담자가 처한 상황 및 맥락 안에서 내담자를 이해해야 한다.
> • 내담자의 이야기를 냉철하게 듣는 것이다.

① 직면
② 적극적 경청
③ 반영
④ 명료화

18 유동성지능(Fluid Intelligence)의 특징에 해당하지 않는 것은?

① 유전적 · 신경생리적 영향에 의해 발달이 이루어지는 반면 경험이나 학습의 영향을 거의 받지 않는다.
② 신체적 요인에 따라 청소년기에 이르기까지 발달이 이루어지다가 이후 퇴보현상이 나타난다.
③ 웩슬러(Wechsler) 지능검사의 소검사 중 빠진곳찾기, 차례맞추기, 토막짜기, 모양맞추기, 공통성문제, 숫자외우기 등과 관련된다.
④ 언어이해능력, 문제해결능력, 상식, 논리적 추리력 등이 해당된다.

19 아래의 검사 중 측정하고자 하는 분야가 다른 하나는?

① WPPSI-Ⅲ
② K-WAIS-Ⅳ
③ K-ABC
④ SCT

20 신경심리검사에서 평가영역에 대한 내용이 옳지 않은 것은?

① 웩슬러지능검사에서 낮은 언어성 IQ는 우반구의 손상을, 낮은 동작성 IQ는 좌반구의 손상을 나타내는 것으로 간주한다.
② 환자들이 호소하는 기억손상은 과거의 사건이나 지식을 잃어버리는 역행성 기억상실과 함께 손상 후 새로운 사건이나 사실을 학습하는 데 어려움을 보이는 순행성 기억상실로 구분된다.
③ 시공간적 지각능력의 손상은 구성장애 또는 구성실행증(Constructional Apraxia)을 초래한다.
④ 뇌손상을 입은 환자는 MMPI 프로파일이 현저히 상승하거나 로샤검사에서 빨간색에 과도한 반응을 보이기도 하며, 기괴한 반응이나 해부학적 반응을 나타내기도 한다.

21 융(Jung)의 분석심리이론에서 강조하는 개념 중 A와 B에 해당하는 것은?

> A : 종교적 · 신화적인 요소가 포함되어 있으며, 조상이나 종족 전체의 경험 및 생각과 연관된 원시적 공포, 사고, 성향 등을 담고 있는 무의식
> B : 개인의 사고와 행동을 지배하기도 하는 퍼스낼리티 속의 별개의 작은 퍼스낼리티

① A : 집단무의식, B : 콤플렉스
② A : 집단무의식, B : 원형
③ A : 개인무의식, B : 콤플렉스
④ A : 개인무의식, B : 원형

22 게슈탈트상담의 인간관에 대한 내용 중 옳지 않은 것은?

① 인간은 완성을 추구하는 경향이 있다.
② 인간은 자신의 현재 욕구에 따라 게슈탈트를 완성한다.
③ 인간의 행동은 그것을 구성하는 구성요소들 부분의 합과 같다.
④ 인간의 행동은 행동이 일어난 상황과 관련하여 의미 있게 이해된다.

23 Orford의 자조집단의 1차적 기능 중 관련 없는 사항은?

① 정서적 지지를 제공한다.
② 기존 문제를 어떻게 대처할 것인가에 대한 새로운 아이디어를 제공한다.
③ 집단원이 서로의 문제를 공유하여 불편감이 증가될 수 있다.
④ 자신들의 문제에 대한 향상된 숙달감과 통제감을 제공한다.

24 건강심리학의 설명이 아닌 것은?

① 스트레스와 신체적 질병간의 관계를 파악하여 효과적인 대처전략을 마련한다.
② 비만의 예방과 치료, 식사조절 등을 연구한다.
③ 최면술, 침술, 인지적 책략 등을 이용한 통증 완화의 방법들을 연구한다.
④ 다른 학문들과의 협력보다는 개별적인 연구를 통해 해결방안을 찾는다.

주관식 문제

01 임상심리학자와 내담자가 일대일로 만나 대화를 통해 문제를 파악하는 과정으로 진단을 내리는 가장 기초적인 과정으로, 내담자의 어려움이 무엇인지 파악하고 내담자의 문제와 관련된 여러 가지 정보를 얻으며 임상적인 진단을 내리기 위한 기본 수단을 무엇이라고 하는지 쓰시오.

02 특히 면접의 타당도와 관련되는 것으로 면접자가 내담자에 대한 추론을 이미 내린 상태에서 그 추론을 확인하는 정보를 이끌어내는 방향으로 면담을 이끌어갈 때 나타날 수 있는 현상은 무엇인지 쓰시오.

03 인간중심상담의 주요개념으로 최적의 심리적 적응, 최적의 심리적 성숙, 완전한 일치, 경험에 대한 완전한 개방을 갖춘 사람을 지칭하는 용어를 쓰시오.

04 프랭클(Frankl)의 의미요법(Logotherapy)의 의의를 간략히 기술하시오.

독학사 심리학과 4단계

제 2 회 최종모의고사 | 임상심리학

제한시간: 50분 | 시작 ____시 ____분 – 종료 ____시 ____분

정답 및 해설 304p

01 아래의 내용과 관련되는 상담이론은?

- 내담자의 부적응행동을 변화시킨다.
- 내담자로 하여금 효율적인 의사결정 과정을 학습하도록 한다.
- 내담자에게 장차 일어날 부적응행동을 예방한다.
- 내담자가 호소하는 구체적인 행동상의 문제들을 해결한다.
- 행동의 변화가 일상생활에 전이될 수 있도록 한다.

① 정신분석상담 ② 행동치료
③ 인지치료 ④ 현실치료

02 인지적 치료기법의 일종으로 "다른 사람들의 관심이 자신에게 집중되어 있다고 믿는 내담자의 부적절한 신념을 수정하는 것"은 무엇인가?

① 재귀인(Reattribution)
② 재정의(Redefining)
③ 탈중심화(Decentering)
④ 철학적 논박(Philosophical Dispute)

03 최신 인지치료기법 중 자신의 생각과 감정, 감각을 더 자각하고, 현재에 초점을 맞추며, 생각을 판단하지 않고 수용할 수 있도록 함으로써 부정적인 생각과 감정 및 신체 감각에 대한 관점을 근본적으로 변화시켜 탈중심적, 메타인지적 자각을 기르는 것에 초점을 맞추는 치료는?

① 마음챙김인지치료(MBCT)
② 변증법적 행동치료(DBT)
③ 행동활성화치료(BA)
④ 기능분석치료(FAP)

04 집단상담의 특징으로 볼 수 없는 것은?

① 비교적 정신병리가 심한 사람을 다룬다.
② 자기이해와 수용, 개방을 촉진하는 방식으로 진행된다.
③ 집단성원 간 상호작용이 이루어진다.
④ 개인의 태도 및 행동의 변화를 통한 문제해결을 도모한다.

05 유아는 어머니와의 관계에서 여러 수준의 불안을 경험하며, 그 과정에서 '좋은 나', '나쁜 나', '내가 아닌 나'로 구성된 자기상을 형성한다고 주장한 학자는?

① 머레이
② 호나이
③ 아들러
④ 설리반

06 아들러가 자기완성을 위한 필수적인 요소로서 모든 병리현상의 일차적 원인으로 지목한 것은?

① 열등감
② 우월성의 추구
③ 보상
④ 생활양식

07 원초아와 초자아 간의 갈등에서 비롯된 자기 양심에 대한 두려움을 의미하는 용어는?

① 현실불안
② 신경증적 불안
③ 도덕적 불안
④ 방어적 불안

08 여러 종류의 검사를 하나의 세트로 묶어서 사용하는 방식으로, 평가되는 기능에 대한 총체적인 자료를 제공하여 주는 검사는?

① 배터리검사
② 묶음검사
③ 개별검사
④ 진단검사

09 MMPI 제작방식에 대한 설명으로 옳은 것은?

① 정신병리이론을 바탕으로 하여 제작되었다.
② 합리적 방식과 이론적 방식을 결합한 방식으로 제작되었다.
③ 정신장애군과 정상군을 변별하는 통계적 결과에 따라 경험적 방식으로 제작되었다.
④ 인성과 정신병리와의 상관성에 대한 선행연구결과들을 바탕으로 하여 제작되었다.

10 지능이 높은 사람은 모든 영역에서 우수하다는 종래의 일반적인 지능개념에 이의를 제기하고 인간의 지적 능력은 서로 독립적인 여러 유형의 능력으로 구성되어 있다고 주장한 학자는?

① Binet
② Gardener
③ Wechsler
④ Kaufman

11 게슈탈트 심리치료에서 강조하는 것이 아닌 것은?

① 지금-여기
② 내담자의 억압된 감정에 대한 해석
③ 미해결과제 또는 회피
④ 환경과의 접촉

12 K-WAIS-Ⅳ의 보충소검사가 아닌 것은?

① 이해
② 순서화
③ 동형찾기
④ 빠진 곳 찾기

13 초기 임상심리학자와 그의 활동으로 바르게 짝지어진 것은?

① Witmer : g지능개념을 제시하였다.
② Binet : Army Alpha 검사를 개발했다.
③ Sperman : 정신지체아 특수학교에서 심리학자로 활동했다.
④ Wechsler : 지능검사를 개발했다.

14 Beck의 인지행동치료에서 인지적 삼제(Cognitive Triad)에 해당하지 않는 것은?

① 자신
② 과거
③ 세계
④ 미래

15 다음은 임상심리학자의 윤리원칙 중 어느 항목에 위배되는가?

> 임상심리사가 개인적인 심리적 문제를 갖고 있다든지, 너무 많은 부담 때문에 지쳐있다든지, 교만하여 더 이상 배우지 않고 배울 필요가 없다고 생각하거나, 해당되는 특정전문교육수련을 받지 않고도 특정내담자군을 잘 다룰 수 있다고 여긴다.

① 유능성
② 성실성
③ 권리의 존엄성
④ 사회적 책임

16 게슈탈트치료의 개념 중 다음에 해당하는 심리적 현상은?

> • 개체가 환경과의 접촉에서 발생한 행동이나 가치관을 무비판적으로 받아들이는 것
> • 자기 것으로 동화시키지 못하며 개체의 행동이나 사고방식에 악영향을 미침

① 투사
② 융합
③ 내사
④ 편향

17 제1차 세계대전과 제2차 세계대전 사이의 임상심리학의 발전사에 대한 내용으로 <u>틀린</u> 것은?

① 많은 심리평가도구들이 개발되었다.
② 치료영역에서 심리학자들의 역할이 증대되었다.
③ 정신건강분야 내 직업적 갈등으로 임상심리학자들은 미국의 APA를 탈퇴해서 미국응용심리학회를 결성했다.
④ 최초의 임상심리학 학술지인 ≪The Psychological Clinic≫이 간행되었다.

18 현실치료의 인간관으로 가장 적합한 것은?

① 인간의 행동은 유전과 환경의 상호작용에 의해 형성된다.
② 인간의 삶은 목표에 도달하기 위한 개인의 자유로운 능동적 선택의 결과이다.
③ 인간은 자신의 자유로운 선택에 의해 잠재력을 각성할 수 있는 존재이다.
④ 인간은 기본적으로 자유롭고 자신의 목표를 스스로 선택하고자 하는 욕구를 가진 존재이다.

19 다음에 해당하는 방어기제는?

> 회사 사장과 싸운 뒤 김씨는 아들의 작은 잘못에 다른 때와는 달리 예민하게 반응하며 소리를 질렀다.

① 퇴행(Regression)
② 전치(Displacement)
③ 투사(Projection)
④ 반동형성(Reaction Formation)

20 다음 중 인간중심상담에 대한 설명으로 옳은 것은?

① 상담관계보다는 기법을 중시하는 특성을 가지고 있다.
② 내담자의 무의식적 측면도 충분히 반영하여 상담을 진행한다.
③ 기본원리를 "만일 ~라면 ~이다"라는 형태로 표현할 수 있다.
④ 상담은 내담자가 아닌 상담자가 이끌어가는 과정이다.

21 합리적-정서적 치료상담의 ABCDE 과정 중 D는 무엇인가?

① 논박
② 결과
③ 왜곡된 신념
④ 효과

22 임상적 면접의 초기단계에서 주로 이루어져야 할 사항과 가장 거리가 먼 것은?

① 따뜻하고 온화한 분위기를 형성한다.
② 내담자의 강점과 단점을 상담에 활용한다.
③ 상담에 대한 구체적인 안내를 한다.
④ 낙관적인 태도를 갖는다.

23 다음 중 게슈탈트치료의 기법에 속하지 않는 것은?

① 신체자각
② 환경자각
③ 행동자각
④ 언어자각

24 법정심리학자로 활동하기 위해서 받아야할 교육이라 볼 수 없는 것은?

① 심리학의 기본적인 지식을 습득해야 한다.
② 실험과 현장에서 요구되는 연구 방법론을 습득해야 한다.
③ 사회과학적 증거가 법에 어떻게 사용될 수 있을지에 대한 지식이 필요하다.
④ 기본적인 법 지식보다는 상담자로서의 역할이 중요하다.

주관식 문제

01 인간을 미래 목표로 나아가는 창조적인 존재이자 기본적으로 공동체 의식을 지닌 존재로 가정한 접근이 무엇인지 쓰시오.

02 정신분석상담의 기법을 세 가지 이상 나열하시오.

03 다음 사례에서 사용한 치료적 접근을 쓰시오.

> 불안을 갖고 있는 내담자를 치료하는 과정에서 체계적 둔감법을 사용하였고, 공황을 느끼고 있는 내담자에게 참여 모델링기법을 사용했다.

04 임상심리학자의 역할 영역을 간략히 기술하시오.

최종 모의고사 정답 및 해설

제1회

01	02	03	04	05	06	07	08	09	10	11	12
③	①	③	④	④	④	④	②	③	③	③	④
13	14	15	16	17	18	19	20	21	22	23	24
②	②	①	③	②	④	④	①	①	③	③	④

주관식 정답	
01	임상적 면접
02	확인편파
03	충분히 기능하는 사람(Fully Functioning Person)
04	의미로의 의지(Will to Meaning)를 강조하면서 기존의 심리학적 이론에 실존철학을 도입한 치료법으로 내담자로 하여금 본원적인 가능성과 잠재적인 능력을 깨닫도록 하며, 자기실현, 자기충족, 자기발전에 이를 수 있도록 돕는다.

01 정답 ③

1896년 위트머(Witmer)는 미국 펜실베니아대학에 세계 최초의 심리진료소(Psychological Clinic)를 개설하였다.

02 정답 ①

과학자-실무자모델

- 임상심리사는 1차는 과학자, 2차는 서비스를 제공하는 실무자가 되어야 함을 표방하는 모델
- 과학자와 실무자 역할을 동시에 훈련받음으로써, 이론적 · 학문적 · 응용적 · 임상적인 역량을 강화
- 임상장면에 적용가능한 연구방법론을 개발하고, 그 기술과 기법에 능숙해지는 것을 추구
- 인간행동을 이해하기 위해 연구자로서 끊임없이 연구하는 동시에 실무자로서 그 과정을 통해 발견한 지식을 인간행동의 변화를 위해 실천

03 정답 ③

① 다축체계를 폐지하였다.

② 범주적 분류의 한계를 보완하기 위해 차원적 평가방식을 도입하였다.

④ 조현병의 하위유형인 망상형 또는 편집형(Paranoid Type), 해체형 또는 혼란형(Disorganized Type), 긴장형(Catatonic Type), 감별불능형 또는 미분화형(Undifferentiated Type), 잔류형(Residual Type) 등의 분류가 폐지되었다.

04 정답 ④
① 명료화 : 내담자의 말 속에 포함되어 있는 불분명한 내용에 대해 면접자가 그 의미를 분명하게 밝히는 것
② 직면 : 내담자의 말에 모순점이 있는 경우 면접자가 그것을 지적해 주는 것
③ 반영 : 내담자의 말과 행동에서 표현되는 감정 · 생각 · 태도를 면접자가 다른 참신한 말로 부연하는 것

05 정답 ④
④ 사례사면접에 대한 설명이다.

06 정답 ④
④ 면접자가 라포형성, 경청, 적절한 시기와 방법의 질문, 비언어적 행동에 대한 관찰 등의 면접기술을 익히는 것은 타당도 · 신뢰도를 증진시킬 수 있다.

07 정답 ④
④ 개인검사이다.

08 정답 ②
② 2-4-7/2-7-4/4-7-2코드(D, Pd & Pt)의 특징에 해당한다.

09 정답 ③
③ 취소(Undoing) : 자신의 공격적 욕구나 충동으로 벌인 일을 무효화함으로써 죄의식이나 불안 감정에서 벗어나고자 하는 것

10 정답 ③
③ 에릭슨(Erikson)의 심리사회이론의 기본가정에 해당하는 내용이다.

11 정답 ③
① · ② · ④ 행동치료
③ 인지치료

12 정답 ④
④ 개인화(Personalization) : 자신과 관련시킬 근거가 없는 외부사건을 자신과 관련시키는 것으로, 실제로는 다른 것 때문에 생긴 일에 대해 자신이 원인이고 자신이 책임져야 할 것으로 받아들임

13 정답 ②
게슈탈트 치료기법
- 욕구와 감정의 자각
- 신체 자각
- 환경 자각
- 빈 의자 기법
- 과장하기
- 반대로 하기
- 머물러 있기
- 언어 자각
- 자기 부분들 간 대화
- 꿈 작업
- 대화실험

14 정답 ②
② 제4단계에 해당하는 내용이다.

15 정답 ①
① 집단은 동질적인 동시에 이질적으로 구성되어야 한다.

16 정답 ③

DSM-5의 정신분열스펙트럼 및 기타 정신증적장애(Schizophrenia Spectrum and Other Psychotic Disorders)

- 분열형(성격)장애 또는 조현형(성격)장애[Schizotypal (Personality) Disorder]
- 망상장애(Delusional Disorder)
- 단기정신증적 장애 또는 단기정신병적 장애(Brief Psychotic Disorder)
- 정신분열형장애 또는 조현양상장애(Schizophreniform Disorder)
- 정신분열증 또는 조현병(정신분열증)(Schizophrenia)
- 분열정동장애 또는 조현정동장애(Schizoaffective Disorder) 등

17 정답 ②

② 적극적 경청의 4가지 측면에 대한 설명이다.

18 정답 ④

④ 결정성지능(Crystallized Intelligence)의 특징에 해당된다.

19 정답 ④

①·②·③ 지능검사

④ 성격검사

20 정답 ①

① 웩슬러 지능검사에서 낮은 언어성 IQ는 좌반구의 손상을, 낮은 동작성 IQ는 우반구의 손상을 나타내는 것으로 간주한다.

21 정답 ①

집단무의식(Collective Unconscious)

- 모든 인류가 공통적으로 가지고 있는 하부구조로, 본능과 원형을 주된 내용으로 함
- 개인적 경험이 아닌 사람들이 역사와 문화를 통해 공유해 온 모든 정신적 자료의 저장소
- 종교적 · 신화적인 요소가 포함되어 있으며, 조상이나 종족 전체의 경험 및 생각과 연관된 원시적 공포, 사고, 성향 등을 담고 있는 무의식
- 민족이나 종족 등에 유전되는 집단의 공통된 정신이자 심상으로, 인식되거나 의식되는 경우가 거의 없지만 인격 전체를 지배하는 것은 물론 집단적으로 유전되므로 매우 강력하고 광범위
- 상징으로 드러나며, 무의식 속에서 전승. 한 민족, 종족, 혹은 인종의 신화, 설화, 민담, 전설, 민요 속에는 그 집단무의식의 심상이 원형(Archetypes)으로 남아 있음
- 직접적으로 의식화되지는 않지만 꿈, 신화, 예술 등을 통해 상징적인 형태로 표현되며, 인간에게 어떠한 목표와 방향감각을 부여

콤플렉스(Complex)

- 정서적 색채가 강한 관념과 행동적 충동을 말하는 것으로, 다양한 종류의 감정으로 이루어진 무의식 속의 관념덩어리
- 개인무의식의 고통스러운 사고, 기억, 감정 등이 어떤 주제를 중심으로 연합되어 심리적인 복합체를 이루게 됨
- 개인의 사고와 행동을 지배하기도 하는 퍼스낼리티 속의 별개의 작은 퍼스낼리티
- 무의식적인 콤플렉스를 의식화하는 것이 인격성숙을 위한 과제

22 정답 ③

③ 인간의 행동은 그것을 구성하는 구성요소인 부분의 합보다 큰 전체이다.

23 정답 ③
③ 문제를 공유함으로써 집단원 간에 서로 돕는 기회를 제공한다.

24 정답 ④
④ 건강심리학은 개별적인 연구를 통한 해결이 아닌, 여러 다른 학문들과의 공동협력을 보다 강조한다.

주관식 해설

01 정답 임상적 면접

02 정답 확인편파

03 정답 충분히 기능하는 사람(Fully Functioning Person)

04 정답 의미로의 의지(Will to Meaning)를 강조하면서 기존의 심리학적 이론에 실존철학을 도입한 치료법으로 내담자로 하여금 본원적인 가능성과 잠재적인 능력을 깨닫도록 하며, 자기실현, 자기충족, 자기발전에 이를 수 있도록 돕는다.

제2회

01	02	03	04	05	06	07	08	09	10	11	12
②	③	①	①	④	①	③	①	③	②	②	③
13	14	15	16	17	18	19	20	21	22	23	24
④	②	①	③	④	④	②	③	①	②	③	④

	주관식 정답
01	아들러(Adler)의 개인심리이론
02	자유연상, 꿈의 분석, 전이
03	행동치료
04	연구, 진단 및 평가, 개입과 치료, 교육 및 훈련, 자문, 행정

01 정답 ②

② 행동치료의 목표에 해당하는 내용이다.

02 정답 ③

인지적 치료기법

- 재귀인
  - 사건에 대한 모든 변인들을 고려하여 내담자로 하여금 자동적 사고와 가정을 검증하도록 하는 것
  - 내담자가 사건의 원인을 개인화하거나 단일변수를 유일한 원인으로 결론짓는 경우 사용
- 재정의
  - 문제가 자신의 통제를 넘어선 것이라고 믿는 내담자의 부적절한 신념을 수정하는 것
  - 내담자가 부정적인 사고로 인해 무기력한 상태에 놓이는 경우 사용
- 탈중심화
  - 다른 사람들의 관심이 자신에게 집중되어 있다고 믿는 내담자의 부적절한 신념을 수정하는 것
  - 내담자가 불안증상을 나타내 보이는 경우 사용

03 정답 ①

① 마음챙김인지치료(MBCT)에 대한 설명이다.

04 정답 ①

① 비교적 정상적인 범위에 속하는 사람들을 다룬다.

05 정답 ④

④ 설리반이 대인관계이론에서 주장하는 내용이다.

06 정답 ①

아들러는 자기완성을 위한 필수적인 요소로 인간의 심리 깊숙이 자리 잡고 있는 열등감이 모든 병리현상의 일차적 원인이며, 많은 정신병리현상은 열등감에 대한 이차적 반응이라고 보았다.

07 정답 ③

- 현실불안(Reality Anxiety) : 실제적이고 현실적인 불안으로, 실제 외부 세계에서 받는 위협, 위험에 대한 인식 기능으로 불안을 느끼는 것을 의미한다.
- 신경증적 불안(Neurotic Anxiety) : 원초아의 쾌락(예 성적 충동, 공격적 충동)을 그대로 표현하였을 때 현실에서 처벌이나 제재를 받은 경험으로 인하여 이러한 충동이 지각되기만 하여도 두려움을 느끼게 되는 것이다.
- 도덕적 불안(Moral Anxiety) : 원초아의 충동이 자신의 도덕적 원칙에 위배되어 충족을 얻으려고 할 때 죄책감이나 수치심을 통해 초자아의 위협을 느껴 두려움을 갖는 것을 말한다.

08 정답 ①

배터리 검사

- 여러 종류의 검사를 하나의 세트로 묶어 사용하는 방식으로, 배터리형으로 제작된 검사세트를 모두 실시하는 방법에 해당한다.
- 평가되는 기능에 관하여 총체적인 자료를 제공해준다.
- 자동화된 해석체계가 존재하므로 검사자의 채용을 촉진한다.
- 환자의 병전 기능수준에 대한 평가와 함께 현재 기능수준에 대한 파악이 가능하다.
- 임상적 평가 목적과 연구 목적이 함께 충족될 수 있다.
- 자료가 광범위하거나 불충분하게 제공될 수 있으며, 시간과 비용이 많이 소요된다.
- 최신의 신경심리학적 연구결과들을 반영하기 어렵다.

09 정답 ③

MMPI는 실제 환자들의 반응을 토대로 외적 준거접근의 경험적 제작방법에 의해 만들어졌다. 즉, 검사제작 초기에 검사개발을 목표로 이론적인 접근을 하여 문항을 제시하기는 하지만, 최종단계에서 문항을 질문에 포함시킬 것인지는 목표집단과 통제집단의 반응차이 여부에 따라 결정이 이루어진다.

10 정답 ②

② 전통적인 지능이론이 지능의 일반적인 측면을 강조하는데 반해, 가드너(Gardener)는 문제해결능력과 함께 특정 사회적 · 문화적 상황에서 산물을 창조하는 능력을 강조하였다.

11 정답 ②

② 내담자의 무의식에 내재된 억압된 감정을 해석하는 것은 정신분석 심리치료에 해당한다.

12 정답 ③

K-WAIS-Ⅳ의 구성

구분	언어이해	지각추론	작업기억	처리속도
핵심소검사	• 공통성 • 어휘 • 상식	• 토막짜기 • 행렬추론 • 퍼즐	• 숫자 • 산수	• 동형찾기 • 기호쓰기
보충소검사	• 이해	• 무게비교 • 빠진곳찾기	• 순서화	• 지우기

13 정답 ④

① Witmer : Pennsylvania대학교에 심리진료소를 개설하였다.

② Binet : 비율형 아동지능검사를 개발하였다.

③ Sperman : 지능의 일반요인과 특수요인을 주장하였다.

14 정답 ②

인지삼제(Cognitive Triad)

- 자기 자신 : 자기 자신에 대한 비관적 사고를 말한다.
  예 나는 아무짝에도 쓸모없는 사람이다
- 자신의 미래 : 자기 자신의 앞날에 대한 염세주의적 사고를 말한다.
  예 내겐 더 이상 희망이 존재하지 않는다
- 주변환경 : 자기 주변은 물론 세상전반에 대한 부정적 사고를 말한다.
  예 세상 살기가 정말로 어렵다

15 정답 ①

① 유능성은 임상심리학자가 자신의 강점과 약점, 자신이 가지고 있는 기술과 그것의 한계에 대해 자각해야 한다는 것이다. 그리하여 지속적인 교육수련으로 최신의 기술을 습득하며, 이를 통해 사회의 변화에 민첩하게 대응해야 한다는 점을 강조한다.

16 정답 ③

게슈탈트치료의 접촉-경계혼란

- 내사(Introjection) : 타인의 행동이나 가치관을 자기 것으로 무비판적으로 받아들이는 것
- 투사(Projection) : 자신의 생각이나 욕구, 감정 등을 타인의 것으로 지각하며 책임소재를 타인에게 돌리는 것
- 반전(Retroflection) : 자신이 다른 사람이나 환경에 대하여 하고 싶은 행동을 자신에게 하는 것
- 융합(Confluence) : 밀접한 관계에 있는 두 사람이 서로 간에 차이점이 없다고 느끼는 것
- 편향(Deflection) : 감당하기 힘든 내적 갈등이나 환경적 자극에 노출될 때 이러한 경험으로부터 압도당하지 않기 위해 자신의 감각을 둔화시키는 것

17 정답 ④

④ 1907년 최초의 임상심리학 학술지인 ≪The Psychological Clinic≫이 간행되었으며 이는 세계대전 이전이다.

18 정답 ④

현실치료의 인간관

인간은 자유롭고 자신이나 환경을 통제할 수 있으며, 자신의 목표를 스스로 선택하고자 하는 욕구를 가지고 있다.

19 정답 ②

② 전치 : 자신이 어떤 대상에 대해 느낀 감정을 보다 덜 위협적인 다른 대상에게 표출하는 것이다.

20 정답 ③

③이 적합하다.

21 정답 ①

ABCDE모형

- A (Activating Events) : 선행사건
- B (Belief System) : 사고나 신념
- C (Consequence) : 결과
- D (Dispute) : 논박
- E (Effect) : 효과

22 정답 ②

임상적 면접의 초기단계에서는 상담접수, 상담관계형성, 상담의 구조화, 사례개념화, 목표설정 및 전략수립 등이 이루어진다. 이 단계에서는 주로 내담자에 대한 기본정보(인구통계학적 정보, 건강 정보 등), 외모 · 행동, 호소문제, 현재의 주요기능상태, 스트레스원 등의 기초적 정보를 탐색하게 된다. 그리고 앞으로의 성공적인 상담진행을 위한 라포형성이 매우 중요한 시기이다.

23 정답 ③

③ 행동 자각은 게슈탈트치료의 기법에 해당하지 않는다.

24 정답 ④

기본적인 법 지식을 갖춰야 한다. '변호사와 같이 생각할 수 있는' 능력, 법의 기본, 법의 원리, 민법 및 형법적인 지식이 속한다.

주관식 해설

01 정답 아들러(Adler)의 개인심리이론

02 정답 자유연상, 꿈의 분석, 전이

03 정답 행동치료

04 정답 연구, 진단 및 평가, 개입과 치료, 교육 및 훈련, 자문, 행정

메모

메 모

메 모

좋은 책을 만드는 길
독자님과 함께하겠습니다.

도서나 동영상에 궁금한 점, 아쉬운 점, 만족스러운 점이
있으시다면 어떤 의견이라도 말씀해 주세요.
SD에듀는 독자님의 의견을 모아 더 좋은 책으로 보답하겠습니다.

www.sdedu.co.kr

시대에듀 독학사 심리학과 4단계 임상심리학

개정2판1쇄 발행	2022년 06월 08일 (인쇄 2022년 04월 22일)
초 판 발 행	2019년 09월 10일 (인쇄 2019년 08월 29일)
발 행 인	박영일
책 임 편 집	이해욱
저 자	이문식 · 박경화
편 집 진 행	송영진 · 김다련
표지디자인	박종우
편집디자인	채경신 · 박서희
발 행 처	(주)시대교육
공 급 처	(주)시대고시기획
출 판 등 록	제 10-1521호
주 소	서울시 마포구 큰우물로 75 [도화동 538 성지 B/D] 9F
전 화	1600-3600
팩 스	02-701-8823
홈 페 이 지	www.sdedu.co.kr
I S B N	979-11-383-2293-5 (13180)
정 가	30,000원